Quanto custa ser rico?

Matheus Gaboardi
Paulo Tavares

Quanto custa ser rico?

Mente, dinheiro e estratégia

Rio de Janeiro
2020

Copyright© 2020 por Brasport Livros e Multimídia Ltda.

Todos os direitos reservados. Nenhuma parte deste livro poderá ser reproduzida, sob qualquer meio, especialmente em fotocópia (xerox), sem a permissão, por escrito, da Editora.

Editor: Sergio Martins de Oliveira
Gerente de Produção Editorial: Marina dos Anjos Martins de Oliveira
Editoração Eletrônica: Abreu's System
Capa: Trama Criações

Técnica e muita atenção foram empregadas na produção deste livro. Porém, erros de digitação e/ou impressão podem ocorrer. Qualquer dúvida, inclusive de conceito, solicitamos enviar mensagem para **editorial@brasport.com.br**, para que nossa equipe, juntamente com o autor, possa esclarecer. A Brasport e o(s) autor(es) não assumem qualquer responsabilidade por eventuais danos ou perdas a pessoas ou bens, originados do uso deste livro.

DADOS INTERNACIONAIS DE CATALOGAÇÃO NA PUBLICAÇÃO (CIP)

G116q   Gaboardi, Matheus.
        Quanto custa ser rico? : mente, dinheiro e estratégia / Matheus
Gaboardi, Paulo Tavares. – Rio de Janeiro: Brasport, 2020.
        376 p. : il. ; 17 x 24 cm.

        ISBN 978-85-7452-941-7

        1. Economia. 2. Sucesso. 3. Vida financeira. I. Tavares, Paulo.
II. Título.

                                                        CDU 330.567.2

Bibliotecária responsável: Bruna Heller – CRB 10/2348

Índice para catálogo sistemático:
1. Uso da renda / Despesa / Economia privada / Etc. 330.567.2

BRASPORT Livros e Multimídia Ltda.
Rua Teodoro da Silva, 536 A – Vila Isabel
20560-005 Rio de Janeiro-RJ
Tels. Fax: (21)2568.1415/3497.2162
e-mails: marketing@brasport.com.br
vendas@brasport.com.br
editorial@brasport.com.br
www.brasport.com.br

Oferecemos esta obra a todos aqueles que de alguma maneira contribuíram para sua realização, apoiando nosso projeto ou duvidando que ele seria possível...

Agradecimentos

Matheus Gaboardi

Acredito que nada na vida se constrói sozinho, e todos os meus erros, acertos e pessoas que passaram na minha vida me trouxeram aqui, exatamente onde eu deveria estar. E por isso agradeço a todas elas, mas com destaque para algumas.

Agradeço à minha mãe, que, além de um exemplo de força, é uma mulher que ilumina a todos que encontra e não me deixa nunca perder o foco do que realmente importa.

Ao amor da minha vida Ellen, que acredita mais em mim do que eu mesmo, e às vezes isso é tudo que precisamos para seguir em frente e alcançar o que desejamos.

Aos meus queridos amigos de São Carlos, de república, da graduação e da vida, que sempre me apoiaram desde a faculdade até hoje, são meus irmãos e irmãs que escolhi.

Aos meus amigos de infância, que nunca me deixam esquecer que a jornada é sempre mais importante que o destino.

Aos meus grandes amigos Vini e Kiko, que constroem valor em tudo que fazem e estão comigo nessa grande jornada que é o mercado financeiro.

Paulo Tavares

Quero agradecer às muitas pessoas que me ajudaram nessa jornada de desenvolvimento me mostrando o que devo e o que não devo fazer. Agradeço a todos, mas quero destacar principalmente:

- ➤ Minha esposa Thaís, que por seu amor e dedicação me ensinou a ser mais humano e equilibrado na minha vida, e sempre me apoiou nos nossos planejamentos.
- ➤ Minha filha Laura, pela inspiração em ser sempre melhor e por me ensinar a brincar.
- ➤ Aos meus pais, meus exemplos de dedicação.
- ➤ Aos meus irmãos, amo vocês!
- ➤ Aos meus amigos.

Sumário

Introdução 1

1. Introdução ao Pensamento Financeiro **3**
    1.1. A pirâmide do sucesso financeiro 5
        1.1.1. Os três primeiros níveis 6
        1.1.2. Seja piloto, não mecânico 9
        1.1.3. O topo não é o final 9
    1.2. Foco no essencial 10
    1.3. Seu modelo mental de dinheiro 11

2. Por que Buscar o Enriquecimento? **17**
    2.1. Primeiro passo: ter renda 18
    2.2. Segundo passo: ter dinheiro 19
    2.3. Terceiro passo: investir 19
    2.4. Quarto passo: usufruir 20
    2.5. Quinto passo: abundar 20
    2.6. Sexto passo: continuar rico 20

3. Administrando Seu Patrimônio **22**
    3.1. Renda e poupança 22
    3.2. Por que poupar? 25

4. Capacidade de Poupar e Investir **31**
    4.1. E agora, José? 34

5. As Dívidas **38**
    5.1. Endividamento saudável 40
    5.2. Os pilares financeiros 42
    5.3. A dinâmica do patrimônio pessoal 44

6. Finanças Comportamentais **51**
    6.1. Regra número 1 52
    6.2. Salário x felicidade 55
    6.3. Conceito real de riqueza 57
    6.4. Barreiras à riqueza 59

Quanto custa ser rico?

6.5. Juros compostos e disciplina, a combinação dos vencedores 61
6.6. O custo da dúvida 63
6.7. Pague-se primeiro 64
6.8. Construindo o *mindset* 66
    6.8.1. Alfabetização financeira 66
    6.8.2. Outros aspectos do *mindset* 69

7. Planejamento Financeiro 71
7.1. Controle de gastos 71
7.2. Planejando o futuro 80
7.3. A sua meta financeira 86

8. Psicologia dos Investimentos 90
8.1. Efeito Dunning-Kruger 93
8.2. Vieses psicológicos 95
    8.2.1. Viés de retrospectiva 95
    8.2.2. Viés da comparação ou ancoragem 99
    8.2.3. Viés da disponibilidade e viés da confirmação 100
    8.2.4. Viés de aversão à perda 102
    8.2.5. Viés do "querer fazer algo" 103
8.3. Taxa de sucesso x fatores psicológicos 104
8.4. Desculpas e autossabotagem 106
8.5. Risco *versus* prejuízo 109
8.6. Disciplina 110
8.7. Não existe fórmula mágica 113
8.8. Perfil de investidor 114
    8.8.1. Fase de vida 115
    8.8.2. Profissão 116
    8.8.3. Horizonte de planejamento 116
    8.8.4. Definição do objetivo x meta 117
    8.8.5. Capital disponível 118
    8.8.6. Histórico pessoal com o dinheiro 118

9. Alocação de Ativos 120
9.1. A necessidade e o custo da volatilidade 122
9.2. Correlação de ativos 126
9.3. Entendendo o uso da correlação na prática 131
    9.3.1. Ativos fortemente correlacionados positivamente 131
    9.3.2. Ativos fortemente correlacionados negativamente 131
    9.3.3. Ativos fracamente correlacionados 136
9.4. Conclusões sobre as correlações 140
9.5. Rebalanceamento 141
    9.5.1. Rebalanceamento periódico 141
    9.5.2. Rebalanceamento percentual 143
9.6. Principais vantagens da alocação de ativos 145

Sumário • **XI**

10. Fundamentos do Mercado de Ações **147**
   10.1. Ações 147
      10.1.1. Tipos de ações 148
   10.2. Mitos sobre ações 149
      10.2.1. "Garantia" de reembolso 149
      10.2.2. Dividendos de ações 149
      10.2.3. Por que uma ação sobe ou desce? 151
   10.3. Mercado primário e mercado secundário 152
   10.4. Bolsa de valores 153
   10.5. Tipos de mercados 154
      10.5.1. Mercado à vista 154
      10.5.2. Mercado de derivativos 155
      10.5.3. Mercado a termo 155
      10.5.4. Mercado futuro 157
   10.6. Aspectos operacionais 158
      10.6.1. Lotes 158
      10.6.2. Horários do pregão e leilão 159

11. Introdução à Análise Técnica e às Estratégias Operacionais **163**
   11.1. Análise fundamentalista x análise técnica 164
      11.1.1. Hipótese dos mercados eficientes e teoria do *random walk* 167
      11.2. Investidor x *trader* 168
   11.3. Teoria de Dow 170
   11.4. Gráficos 173
      11.4.1. Gráfico de linhas 175
      11.4.2. Gráfico de barras 176
      11.4.3. Gráfico de *candlestick* 177
   11.5. Topos e fundos e a tendência 179
   11.6. Suportes e resistências 183
      11.6.1. Por que surgem suportes e resistências 185
   11.7. *Pivots* 186
   11.8. Linhas de tendência 188
   11.9. Canais de tendência 190
   11.10. *Gaps* 191
   11.11. *Spread* 192
   11.12. Volume financeiro e de negócios 195
   11.13. Médias móveis 197
      11.13.1. Médias móveis aritméticas ou simples (MMA) 197
      11.13.2. Média móvel exponencial (MME) 199
   11.14. Representação do mercado 199
   11.15. Ganhando com a queda dos preços 200
   11.16. Modalidades de *trade* e prazos operacionais 202
      11.16.1. *Buy and hold*: "compra e segura" 202
      11.16.2. *Position trader* 204
      11.16.3. *Swing trader* 205
      11.16.4. *Day trader* 206

XII • Quanto custa ser rico?

12. Controle de Risco.. **209**
    12.1. Tipos de riscos 210
          12.1.1. Risco de liquidez.. 210
          12.1.2. Risco de crédito.. 211
          12.1.3. Risco de mercado... 211
    12.2. Riscos sistemáticos e não sistemáticos... 212
    12.3. Controle de risco através do uso do Beta.. 213
    12.4. Formas de gerenciamento de risco.. 219
          12.4.1. Porcentagem fixa.. 219
          12.4.2. *Martingale*.. 221
          12.4.3. *Bet it all* 222
    12.5. Capital ótimo de risco 223

13. Construindo uma Estratégia... **227**
    13.1. O que é necessário... 228
    13.2. Métricas estratégicas 230
    13.3. Aspectos essenciais para uma estratégia.. 234
    13.4. Filosofias de *trade*.. 236
          13.4.1. *Trend followers* (seguidores de tendência)......................... 236
          13.4.2. *Counter-trending followers* (operadores de contra-tendência)...... 237
    13.5. Conclusão sobre estratégias... 238

14. Análise de Fundamentos... **239**
    14.1. O que é análise de fundamentos? 240
    14.2. O investidor 242
    14.3. Análises e indicadores 246
          14.3.1. Cinco forças de Porter.. 246
          14.3.2. Indicadores fundamentalistas.. 248
          14.3.3. Como começar a análise dos fundamentos.......................... 251
    14.4. *Tag along*... 253
    14.5. Beta e empresas para longo prazo 255
    14.6. Empresas de crescimento x empresas de dividendos...................... 257
    14.7. O que Warren Buffett busca: vantagem competitiva 260

15. Renda Fixa.. **262**
    15.1. Poupança... 265
          15.1.1. Como a poupança rende?.. 266
    15.2. Indexadores 267
          15.2.1. IPCA 267
          15.2.2. Taxa Selic... 269
          15.2.3. CDI 271
    15.3. Agências classificadoras de risco 273
    15.4. Fundo Garantidor de Crédito 275
    15.5. Títulos públicos 277
    15.6. Tipos de títulos de renda fixa 278
          15.6.1. Prefixados 278
          15.6.2. Pós-fixados 283
          15.6.3. Híbridos.. 284

Sumário • **XIII**

15.7. Aspectos fundamentais 287
15.8. Títulos privados 289
    15.8.1. CDBs e LCs 290
    15.8.2. LCIs e LCAs 291
    15.8.3. Debêntures 292
15.9. Montando uma carteira de renda fixa 295

16. Fundos de Investimento **297**
16.1. Vantagens e desvantagens dos fundos de investimento 300
16.2. O famigerado come cotas 302
16.3. Reais responsáveis pelos fundos de investimento 303
16.4. Riscos de investir em fundos 305
16.5. Categorias de fundos de investimento 305
    16.5.1. Fundos de renda fixa 306
    16.5.2. Fundos de ações 306
    16.5.3. Fundos multimercado 307
16.6. Estratégias de fundos 307
16.7. Critérios operacionais de avaliação de um fundo de investimento 308

17. Fundos Imobiliários **311**
17.1. Fundos imobiliários x imóvel próprio 312
17.2. Fundos imobiliários x taxa Selic 315
17.3. Tipos de fundos imobiliários 315
    17.3.1. Fundos imobiliários de lajes corporativas 316
    17.3.2. Fundos imobiliários educacionais 316
    17.3.3. Fundos imobiliários de shoppings 316
    17.3.4. Fundos de hospitais 316
    17.3.5. Fundos de letras de crédito imobiliário 317
    17.3.6. Fundos de fundos 317
    17.3.7. Fundos de desenvolvimento 318
17.4. Métricas e indicadores 319
    17.4.1. Indicadores de vacância 320
    17.4.2. *Dividend yield* (taxa de dividendos) 320
    17.4.3. *Capitalization rate* (*cap rate*) 322
    17.4.4. Valor de mercado/Patrimônio líquido 322
    17.4.5. Valor do metro quadrado (m²) 323
    17.4.6. Liquidez 324
    17.4.7. Taxas de gestão e administração 324
17.5. Avaliando um fundo imobiliário 325
    17.5.1. Preço 325
    17.5.2. Localização 326
    17.5.3. Qualidade do ativo 327
    17.5.4. Gestão 327
    17.5.5. Vencimento do contrato 328
    17.5.6. Taxa de correção do aluguel 328
    17.5.7. Renda Mínima Garantida (RMG) 328
17.6. Estratégias de investimento em fundos imobiliários 330
    17.6.1. Investir em fundos com poucos locatários 330

17.6.2. Investir em fundos com diversos locatários 331
17.6.3. Investir em fundos de fundos 333
17.6.4. Investir em fundos de desenvolvimento.................................... 333

18. COE (Certificado de Operações Estruturadas) 335
18.1. O que é um COE... 335
18.2. Vantagens e desvantagens do COE 337
18.3. Análise de um COE... 338
    18.3.1. Classes 338
    18.3.2. Datas de observações 339
    18.3.3. Taxa fixa 340
    18.3.4. Cenários de retorno no vencimento 341
18.4. Descrição da estratégia.. 342

19. Previdência Privada 344
19.1. Vantagens da previdência privada.................................... 345
19.2. Categorias de previdência privada 346
    19.2.1. Plano Gerador de Benefício Livre (PGBL)............................. 346
    19.2.2. Vida Gerador de Benefício Livre (VGBL) 346
19.3. Regimes de tributação.. 346
19.4. Taxas cobradas... 347
19.5. Previdência privada x renda fixa 348
19.6. Incentivos de empresas 350
19.7. Conclusão sobre a previdência 351

20. Escolhendo uma Corretora 352
20.1. Preços.. 353
20.2. Taxas de corretagem 354
20.3. Taxa de custódia mensal 354
20.4. Taxa de administração do Tesouro Direto............................. 354
20.5. Mesa de operações 355
20.6. Relacionamento... 355
20.7. Ferramentas 356
    20.7.1. *Home broker*... 356
    20.7.2. Tesouro Direto 357
    20.7.3. *Mobile*... 357
    20.7.4. Plataforma 358
20.8. Serviços... 358
    20.8.1. Relatórios de análise..................................... 358
    20.8.2. Produtos 359
    20.8.3. Assessoria 359

Introdução

Olá! seja bem-vindo à obra *Quanto Custa Ser Rico*! O sucesso financeiro de qualquer pessoa **passa por um processo de construção de mentalidade e disciplina** que iremos abordar neste livro.

Inicialmente, como muitos brasileiros fazem, é natural que você tenha se interessado em saber qual a modalidade de investimentos que pode apresentar maior ganho a curto prazo e lhe permita resolver sua situação financeira rapidamente.

Nesta obra, nós não temos a fórmula mágica para isso, mas vamos lhe apresentar o caminho das pedras para a construção de riqueza ao longo da vida. Ser rico custa caro e nós vamos prepará-lo para pagar esse preço.

Iniciaremos a jornada a partir do trabalho das finanças comportamentais, aspectos psicológicos que estão relacionados à sua relação com o dinheiro e também ajudá-lo a criar uma estratégia de crescimento completa em diferentes áreas da vida.

Após a preparação da sua pessoa para o crescimento, trataremos detalhadamente e tecnicamente de todas as modalidades de investimentos. Você será capaz de escolher aquelas mais adequadas ao seu perfil e objetivo de vida.

Note que em nenhum momento vamos lhe entregar a receita mágica do sucesso ou os passos para atingir um milhão de reais aos vinte anos de idade. Vamos construir com você o que faz sentido para a sua vida e para o seu momento, de maneira sustentável e sem revezes ao longo do tempo.

É possível que você já tenha se aventurado no mercado financeiro e se identifique com vários dos exemplos apresentados para ilustrar alguns conceitos e discussões. A partir dos conceitos apresentados neste livro, sua maneira de encarar os resultados será muito diferente.

Boa leitura!

1. Introdução ao Pensamento Financeiro

Uma grande parte das pessoas vive satisfatoriamente, mas se julga infeliz por não realizar seus sonhos de consumo, trabalhando para pagar as contas, colocar comida em casa e sustentar o estudo dos filhos. Inconscientemente, existe um sofrimento de incapacidade ou frustração por não realizar plenamente seu potencial, sentindo-se limitadas e reféns da realidade, por conta da sociedade, do governo, das empresas.

A maneira mais simples e eficiente de conseguir construir uma vida financeira saudável e próspera é ser racional em relação aos assuntos financeiros, cuidando do assunto de maneira séria. Para isso é necessário construir conhecimento sobre finanças, controlar suas finanças pessoais, conhecer seus hábitos de comportamento e consumo e entender de psicologia financeira para evitar as armadilhas da mente e do mau comportamento financeiro.

O motivo da insatisfação pode ser simplesmente porque a maioria das pessoas age de forma superficial, trabalhando apenas em função de consumir e comprar bens supérfluos sem um planejamento de vida, comparando-se com pessoas bem-sucedidas e julgando-se desafortunadas.

A sociedade ocidental é fundamentada no patrimonialismo, que pode ser percebido no momento em que precisamos nos mudar de casa. No momento do empacotamento e da preparação da mudança, percebemos a quantidade de itens que acumulamos ao longo dos anos que sequer nos lembramos que existem, quem dirá qual foi a última vez que foram utilizados.

Nós nascemos em uma sociedade que atravessou diversos momentos históricos de revoluções, crises e guerras. Desde o início da Revolução Industrial, onde se criaram os primeiros modelos de trabalho e produção em massa que conhecemos hoje como sistemas de excelência, nós fomos incitados e estimulados ao consumo de bens e serviços voltados para facilitar cada vez mais nossa vida, sendo alguns deles sem necessidade.

Além disso, o advento das tecnologias e a rapidez da era digital fortaleceram ainda mais a pressão pelo consumo, que, iniciada na época da guerra, apenas aumenta e nos causa uma busca pelo ter que acaba sendo confundida com nossos reais objetivos.

O consumismo como um fator gerador de recursos na economia e o aproveitamento de todas as facilidades desenvolvidas na época da guerra para o suprimento fácil das tropas atingiram tal ponto que nos encontramos cada vez mais comprando produtos que não precisamos e consumindo recursos que talvez nos farão falta no futuro em busca de um conforto momentaneamente desnecessário.

A crescente discussão entre razão e emoção na vida moderna gera diversas inquietações e expõe os valores e costumes que aprendemos durante nossa vida relacionados ao dinheiro, ao prazer e ao bem-estar que são combinados com os exemplos que observamos ao longo da nossa jornada de pessoas bem e malsucedidas com relação às próprias finanças pessoais e as definições que construímos de sucesso e status.

O dinheiro é resultado das suas ações!

A gestão de patrimônio depende da detenção do conhecimento sobre o assunto combinadamente com as ferramentas corretas. O bom gestor é como um músico – ele pode ter o melhor instrumento, mas sem o treino e a dedicação necessária para bem desempenhar sua função jamais terá sucesso.

Para o aumento e a multiplicação do seu patrimônio é necessário conhecimento e desenvolvimento na área das finanças. Quanto mais você cresce e se prepara, mais seu patrimônio cresce. Essa é a diferença entre pessoas que crescem de maneira sustentada e aquelas que ganham rios de dinheiro e passam a vida toda sem construir nada.

Acumular riqueza e construir patrimônio é possível a partir do ponto em que você consegue um grau de domínio financeiro, comportando-se de maneira objetiva e racional segundo seu próprio planejamento e escapando das ciladas da mente consumista que busca o tempo todo incentivar pequenos prazeres ao longo do tempo. A determinação de uma rotina fácil e agradável de acordo com seu perfil para controlar e analisar suas finanças é interessante, pois permite o autoconhecimento.

A questão do endividamento é complicada. Nós gostamos trabalhar com a ideia de buscar zero endividamento. Falaremos sobre isso nos próximos capítulos, pois envolve um pouco mais de conhecimento sobre alguns conceitos financeiros.

A construção de uma reserva de segurança para emergências e um colchão de liquidez para controle dos riscos das suas futuras aplicações é importante, para que você consiga manobrar entre os produtos do mercado e montar sua carteira com certo grau de risco **controlado** aproveitando-se do benefício dos juros compostos a longo prazo.

O crescimento do patrimônio exige preparação para enfrentar os problemas que vêm junto com o dinheiro. Temos diversos exemplos de pessoas que ganham na loteria ou recebem enormes heranças e acabam voltando ao seu estágio financeiro anterior após poucos anos, o que mostra uma total incapacidade de lidar com dinheiro independentemente da quantidade que tem.

> **"Gostaria que todos fossem ricos e famosos e, tendo de tudo que sempre sonharam, saberiam que isso não é a resposta..."**
>
> **Jim Carrey**

No caso de quem enriquece pelo próprio esforço e organização, ocorre exatamente o contrário. Em casos de revés financeiro – uma falência, por exemplo – a pessoa reconstrói sua fortuna após um curto intervalo de tempo. Existem exemplos como Donald Trump, eleito presidente dos Estados Unidos em 2016, e também muitos outros micro e pequenos empresários brasileiros que após perdas severas constroem negócios ainda maiores e mais lucrativos. Eles aprendem com a adversidade e não descansam até conseguirem alcançar o sucesso.

1.1. A pirâmide do sucesso financeiro

Apesar de exaustivamente afirmarmos que não há um único caminho para o sucesso, existem rotas traçadas que costumam levar ao fracasso. Há alguns pontos-chave relacionados ao *mindset* do investidor que venceu (e continua vencendo) ao atingir seus objetivos financeiros sem abrir mão dos objetivos pessoais e consegue criar riqueza e valor em todos os sentidos da palavra.

A grande maioria dos vencedores em algum ponto entende o racional por trás do que será explicado a seguir e, mesmo que adapte para a própria realidade, inevitavelmente estrutura conforme a chamada pirâmide financeira do sucesso, ilustrada a seguir:

Figura 1. Pirâmide financeira do sucesso.
Fonte: os autores.

1.1.1. Os três primeiros níveis

A base da pirâmide é 'Livrar-se das dívidas' e o topo é 'Investir com inteligência'. Da mesma forma que se tentarmos construir uma casa começando pelo telhado não dará certo, tentar iniciar a pirâmide pelo topo é algo que não se sustenta.

Conhecemos pessoas que querem começar a investir com inteligência para se livrar das dívidas, o que racionalmente não tem sentido algum. Em primeiro lugar, porque é muito improvável que alguém consiga investir com segurança (leia baixo risco) com taxas de retorno maiores que as que estão pagando para seus credores – ora, se tal investimento é de fácil acesso, por que lhe emprestariam dinheiro em vez de aplicar, não é mesmo?

Além disso, caso o investidor busque retornos maiores, muito provavelmente terá que operar no mercado de renda variável, que varia para cima e para baixo. A probabilidade da decisão de investimento se tornar extremamente emocional no primeiro momento que o mercado se movimentar contra a expectativa é alta e pode ser um gatilho para um rápido fracasso.

É importante reforçar que as dívidas da base do triângulo são as obrigações financeiras não honradas que podem ter sido criadas por situações não planejadas ou por simples desorganização.

Eventualmente, elas podem sofrer o efeito de "bola de neve", aumentando descontroladamente com o passar do tempo. A pessoa não consegue mais eliminá-las e passa a conviver com a dívida.

A ideia de construir **dívidas planejadas** é interessante e pode nos beneficiar em algum momento da vida. A utilização de capital de terceiros para antecipar a realização de alguns de nossos planos pode alavancar nossa qualidade e condições de vida.

Quando adquirimos uma dívida de maneira inteligente, conseguimos usufruir de diversos benefícios, inclusive financeiros. Por exemplo, ao financiar um curso de especialização em uma faculdade, você está adquirindo algo que tem uma expectativa de gerar retornos futuros.

Apesar da dívida ser uma obrigação com terceiros e os juros dela consumirem seu capital (portanto, enquadrando-se no conceito de um **passivo**), você estará adquirindo um produto que proporcionará uma mudança de carreira.

Nessa situação, caso você aguardasse mais tempo para juntar dinheiro e pagar o curso da faculdade sem nenhum tempo de financiamento, poderia perder alguma oportunidade de promoção ou demorar muito tempo para iniciar seu processo de desenvolvimento.

Outro uso inteligente de uma dívida é quando ocorre algo completamente fora do planejado: um acidente, uma doença, até um processo judicial, onde haveria necessidade do uso total ou quase de sua reserva financeira – a qual nós sabemos que você, como um bom investidor, tem preparada!

Você opta por fazer uma dívida de modo que as saídas da reserva sejam suavizadas e você não fique exposto por completo a outro evento. Claramente, existe o custo de crédito, que é pago pelo empréstimo. Ao adquirir uma dívida nesse formato é necessário ter um plano claro e definido para quitação da obrigação, e esse é o preço que se paga pela ocorrência de algo fora do planejamento.

Porém, o fundamental é ter consciência de que as dívidas não são algo negativo em sua origem. **Mais importante do que evitá-las é a forma como você as cria e lida com elas**.

Uma dívida planejada pode ser uma alavanca na sua vida e gerar resultados muito positivos, porém, pela falta de consciência de grande parte da população que usa essa importante ferramenta financeira sem critérios, ela acaba, ironicamente, por gerar o efeito contrário do que é o intuito de uma "dívida bem feita". Em vez de alavancar a vida de uma pessoa, acaba atuando como uma âncora financeira, a qual muitos acabam amarrados pelo resto da vida.

O segundo e terceiro níveis da pirâmide estão intimamente ligados à base. Trata-se de criar uma estratégia de corte de gastos desnecessários, o que de maneira alguma corresponde a abaixar a qualidade de vida, como muitos pensam. A realidade é que as pessoas adequam o padrão de vida ao salário ou às entradas, enquanto o comportamento prudente seria adequar-se ao **salário menos o percentual que será poupado**, tanto para reservas quanto investimentos (terceiro nível). Isso pode resultar em não comprar o carro do ano, mas um carro usado ou nenhum veículo, e aproveitar esse "não gasto" para viajar no final de semana com a família com uma pequena parcela do valor que se gastaria com o passivo em questão.

A viagem talvez não seria possível com as parcelas ou gastos do veículo, mas seria uma fonte de mais felicidade para a vida da pessoa. Uma vez que se adeque a vida ao valor que se planeja para gastar, conseguimos encontrar maneiras de **otimizar o uso do capital**.

A ideia de simplesmente 'cortarmos gastos e qualidade de vida' em conjunto não é adequada a partir do momento em que temos claros os nossos objetivos de vida. Altos volumes de gastos não necessariamente nos permitem uma vida abundante e plena. Da mesma maneira, viver de forma alinhada com seus objetivos pode lhe permitir uma ótima qualidade de vida segundo seus princípios e objetivos.

Outro fator importante nesse nível é constituir a reserva de emergência para poder contar com imprevistos. É comum encontrarmos pessoas que fazem um planejamento para o ano e ao final do período não conseguiram poupar praticamente nada devido a uma "série de imprevistos", como a quebra de um carro, uma necessidade de reforma em casa ou mesmo algo relacionado à saúde.

Quando assumimos que o imprevisto faz parte do nosso dia a dia, ele se torna previsível e podemos lidar com ele de maneira inteligente e ponderada. Apesar de não sabermos quando o imprevisto irá ocorrer, nem qual será, dentro de um bom limite devemos estar preparados para ele.

Esses três primeiros níveis apresentam um inimigo em comum com o qual lutamos diariamente contra: nosso **ego**. Assumir que possuímos dívidas das quais não temos ideia de como sair é difícil. Conhecemos pessoas que literalmente têm medo de acessar o seu saldo bancário ou consultar o cartão de crédito antes da fatura – se você que acaba de ler isso der um sorriso, tem grandes chances de fazer uma dessas coisas, acertamos? Recusar-se a ir a uma festa ou uma viagem de final de semana com os amigos para não sair do seu orçamento pode ser algo doloroso de fazer. Perceber que você precisa adaptar o seu padrão de vida para conseguir poupar parte do salário e começar a construir um caminho (sem precisar abaixar a qualidade de vida, como já vimos) é algo que nos incomoda por dentro. Mas no momento em que percebemos que esse é o nosso ego falando e que quem paga as suas contas irá usufruir dos resultados positivos ou negativos da sua decisão é apenas você mesmo, teremos dado um passo na direção certa para atingir todos os nossos objetivos.

1.1.2. Seja piloto, não mecânico

O penúltimo nível ("Pesquisar investimentos") é o mais fácil de aprender. É fácil não porque o conteúdo é de fácil absorção, mas porque é algo técnico que, uma vez absorvido, podemos facilmente internalizar. É como quando aprendemos a dirigir um carro: no início precisamos pensar muito para dar seta ao mesmo tempo em que pisamos na embreagem sem causar um acidente de trânsito, mas depois fica natural e não precisamos mais pensar, pois está internalizado. O mesmo acontece com o funcionamento das categorias de investimento, pois isso é **informação**. E do mesmo jeito que boa parte da população sabe dirigir, poucos se tornam pilotos, e dentre os pilotos uma pequena parcela se destaca. Por quê? Porque poucos conseguem pegar a informação e transformá-la em **conhecimento**, que é a informação colocada em uso prático para gerar resultados sinérgicos daquilo.

Por isso é fundamental toda a base de finanças pessoais, comportamentais, psicologia financeira, entendimento do próprio perfil, objetivos, desenvolvimento de uma estratégia, entre uma série de outros aspectos não relacionados a explicações técnicas que abordamos neste livro.

Apesar de ser um nível fundamental, sem o qual não conseguimos chegar ao último, que é de fato investir com inteligência, ele sozinho nada mais é do que um carro nas mãos de um mecânico que entende o seu funcionamento, quando na realidade para aproveitar o máximo desempenho precisamos ser pilotos!

1.1.3. O topo não é o final

O último nível ("Investir com inteligência") nada mais é do que a utilização de tudo que foi construído até então – porém, direcionada ao objetivo, à estratégia e ao perfil de cada um. Consiste em sumarizar a informação e transformá-la em conhecimento, desenvolvendo o *mindset* do investidor de sucesso.

Precisaremos sempre estar nos policiando, revisando nossa estratégia, reavaliando nosso perfil e objetivos, pois estes são mutantes. O topo da pirâmide não possui um limite até onde você pode chegar e, de maneira análoga, não cria uma barreira que o impeça de regredir alguns níveis se o autopoliciamento cessar.

Jamais se engane, caro leitor, o objetivo deste livro é criar o racional por trás da boa tomada de decisão desde a base até o topo, e apenas por coincidência no meio do caminho explicamos o funcionamento das principais categorias de investimentos.

1.2. Foco no essencial

Os que moram em cidades grandes frequentemente gastam uma parte do seu dia se deslocando de casa para o trabalho. Ao somar as horas diárias de deslocamento ao longo de um mês inteiro, começam a questionar a razão disso. A resposta mais normal e frequente é porque precisam de dinheiro para viver. **Sem dinheiro não se vive, porém somente com dinheiro também não.**

Nós precisamos entender o que é essencial na nossa vida, no sentido de tudo o que não podemos deixar de ter, como, por exemplo, felicidade, saúde, amor, lealdade, amizade, sexualidade, religiosidade, etc. O que não for essencial será fundamental e deve ser entendido como o meio utilizado para chegar ao essencial.

O trabalho, por exemplo, não é essencial, mas fundamental. Ele é em certo momento da vida a ferramenta ou o meio para alcançar a renda necessária para atender às suas necessidades. Claro que existem outras atribuições relacionadas ao trabalho, como, por exemplo, satisfação e realização pessoal, valores e ética, propósito, etc., mas, para o contexto de saúde e gestão financeira, entender o trabalho como um meio é suficiente.

A independência financeira está relacionada principalmente com a definição do que é essencial e fundamental na vida e será um dos pilares para viver a felicidade completa sem a obrigação e o peso do "trabalho por dinheiro" que discutiremos mais adiante.

Existe uma preocupação crescente sobre o sentido de fazer as coisas a partir da frustração que o comportamento dos últimos 50 anos tem trazido à nossa sociedade do ter e consumir. O questionamento traz um novo padrão de consumo e preocupação com relação ao equilíbrio na vida entre trabalho, família, saúde, finanças e outros setores, trazendo uma nova definição de sucesso.

A definição dos objetivos é uma etapa difícil e requer análise profunda. Obter a resposta para a pergunta "o que você quer?" é muito difícil quando os questionamentos anteriores ainda não foram esclarecidos. Por exemplo: "eu quero um automóvel de luxo!". Quando perguntamos "por quê?" ou "para quê?", geralmente ficamos sem resposta.

A partir da definição dos seus objetivos é possível focar nas atividades que vão gerar os resultados que você precisa para atingi-los e se planejar. O planejamento é fundamental e sem ele nada acontece. O dinheiro será resultado das suas ações, planejadas ou não, seguindo a lei mais básica de causa e efeito.

A falta de dinheiro, portanto, não é um problema, mas, sim, um sintoma de um conjunto de hábitos e comportamentos ao longo do tempo. Quaisquer que sejam seus resultados financeiros, abundantes ou escassos, bons ou ruins, eles são resultados das suas ações.

Refletindo:
Quais são as ações que você está realizando para ter bons resultados com relação ao seu objetivo?

Mantenha o foco no seu objetivo. Ele será a peça-chave na sua decisão de praticar uma ação ou não. Se o resultado da sua ação está em linha com seu objetivo, faça! Caso contrário, descarte a ação!

1.3. Seu modelo mental de dinheiro

O modelo mental de dinheiro foi criado na sua infância com base nos estímulos que você recebeu com relação a esse assunto. Segundo a psicologia, pode ser explicado pela mesma teoria do processo de manifestação, que diz: **pensamentos conduzem a sentimentos, que conduzem a ações, que conduzem a resultados.**

Figura 2. O modelo mental de dinheiro.
Fonte: os autores.

O modelo de pensamento financeiro de uma pessoa é composto por uma combinação dos seus pensamentos sobre o assunto, dos seus sentimentos e ações em relação ao dinheiro, limitados pelo condicionamento que a pessoa recebeu desde a infância.

O modelo mental de dinheiro está ligado ao seu modelo de pensamento, ao seu posicionamento e até à sua opinião sobre as pessoas ricas. Como vivemos em um mundo de dualidades e extremos, em que temos branco ou preto, esquerda ou direita, rico ou pobre, forte ou fraco, é bem possível que tenhamos em algum momento deparado com informações e construído nosso modelo mental de dinheiro e riqueza de maneira polarizada.

Como vivemos em um país rico e diverso, valores arraigados de cunho social, cultural e religioso complementam o que recebemos das nossas famílias com relação a comportamento e dinheiro. Desde o exemplo que tivemos dos nossos avós, pais, tios, familiares e amigos, acabamos muitas vezes enraizando alguns pensamentos e sentimentos negativos com relação ao dinheiro.

Esses pensamentos acabam modelando e limitando nosso potencial para enriquecer. Quando vemos um casal jovem bem-sucedido, por exemplo, seja por inveja, incapacidade ou outro motivo, acabamos por julgá-lo como sortudo, afortunado ou "bancado pelos papais", tirando todo o mérito da conquista e perdendo a chance de observar o fato de maneira construtiva e inspiradora para nossas próprias ações.

Antes de colher os resultados nas nossas vidas, precisamos plantar. É como cuidar das raízes de uma árvore frutífera. Se temos bons nutrientes e água suficiente, os frutos serão abundantes e doces; caso contrário, serão miúdos e sem sabor.

A nossa vida acontece em pelo menos quatro planos: físico, mental, emocional e espiritual. Todos esses planos estão ligados às conexões que temos como pessoas e participantes do meio em que vivemos. O plano físico é resultado do que vivemos e construímos como crenças, valores e essência nos demais planos, podendo ser em parte explicado pela psique, parte pela fé e parte pelas culturas e pelos valores adquiridos na nossa formação.

Paulo Vieira explica, em seu livro "Poder e Alta Performance" (2017), uma ferramenta criada por ele para o autoconhecimento e a construção de uma vida plena. Essa ferramenta se chama MAAS – Mapa de Auto Avaliação Sistêmico. Esse mapa quantifica e mensura qual é o seu nível de desenvolvimento em cada um dos 11 pilares que devem ser trabalhados de maneira a construir uma situação de equilíbrio. São eles: espiritual, parentes, conjugal, filhos, social, saúde, servir, intelectual, financeiro, profissional e emocional.

O plano físico acaba sendo apenas uma expressão dos outros planos, podendo ser então comparado com o fruto de uma árvore. Se você planta uma macieira, não poderá colher abacaxis.

A falta de dinheiro não é um problema. Ela é um resultado de uma série de crenças e comportamentos da pessoa ao longo da vida. Todos os resultados que colhemos no nosso mundo são criados a partir das nossas ações.

> **Não existe sucesso e fracasso. Existem resultados. O sucesso e o fracasso são julgamentos que fazemos com base em nossas expectativas comparadas com nossa realidade.**
>
> **Paulo Tavares**

Conhecer o seu modelo de pensamento permitirá que você saiba quem é, como você pensa e quais são suas crenças mais profundas. Esse exercício de reflexão pode não ser fácil ou agradável porque começará a mostrar por que algumas coisas na sua vida não estão perfeitamente como você gostaria.

Quais são seus hábitos mais frequentes e as características que o definem? Você sabe como seus melhores amigos o definem? Qual é a sua imagem no trabalho? E a sua imagem para você mesmo? Está contente com o que vê?

Saber como nós somos vistos e como nos vemos ajuda a começar a entender a distância entre quem eu sou nesse momento e aonde quero chegar. A análise dos aspectos pessoais e da minha postura me permite nesse momento começar a entender os meus relacionamentos pessoais e profissionais e o tipo de relação com as pessoas. Será que tenho desenvolvido relacionamentos de confiança? Sou confiável?

Cada um tem a vida que merece como resultado das suas próprias ações. Agir perante o incômodo e o desconforto traz desenvolvimento e ajuda a conquistar coisas que nunca antes foram alcançadas. Se a pessoa é preguiçosa, não pode esperar resultados espetaculares no seu trabalho e nos seus projetos, mas se toma consciência disso e busca se esforçar de maneira inteligente e focada, colherá frutos muito bons de maneira contínua ao longo do tempo, alcançando patamares que antes não imaginava.

O modelo de pensamento pode ser sustentado em três pilares:

Programação verbal

O condicionamento verbal é extremamente poderoso e muito difícil de alterar quando construído na infância. O valor que atribuímos à riqueza e ao dinheiro a partir das informações recebidas de nossos familiares, amigos e da sociedade forma nossa imagem sobre o dinheiro. Essa imagem será a base para as nossas ações de desenvolvimento ou autossabotagem. Ninguém quer se tornar algo que abomina ou despreza.

Para a alteração desse condicionamento é necessário primeiramente a conscientização sobre esse estado. Faça um exercício de reflexão para listar tudo o que se lembra ter ouvido sobre dinheiro, pessoas ricas, sucesso e riqueza durante a fase de criança e reflita sobre o entendimento de como isso afeta seus sentimentos e sua vida financeira.

Na sequência, a dissociação dos pensamentos do passado com sua situação atual é importante para que eles parem de influenciar você. O presente lhe dá opções de fazer acontecer de uma maneira diferente e lhe oferece a possibilidade de ser a pessoa que quer se tornar no futuro.

Influência dos exemplos

A segunda maneira de condicionamento é a influência por exemplos vivenciados e observados das pessoas que fizeram parte da nossa vida desde a infância. Quanto mais forte o vínculo com a pessoa, mais forte essa influência se torna em nós. Os responsáveis pelo dinheiro da nossa casa eram gastadores ou econômicos? Os comportamentos definem muito do que fazemos hoje como adultos sem nos darmos conta.

Após a vida adulta temos a chance de construir novos relacionamentos e amizades, e novamente de estarmos expostos a novos exemplos. Somos humanos e certamente influenciados diretamente pelas pessoas que estão à nossa volta nas nossas esferas sociais, mas agora com discernimento e certo grau de maturidade para decidir como e com quem interagir nessas redes.

> **Nós somos a média das cinco pessoas mais próximas com quem convivemos.**

A maioria de nós traz valores e hábitos idênticos aos nossos pais, talvez não todos, mas alguns dos quais julgamos corretos apenas por reconhecermos certo sentido.

Porém, eles acabam por limitar nosso potencial de crescimento e performance financeira ao longo da vida.

Para a alteração desse condicionamento é importante avaliar os hábitos da sua família, incluindo seus pais, com relação às finanças e buscar entender conscientemente e sem sentimentos qual a influência deles nos seus hábitos financeiros. Após conhecimento e entendimento, é necessária uma dissociação desses hábitos e valores criados para que você consiga melhor desempenho no futuro.

Impactos por fatos isolados

A experimentação de surpresas ou fatos isolados envolvendo dinheiro ou problemas financeiros pode gerar aversão ou associação de uma imagem muito negativa à riqueza, fazendo com que a autossabotagem esteja presente na vida da pessoa e seja muito difícil de identificar. Crianças presenciando briga dos pais por causa de dinheiro costumam ser exemplos válidos desse tipo de problema.

A identificação dos hábitos e experiências que assustaram ou chocaram de alguma maneira a sua relação com dinheiro é importante para a eliminação da influência negativa e deve ser feita cuidadosamente. Nesse momento é possível redesenhar o rumo que a vida financeira está tomando e trabalhar na dissociação desse pensamento para a construção de um modelo vencedor.

Os três tipos de influência podem ser resolvidos com três passos simples, mas que exigem sinceridade, esforço e vontade de ter sucesso:

Conscientização: faça um exercício tentando ouvir ou escrever as frases que você ouvia sobre dinheiro, positivas e principalmente negativas. Elas serão a base das suas limitações e provavelmente fazem parte das causas da sua situação financeira atual. Observe também os comportamentos que você vivenciou em família e vivencia até hoje. Escreva essas frases.

Pode ser que você encontre na sua história frases como:
"O dinheiro faz maldades"
"Não se pode ser rico e amigo de Deus ao mesmo tempo"
'Você acha que dinheiro nasce em árvore?"
"O prazer é tudo, caixão não tem gaveta"
"Não se consegue nada na vida sem fazer dívidas!"

Infelizmente, algumas brincadeiras e alguns hábitos passam despercebidos ao longo dos nossos dias. Se você faz piadas de pobreza, reclama ou fica "chorando miséria", colherá os frutos do que está plantando. Essas palavras estão enraizadas em você, se converterão em sentimentos, influenciarão nas suas ações, e os resultados esperados com certeza não serão positivos.

Entendimento: pense em como essas frases o afetam hoje e observe detalhadamente sua vida. Como você se comporta ao longo dos dias, no trabalho, nas suas interações profissionais, sociais e familiares? Identifique como esses comportamentos influenciam na sua mentalidade hoje e quais são os resultados que você está colhendo que condizem com o que você observa. Certamente esses resultados estarão muito alinhados com o que você está vendo porque você vive hoje o melhor que você mesmo pode ser.

Dissociação: tudo o que você identificou como negativo e entendeu como influencia sua vida deve ser desconectado de você. O processo de dissociação é a transformação da sua mente separando esses fatos com a certeza de que isso aconteceu no passado e deve ficar lá. Comece a construir mentalmente a pessoa que você deseja se tornar no futuro. Saiba como você quer ser em todas as esferas e comece a construir isso na sua mente.

Comece a viver hoje como a pessoa que você será no futuro. Postura, pensamento, ações, disciplina e dedicação. Os resultados certamente serão proporcionais ao que você construir. Nessa fase pode ser necessário utilizar ajuda profissional de um *coach* competente e devidamente formado e registrado. Ele possuirá as ferramentas necessárias para ajudá-lo nesse processo de reconstrução e reorganização pessoal para mudança de mentalidade e ações de mudança.

2. Por que Buscar o Enriquecimento?

Pensamos que quando você buscou este livro estava pensando em trilhar uma jornada de enriquecimento, e para isso precisamos definir alguns conceitos que vão ajudá-lo a viver de maneira mais plena e coerente de acordo com as suas possibilidades. Afinal, não é somente quando você alcançar seu primeiro milhão (o que é um objetivo digno, mas não necessariamente o sonho de todo mundo) que você começará a desfrutar dos benefícios da organização financeira e pessoal.

Muitos autores defendem que o dinheiro é uma energia que deve circular nas mãos de quem é próspero. Entender esse ponto é fundamental para que você possa convergir sua energia, foco e concentração para viabilizar essa dinâmica. A partir do momento que você começa a sentir e viver os benefícios do dinheiro na sua vida, naturalmente alguns gatilhos serão acionados e você, sem muito sofrimento, aumentará sua riqueza.

Ao longo da vida e dos mais de vinte anos em carreira executiva, questionamos muitas vezes a definição de riqueza, que era muito difícil de separar do status que as posições lhe oferecem. A melhor definição que conseguimos chegar é:

"A riqueza é a ausência de necessidades"

Paulo Tavares

Trilhar a jornada do enriquecimento e desenvolvimento requer entender quais são os princípios e valores que norteiam sua vida, quais são os objetivos pessoais, profissionais e como você será afetado pela sua própria riqueza e desenvolvimento. Saber quem você se tornará é importante para que você consiga desenvolver e construir seu futuro de maneira honesta e possa impactar positivamente na vida das pessoas que o circundam.

Possuir uma bela BMW devendo as prestações, vestindo roupas falsificadas e devendo o aluguel de uma enorme casa vistosa em um condomínio não é riqueza.

Paralelamente, outra pessoa pode ter um padrão de vida mais simples e modesto, morando em um apartamento menor, com um carro popular de três ou quatro anos de uso, para poder investir parte do que economiza todos os meses. Vivendo em um nível pouco menor do que sua renda total lhe permite nesse momento, com certeza ela será capaz de realizar bons investimentos em produtos financeiros, oportunidades de negócio, viagens, conhecimento, cultura, lazer e hobbies sem necessariamente diminuir a qualidade de vida, ao contrário do pensamento comum (usualmente incorreto quando o assunto é finanças e dinheiro). Podemos diminuir e otimizar nossos gastos, chamados erroneamente de 'padrão de vida', sem diminuir nossa qualidade de vida, o que será explorado em detalhes ao longo deste livro. Precisamos desenvolver uma mentalidade que nos permita gastar e poupar de maneira inteligente criando condições de atingirmos nossos objetivos de curto, médio e longo prazo.

Esse segundo exemplo representa uma vida muito mais rica e abundante do que o primeiro.

O estabelecimento de uma conexão com o dinheiro independentemente do estágio atual de desenvolvimento é importante para que a familiaridade gere resultados positivos. Você já fez um *test-drive* no carro dos seus sonhos? Então sugiro que faça. Perceba a sensação de tê-lo por alguns minutos e se imagine chegando em casa com ele. A alegria da família ao ver o seu sucesso e o quão felizes vocês serão ao fazer isso.

Esse exercício permite que você comece a sentir o benefício do dinheiro ao seu favor, mas lembre-se: não pode causar sofrimento. A sensação após o teste deve levar a uma motivação de seguir seu plano de desenvolvimento e enriquecimento para alcançá-lo. Caso você não siga o plano, que é a chave da realização dos seus objetivos, se lembrará do carro com certa frustração. Esse sentimento em relação ao carro ainda é pequeno comparado com o potencial de realização de qualquer ser humano de bem, que busca aprender e se desenvolver ao longo do tempo.

2.1. Primeiro passo: ter renda

Fazer dinheiro ou ter renda é o primeiro passo para pessoas financeiramente abundantes e prósperas. Ganhar o mínimo necessário para pagar suas contas não permitirá que você invista e construa sua escada de desenvolvimento e enriquecimento. É preciso ter uma renda adequada e justa para tornar a jornada possível.

Se você trabalha como ajudante de cozinha lavando pratos, que é um trabalho digno e honesto, precisa se perguntar se você é realmente o melhor lavador de pratos desse restaurante e o que pode fazer para que lhe confiem algo maior e paguem mais por esse algo maior. Lembre-se de que todos têm talentos. Você está desenvolvendo seu talento da melhor maneira?

Da mesma forma, pode ser que você tenha uma confortável posição de engenheiro de desenvolvimento de produtos em uma multinacional, com estabilidade de carreira, algumas viagens, status e tudo o que a posição lhe permita, mas será que essa renda é a melhor que você poderia ter? Certamente não. Certamente existe espaço para mais desenvolvimento e consequentemente maiores retornos.

Ganhar dinheiro sem a capacidade de possuí-lo pode gerar problemas graves a longo prazo e resultar em pessoas que realizaram muito pouco na vida. Ao longo do livro falaremos sobre os fatores de enriquecimento, mentalidade financeira, crenças e valores que influenciam nesse aspecto.

2.2. Segundo passo: ter dinheiro

Aqui a questão é possuir dinheiro em espécie, recursos financeiros aplicados e liquidez. É necessário ter dinheiro disponível a qualquer momento na sua estrutura financeira para utilização quando for necessário. O verdadeiro rico não possui apenas ativos imobilizados, mas também ativos de liquidez imediata que oferecem boa rentabilidade e acabam por alimentar seu estilo de vida abundante e fornecer liberdade.

2.3. Terceiro passo: investir

Após atingir um nível mais elevado de conhecimento e perícia com as finanças, conhecer tipos e modalidades de financiamento e alinhá-los com seu perfil permitirá conseguir um aumento do seu dinheiro acima de sua capacidade de poupar. Esse é o efeito dos juros compostos trabalhando pelo seu dinheiro. Isso traz uma vantagem: se em algum momento você precisar parar de trabalhar ou sofrer uma eventual demissão, não passará por dificuldades financeiras até seu processo de recolocação ou até a reestruturação dos seus projetos e plano de vida. Após algum tempo de investimento, seu dinheiro estará trabalhando para você e o rendimento que surgirá sem o esforço do seu trabalho pode ser a fonte de pagamento das suas despesas.

2.4. Quarto passo: usufruir

Aqui começa o passo de receber os benefícios do seu próprio esforço e organização financeira, vivendo como uma pessoa realmente rica e aproveitando as primeiras possibilidades trazidas dessa transformação. Uma refeição em um bom restaurante com a família, uma viagem, um carro melhor dentro das possibilidades construídas, faz com que a jornada de crescimento e enriquecimento seja mais suave. Sofrimento permanente nesse processo de transformação tira todo o sentido em si do esforço e faz questionar a credibilidade da metodologia.

2.5. Quinto passo: abundar

Esta palavra deve ser usada em seu significado real de transbordar. Algo só transborda depois de estar cheio, e isso significa, na vida financeira, ter mais do que o suficiente. Durante o processo de transformação, se conseguimos ter nosso comportamento de consumo adequado, a abundância de recursos acontecerá muito antes do primeiro milhão de reais na conta do banco. Essa abundância permitirá, por exemplo, a execução do quarto passo, colhendo alguns frutos do que o dinheiro pode proporcionar.

Abundar não significa rasgar dinheiro, mas tê-lo em quantidade suficiente para uma vida plena e para auxiliar os mais necessitados também. Ter mais do que o estritamente necessário para honrar seus compromissos financeiros e consequentemente aproveitar alguns prazeres, seja por meio de uma doação financeira ou em um trabalho voluntário, isso é indiferente. Aqui estamos falando de viver em um estilo de vida completo e pleno dentro da sua possibilidade, de maneira que a essência da palavra riqueza seja verdade no seu dia a dia.

2.6. Sexto passo: continuar rico

A melhoria contínua não é uma conversa apenas de empresários ou gerentes chatos que buscam otimizar seus processos internos, mas, sim, tem a ver com o autodesenvolvimento contínuo que devemos buscar à medida que crescemos. Devemos buscar ser melhores humanos, maridos, esposas, filhos, profissionais, de modo que tenhamos capacidade de gerenciar uma maior quantidade de recursos que nossos esforços proporcionarão.

É importante investir em bons cursos e treinamentos, ler bons livros e abrir mão de algumas coisas e hábitos tradicionais, que não colaboram com nosso crescimento, como, por exemplo, assistir telenovelas. Utilize seu tempo com sabedoria, porque, mesmo que sua renda e seu patrimônio aumentem, seu dia continuará tendo 24 horas.

A construção de patrimônio permite alcançar a tão desejada independência financeira, que conceitualmente se resume na capacidade de um portfólio de investimentos dos mais variados proporcionar um rendimento periódico suficientemente grande para pagar seu custo de vida. Esse momento é alcançado quando sua estrutura financeira gera recursos suficientes para alimentar e manter seus passivos financeiros.

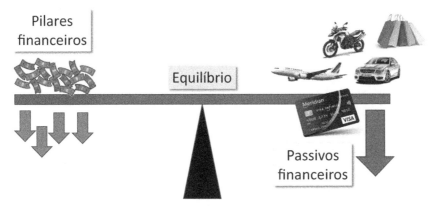

Figura 3. Independência financeira.
Fonte: os autores.

Muita gente imagina uma pessoa rica esbanjando com jantares caros, carros importados e apartamentos de luxo quando se fala em independência financeira, mas na verdade o preço da liberdade às vezes é muito menor do que pensamos.

O ser humano é um ser complexo. Não podemos discutir questões financeiras sem analisar o impacto que a carência apresentada nesse pilar da vida causa em outros pilares. Por conta disso, é extremamente importante buscar o equilíbrio e definir bem as metas em todos os aspectos da vida. Viver somente em função de dinheiro e prazeres a curto prazo resultará em desequilíbrio e sofrimento, principalmente se algo não se realizar conforme o esperado.

3. Administrando Seu Patrimônio

3.1. Renda e poupança

A dedicação a uma atividade profissional, seja ela qual for, é um dos meios mais comuns para obtenção do dinheiro que irá custear as necessidades que temos na vida, desde alimentação, moradia, educação e lazer.

Ao longo da vida temos diversas variações nos níveis de remuneração e de disponibilidade de dinheiro, o que torna necessário um planejamento adequado a longo prazo para a manutenção do padrão de vida saudável quando a idade não mais colaborar para as atividades profissionais.

A vivência de conflitos é muito comum no processo de obtenção de dinheiro, a partir não só dos valores construídos durante a vida, mas também das falsas expectativas criadas ao longo da nossa jornada. Muitas pessoas chegam a desprezar o dinheiro, enquanto outras dedicam a vida apenas ao enriquecimento sem propósito.

A aplicação e o consumo do dinheiro partem da escolha por possuir determinado produto ou consumir certo serviço, conforme fizer sentido segundo o modelo de dinheiro presente na mente da pessoa. A aplicação é o gatilho entre o acúmulo e a eliminação dos recursos financeiros em poder da pessoa, sendo necessário um bom nível de esclarecimento para saber o que é essencial, o que é necessário e o que é simplesmente um desejo ou vontade.

Nós vivemos em um país onde a distribuição de renda ainda é concentrada e os salários dos brasileiros são baixos na maioria das posições. A diferença entre pessoas que crescem e as que estão seriamente endividadas usualmente é a postura. As que crescem estão em busca de utilizar bem seu tempo livre buscando adicionar sempre que possível uma renda extra à família e não voltam seu foco para o consumo de curto prazo, fato que gera um aumento considerável do endividamento.

Segundo o último levantamento realizado pelo IBGE em 2017 avaliando a renda de uma amostra da população ativa no Brasil, um total de 23% das pessoas não teria rendimento algum. Cerca de 54% dos brasileiros receberiam até dois salários mínimos mensais e 16% receberiam entre dois e cinco salários mensais. Apenas 6% da população receberia mais de cinco salários mínimos mensais, dentre eles, médicos, advogados, alguns professores e outros profissionais registrados (CLT), conforme pode ser visto na Figura 4.

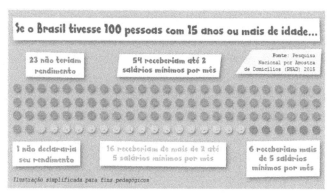

Figura 4. Distribuição de renda no Brasil.
Fonte: IBGE (2017).

Isso reforça a necessidade de gerenciar bem as finanças, buscar possibilidades de investimento e multiplicação de patrimônio a fim de garantir saúde e estabilidade financeira para a família. Na maioria das regiões brasileiras, as rendas apresentadas nos estudos são relativamente baixas para uma boa qualidade de vida com garantia de educação, saúde, moradia e alimentação de qualidade para todos os membros da família.

	Custo de Oportunidade: O custo de oportunidade reflete o quanto você está deixando de ganhar por escolher uma alternativa de aplicação do seu capital. *Imagine que você tem um valor em sua conta corrente e duas opções:* *A) Comprar um carro novo no valor de 40 mil reais.* *B) Investir em renda fixa com um retorno de 0,8% ao mês.* *Nesse exemplo o custo de oportunidade se refere ao quanto você deixa de ganhar com a opção B (0,8% de 40.000 = 320 reais por mês) por ter decidido gastar o dinheiro na compra do carro (A) em vez de realizar o investimento na opção (B).*

A renda mensal familiar é a base para estruturação das finanças pessoais, sendo um fator limitante para a maioria das pessoas com hábitos ruins de consumo ou por uma condição insatisfatória de renda, seja por conta de um baixo nível de escolaridade, seja pelas oportunidades criadas e aproveitadas durante a vida ou simplesmente pelo momento que enfrenta. A entrada de dinheiro em casa deve ser suficiente para manter o padrão de vida, mas também deve ser maior do que as saídas e gastos, para que seja possível poupar e investir focando um futuro mais seguro e estável financeiramente.

Todo processo de enriquecimento exige uma constância e um período. A determinação do período é importante para saber o tamanho do esforço e julgar a possibilidade de realização do objetivo. Se eu posso investir, por exemplo, 500 reais mensais em uma renda fixa de 0,5% de rendimento mensal, não será possível atingir 1 milhão de reais em 30 anos.

Nós ainda vivemos em um país com uma das piores distribuições de renda do mundo. Conforme já mostrado e comentado na Figura 4, mais da metade da população economicamente ativa possui rendimentos muito baixos. Somados a isso, temos um comportamento exagerado de distração com mídias sociais, televisão e outros tipos de evento.

É muito fácil gastar de quarenta minutos a uma hora apenas "se atualizando" sobre o que acontece nas nossas mídias sociais, duas horas à noite para ver um jornal e uma novela, sem falar em outras coisas mais. Isso não é errado, mas em um momento em que você precisa pensar em construir meu patrimônio, dizer que não tem tempo para se especializar, estudar ou buscar um trabalho adicional aproveitando o tempo improdutivo que gasta diariamente não faz muito sentido.

Algumas pessoas possuem dois empregos. Isso não reduz nem aumenta o merecimento das pessoas, mas acaba sendo depois um período muito recompensador.

A sugestão não é trabalhar mais do que você trabalha ocupando totalmente seu tempo disponível para produzir mais dinheiro apenas, mas pensar na utilização produtiva do seu tempo de maneira inteligente para gerar ganhos adicionais que lhe permitam, em um período de esforço planejado, construir uma reserva ou um fôlego para a realização dos seus objetivos. Esse esforço temporário pode ser feito, por exemplo, como primeiro passo para a quitação de dívidas ou para a criação de uma reserva de segurança. A organização financeira e a construção de um patrimônio que lhe proporcione equilíbrio financeiro trarão diversos benefícios, além da liberdade de escolhas e planejamento, como, por exemplo, conforto, segurança, desenvolvimento pessoal e paz.

Alguns médicos já mencionam um possível aumento da expectativa média de vida dos brasileiros, podendo chegar à casa dos 80 anos ainda saudáveis e com disposição para viver e aproveitar a vida. Na mesma linha, diversos empreendedores já pensam nos serviços do futuro para a terceira idade apostando em um aumento do consumo desses serviços pela população mais idosa. O governo também busca um equilíbrio nas contas para sustentar a massa de aposentados por mais tempo no futuro. E nós, o que estamos fazendo para garantir nossa independência quando estivermos mais velhos?

3.2. Por que poupar?

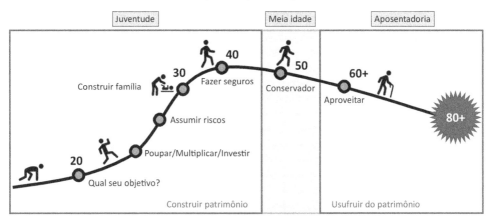

Figura 5. O ciclo de vida financeiro.
Fonte: Portal Exame (2017).

Desde o início da nossa vida financeira propriamente dita, após a fase dos estudos, estamos buscando a definição e organização dos nossos objetivos. Aos vinte e poucos anos temos expectativas, prioridades e motivações que se refletem em todos os campos da nossa vida, profissional, familiar, espiritual, financeiro e amoroso. As dúvidas e incertezas sobre o futuro são frequentes nessa idade, mas uma coisa é certa: precisamos focar na construção do nosso patrimônio.

A construção do patrimônio é feita nos primeiros 20 anos da nossa vida, momento em que podemos assumir mais riscos e acabamos nos expondo a perdas menores. Temos tempo de recomeçar quantas vezes for necessário para alcançarmos o sucesso em nossas vidas.

O sucesso se resume à vivência em plenitude de todas as áreas da nossa vida em estado de equilíbrio. Não seremos plenamente felizes se tivermos um tremendo sucesso, por exemplo, na carreira e formos sozinhos no mundo, com família despedaçada, filhos afastados dos pais, divórcios mal resolvidos, saúde debilitada, etc.

Ao redor dos 30 anos, a maioria das pessoas está focada na construção da família. As situações econômicas e profissionais são mais favoráveis, assim como a maturidade e o controle emocional nessa faixa etária permitem a vivência de prioridades que sequer pensávamos quando tínhamos vinte e poucos anos. A carreira está um pouco mais estabilizada e os focos agora mudam.

Ao se aproximar da casa dos 50 anos, já se começa a pensar nos riscos e incertezas para nossa vida e dos filhos. Esse é o momento onde mudamos um pouco nosso foco, saindo do esforço de acumular, produzir e investir e começamos a pensar e nos preparar para usufruir do que conquistamos a vida toda. Carros novos, viagens, hobbies. Temos mais tempo e infelizmente, em alguns casos, menos disposição.

Ao entrarmos na casa dos 60, é possível que estejamos aposentados ou em vias de nos aposentar, e nesse momento começa o tempo livre e o desafio de como enfrentar os próximos anos de maneira adequada. Não podemos nos dar ao luxo de confiar nosso futuro ao governo, aos parentes ou a quem quer que seja. Ninguém sabe melhor do que nós mesmos como queremos viver. Nesse momento precisamos entender o ciclo das nossas finanças ao longo da vida.

**Figura 6. Ciclo de vida financeiro do brasileiro.
Fonte: adaptado de Halfeld (2007).**

Entender e ser capaz de desenhar seu fluxo de vida financeira é essencial para o planejamento de longo prazo. Trataremos disso mais adiante. Ao iniciar sua vida profissional, ao redor dos 20 anos, você terá basicamente sua renda formada pelo rendimento do seu próprio trabalho. Como os gastos e investimentos aqui são relativamente altos, os retornos financeiros serão mais a longo prazo.

Investimento:
O investimento é o ato de alocar ou aplicar recursos, esforço, trabalho, recursos financeiros, etc. a fim de obter um resultado específico em um tempo futuro.

O custo de um curso técnico ou uma faculdade é um investimento porque vai gerar retorno futuro de melhor posicionamento no mercado, desenvolvimento de carreira e aumento da renda, assim como um investimento em um bom curso de idiomas, livros, etc. Isso acontece na fase inicial da nossa vida financeira.

Observe que entre os 25 e 30 anos existe um pequeno aumento da renda proveniente dos investimentos financeiros marcados na figura como 'outras fontes' que reflete já o resultado de uma melhor posição salarial e desenvolvimento na carreira. Para jovens empreendedores a curva pode ser um pouco diferente, com resultados expressivos em prazos mais curtos.

Ao redor dos 40-45 anos existe uma mudança mais significativa da composição do rendimento pessoal. Observe que a curva de renda do trabalho começa a declinar, refletindo o atingimento do ápice profissional, e observamos que o complemento da renda se dá mais pelo aumento de uma fonte de renda alternativa, que pode ser composta pelo resultado dos investimentos financeiros feitos nos anos anteriores ou também como resultado de uma segunda ocupação, como, por exemplo, um engenheiro que decidiu começar a dar aulas à noite complementando sua renda como professor.

A partir dos 60-65 anos, existe um declínio muito forte da renda do trabalho, como resultado de uma possível aposentadoria e a redução dessa renda gradativamente em função também da redução da atividade profissional com o nosso envelhecimento, salvo em algumas situações de funcionários públicos com aposentadoria integral e cargos políticos com remuneração especial.

Observe que é tarde demais para pensar em buscar fontes de investimento e alternativas de renda a partir do momento em que a receita financeira diminui. Quando pensamos em uma expectativa de vida de 80 anos e estamos na casa dos 20, temos um horizonte de 60 anos para trabalhar e nos preparar para uma vida financeira mais estável e abundante.

Refletindo:
Qual o valor de um bom salário? Como posso garantir que minha aposentadoria seja tranquila? Quais são os meus objetivos?

O Brasil passou por uma série de transformações históricas importantes, dentre elas a Consolidação das Leis do Trabalho, que chamamos de regime CLT em algumas regiões. Nessa lei, muitos direitos são garantidos aos trabalhadores regulares contratados como pessoa física pelas empresas, dando segurança para a relação entre empresa e empregado.

Queremos mostrar a seguir o lado que muitas pessoas desconhecem sobre a relação de trabalho regida por CLT. O conhecimento e o entendimento do impacto dessas medidas, compromissos e obrigações refletem diretamente na limitação de alguns salários oferecidos e acabam em alguns ramos de negócio inviabilizando relações de longo prazo com os trabalhadores.

Primeiramente, existe em uma relação 'celetista' (CLT) uma série de obrigações pagas pelo empregador que compõem o custo da mão de obra da empresa. Essas obrigações são chamadas de "encargos sociais" e são calculadas com base no salário registrado em carteira de trabalho. Os encargos sociais são repassados às instituições governamentais para garantir o benefício dos trabalhadores, incluindo os pagamentos de rescisão de contrato de trabalho (demissão).

Tabela 1. Encargos sociais da empresa em relação CLT.

Encargos sociais	(%)	(%)
Décimo terceiro salário		10%
Férias (+1/3)		13%
Descanso semanal remunerado		20%
INSS	20,0%	
SAT até	3,0%	
Salário educação	2,5%	
INCRA/SENAI/SESI/SEBRAE	3,3%	
FGTS (a partir de 01.01.2007)	8,0%	
FGTS/Provisão de multa rescisão	4,0%	
Total previdenciário		41%
Previdenciário sobre 13º/Férias/DSR		18%
Soma BÁSICO		**101,8%**

Fonte: site TRT (2018).

Observe que os valores ultrapassam 100%. Isso significa que se o funcionário tem um salário bruto registrado de 20.000 reais, a empresa paga 20.360 reais de encargos sociais para o governo em diferentes esferas. Não estão somados aqui os benefícios de transporte, alimentação, seguro saúde e outros benefícios concedidos pelas empresas.

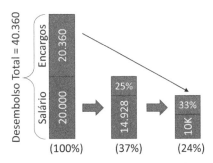

Figura 7. O poder de compra do salário CLT.
Fonte: os autores.

Ainda é necessário descontar do salário bruto os valores de IR (Imposto de Renda), INSS e demais benefícios, que podem chegar facilmente aos 25%. Conhecendo isso, é um pouco mais fácil entender o valor do seu trabalho, quanto realmente custa para a empresa que o contrata e quanto realmente você tem poder de compra e consumo com seu trabalho. Descontando a carga tributária média brasileira (cerca de 33% do PIB), você terá uma ideia do seu real poder de compra, que, no exemplo dado (Figura 7), pode chegar a apenas 24% do valor desembolsado pela empresa. Observe as tabelas a seguir:

Tabela 2. Tabelas de incidência mensal do Imposto de Renda de Pessoa Física.

A partir do ano calendário de 2015

Base de cálculo (R$)	Alíquota (%)	Parcela a deduzir do IRPF
Até 1.903,98	-	-
De 1.903,99 até 2.826,65	7,5	142,80
De 2.826,66 até 3.751,05	15	354,80
De 3.751,06 até 4.664,68	22,5	636,13
Acima de 4.664,68	27,5	869,36

Fonte: Site Receita Federal do Brasil (2018).

Tabela 3. Tabela de incidência mensal de contribuição ao INSS de pessoa física.

Tabela para Empregado Doméstico e Trabalhador Avulso
Calendário 2018

Salário de contribuição (R$)	Alíquota (%)
Até 1.693,72	8
De 1.693,73 até 2.822,90	9
De 2.822,91 até 5.645,80	11

Fonte: Site INSS (2018).

Da mesma maneira, se pensamos no valor da contribuição ao INSS feita pelos empregados registrados em CLT e comparamos com os possíveis valores que temos de aposentadoria nas regras atuais, temos outra surpresa. Observe a tabela a seguir, onde comparamos o acúmulo e o consumo de um investimento de um valor semelhante à contribuição previdenciária obrigatória no regime de CLT.

Tabela 4. Simulação de investimento do valor de contribuição ao INSS.

Salário bruto	1.908,00	4.770,00	10.000,00
(-) INSS	-171,72	-534,70	-608,45
Depósito	61.819,20	192.492,00	219.042,00
Corrigido 30 anos	357.032,44	1.111.724,00	1.265.061,66
Parcela 20 anos	-3.344,11	-10.412,85	-11.849,07

Os depósitos acumulados e corrigidos a uma taxa de 10% ao ano ao longo de um período de 30 anos considerando o tempo médio de contribuição formam um capital muito relevante. O exercício mostra 30 anos de acumulação e 20 anos de consumo, chegando teoricamente à faixa de idade de 80 anos. Resumidamente, se for possível um investimento mensal no mesmo valor da contribuição ao INSS, para um salário de 1.908 reais, seria possível receber mensalmente 3.344,11 reais por um período de 20 anos. Esse nível de contribuição dá direito a apenas um salário mínimo no valor de 954 reais mensais. Da mesma maneira, para o salário de 4.770 reais poderia se receber um pagamento mensal de 10.412,85 por 20 anos, conforme mostra a Tabela 4. Esse mesmo nível de salário permite o recebimento de um valor aproximado de 2.200 reais mensais segundo as regras do INSS, respeitando o valor médio dos depósitos.

Por isso é importante planejar e poupar para construir investimentos sólidos e seguros que permitam uma vida tranquila e abundante na terceira idade, sem dependência de assistência governamental, familiar ou de outras entidades.

O conhecimento dessa mecânica não faz desmerecer todo o esforço e a importância social do INSS nem tampouco serve para questionar sua eficiência financeira na vida das pessoas, mas mostra que é possível, com um pouco mais de esforço, conseguir uma renda muito superior ao que hoje é disponibilizado pelo sistema. E temos certeza de que você gostaria de ter a melhor renda possível para sua fase de maior idade.

4. Capacidade de Poupar e Investir

O ato de poupar, segundo o dicionário Michaelis, é: "gastar sem desperdício" ou "juntar dinheiro fazendo economia com o objetivo de investir em um bem futuramente".

A definição parece bem simples, mas na vida real acaba sendo muito mais difícil. Quem poupa no presente cuidando dos gastos pessoais com parcimônia e muito cuidado terá como resultado uma capacidade muito maior de consumo no futuro e poderá facilmente enfrentar o declínio de renda que a própria natureza nos impõe pela redução da nossa capacidade produtiva ou pela simples redução das rendas que temos do trabalho.

Para muitas pessoas, o ajuste e o controle das contas se refletem em um sacrifício de não consumir, em uma combinação de tudo o que falamos sobre os valores e os pensamentos que temos sobre dinheiro tratados no primeiro capítulo. Independentemente da vontade de mudar e do peso do consumismo, é importante saber quais são os benefícios e as possibilidades de mudança para que seja possível uma decisão sincera de mudança de hábitos, padrões e a conquista de um futuro melhor financeiramente.

Ao longo dos nossos treinamentos de gestão financeira e investimentos, temos observado todos os tipos de comportamento entre os nossos participantes. Temos observado casos extremos de executivos que ganhavam salários altos e viviam um alto padrão de vida, com carros novos, casas em condomínios caros e viagens ao exterior, mas que, por conta da fartura momentânea, não se preocupavam em aprender sobre finanças, poupar e construir um patrimônio que lhes desse independência financeira para manter o padrão de vida da família.

Algumas mudanças de rumo acabaram por desestruturar as fontes de renda. Um desemprego força um reajuste doloroso no padrão de consumo e a recolocação no mercado de trabalho acaba sendo cada vez mais difícil quando o nível é mais alto. Esses participantes dividem histórias de divórcios e dívidas gerados por esses problemas que infelizmente poderiam ser evitados caso o foco tivesse sido diferente durante a sua trajetória.

Da mesma maneira, existem excelentes exemplos de pessoas que saem do mínimo possível e, com sua mentalidade empreendedora, foco e ego sob controle, conseguem poupar e investir de maneira inteligente, atingindo com o passar dos anos uma independência financeira fantástica. A renda e os investimentos acabam sendo seus aliados na realização dos seus sonhos e os transformam em pessoas melhores.

Refletindo:
"Preciso de um carro novo!"
Preciso?
Preciso mesmo?
É certeza de que preciso?
Por quê?
Ou será que eu apenas **desejo**?

A reflexão sobre as nossas reais necessidades será mais fácil quando tivermos nossos objetivos bem definidos e tivermos compromisso com nosso futuro. Assim, será possível realmente avaliar se não estamos considerando nossos desejos como necessidades e tomando decisões de consumo que nos fazem sofrer no processo de poupança.

A ideia não é desenhar uma receita e dizer que se você economizar um cafezinho por dia será milionário aos 80 anos, mas, sim, buscar uma reflexão realista sobre o seu padrão de consumo e a motivação real que está por trás da maneira como gasta e como cuida das suas riquezas. Não existe maior riqueza que sua inteligência e capacidade de trabalhar, gerando valor para o próximo e sendo compensado financeiramente por isso.

Da mesma maneira, pode-se considerar que um carro é um meio de locomoção. Podemos talvez considerar que o carro é um passivo útil que fornece conforto e segurança para você e sua família em viagens e deslocamentos ao longo da semana. O carro pode também ser uma prova do seu sucesso financeiro e status para você mostrar aos seus amigos e familiares, mostrando o quanto você é bom e rico.

Qual dessas visões é a mais correta? Dependendo de cada um, com distintas formações humanas, profissionais, religiosas e da definição dos valores aprendidos da família, teremos diferentes posicionamentos como corretos. O importante é dizer que, dependendo do seu posicionamento, seus bens terão um peso maior ou menor na sua vida. Isso pode acabar, por uma questão de desequilíbrio, trazendo complicações a médio e longo prazo.

Uma BMW zero quilômetro na garagem e um boleto com sessenta prestações não fazem você mais rico do que o colega que anda em um carro popular quitado e investe o dinheiro que sobra em educação, ativos financeiros e viagens com a família. Aqui a plenitude da vida é diferente em cada caso e serve de referência para a satisfação pessoal de cada um.

Quando compramos um carro novo, precisamos considerar alguns custos.

Refletindo:
Quanto custa um carro novo? Como decidir pela compra?

A compra de um carro novo deve levar em conta vários aspectos além do preço do modelo escolhido. A utilização e a performance do automóvel devem ser detalhadamente analisadas, pois existe uma grande diferença no final do ano quando você roda quinhentos quilômetros por semana em um carro popular com motor 1.0 a álcool ou gasolina e em um carro de luxo automático 2.0 a gasolina. A depreciação, a manutenção, o consumo e o desgaste serão bem diferentes, lembrando que as revisões devem ser feitas na concessionária da marca para manter a garantia de fábrica.

Adicionalmente, devemos considerar os custos de IPVA, licenciamento, DPVAT, seguro, depreciação e custo de oportunidade. Isso faz com que alguns modelos populares, nessas proporções e condições de uso, apresentem um custo anual cerca de cinco vezes menor do que um carro de luxo da mesma marca.

Isso mostra que nem sempre é interessante "investir" o dinheiro ou o décimo terceiro na compra de um carro novo. A análise precisa ser completa, e com certeza vale muito mais você ter suas finanças controladas do que viver apertado com um carnê de financiamento no bolso para realizar um "sonho" aparente para outros.

A compra de um apartamento para investimento é outro assunto normal que aparece com muita frequência nos nossos treinamentos como dúvida. Para exemplificar, vamos falar de um dos nossos colegas, o José.

4.1. E agora, José?

Recém-casado e em um emprego aparentemente estável, José sempre ouviu dos avós que imóvel é um bom investimento porque isso ninguém tira de você. Após juntar uma certa economia com sua esposa, ele resolveu avaliar o investimento em um apartamento. A ideia é financiar e utilizar o aluguel dele para pagar as parcelas.

Com uma renda aproximada de 5.400 reais, José solicitou uma simulação de financiamento à construtora da sua cidade e decidiu assumir as parcelas de 1.092 reais mensais. São apenas 20 mil reais de entrada e o saldo em 360 meses com parcelas decrescentes.

Ele disse:
"Eu compro e alugo por R$ 1.000 + condomínio!"
"O apartamento vai se pagando..."
"Estou mais próximo da minha independência financeira!"
"Agora é só alugar!"
"Em fase de acabamento! Entrega em 90 dias!"
"Minhas economias cobrem a entrada..."

Após analisarmos seu caso detalhadamente, descobrimos que nem tudo estava tão bem e organizado como parecia. José estava considerando a possibilidade de ter um patrimônio maior de maneira que ele colocasse o apartamento para se pagar.

Refletindo:
O que é importante considerar quando escolhemos um investimento?
A compra de um imóvel possui riscos? Quais são os riscos?
O que José não considerou em seu plano infalível de aumento de patrimônio?

Nós moramos em um país em que nem tudo dá certo o tempo todo, e o nosso colega José, com certa ingenuidade, considerou que tudo daria certo com sua escolha e que seu dinheiro seria o suficiente para quitar seu compromisso financeiro e ser feliz com seu imóvel novo. Afinal, ele já estava casado e eles moravam em um condomínio próximo, onde observaram vários imóveis semelhantes para locação. A conclusão deles foi: "se todo mundo aluga, deve alugar bem...".

Vamos analisar os cenários do José: se der tudo certo e se der tudo errado. O que acontece?

Fatos que completam o cenário:

Reservas do casal: R$ 28.000.

➢ Suficiente apenas para cobrir 8 meses do gasto mensal
➢ Entrada consome 72% da reserva

FGTS: R$ 5.120 a ser consumido no negócio

Gasto mensal: R$ 3.500

Renda mensal casal: R$ 4.500 + 3.800 (bruto)

➢ Líquido aproximado de R$ 6.200 mensal (R$ 3.350 + R$ 2.850)
➢ Valor "livre" para investimento de R$ 2.700

Imóvel em fase de acabamento: entrega no contrapiso.

➢ Pisos e revestimento
➢ Armários
➢ Documentação (ITBI, IPTU, etc.)

Aluguel:

➢ Taxa de desocupação do condomínio? Quanto tempo?

Na primeira situação vamos considerar que o nosso colega vai comprar o apartamento e pagar todas as contas, irá contar com uma reserva de 8.000 reais que sobra da entrada e alugar o apartamento dois meses após a entrega. Lembre-se de que o apartamento será entregue apenas com contrapiso e sem armários, portanto será necessário investir para colocá-lo em locação. Veja o resultado:

Deu tudo certo:
Reservas: R$ 8.000
   - Suficiente apenas para cobrir dois meses do gasto mensal
FGTS: R$ 5.120 abatimento do saldo devedor – ok
Gasto mensal: R$ 3.500 + R$ 1.100 parcela = R$ 4.600
Renda mensal casal: R$ 6.200 mensal
                  - Ninguém perdeu o emprego
Imóvel em fase de acabamento: entrega no contrapiso.
   - Pisos e revestimento R$ 5.000
   - Armários R$ 10.000
   - Documentação (ITBI, IPTU, etc.) R$ 4.250 + R$ 450
Aluguel:
   - Ocupação após pronto – imediata (dois meses)

Desembolso até o aluguel = R$ 19.700

Figura 8. Desembolso total até a locação do imóvel.
Fonte: os autores.

O total do desembolso até o recebimento do aluguel inclui parcela, colocação de pisos e revestimento, armários e documentação. O condomínio deve ser pago pelo proprietário até que o apartamento seja alugado.

Isso soma ao final um total de R$ 19.700 para ser pago pela única reserva que sobrou de R$ 8.000, o que mostra que nesse momento não é a melhor opção.

Adicionalmente, existem mais riscos envolvidos nessa operação que devem ser considerados e podem piorar muito o cenário analisado. Eventualmente, algum dos dois, o José ou sua esposa, pode perder o emprego, e o imóvel pode também não ser locado com a rapidez que se espera. A disponibilização do apartamento para aluguel depende de tê-lo pronto.

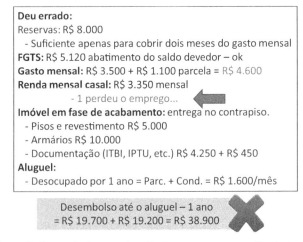

Figura 9. Desembolso total após 1 ano sem ocupação do imóvel.
Fonte: os autores.

No exemplo, avaliamos qual seria a consequência de uma perda de emprego de um dos dois, reduzindo a entrada de dinheiro para o casal. O gasto mensal se mantém alto e será maior do que a renda do casal, consumindo a reserva de R$ 8.000, que será extinta em cerca de sete meses.

Adicionalmente, temos a situação de demorar um ano para locar o apartamento, fazendo com que o casal desembolse as parcelas do financiamento e do condomínio até a locação, aumentando o desembolso nessa situação para R$ 38.900 nesse período, que seria provavelmente o tamanho da dívida gerada por essa decisão.

E agora, José?

A conclusão que tiramos disso não é no sentido de que investir em imóveis é certo ou errado, ou se é a melhor ou pior opção, mas, sim, de que, para uma boa escolha, é essencial a análise dos cenários e do poder financeiro antes da tomada de decisão. Pensando em construção de patrimônio e em renda adicional, entendemos a boa intenção de José, mas podemos ver que ele não está preparado para assumir a compra de um imóvel nesse momento.

O ideal é que José busque outros tipos de investimento com aportes de capital menores e construa uma carteira de investimentos equilibrada e condizente com o seu perfil de risco.

 Imprevistos sempre acontecem. Esteja preparado.

A falta de organização e planejamento financeiro causa diversos problemas que podem resultar em um sério endividamento, perda de crédito no mercado e complicações gerais na sua vida. Quem não está preparado para imprevistos fica à mercê da sorte, e na maioria das vezes ela não é generosa com quem está despreparado.

5. As Dívidas

O Serasa Experian é uma empresa brasileira que fornece análises e informações de crédito, auxiliando outras empresas a reduzir os prejuízos com devedores e duvidosos a partir de um serviço chamado SPC (Serviço de Proteção ao Crédito). Todos os dias são cadastrados CPFs inadimplentes e é montada uma base de dados com informação sobre devedores, valores da dívida, históricos e tempo em negociação. Em 2018 existiam mais de 60 milhões de CPFs devedores, o que nos mostra que as dívidas são realmente perigosas.

Independentemente do seu hábito de consumo, é importante saber o que fazer com relação aos seus compromissos financeiros. Inicialmente, vamos conceituar:

> - **Contas:** são despesas financeiras com vencimento futuro, podendo ser periódicas, recorrentes ou pontuais.
> - **Dívidas:** são obrigações e compromissos financeiros não honrados, ou seja, contas vencidas.

Livrar-se das dívidas é a primeira providência a ser tomada por quem almeja um futuro estabilizado. Isso pode ser alcançado a partir de alguns passos organizados, e considerando as dívidas em sua essência: **obrigações e compromissos financeiros não honrados.**

Primeiramente, é necessário controlar seu orçamento familiar ou suas finanças, de forma que você consiga organizar tanto seus gastos quanto o pagamento das dívidas, buscando pagar suas contas com no máximo 60% da sua renda líquida. Isso não é fácil nem rápido, mas precisa ser trabalhado com planejamento e sem emoções. Talvez não seja prazeroso, mas é necessário abrir mão de conforto e vaidades em um primeiro momento de maneira alinhada e combinada com os membros da família. Inclusive, muitas pessoas preferem, em um primeiro estágio de desenvolvimento, abrir mão do próprio conforto e segurança em vez de baixar o nível de status, preocupadas com o que os outros vão pensar.

> **Nosso conselho é: se existem pessoas que o seguem e acompanham pelo seu status, afaste-se delas. Isso será extremamente benéfico para você e para sua família.**

Após realizar o controle, o próximo passo é entender suas dívidas e qualificá-las relacionando as mais atrasadas por ordem de vencimento e priorizando o pagamento daquelas mais antigas. Tenha o cuidado de tratar apenas as dívidas pessoais caso você seja empreendedor ou empresário. Vale a pena tratar separadamente as dívidas da empresa. Aliás, se você mistura as duas coisas, existe uma grande chance de você não conseguir sair do buraco.

Entender suas atividades, mapear suas dívidas e classificá-las em uma planilha eletrônica permitirá uma visão melhor e também possibilitará fazer cálculos e simulações necessárias para sua tomada de decisão. Aqui é necessário trabalhar uma classificação de dívidas essenciais e dívidas comuns, elencando o percentual de juros que você paga.

Juros:
O custo de utilização ou remuneração do dinheiro ao longo de um período, sendo representado de maneira percentual [%] sobre o valor principal e pode ser calculado de duas formas: juros simples e juros compostos.
No mercado financeiro ele representa a remuneração do capital e reflete a cobrança por um empréstimo ou o custo de um crédito e também um resultado ou uma remuneração de um investimento.

As dívidas essenciais são aquelas cujo compromisso financeiro é necessário para manter sua vida funcionando, como, por exemplo, contas de água, luz, gás, condomínio, combustível, impostos, alimentação, medicamentos, escola, etc. As dívidas não essenciais são aquelas relacionadas ao seu status e luxo, como, por exemplo, cartões de créditos, celulares, roupas de marca, carros de luxo financiados, etc.

O próximo passo é o maior desafio. Trata-se da renegociação das suas dívidas de acordo com seu orçamento familiar. Isso pode significar trocar seu carro de luxo financiado por um carro popular seminovo quitado, cancelar seu cartão de crédito e reajustar seu padrão de vida para um nível inferior do que sua renda atual permite, para que sobrem espaço e recursos para seu desenvolvimento financeiro. Um conselho para as contas essenciais, financiamentos e empréstimos é assumir o limite de prestações que representem no máximo 50% do que você se julga capaz de pagar. Sempre tenha em mente: **não contraia mais dívidas!**

Após o alinhamento do seu orçamento familiar, o reajuste do padrão de vida e a quitação das dívidas mais antigas, será o momento de voltar novamente ao seu controle financeiro. Seja sincero ao assumir e entender quais são as dívidas que você consegue quitar e quais não conseguirá quitar. Eliminar todas as suas dívidas e manter sua vida e da sua família em paz e funcionando é essencial para quem almeja um futuro melhor, e vale a pena em detrimento temporário do falso status que porventura possa estar consumindo seus recursos. Em caso de impossibilidade total, é importante pensar em abrir mão de algumas convicções e se mudar para um imóvel de aluguel mais barato e próximo ao trabalho para otimizar seus custos de deslocamento ao trabalho, vender o carro e andar de Uber ou ônibus e demais ajustes que servirão para lhe dar fôlego e paz às custas de um maior esforço temporário. Lembre-se de que você é a pessoa responsável pela sua própria condição financeira porque ela foi resultado do seu comportamento ao longo dos últimos anos. Se alguém deve se esforçar para mudar esse cenário, deve ser você.

Caso, ainda assim, existam contas que você não consegue ou não pode pagar, procure um advogado de confiança que possa orientá-lo em relação às consequências imediatas e futuras para cada uma das dívidas e busque uma moratória unilateral. No Brasil as pessoas não são presas por serem devedoras, portanto mantenha a calma e não ceda às pressões psicológicas dos cobradores mais agressivos que o pressionam. Isso não quer dizer que você deve se tornar um caloteiro de primeira, mas tenha disciplina para resolver passo a passo sua situação.

Após ajustar a balança e colocar a vida em ordem, será o momento de trabalhar no aumento da sua renda, começando mais um passo importante da jornada de crescimento pessoal e enriquecimento. Inicialmente, sua meta deve ser conseguir viver com no máximo 60% do seu rendimento, guardando 40% para investimento, lazer, diversão e ajuda ao próximo. Assim será possível mudar sua situação.

5.1. Endividamento saudável

As dívidas em sua essência são compromissos e obrigações financeiras não honradas para efeito de finanças pessoais. Quando temos controle de nossas finanças, o endividamento (que é a utilização ou contratação de dinheiro de terceiros a juros controlados) pode ser benéfico, desde que você tenha condições de honrar esse compromisso.

Utilizar dinheiro de terceiros pode ser uma boa opção quando você não tem dinheiro para realizar algum objetivo. Contar com a dívida planejada permite que você viva um padrão de vida que nesse momento talvez não coubesse no seu bolso ou na sua renda mensal, o que acaba sendo positivo.

O problema é a contração de dívidas não planejadas ou causadas por falta de organização financeira e falta de cumprimento dos compromissos financeiros: as contas não pagas por falta de dinheiro criam um acúmulo de dívidas impagáveis que não cabem no seu orçamento.

Dívidas e créditos são sempre benéficos na nossa vida financeira quando eles estão sendo utilizados para construir renda, ou seja, para investimento em ativos que gerarão um rendimento futuro. Um carro para trabalhar, uma máquina ou novo equipamento para seu negócio, o financiamento de um curso ou pós-graduação, ou outra coisa que possa agregar valor e renda à sua vida. A ideia é de que isso seja como um investimento, que lhe dará um retorno adicional durante e após a realização.

As dívidas podem, por exemplo, ser uma ferramenta para poupar e garantir seu planejamento financeiro de longo prazo, sendo uma alternativa para atender a uma eventualidade ou imprevisto, como, por exemplo, um empréstimo pessoal de curto prazo para evitar que você deixe de investir regularmente para atender aos seus planos de longo prazo. Esse tipo de situação pode apresentar um custo mais caro em termos de juros, mas é resultado da sua falha de planejamento.

É muito importante saber por que você está recorrendo à dívida como fonte alternativa de recursos, para que você possa planejar e reagir rapidamente à sua quitação. Conviver com as dívidas é caro e pode acabar por ruir todo seu esforço em poupança e investimentos ao longo dos anos.

Nos casos onde é difícil se livrar da dívida a curto prazo, é importante buscar todos os meios possíveis para reduzir seu impacto o máximo possível, tentando trocá-la por outra mais barata ou se desfazer de algum bem para poder quitá-la – por exemplo, fazendo um refinanciamento do veículo ou replanejamento de um empréstimo de modo que as parcelas caibam no seu orçamento familiar.

O custo do empréstimo (juros) é o custo da sua falta de planejamento, caso seja esse o motivo dessa contratação, ou é o custo da oportunidade, por antecipar uma conquista ou objetivo emprestando dinheiro de terceiros. Esse empréstimo é sempre remunerado pelos juros.

O uso inteligente, planejado e organizado de crédito permite que você utilize esse recurso como uma alavanca para o futuro, alcançando mais rapidamente patamares que você talvez não alcançasse se estivesse apenas poupando e aguardando juntar todo o dinheiro necessário na caderneta de poupança. Portanto, utilizada de maneira inteligente e planejada, a contratação de novas obrigações financeiras pode ser uma opção interessante a curto e médio prazo.

5.2. Os pilares financeiros

A construção de renda é um dos passos mais importantes no processo de enriquecimento e desenvolvimento pessoal, pois será a chave para a organização das estruturas que irão sustentar seu estilo de vida e permitir um futuro mais completo para você e para sua família.

Ao analisar profundamente os aspectos financeiros atuais, você identificará quais são suas fontes de renda. Não adianta pensar e idealizar planos, projetos e atividades do tão famoso "plano B" se nenhuma ação torna esse plano suficientemente grande e rentável para lhe prover rendimentos importantes na sua composição financeira.

A vida financeira é composta de pilares como os de uma casa, que sustentam sua segurança, sonhos, realizações e também seus passivos. Observe a figura a seguir. Cada um dos pilares representa uma fonte de renda que você possui na sua estrutura financeira, rendas que compõem suas receitas mês a mês. Algumas podem ter frequências diferenciadas – por exemplo, um projeto que lhe dê uma renda trimestral ou uma vez ao ano. Todas elas devem ser mapeadas e quantificadas para que você possa entender qual o risco associado à vida que leva hoje e começar a se preparar para evitar surpresas em caso de imprevistos.

Figura 10. Os pilares financeiros.
Fonte: os autores.

A inteligência financeira permite que você possa fazer escolhas melhores e mais acertadas ao longo da vida, podendo resultar em um ótimo nível de conforto e realizações conforme sua capacidade financeira.

Uma pessoa pode acumular milhões de reais em patrimônio e em sua conta corrente se for disciplinada, economizar, otimizar seus recursos e conseguir construir uma boa estratégia de investimentos e de renda que complemente o espaço faltante entre a vida desejada (objetivo) e a vida atual. A elaboração de um projeto de vida concreto ajuda a chegar no seu objetivo com uma chance de sucesso muito maior.

Algumas pessoas começam a organizar sua vida financeira e somente nesse momento conhecem os pontos vulneráveis que sustentam seu padrão de vida e suas escolhas. É muito comum que a vida esteja sustentada em apenas um pilar chamado emprego. Pode ser que, a partir de um pouco de conhecimento, a pessoa comece a construir alguns pequenos pilares com outras fontes de renda, de maneira a complementar sua estrutura, ficando como na figura a seguir:

**Figura 11. Construção dos pilares financeiros.
Fonte: os autores.**

Observe que, mesmo tendo uma segunda renda, um plano B e um projeto adicional, a pessoa desse exemplo tem sua maior fonte de renda no emprego. A conclusão que se pode tirar desse pequeno exemplo é que, em caso de extinção do pilar principal, ou seja, um desemprego, seu nível de vida será reajustado para o volume sustentado pelas outras fontes, cerca de 50%. O desconhecimento dessa estrutura faz com que a maioria das pessoas que ficam desempregadas acabe se comprometendo com dívidas crescentes a ponto de ter problema de crédito no mercado.

Adicionalmente, é importante frisar que a construção de uma reserva de segurança irá depender do tamanho das suas fontes de renda e do risco de escassez de cada uma delas. Quanto mais fontes você possuir, menor pode ser o risco de escassez de rendas em períodos de crise. Porém, é importante que as fontes tenham um tamanho significativo para garantir que você não deixará de viver e aproveitar as outras áreas da sua vida, como, por exemplo, família, estudo, lazer e desenvolvimento pessoal.

5.3. A dinâmica do patrimônio pessoal

O movimento do seu saldo bancário e o desenvolvimento do seu patrimônio dependem do equilíbrio de alguns fatores na sua vida. A ideia de aumento de patrimônio pode vir apenas de uma dinâmica: o aumento do saldo entre entradas e saídas de dinheiro na sua vida.

Parece simples, mas a maioria das pessoas não tem noção e muito menos quantifica as movimentações de entrada e saída de dinheiro das suas mãos. Independentemente de quantas contas correntes você tenha, cartões de crédito, contas de corretoras de investimento e qualquer tipo de movimentação de valores, entender essa dinâmica será o passo inicial para conseguir desenhar um plano de desenvolvimento e crescimento de riqueza e patrimônio.

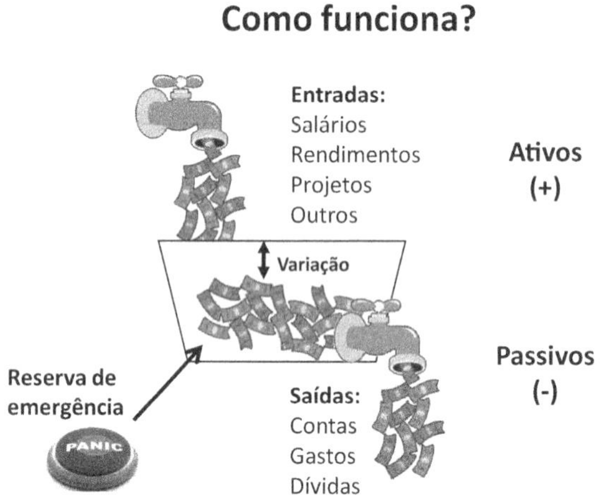

Como funciona?

Figura 12. Dinâmica da construção de riqueza.
Fonte: os autores.

Conforme ilustrado na Figura 12, sua riqueza pode ser representada por um balde com uma torneira abastecendo e uma segunda torneira drenando o seu conteúdo. O mapeamento das suas fontes de renda e a quantificação dos valores lhe permitirão conhecer quais são os fatores que contribuem para o seu enriquecimento, que são os mesmos que compõem os pilares da sua estrutura financeira: salários, rendimentos, projetos, negócios e outros.

Da mesma maneira, as saídas são representadas pelos gastos e custos que você tem para viver, formados geralmente por contas, dívidas, consumo e outras mais. A mágica começa a acontecer quando conseguimos fazer com que as saídas sejam menores do que a entrada ao longo do tempo, acumulando e aumentando o nível de dinheiro desse balde.

Observe que no fundo existe ainda a reserva de emergência, que será sua reserva para os imprevistos. Ela pode ser calculada de diversas maneiras, como, por exemplo, o suficiente para 6 ou 12 meses de contas pagas em caso de desemprego, talvez para uma cirurgia particular ou outra referência que faça sentido na sua estrutura. A reserva é importante para que você possa evitar recorrer ao endividamento em caso de emergência por falta de planejamento ou preparo, permitindo que sua vida seja relativamente muito mais tranquila.

Os ativos são os fatores que alimentarão sua entrada de dinheiro e acúmulo de patrimônio. Em contrapartida, os passivos são os fatores que reduzem seu dinheiro porque o consomem para ser mantidos. Quando pensamos em um automóvel, ele pode ser um ativo quando é utilizado para sua renda – trabalhando, por exemplo, de entregador ou motorista –, mas pode ser um passivo se ele for apenas usado para o deslocamento ao trabalho e passeios com a família. Precisamos vendê-lo? Não. Apenas saiba quanto ele custa e decida isso depois de ler este livro.

A construção de patrimônio e riqueza não pode depender de simpatias, do encanto dos unicórnios ou de crendices populares, como, por exemplo, a de que quem é honesto não consegue subir na vida e de que quem conseguiu subir certamente fez algo errado, ilícito ou participou de algum esquema.

A diferença entre a nossa geração e a dos mais jovens, que estão começando a ingressar no mercado de trabalho, é o padrão de referência que temos para tomar nossas decisões e calibrar nossa referência de "normal" para nossas decisões.

Segundo diversos estudiosos do meio financeiro e de outras áreas do desenvolvimento humano, nós vivemos o auge da nossa produtividade entre os 20 e 40 anos, período em que estamos subindo e acelerando nossa carreira, temos construção forte de patrimônio e constituímos família na maioria das vezes. Isso deveria ser o normal, mas observamos em nossos treinamentos e mentorias muitos exemplos de pessoas que estão atravessando ou atravessaram esse período longe do que é possível considerar sua melhor fase de vida.

O resultado desse cenário é um tremendo esforço por um dinheiro suficiente para pagar suas contas e garantir o mínimo de conforto para você e sua família. Pode ser que isso seja sua meta de vida, mas quando você pensa em explorar e desenvolver todo o seu potencial isso acaba sendo muito pouco.

Nossos bisavós, até onde conseguimos conhecer, viveram uma vida muito simples, em que faltava quase de tudo. Eles enfrentaram guerras, alguns enfrentaram imigrações, mas em sua maioria eles trabalharam duro para que pudessem sobreviver. A maioria deles sequer tinha mais do que meia dúzia de fotografias da família para contar a história porque elas eram caras e difíceis de conseguir.

Nossos avós já viveram uma vida com um pouco menos de dificuldade que os pais deles. Mesmo em situações de certa privação e muito trabalho, tiveram acesso a coisas que seus pais não tiveram. Eles podiam comer um pouco melhor, conseguiam estudar em algumas situações e tiveram uma casa talvez simples, mas mais confortável que a de nossos bisavós. O acesso às cidades era um pouco mais fácil e a medicina mais avançada lhes permitia uma vida um pouco mais longa.

Nossos pais já tiveram acesso a uma vida um pouco mais completa do ponto de vista material e de prosperidade. O mundo que enfrentaram era mais simples e com uma economia em pleno crescimento, gerando uma carência no mercado de profissionais bem qualificados. Eles viveram em uma época em que o trabalho fornecia prosperidade durante toda a carreira.

Foi uma época em que tudo parecia mais simples e deu origem ao modelo que muitos de nós ainda aprendemos como referência de uma vida normal. Você estuda, forma-se em um curso técnico, arruma um emprego, investe em uma faculdade que possa pagar, forma-se e consegue um emprego melhor, trabalha mais um pouco e é promovido, e assim a vida segue. Você se casa e constitui família, compra seu imóvel e tudo vai bem até que você possa se aposentar e viver confortavelmente da sua renda. Errado! Essa curva de prosperidade e crescimento foi quebrada no início da nossa geração, e muito provavelmente você não deve ter um nível de vida e prosperidade melhor do que seus pais.

O mundo mudou e a complexidade domina todas as esferas. Esse mundo sequencial não existe mais. Uma faculdade não é garantia de emprego bom e duradouro. Isso foi uma realidade da geração anterior. Se você acredita e segue isso como uma receita de bolo para um futuro de sucesso, estará nadando contra a correnteza e seu sucesso dependerá de um esforço absurdo para atingir resultados medianos.

A interação com a nova geração, os chamados de geração "nem-nem" (nem trabalha e nem estuda), nos faz entender um pouco melhor o que está acontecendo com a moçada no mercado. As pessoas dessa geração nadam constantemente contra a correnteza para pagar suas contas, infelizmente, em um esforço sem um resultado previsível. Geralmente, os jovens trabalham em funções muito abaixo de suas reais expectativas e o mesmo acontece com uma faculdade. A sensação de que ele estuda um conteúdo que não vai garantir o futuro dele com sucesso e prosperidade financeira causa uma sensação péssima de perda de tempo e dinheiro.

Isso não quer dizer que todos os jovens devem parar de se esforçar e de estudar, mas, sim, que devem se preparar para enfrentar todas as adversidades que enfrentamos no nosso momento. Quando as coisas apertam, o governo reduz o padrão dos serviços que deveria entregar para a sociedade. Baixam os níveis de segurança, educação, saúde, infraestrutura e saneamento e aumentam os impostos.

As empresas do ramo privado também precisam se ajustar para viver nesse novo cenário causado pelos ajustes do governo, enfrentando a competitividade dos mercados econômicos abertos e também de consumidores mais exigentes se quiserem sobreviver. Isso faz com que precisem de profissionais mais bem preparados, que realmente trabalhem por duas ou três pessoas, com pós-graduação, mestrado, doutorado, especializações internacionais, MBA de primeira linha, idiomas fluentes, domínio de inúmeras ferramentas de gestão, e por salários achatados. Esses mesmos salários achatados precisarão pagar saúde, moradia, segurança, alimentação e todos os outros custos relativos ao que o governo deixou de entregar. É assim que as coisas são – e se você não topar, alguém vai topar.

Muitos profissionais se ajustam e trabalham como pessoa jurídica (com CNPJ) no mercado em posições que antes eram alcançadas por pessoas de carreira. Essa mudança é necessária para garantir a viabilidade econômica de muitos negócios e surge como uma resposta de adaptação a esse cenário cada vez mais exigente. Certo ou errado, nesse momento não importa. Precisamos nos atentar ao fato de que tudo está mudando.

Nós enfrentamos diversas crises econômicas em nossas carreiras, algumas muito próximas das outras e cada uma delas gerou um impacto negativo na economia e nos negócios que exigiu ajustes. Isso sem falar ainda dos problemas políticos, corrupção e instabilidade que tivemos que enfrentar. Em cada um desses houve alteração em fatores importantes, como aumento de impostos, redução do nível de entrega do governo em todos os serviços, aumento da competitividade e da eficiência dos negócios para sobreviver à crise financeira.

Em cada uma delas exigiu-se que todas as pessoas que quisessem sobreviver se adaptassem. A criação de um plano de carreira deixou de ser de certa forma da empresa e passou para o profissional, que precisa ter clareza sobre aonde quer chegar, quais

48 • Quanto custa ser rico?

serão os passos até alcançar e se estabelecer no nível desejado, sem amarrar sua realização ao nome da empresa em que está hoje. Absurdo? Não. Real! Todas as empresas buscam competitividade e em algum momento seu salário CLT pode ser caro ou eventualmente as questões políticas e culturais da empresa podem entrar em choque com seus valores e velocidade de crescimento e desenvolvimento, e seria uma pena frear seu crescimento simplesmente pelo gosto de ter um sobrenome profissional específico.

Um exemplo que nos deixou chocados enquanto preparávamos material para escrever este livro é o tamanho da perda de capacidade de consumo do brasileiro, coisa da qual dificilmente nos damos conta quando aceitamos que tudo custa mais caro com o passar do tempo. Nós temos os carros populares mais básicos do mundo a preços que nos permitiriam comprar dois ou três carros em outros países. A alimentação do país que mais produz e desperdiça alimentos é cara, mas observe o seguinte dado extraído do MTE (Ministério do Trabalho e Emprego) e da Receita Federal do Brasil:

Tabela 5. Evolução da isenção do Imposto de Renda Pessoa Física.

Ano	Valor isenção	Salário mínimo	Número de salários mínimos
1996	900,00	112	8,04
2006	1.257,12	350	3,59
2007	1.313,69	380	3,46
2019	1.903,98	998	1,91

Em 1996, o salário mínimo valia R$ 112,00 e era suficiente para pagar um curso técnico e sobrava dinheiro. Observe que o valor de isenção do imposto de renda era equivalente a oito salários mínimos.

Com o passar do tempo, de maneira quase que imperceptível pela sociedade, dado que os valores de referência para o aumento do valor de isenção tendem a ser os próprios valores de isenção, houve um descolamento entre a desvalorização da moeda e aumento de custo de vida dos brasileiros (refletido pelo aumento do salário mínimo), mas o mesmo aumento não foi refletido na tabela do imposto de renda, fazendo com que a isenção seja equivalente a 1,9 salário mínimo.

Se tivéssemos uma correção do valor de isenção proporcionalmente ao longo desses anos, hoje uma pessoa que ganhasse até R$ 15.231,84 seria isenta de imposto de renda descontado na fonte. Isso permitiria que aquele valor pago ao fisco e destinado para fins infelizmente duvidosos fosse convertido em consumo, movimentando a economia, criando empregos e trazendo desenvolvimento para muitas regiões do nosso país.

Isso nos faz entender, por exemplo, por que temos que nos esforçar tanto para conseguir manter nossas contas pagas, nosso padrão de vida e buscar algum desenvolvimento quando pensamos no básico, tendo como referência os padrões da geração anterior à nossa. Nossos pais trabalhavam em funções mais simples que nós e tinham um poder de compra muito maior.

Você precisa aprender a se transformar, mudando a forma de encarar o mundo e também pensar nas coisas que você acredita serem normais. Não estamos falando de abrir mão de valores éticos e morais, mas de comportamento. Será que você já é flexível o suficiente para sair do básico, do mediano, e ser alguém de destaque?

A criação de um plano pessoal ajuda muito entender qual seu nível de flexibilidade perante esse mundo, lembrando-se sempre de que quem sobrevive não é o mais forte, mas aquele que se adapta melhor.

Com a criação e a análise crítica do seu plano pessoal, você começa a ter mais clareza do que quer da vida em todos os aspectos, como, por exemplo, no aspecto profissional. Se seu sonho é ser um executivo em uma empresa multinacional com todos os benefícios e status que a posição lhe oferece, ótimo! Isso é possível e vai guiar suas decisões a partir desse momento. Você terá que buscar tudo o que pode desenvolvê-lo para que você seja o melhor profissional da sua área, seja visto como referência e produza resultados impactantes e contundentes. Habilidades interpessoais, técnicas e financeiras o ajudarão nesse processo.

Se, por exemplo, seu sonho é ser um *free-lancer* e trabalhar de maneira autônoma com seus clientes, sem escritório, mas com um computador à beira da praia, ótimo! Prepare-se para isso. Construa e escolha suas ações para que o resultado delas seja um profissional que é procurado pela sua qualidade de trabalho e não pelo preço.

Se seu sonho é ser um funcionário público de carreira colaborando para que as instituições governamentais façam um trabalho melhor e tragam mais para a sociedade, ótimo! Escolha sua carreira, conheça técnicas de aprender mais rápido, memorização e todas as coisas que possam auxiliá-lo a ser admitido em um concurso.

Se seu sonho é ser empresário ou empreendedor, ótimo! Nós precisamos muito de pessoas para renovar nossa economia e trazer inovação e desenvolvimento. Uma padaria pode trazer inovação para uma região da cidade, um restaurante ou uma *startup*. Independentemente do seu negócio, conhecer os modelos de negócio, capacitar-se para acertar mais do que errar e saber controlar seus riscos será fundamental para que você se desenvolva e seja um empresário ou empreendedor de sucesso.

Sem clareza, você vai fazer muito esforço para ganhar dinheiro e isso fatalmente gerará sofrimento e frustração. Fará com que, por exemplo, você gaste 12 horas do seu dia em seu emprego chato sonhando com aquele negócio que você sempre quis abrir desde jovem. É o engenheiro que faz pós-graduação em robótica e sonha em ser fiscal da Receita Federal. Não está fazendo nada direito e tampouco terá sucesso em qualquer uma das áreas.

O esforço errado tem a ver com recursos sem resultado. Quando você sabe o que quer fazer da vida, os pontos de desenvolvimento e melhoria se acumulam, aumentando o número de acertos e reduzindo o número de erros, tornando você melhor em um processo de autoconstrução. A cada nova proposta para um cliente você aumenta sua eficiência e cada novo negócio você faz melhor que o anterior, mas somente se investir em você.

Mas observe bem: em todas as opções que você pensar, será necessário ter preparação financeira para poder aguentar o período de desenvolvimento e eventualmente passar por um período de crise. Em uma carreira corporativa, pode ocorrer um desemprego; em uma carreira de empreendedor, uma crise pode fazer com que seus clientes comprem menos. E aí?

Tendo seu objetivo de vida definido, você poderá trabalhar os demais pilares para realizar esses objetivos. Inicialmente o seu pilar financeiro deve sustentar o desenvolvimento profissional, através de poupança e investimentos que lhe garantam recursos suficientes para alcançar seus objetivos. Assim você viverá sem esforço desnecessário, feliz investindo em sua vida e deixando de reclamar toda segunda-feira cedo como quem levanta da cama e vai para o castigo.

Adicionalmente, todo o rendimento que não for utilizado nessa fase de desenvolvimento poderá render ao longo dos anos formando uma parte da sua riqueza e consequentemente permitindo que você obtenha resultados expressivos a partir da "mágica dos juros compostos", crescendo seu patrimônio.

Dessa maneira, esse comportamento se refletirá em outras esferas da sua vida e você escolherá comer a salada em vez do filé porque está com vontade e não porque precisa. Assim como seus hábitos de consumo, suas ações e decisões estarão voltadas a alcançar uma versão melhor de você mesmo ao longo do tempo, fazendo com que seu esforço seja traduzido em resultados consistentes.

6. Finanças Comportamentais

No âmbito das finanças comportamentais existe uma infinidade de conteúdos de extrema valia intelectual, além de diversos clássicos consagrados no mercado, como as grandes obras "Pai Rico, Pai Pobre" (Robert Kiyosaki) e "Rápido e Devagar" (Daniel Kahneman), leituras de cabeceira para todos os que desejam se aprimorar no aspecto do autoconhecimento e começar a mapear as principais posturas e comportamentos que diferenciam as pessoas de sucesso financeiro do (grande) restante da população.

Seria de extrema ousadia querer sumarizar toda a riqueza referente a essas leituras e todo o espectro de conhecimento das finanças comportamentais em um capítulo ou até mesmo em um único livro; no entanto, compilamos aqui diversas reflexões e conclusões que surgiram ao somar de maneira sinérgica a experiência prática com as dores e alegrias sofridas no mercado financeiro aos ensinamentos extraídos de diversas leituras referentes ao assunto comportamental, voltadas para um cunho tangível e aplicável.

Infelizmente, para a grande maioria de nós, as reflexões só passam a fazer sentido uma vez que passamos pelo problema que elas se propõem a solucionar ou evitar. Somos reféns da nossa própria arrogância e usualmente só aprendemos de fato com o que nos machuca.

Sendo assim, existe um grande um risco de as palavras aqui escritas não ressoarem em leitores que nunca sofreram na pele as perdas explanadas neste capítulo. Porém, são justamente esses leitores que apresentam a maior arma em mãos: a ausência de cicatrizes e grandes perdas financeiras, as quais muitas vezes ferem o indivíduo eliminando-o permanentemente do jogo que ele nem sabia que estava jogando.

Por isso, caso o leitor não tenha operado no mercado financeiro de maneira ativa, tente ao menos se lembrar dos ensinamentos e reflexões aqui fornecidos quando o fizer, e se fizerem sentido para o que almeja, tenha-os sempre em mente e faça uma releitura quando estiver refletindo sobre por que "o mercado não coopera" ou ainda o famoso "na próxima eu recupero".

Quem conseguir de fato colocar o ego de lado e assumir que sempre há espaço para aprender, e que a dor do outro pode se tornar o seu conhecimento, evitará sem dúvidas muitas perdas e sairá à frente da grande maioria que busca ir direto para o aspecto operacional, sem se dar conta de que está querendo construir um prédio começando pela cobertura.

6.1. Regra número 1

Um dos primeiros passos, se não o primeiro, que deve ser tomado é estabelecer o seu objetivo financeiro por trás dos investimentos – e este não deve ser unicamente dinheiro. Por mais contraditório que seja, o grande objetivo deve ser algo que tenha **valor** para o indivíduo.

"Dinheiro não tem valor então?" Não a espécie de valor comentado, que é valor agregado, algo que seja almejado como objetivo que o dinheiro pode ajudar a conquistar. Dinheiro deve ser uma ferramenta, um meio para um fim, que deve motivar a pessoa a alcançar o que deseja. Quando o dinheiro se torna o objetivo final, é extremamente complexo lidar com períodos de correção do mercado, ou qualquer oscilação mercadológica que não vá a favor da carteira montada, ou ainda quando nos comparamos com o colega que está ganhando mais que nós em determinado período – um dos piores criadores de más decisões, amigo leitor. Se o objetivo é algo maior (podendo ser a liberdade financeira, aposentadoria, uma viagem, faculdade para os filhos), o dinheiro se torna apenas um meio e o fim permanece o mesmo, auxiliando fortemente a manter a disciplina e atuar com uma visão macro do todo. Em resumo, o dinheiro é o placar do jogo, mas o objetivo não o deixa tirar o olho da bola e do campeonato ao mesmo tempo.

Imagine a seguinte situação: peça para algum amigo fazer flexões, pular corda ou qualquer atividade física – deixe sua criatividade fluir aqui – até não conseguir mais. Se ele pedir um número, não dê a ele, diga apenas para ir até onde conseguir. Independentemente do resultado, sejam 17 ou 450, fale, assim que ele desistir, que você queria verificar se ele conseguiria fazer exatamente uma unidade acima do feito. Você reparará que muito provavelmente ele responderá algo como "se tivesse me falado eu conseguiria/faria mais uma" – afinal, faltou tão pouco, não é mesmo? E provavelmente seria verdade, porque teria um objetivo, algo para ir atrás, mas qual a motivação de ir um pouco além se não temos objetivos além do simples ato em si? Percebe a sutil, porém existente, diferença?

Só conseguimos ir além e, mais importante que isso, superar obstáculos, se temos um objetivo maior, algo que nos motive em momentos de dúvida e potencialize os momentos de vitórias.

Motivação nos ajuda, mas foco e disciplina são as reais armas de que precisamos para atingir nossos objetivos. Quanto maior e mais significativo for o seu objetivo, mais motivação você conseguirá para alcançá-lo e mais fácil será conseguir ser disciplinado e não perder o foco quando faltar a motivação.

 Lembre-se de que a motivação nos ajuda, mas ela acaba. Precisamos conseguir fazer o que precisamos independentemente dela!

De maneira independente ao objetivo do indivíduo, a regra 1 descrita pelo genial Robert Kiyosaki é: para construir riqueza é necessário adquirir ativos e limitar seus passivos. Essa é a única regra a ser seguida.

Ao ler sobre essa tão simples regra de geração de riqueza, algumas reflexões surgem: se algo tão simples de se compreender pode gerar riqueza, por que a maioria das pessoas não consegue fazê-lo?

A regra não está incorreta nem tampouco incompleta; ela possui apenas uma ressalva: **a premissa é simples, mas a aplicabilidade é complexa**.

O início do esclarecimento está na própria definição de ativo e passivo, que no ramo financeiro diverge do conceito empresarial, onde ativos corporativos são seus bens, como terrenos, automóveis, maquinários, estoque, e passivos são suas dívidas e obrigações com terceiros.

 Para o investidor, o conceito deve ser claro: os ativos são tudo aquilo que gera renda, e os passivos são tudo aquilo que consome renda.

Dessa forma, a casa que se mora, o carro que se possui, os bens móveis e eletrônicos são passivos, visto que consomem renda, enquanto os ativos são as rendas que possuímos, diversas vezes provenientes de maneira exclusiva do vínculo empregatício existente, ou seja, a renda do emprego/carreira.

Citando o grande consultor financeiro, escritor e empresário Gustavo Cerbasi, o emprego deve ser visto não como uma fonte de renda, mas como "indenização ao trabalhador". Não que devamos largar nossos empregos e tentar imediatamente 'viver de investimentos', mas precisamos ter a consciência de que nossos empregos por si só não nos gerarão riqueza no longo prazo e não podemos depender (apenas) deles para sempre. Precisamos criar fontes de renda alternativas de forma que não precisemos trocar horas de trabalho (leia horas de vida útil) por dinheiro para sempre. O real conceito de riqueza será abordado mais à frente, tendo surpreendentemente pouco a ver com seu salário hoje.

As pessoas buscam padrões de vida compatíveis com sua renda, e erroneamente associamos seus bens ao seu salário. Assumimos que quanto melhor a casa, o carro, o celular da pessoa, mais rica ela é, quando na realidade esses itens são passivos que consomem a riqueza da pessoa.

Em um cenário em que o capitalismo e o consumo são a regra do jogo, pouco ou nada se vê para desestimular essa mentalidade que gera com frequência pessoas endividadas ou vivendo "mês a mês" com seu salário. Não entenda errado, não temos nada contra essas filosofias, afinal são elas que mantêm a roda girando.

Há casais que possuem em conjunto uma renda mensal superior a R$ 20.000 e não possuem praticamente nenhuma reserva, vivendo preocupados com suas finanças e com os empréstimos para quitar. Por outro lado, há casais que possuem renda mensal em torno de R$ 6.000 que conseguem aplicar quase um terço do que ganham.

De acordo com uma pesquisa feita pela revista Encontro Digital em dezembro de 2017, quase 60 milhões de brasileiros se encontram endividados, ou seja, quatro em cada dez pessoas economicamente ativas possuem dívida. No entanto, isso pouco tem a ver com salário, pois as dívidas afetam todas as faixas salariais.

Uma pesquisa mais recente publicada pela revista Forbes em 2019, feita pela *CareerBuilder*, constatou que 78% dos trabalhadores estadunidenses vivem de *paycheck to paycheck*, ou seja, mês a mês com o salário, sem conseguir poupar ou investir nada ou praticamente nada. A pesquisa também levantou que 1 em cada 10 trabalhadores que recebem mais de US$ 100.000 e 28% dos que ganham entre US$ 50.000 e US$ 99.999 vivem nessas condições. Três a cada quatro estão com dívidas e mais da metade deles acreditam que sempre estarão. Ainda acha que o salário é o fator-chave da riqueza, caro leitor?

6.2. Salário x felicidade

 A construção da riqueza não se encontra no salário do indivíduo, mas na forma como ele gerencia seus ativos e passivos. A riqueza é construída pela **diferença entre os dois**.

Muitos podem estar refletindo aqui e imaginando que seus salários mal pagam as contas e pensando: como gerar riqueza nessas condições? De fato, existem faixas salariais muito baixas dentro das quais as condições mínimas de vida demandam o uso de toda a renda, como famílias de 4, 5 ou mais membros que sobrevivem com um salário mínimo.

Nesse caso, é necessário buscar um aumento de renda antes de focar nos passivos, visto que não adianta focar nas saídas se não houver entradas. Porém, se você conseguir organizar seus gastos de forma que você saiba as principais fontes de saída e internalizar o fato de que posses usualmente se encaixam como passivos (portanto, fontes de consumo de renda), provavelmente você começará a ter uma atitude positiva em direção à riqueza e construirá o *mindset* da independência financeira, cujos primeiros passos consistem em organizar os seus gastos (saídas) para conseguir, após isso, buscar novas ou maiores fontes de ativos (entradas).

É perfeitamente possível reduzir os gastos sem reduzir nosso nível de felicidade ou mesmo qualidade de vida. Por exemplo, ao nos mudarmos para um apartamento menor ou trocarmos o carro por um modelo mais simples, teremos uma aparente queda na nossa felicidade; porém, podemos utilizar a diferença do que deixamos de gastar para, por exemplo, aproveitar e criar bons momentos com amigos e a família ao viajar no final de semana, ou fazer aquele curso que você tanto queria, ou sair mais vezes para jantar em bons restaurantes de forma que compensemos a diferença de percepção da felicidade e ainda assim consigamos poupar um valor planejado.

Nesse cenário, caso surja algum imprevisto é extremamente mais fácil flexibilizar nossos passivos: adiamos a viagem ou postergamos o próximo curso, ou ainda economizamos nas nossas saídas, o que é muito mais simples do que não pagar o aluguel do mês ou a parcela do carro. Afinal, **sempre** ocorrerão imprevistos e situações inesperadas. Não queremos acabar nos tornando aquelas pessoas que sempre 'planejam' poupar dinheiro ao final do mês, mas que, 'por motivos inesperados', nunca conseguem.

Outros podem estar pensando que quando receberem o "tão esperado e prometido aumento salarial" conseguirão estar mais próximos da riqueza. Contudo, mostre-nos alguém que teve um aumento salarial que nós lhe mostramos alguém que elevou seu padrão de vida.

A pessoa elevou juntamente seus passivos, seja na troca de carro ou no aumento de gastos com entretenimento, mudando-se para um apartamento ou casa maior, etc., tudo em busca da felicidade que o dinheiro pode trazer. Reforçamos desde já que esse comportamento não é "errado"; não existe certo nem errado no meio dos investimentos no que diz respeito a fazer o que se deseja.

Pode ser que você tenha plena consciência do que está abrindo mão para ter esse luxo extra – nesse cenário, não há equívoco. Porém, a maioria busca um sonho infértil, acreditando que a riqueza virá com mais dinheiro

O que está sendo sugerido nesta leitura não é o desapego aos bens materiais, ou que se viva sem gastar nada, apenas sobrevivendo com o mínimo. Deve-se ter consciência de que salário pouco tem a ver com felicidade. Esta não é uma reflexão vaga, mas quantificada por uma série de estudiosos e pesquisas que levantam uma relação entre salário e felicidade e chegam a conclusões extremamente similares, como, por exemplo, no artigo de Robert Wilblin, publicado em março de 2016, onde é demonstrada a seguinte relação (alterado apenas na tradução dos eixos):

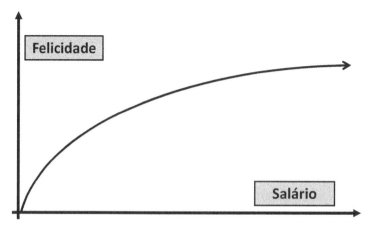

Figura 13. Relação felicidade x salário.
Fonte: adaptado de Wilblin, 2016.

A imagem selecionada propositalmente ignora valores, pois o objetivo é focar na reflexão por trás da curva, a qual relata que grandes aumentos na receita salarial não causam um aumento proporcional na felicidade de vida do indivíduo, inclusive apresentando-se de maneira assintótica, ou seja, quanto maior o salário, menos impacto na felicidade.

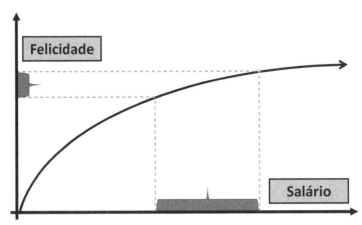

Figura 14. Relação felicidade x salário.
Fonte: adaptado de Wilblin, 2016.

6.3. Conceito real de riqueza

Já vimos que a riqueza deriva da diferença entre os ativos e os passivos; porém, apenas isso não é suficiente para que a riqueza se mantenha. A real riqueza está no conceito de **ter o seu dinheiro trabalhando para você**.

Usualmente, apenas se possui o emprego próprio como ativo, às vezes o negócio próprio, mas há uma infinidade de passivos (casa, carro, celular, escola, contas, impostos, dívidas), os quais precisam ser suportados pelas entradas de ativos. Mas o conceito de riqueza é gerar valor, ou criar ativos, que não necessitem de atividade direta para existir, como, por exemplo, investimentos, aplicações e estruturas trabalhando para você. As pessoas de genuína riqueza entendem esse conceito e, apesar de ainda trabalharem pelo dinheiro, visam de maneira majoritária **deixar o dinheiro trabalhando para elas**.

O objetivo não é 'economizar' (o termo é demasiado vago e sem aplicabilidade real) nem viver como um monge que não deseja bens materiais, e sim utilizar o dinheiro de maneira financeiramente inteligente.

Por exemplo: em vez de, ao obter um aumento salarial, trocar imediatamente de carro por um modelo melhor, o qual você precisaria financiar um valor hipotético de R$ 18.000 em 36 vezes sem juros de R$ 500 – que agora você pode pagar –, que tal fazer uma aplicação de um valor levemente maior, digamos de R$ 690 ao mês, pelo mesmo período de 18 meses e após esse tempo adquirir o carro?

Ao fazer tal aplicação, assumindo uma taxa de renda fixa de 0,8% a.m., ao final do período seria obtido o montante de R$ 28.884. Se mantido em aplicação, e ao final de cada mês pague a parcela hipotética de R$ 500 referentes à troca de carro inicial, sem qualquer reposição de valores, ao final das parcelas seria mantido um capital de R$ 17.910. Ou seja, ao final da quitação do carro você teria preservado o valor nominal referente ao total que iria utilizar para quitar o carro, tendo utilizado de capital absoluto praticamente R$ 10.000 (quase metade do que utilizaria no pagamento dos R$ 18.000) e ainda criado um ativo no valor equivalente ao passivo adquirido.

Caso os mesmos cálculos fossem feitos com o valor exato da parcela de R$ 500 em aplicações mensais, ao final da quitação do veículo ainda se teria restante um valor aplicado superior a R$ 7.000.

Esse é um exemplo do dinheiro trabalhando para você de maneira inteligente. Os rendimentos são suficientes para pagar o financiamento do novo carro e seu capital não é totalmente consumido.

Independentemente dos valores e das contas envolvidas (não se preocupe com elas agora, retomaremos o assunto em momento oportuno), o que importa é observar que, nos cenários montados, o próprio dinheiro ajuda a adquirir o passivo, ou seja, não é apenas você trabalhando para construir sua riqueza, mas, sim, seu dinheiro como aliado.

Obviamente, obter um carro antes soa melhor que obter um carro depois, e nessa simulação levam-se três anos a mais para adquirir o carro. Essa decisão (assim como tudo na vida) vem com sua necessidade de sacrifício e disciplina; no entanto, o grande prêmio da mentalidade voltada a gerar riqueza é transformar seu trabalho em ativos, que devem se tornar os principais responsáveis pelo pagamento dos seus passivos sem que o único gerador de renda seja o seu próprio trabalho. Esse é o grande valor que desejamos passar neste exemplo: foi o seu dinheiro que pagou pelo carro, não você – vê a diferença?

 Observe que quem pagou o seu carro foi o seu dinheiro, não você!

6.4. Barreiras à riqueza

As pessoas assumem que a falta de dinheiro é a principal barreira à riqueza. Apesar de o dinheiro em si obviamente ter um peso significativo na construção da riqueza, ele sozinho nada mais é do que um martelo jogado em uma mesa: se for utilizado por uma criança ou alguém sem instrução, irá apenas destruir a casa em vez de colocar os pregos que deveriam mantê-la em pé.

O conceito de criança na metáfora anterior pode ser aproveitado para embasar um dos principais motivos que levam as pessoas a construir as barreiras à própria riqueza: a falta de base educacional sobre o sistema financeiro. Aprendemos sobre o funcionamento da mitocôndria (que, para os curiosos, é a organela responsável por transformar oxigênio e glicose em energia para a célula), mas não sabemos nada sobre impostos ou contabilidade, e achamos que Selic é um nome de remédio para a gripe.

Novamente, é válido esclarecer que não temos nada contra a mitocôndria (somos gratos a ela por todas as suas funcionalidades). A crítica aqui se refere à falta de envolvimento da educação em atitudes que fazem parte do cotidiano adulto, especialmente na parte financeira, o que leva a população a tomar decisões similares às de uma criança que está aprendendo algo completamente novo, resultando em algumas situações de desastre financeiro.

Diversas escolas já estão introduzindo de alguma forma esses conceitos na base de ensino, o que sem dúvida é um passo na direção certa de gerar uma população com alguma maturidade financeira. No entanto, ainda é uma realidade distante no Brasil, e a geração que provavelmente lê este livro não teve tal sorte de encontrar uma escola assim – e, caso teve, provavelmente não aprendeu tudo que precisava saber.

Dentre os diversos aspectos existentes responsáveis por criar barreiras à riqueza, um fortemente enraizado no cunho estritamente psicológico pode ser relevante para diversos leitores e necessita de abstração para ser entendido.

Crescemos em uma "cultura da aversão ao dinheiro", seja ao observar as atitudes de familiares focados em adquirir passivos e tratá-los como ativos, ou ainda ao ouvir frases como "o dinheiro é a raiz de todo mal", ou ainda "não trabalho por dinheiro, e sim por satisfação".

Muitas dessas frases têm sua origem na frustação e comparação negativa com pessoas de sucesso, e tais atitudes são uma tentativa de mascarar o próprio senso de fracasso em um aspecto majoritário da vida.

Vivemos em uma sociedade que premia o fracasso e discrimina o sucesso. Gostamos de histórias de pessoas que foram pobres a vida toda e no final conseguiram se reerguer após muito sofrimento. Menosprezamos os que nascem com boas condições e conseguem mantê-las ou majorá-las e pensamos com desdém: "claro que conseguiu, já nasceu rico" – como se isso fosse um pecado capital.

Para ter legitimidade tem que vir de baixo (ou ter flertado com o fundo do poço, pelo menos). Que fique claro que admiramos, sim, histórias de pessoas que conseguem sair de situações péssimas e atingem o sucesso, porém admiramos também pessoas que aproveitam as vantagens que lhes foram dadas na vida para conseguir atingir o seu próprio conceito de sucesso. Não existe nada de errado em aproveitar o que lhe é dado. Contudo, desprezamos isso como sociedade, gerando uma "cultura de aversão ao sucesso e louvor ao fracasso".

Falhar faz parte e é inevitável; porém, não devemos ficar felizes com isso, e sim buscar sempre maneiras de evitar a falha – o que é completamente diferente de não querer errar, que, por sua vez, também é completamente diferente de aceitar passivamente o fracasso. Percebe a abismática diferença entre esses conceitos? O ser humano nunca se torna aquilo que repudia; logo, quem tem aversão à riqueza estará afastando-a de si.

Não entenda errado: o objetivo não é simplesmente idolatrar os ricos e torcer por uma força maior para trazer a riqueza à sua porta. Trata-se de ter a sua mentalidade voltada para a riqueza, para buscar o que difere as pessoas que a constroem das que vivem em dívida ou trabalhando demais apenas para pagar as contas do mês.

Isso o fará enxergar que o salário não é a chave, que essas pessoas provavelmente adquirem mais ativos que passivos e (mais importante de tudo) criam o *mindset* de forma a estarem abertas a oportunidades que as outras deixam passar, seja na aquisição de um imóvel julgado barato, ou em fazer uma aplicação prévia antes de trocar de veículo, ou simplesmente possuir uma meta e fazer planos financeiros que alinhem as atitudes com o objetivo da liberdade financeira através da aquisição de ativos, em vez de "trabalhar mais para receber mais".

Julgamos a ganância (que é o desejo exacerbado de ter ou de receber mais do que os outros, em uma ânsia por ganhos exorbitantes; avidez, cobiça ou cupidez) **como algo ruim, mas a ambição** (que é o anseio veemente de alcançar determinado objetivo, de obter sucesso; aspiração, pretensão) **como algo excelente e necessário.**

6.5. Juros compostos e disciplina, a combinação dos vencedores

Além de todos os motivos relatados anteriormente, as pessoas não obtêm sucesso nos investimentos porque querem ver resultados grandes em curtos espaços de tempo e não entendem que o real enriquecimento deriva de uma estratégia de longo prazo – e que o longo prazo é, de fato, longo!

Encontramos pessoas que disseram que ganharam muito dinheiro com uma operação específica ou investindo em determinado ativo, mas esquecemos também que existem pessoas que ganham na loteria ou são herdeiras de altos valores e isso não contempla estratégia, mas sim sorte. E agora você tem uma escolha em mãos, caro leitor: ser um investidor que agradece quando a sorte sorri para você, visto que esta sem dúvidas tem seu peso, ou um torcedor que precisa contar com a sorte para ter sucesso.

Isso tudo gera em nós um senso de pouca conquista, ou uma necessidade de buscar ganhos rápidos; porém, isso ocorre porque não vemos o todo com clareza. Este tópico existe com o único objetivo de ajudá-lo a enxergar melhor o campeonato e não apenas uma partida.

Imagine alguém que tenha investido R$ 10.000 a uma taxa de juros de 1% a.m. Em quanto tempo esse investimento atinge o valor de R$ 100.000?

Em aproximadamente 20 anos (19,33 anos).

— Nossa, é muito tempo para isso!

Pode ser que você pense assim, meu caro leitor, porém, eis outra pergunta: quanto tempo leva para alcançar os próximos R$ 100.000, ou seja, atingir os R$ 200.000?

Leva mais 5,8 anos. E não, não errei na conta, pode conferir – aliás, sugiro que confira para internalizar esse fato, que nos levará a uma importante conclusão.

E para atingir R$ 400.000, ou seja, para dobrar o seu capital?

Leva mais 5,75 anos.

E dos R$ 400.000 para o tão sonhado 1 milhão de reais? Leva mais 7,7 anos.

Observe a primeira importante conclusão: demoram-se 20 anos para ir dos R$ 10.000 até os R$ 100.000, porém, levam-se os mesmos 20 anos para ir dos R$ 100.000 para R$ 1.000.000, e as pessoas não percebem isso, pois não têm real noção do efeito dos juros compostos. A grande dificuldade usualmente está na virada de casa, dos mil para os dez mil, dos dez para os cem e assim por diante, porém – não conseguindo fugir dos praxes – dinheiro (quase) sempre chama mais dinheiro. Por isso muitas vezes investimos R$ 10.000 e ao consultarmos o investimento ao final do ano e vemos que, por exemplo, este se tornou R$ 11.000, automaticamente pensamos "1 ano para mil reais? É muito pouco, vou usar esse dinheiro para alguma outra coisa!". E não percebemos o real potencial que aqueles mil reais carregados pelo tempo podem se tornar.

Um ex-aluno durante sua mentoria dizia que tinha planos e paciência para o longo prazo: ele poderia esperar 1 ou 2 anos para obter retornos. De fato, nosso conceito do que é o longo prazo precisa estar muito bem alinhado.

Outra conclusão tão relevante quando a anterior deriva da nossa capacidade de fazer aportes periódicos de capital para alimentar nossos investimentos. Esse assunto será explorado em capítulos voltados a estratégias de investimento. Porém, precisamos antes construir o *mindset* do investidor.

Assumindo novamente um investimento de R$ 10.000, a uma taxa de juros de 1% a.m., obteríamos R$ 100.000 em aproximadamente 20 anos. Mas se fizermos depósitos mensais constantes de R$ 400, em quanto tempo, nas mesmas condições, chegaríamos nos R$ 100.000?

Em 9,8 anos, menos da metade do tempo.

E se fizéssemos depósitos de R$ 600 mensais? Em 6,9 anos.

Porém, astuto leitor, se começássemos sem nenhum valor na aplicação inicial, ou seja, começássemos com zero em vez de R$ 10.000 e fizéssemos os mesmos depósitos mensais de R$ 600, igual ao exemplo anterior. Em quanto tempo chegaríamos em R$ 100.000?

Em 8,1 anos! Ou seja, praticamente apenas um ano a mais do que alguém que começou com R$ 10.000 aplicados. Isso nos leva a uma importante e fundamental conclusão que você precisa carregar com você até o final deste livro (e de preferência até o final da vida): quando o nosso objetivo financeiro é relativamente maior que o valor nominal que possuímos, tem muito mais peso nos seus resultados você possuir uma política de aportes de capital de maneira disciplinada e constante do que o valor que você possui inicialmente para investir.

Logo, não possuir dinheiro hoje para começar a investir o impede de investir? O problema não está no bolso, está na cabeça! Quem começa com R$ 10.000 e quer chegar aos R$ 100.000, e não possui uma política de aportes mensais, muito provavelmente demorará mais para obtê-lo do que alguém que consegue mensalmente ser disciplinado para investir um valor muito menor que os R$ 10.000 iniciais.

Disciplina e juros compostos são duas das suas principais armas na construção da riqueza, nunca se esqueça disso.

> **"Os juros compostos são a força mais poderosa do universo e a maior invenção da humanidade, porque permite uma confiável e sistemática acumulação de riqueza."**
>
> **Albert Einstein**

Se você quiser simular por conta própria o quanto o tempo, a taxa de juros e aportes mensais impactam na sua trajetória para o primeiro milhão e além, você pode acessar gratuitamente o meu site matheusgaboardi.com.br/planilha-independencia e ter acesso a uma planilha exclusiva que simula isto para você.

6.6. O custo da dúvida

> **As pessoas, por terem medo de perder, acabam nunca ganhando.**

O medo nesse caso usualmente tem seu fundamento na falta de conhecimento. Tememos o desconhecido, chegando a casos extremos de termos aversão àquilo que nos assusta. Essa é inclusive a explicação utilizada para atitudes e comportamentos mais graves como o racismo e preconceitos sociais.

As pessoas desconhecem os riscos envolvidos na aquisição de fundos de investimentos, fundos imobiliários, ações, renda fixa (sim, esta última possui riscos) e por esse motivo não investem. Porém, estão dispostas a adquirir com mais facilidade promessas de ganhos rápidos sem saber o real risco que correm ao ir atrás de tais promessas.

Por exemplo, a famosa onda do *bitcoin*: em certo ponto havia mais do que o dobro de CPFs cadastrados do que na B3 (bolsa de valores). Você realmente acredita que havia o dobro de pessoas que entendem de criptomoedas em relação a pessoas que entendem da bolsa de valores? Ou será que boa parte foi vítima do "efeito manada"?

As pessoas que não investem por medo do risco, apesar de ser um pensamento falho, estão à frente dos que buscam ganhos fáceis. Se você não conhece o risco, faz bem de não se aventurar por mares desconhecidos, o que é infinitamente mais prudente que pular sem olhar. Já dizia Warren Buffett: **"nunca verifique a profundidade das águas com os dois pés"**.

Porém, a crítica neste ponto é: uma vez que se sabe que não se sabe, é preciso superar as barreiras que nós mesmos levantamos que nos impedem de ir atrás de oportunidades que vão nos gerar riqueza.

A maioria, por ter receio dos riscos dos investimentos, utiliza o capital "excedente" para adquirir bens, móveis, eletrônicos (que são passivos), o que gera um comportamento contraditório: ao deparar com a possibilidade de ganhos ou perdas do mercado financeiro, por não se ter conhecimento, **opta-se pela certeza da perda** ao adquirir mais passivos, já que o "dinheiro está sobrando".

> **Nada custará mais caro do que a falta de conhecimento.**

6.7. Pague-se primeiro

Talvez o conselho ou hábito mais divulgado por especialistas em investimentos, que, apesar de soar óbvio, é pouco aplicado, é o conceito de **se pagar primeiro**.

Não queremos dizer que você deve primeiro comprar o último celular da moda ou passar o final de semana em um *spa* de luxo porque recebeu o décimo terceiro – e, afinal, você merece. Esse conceito é ancorado no ato de você **investir em você** mesmo do futuro: aquela pessoa que hoje lhe parece distante, mas que eventualmente será o você de agora. Pague essa pessoa antes de qualquer uma, ou seja, a primeira coisa que você deve fazer ao organizar suas finanças (ativos e passivos) é determinar um valor para poupar preferencialmente por mês e cumprir rigorosamente essa meta.

As pessoas usualmente (e não surpreendentemente) gastam primeiro e quando sobra algo poupam, quando na realidade é o exato oposto que vencedores fazem: primeiro poupam o que planejaram e vivem com o restante.

"Mas qual a diferença?" Isso tem uma série de vantagens quantitativas e qualitativas. A primeira é a necessidade óbvia de ter um planejamento financeiro para conseguir chegar a um número factível de se atingir, o qual muito provavelmente não será constante ao longo de todos os meses, visto que temos momentos de maiores gastos e/ou maiores entradas. Logo, a necessidade de se organizar (algo que sempre é benéfico) aumenta.

Além disso, quando temos um compromisso, mesmo que conosco, tendemos a cumpri-lo com mais ímpeto e iremos nos questionar mais antes de usarmos o nosso capital, o que está perfeitamente alinhado com a mente de pessoas de sucesso, que, sim, aproveitam a vida e não vivem necessariamente igual monges, mas que sabem que os gastos precisam ser domesticados para não saírem do controle.

Outra vantagem está no fato de que fica mais fácil diagnosticar eventos que não computamos nos gastos, a frequência com que eles ocorrem (que nos forçam a sair do nosso planejamento) e a partir daí tomar atitudes corretivas, o que se torna impossível uma vez que não se tem uma meta inicial. Lembre-se de que "para quem não sabe aonde vai, qualquer caminho serve".

Logo, fuja da fórmula:
Salário – Gastos = Investimentos

E entenda que, apesar de matematicamente equivalente, em termos comportamentais e psicológicos é completamente diferente de:
Salário – Investimentos = Gastos

Se essas duas fórmulas já são diferentes para você, caro leitor, e está claro qual delas deve ser seguida para trilhar o caminho de atingir seus objetivos financeiros, podemos seguir em frente.

6.8. Construindo o *mindset*

6.8.1. Alfabetização financeira

Um dos aspectos fundamentais para construção de riqueza, além obviamente de fontes de renda, é desenvolver o *mindset* que irá permitir o real entendimento das limitações que nos cercam e dar início a passos importantes nessa árdua tarefa que engloba muito a maneira de lidar com cada situação.

Dentre diversos impeditivos existentes já explanados, um deles se encontra na base educacional, a qual falha em elucidar o funcionamento de impostos, o que é a taxa Selic e diversos aspectos fundamentais para a saúde financeira do indivíduo em formação.

O objetivo dessa reflexão é evidenciar que usualmente não sofremos uma **alfabetização financeira**, ou seja, não conhecemos como funciona o dinheiro e suas peculiaridades antes de ingressarmos no mercado de trabalho. Logo, a grande massa entra despreparada para lidar com finanças de maneira técnica ou mesmo gerencial, conhecendo apenas um uso para o dinheiro que é ser gasto e pagar contas.

De acordo com um exame, batizado de "Cultura Financeira dos Estudantes", realizado pelo Programa Internacional de Avaliação de Alunos (PISA) em 2015 entre estudantes de 15 anos em 15 países distintos, visando avaliar a habilidade de resolver situações cotidianas envolvendo questões e decisões financeiras, o Brasil se classificou em último lugar:

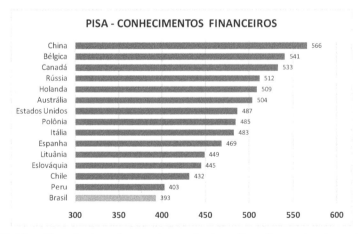

Figura 15. Classificação de países na formação de cultura financeira dos estudantes.
Fonte: OCDE, Bradesco.

As questões envolviam assuntos como gestão de uma conta bancária, entendimento de condições de assinaturas de serviços telefônicos, taxas de juros de empréstimos, chegando inclusive a assuntos mais complexos como o Imposto de Renda (IR). Pela pesquisa, 53% dos estudantes brasileiros se situam abaixo do nível mínimo de conhecimento financeiro necessário para uma boa gestão, ou seja, dentro dos cinco níveis de qualidade aferidos pela pesquisa, a maioria dos estudantes brasileiros não chega ao nível dois e somente 3% dos alunos conseguiram atingir o nível máximo.

Fazendo um paralelo extremo, porém, por que existem tantos casos de ganhadores da loteria que, após alguns anos, retornam para condições de vida medíocres sem nem saberem onde foi parar todo seu dinheiro? Muito sem dúvida se deve à falta de alfabetização financeira.

Da mesma forma que não devemos utilizar uma ferramenta sem saber suas utilidades e riscos, ou não devemos tentar falar uma língua sem conhecer sua base, ou ainda tentar programar um computador sem entender de linguagem de programação, não deveríamos (em tese) poder lidar com o dinheiro sem que entendamos ao mínimo o seu funcionamento. Mas, infelizmente, não temos esta opção, pois precisamos lidar com o dinheiro pela maior parte de nossas vidas, independentemente de sabermos ou não a melhor forma de fazê-lo. Logo, por óbvio, deveríamos focar ao menos uma parte de nosso tempo e energia nesse entendimento.

Algumas pessoas acreditam que para construir riqueza devem trabalhar mais para ganhar mais dinheiro, associando de maneira equivocada as suas posses ao seu nível de riqueza. Ao ocupar muitas horas do seu dia com trabalho focado em pagamento das contas e manutenção dos passivos, deixam de reservar algum tempo para aprender a construir riqueza e conhecimento financeiro.

Sem um conhecimento das funcionalidades básicas do mundo financeiro, se torna extremamente difícil administrar de maneira inteligente suas finanças. Muitas pessoas desistem já nessa primeira barreira, pois, além de todos os aspectos culturais envolvidos nessa decisão, o mundo financeiro soa como algo distante e extremamente complexo que poucos podem dominar, restrito a pessoas como contadores, bancários e operadores da bolsa de valores.

O conhecimento básico, uma vez dominado, pode ser a chave da mudança nas atitudes financeiras. Não é preciso ser um *expert* na bolsa de valores para investir com inteligência, da mesma maneira que não é preciso ter um MBA em direito tributário para compreender os aspectos mais relevantes de impostos e tributações. É preciso apenas – pasme – conhecer as quatro operações matemáticas básicas: soma, subtração, multiplicação e divisão.

Nesses momentos, costumamos apelar para o Princípio de Pareto, conhecido como a famosa "Lei dos 80/20", que nos diz que (de maneira sucinta) 80% dos efeitos vêm de 20% das causas. Esse princípio se reproduz pelos mais diversos setores e disciplinas. Por exemplo, na economia, de acordo com uma pesquisa feita pela *Human Development Report* (1992), aproximadamente 80% da renda do mundo se restringia a 20% da população. Ou ainda, na área da tecnologia da informação, a Microsoft notou que, ao corrigir 20% dos *bugs* mais relatados por usuários, houve uma queda de 80% dos erros e problemas que surgiam.

Com o mundo dos investimentos não é diferente, ou seja, uma pequena parte conhecimento poderá resultar em grande melhoria para a qualidade das decisões financeiras – em teoria, com 20% do conhecimento de especialistas do mercado você provavelmente conseguirá algo próximo de 80% dos resultados obtidos por eles. Apesar de ser uma regra empírica, e não ter garantias de que pouco conhecimento lhe trará grandes retornos, uma coisa podemos afirmar com plena certeza: **enquanto seu conhecimento for zero, seu resultado sempre será zero (ou pior, negativo)**.

No entanto, como qualquer disciplina, são necessários esforço, dedicação e suor para dominar os aspectos básicos do **conhecimento financeiro**. Este livro cobre diversos critérios fundamentais quanto ao quesito do conhecimento financeiro, porém também objetiva instigar o leitor a explorar (já com uma base bem fundamentada) as áreas de conhecimento que lhe façam mais sentido, pois seria extrema arrogância e prepotência (não apenas nossa, como de qualquer autor) afirmar que é possível sumarizar todo o conhecimento necessário para que uma pessoa tenha sucesso financeiro em um único livro. Até porque pessoas possuem perfis diferentes, logo, necessidades diferentes. Se alguém quiser lhe vender a fórmula do sucesso, esconda sua carteira, pois quem a oferece ou é inocente e não sabe o que fala, ou sabe e falta com a verdade.

Uma vez que se possua o conhecimento financeiro, este irá induzir ao **comportamento financeiro**, o qual irá direcionar seu *mindset* para reflexões voltadas a finanças e fazer o mais difícil de tudo, que é **saber fazer as perguntas certas**.

Por exemplo, em vez de: "qual o melhor investimento?", questionar: "qual a melhor modalidade de aplicações que mais tem sentido para o meu perfil e objetivo?"

Ou ainda: no lugar de "quais ações devo comprar?", indagar "como montar uma carteira balanceada considerando meu patrimônio e estratégia?".

E a famosa "como posso ganhar muito com segurança?" em vez de algo mais refinado como "qual a forma de buscar e identificar oportunidades adequadas à minha política de gestão de risco?".

Ou a nossa favorita "quanto posso ganhar com esse investimento?" em vez da questão mais adequada "até quanto posso perder com esse investimento?".

Poderíamos seguir com centenas de exemplos. Uma vez que se entendam o conceito, a importância de geração de ativos e a necessidade de possuir conhecimento para levar ao comportamento que estimule tais práticas, isso inevitavelmente culmina na criação de uma **atitude financeira**,

A atitude financeira é formada por ações de cunho tangível que levam a resultados reais de ganho de riqueza através da construção de um pilar de ativos superior ao de passivos, que leva o indivíduo a identificar boas oportunidades míopes à grande maioria, gerando novamente a busca (e necessidade) de mais conhecimentos financeiros, entrando em um ciclo de autoalimentação e construção de riqueza, como ilustrado na figura a seguir:

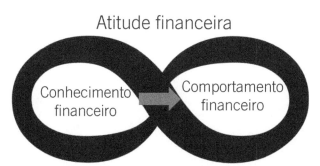

Figura 16. Ciclo da construção da riqueza.
Fonte: os autores.

6.8.2. Outros aspectos do *mindset*

Pode ser que você julgue o discorrido anteriormente como algo utópico. Porém, isso não precisa ser uma realidade distante, uma vez que se possua um norte sobre quais conhecimentos buscar. Entre eles, são fundamentais:

➤ **Estratégias de investimento:** é fundamental possuir uma estratégia mediante a qual serão norteadas as decisões financeiras de investimentos e gestão de patrimônio, o que não é uma tarefa trivial. É necessário ter conhecimento técnico sobre os aspectos financeiros e conhecer o próprio perfil, que não é algo tão simples como soa e engloba diversos pontos que serão levantados no capítulo "Psicologia dos Investimentos". Somente com a junção desses dois aspectos de caráter superficialmente antagônico, um extremamente objetivo e outro extremamente subjetivo, que indivíduos conseguem atingir a sinergia que irá objetivar bons resultados. Abordaremos tais aspectos no decorrer deste livro.

➤ **Mercado:** o conhecimento do mercado como um todo é também essencial quando o assunto é gestão financeira. Entender o que se passa com os setores econômicos, como cada um pode afetar diferentes modalidades de investimentos, seja gerando oportunidades ou minando resultados, é uma ferramenta poderosa de decisão nesse aspecto.

➤ **Tributação:** apesar de não ser o foco deste livro comentar sobre aspectos de tributação, especialmente no Brasil (onde a taxa tributária costuma ser elevada), conhecer as nuances de cada taxa e buscar maneiras legais de atuar visando mitigá-las é uma tarefa constante de pessoas que buscam riqueza. Alguns impostos e taxas podem não apresentar alto impacto para quem está no início da jornada, porém, conforme se for construindo riqueza, sem dúvida será necessário percorrer esse caminho.

7. Planejamento Financeiro

7.1. Controle de gastos

> **"Seu capital é sua empresa e seu dinheiro são seus funcionários. Trate-os com respeito que eles trarão resultados; ignore-os e eles serão o seu pior problema em vez de seus maiores aliados."**
>
> **Matheus Gaboardi**

"Para onde está indo meu dinheiro?"

Você tem uma renda. Seu salário cresceu desde que você começou a trabalhar, mas sempre está sem dinheiro sobrando. Você terá uma resposta pronta e clara para a pergunta: "qual a taxa média de crescimento do seu patrimônio nos últimos cinco anos?"?

A maioria das pessoas não tem a menor ideia de como responder e sequer se lembra dos números do seu último imposto de renda. Fica assim, portanto, difícil buscar algum tipo de crescimento e de planejamento a longo prazo, colocando em risco as decisões que envolvam finanças em sua vida.

Em qualquer área da vida, tudo o que se mede tende a melhorar, não pela medição em si, mas pelo aumento do seu foco no assunto, que fará com que a velocidade das mudanças e melhorias seja acelerada.

Para começar a entender o que está acontecendo com suas finanças é necessário organizar e mapear seus gastos. Essa pode parecer uma tarefa chata, mas ao longo do tempo torna-se muito útil. Geralmente as pessoas se lembram das grandes contas, como o aluguel, parcela do carro, mensalidade da escola dos filhos, mas não sabe ao certo quanto gasta em suas coisas pequenas, como, por exemplo, pequenos gastos diários que não são computados.

Para começar nossa análise, vamos pensar nas contas mensais. Cada pessoa possui uma estrutura de custos dependendo de como vive. Se ainda sou jovem e moro com meus pais, minha estrutura será um pouco mais enxuta, e teoricamente a minha capacidade de poupança e construção de patrimônio pode ser mais potente dependendo dos meus hábitos de consumo.

Se eu sou mais velho, possuo família e filhos e um padrão de vida já estabelecido, minha estrutura de custos será bem diferente, com diversos compromissos financeiros e renda muito diferente da época de mais jovem.

Inicialmente devemos analisar nossa renda. Um salário nominal jamais pode ser utilizado para o planejamento financeiro de qualquer pessoa. É importante observar e calcular o seu salário líquido.

Muitas pessoas se atentam para o valor bruto. Nosso colega José planejava suas finanças considerando seu salário de 8.600 reais, que considerava como entrada mensal para pagamento de suas contas. Além de arredondar o valor de seu salário para cima, ele não atentava para os descontos em folha e o valor real mensal depositado em sua conta. Observe o tamanho do impacto:

Tabela 6. Cálculo do salário líquido.

Salário		
Salário bruto:		**R$ 8.589,66**
INSS:	11%	-R$ 944,86
IR na Fonte:	Tabela[1]	-R$ 1.492,80
Outros descontos:		-R$ 152,00
Salário líquido		**R$ 6.000,00**

O salário bruto de uma pessoa contratada em regime de CLT (com carteira assinada) deve atender a um regime de tributação mais pesado e pode sofrer descontos expressivos conforme o valor do salário aumenta.

Adicionalmente aos encargos, existe o desconto de outras coisas, como, por exemplo, refeições, transportes, clubes e sindicatos, além, é claro, de possíveis contribuições

---

[1] Ver quadro explicativo a seguir.

à previdência privada e empréstimos consignados que são descontados em folha de pagamento. Nesse exemplo, eles somam R$ 152,00.

Atenção:
A tabela de cálculo de Imposto de Renda Retido na Fonte é apresentada no primeiro capítulo.

Tabelas de Incidência Mensal
A partir do ano calendário de 2015

Base de cálculo (R$)	Alíquota (%)	Parcela a deduzir do IRPF
Até 1.903,98	-	-
De 1.903,99 até 2.826,65	7,5	142,80
De 2.826,66 até 3.751,05	15	354,80
De 3.751,06 até 4.664,68	22,5	636,13
Acima de 4.664,68	27,5	869,36

O cálculo do José foi feito assim:
Salário bruto: 8.599,66
IR (27,5%) = 2.326,16
Desconto = – 869,36
Total devido = 1.492,80
Fonte: Site Receita Federal do Brasil 2018.

Isso nos mostra que um salário no nível de 8,5 mil reais pode sofrer em média 30% de desconto por impostos, encargos e benefícios que são descontados na fonte, trazendo uma distorção para a nossa análise financeira. **Portanto, o ponto inicial para toda a discussão deve ser o salário líquido ou as entradas reais de dinheiro na sua conta corrente.**

Você observará que poderia ter mais dinheiro se os impostos fossem menores, mas também pode ter mais dinheiro gastando menos do que você recebe – e esse é o maior potencial de acúmulo de riquezas ou patrimônio que você pode construir ao longo da vida.

A maioria das nossas contas e gastos pode ser dividida em grupos de acordo com as áreas da nossa vida. A estrutura criada e aprimorada ao longo dos últimos anos sugere a seguinte divisão:

➢ Gastos de moradia
➢ Utilidades
➢ Saúde/vida
➢ Alimentação

- Facilidades
- Transporte
- Educação
- Lazer e recreação
- Outros
- Investimentos

Cada uma dessas categorias possui contas que devem ser classificadas de acordo com seu gasto, trazendo transparência às suas finanças e ao gasto do dinheiro, fornecendo informações importantes para elaboração de planos de melhoria ou ajuste de contas de forma a atingir seus objetivos financeiros e por consequência seus objetivos de vida.

Os **gastos de moradia**, por exemplo, serão compostos por todas as contas e despesas relacionadas à habitação, como:

- Prestação/Financiamento
- Aluguel
- Condomínio
- Seguro/Vigilância
- IPTU/Taxa lixo/Iluminação
- Reformas/Manutenção

O grupo de **utilidades**, por sua vez, refletirá todos aqueles gastos relacionados a conforto, praticidade e comodidade. Eventualmente, é possível viver com um plano mais básico de celular ou sem TV a cabo ou buscar economia nas contas de água e luz, por exemplo. Isso demanda um esforço muito maior do que reduzir os custos de aluguel e condomínio. São elas:

- Telefone fixo
- Luz (energia)
- Gás
- Água/esgoto
- Celular
- Internet
- TV a cabo

As contas de **saúde e vida** são aquelas relacionadas ao nosso bem-estar e à nossa saúde, como planos de saúde, gastos com médicos, vacinas e outros. A partir desse monitoramento é possível entender quando vale a pena buscar um atendimento médico particular ou contratar planos de saúde de abrangência um pouco mais limitada.

➢ Plano de saúde
➢ Seguro de vida
➢ Vacinas
➢ Dentistas
➢ Médicos
➢ Medicamentos

A categoria **alimentação** reflete todos os gastos nessa área, divididos em categorias, que devem ser montados e controlados de maneira a refletir seu comportamento. Geralmente é um tipo de gasto que pode surpreender quando controlado detalhadamente.

➢ Supermercado
➢ Padaria
➢ Bares
➢ Restaurantes/lanches

A conta de **facilidades** reflete os gastos relacionados ao bem-estar pessoal e à praticidade da nossa vida, sendo mais facilmente controlados e planejados. Pode conter as contas:

➢ Vestuário
➢ Calçados
➢ Faxineira/Doméstica
➢ Lavanderia
➢ Cabelereiro

As contas de **transporte** são formadas por todo o desembolso que temos no nosso deslocamento diário, incluindo as viagens que fazemos a trabalho ou rotineiramente. As viagens planejadas devem ser tratadas separadamente para não afetar a transparência do planejamento. Decisões importantes podem surgir daqui com relação a compra ou escolha do modelo do carro, consumo, impostos, pedágios e taxas. Já tivemos casos em que ex-alunos trocaram carro por táxi e economizaram um bom dinheiro para investir em educação ou em outros sonhos.

➢ Prestação do carro

76 • Quanto custa ser rico?

- ➢ Garagem/Estacionamento
- ➢ Combustível
- ➢ Seguro do carro
- ➢ IPVA
- ➢ Licenciamento
- ➢ DPVAT
- ➢ Táxi/Ônibus/Uber
- ➢ Manutenção/Oficina
- ➢ Multas
- ➢ Pedágio

Infelizmente, nem todas as cidades possuem sistemas de transporte que auxiliem ou permitam que as pessoas se desloquem de maneira eficiente entre sua casa e seu trabalho, com custo e tempo razoáveis. Isso acaba forçando algumas vezes o uso de um veículo caso se queira chegar a tempo na faculdade ou no curso de inglês.

O conhecimento do custo anual de um automóvel deve ser o fator de decisão para você escolher não só o modelo de carro que irá comprar, mas também para decidir se mantém o carro ou busca uma alternativa, como, por exemplo, aluguel do automóvel por períodos determinados, uso de Uber ou táxi. Dependendo da sua necessidade de deslocamento e das atividades da sua família, acaba sendo mais barato ao longo do ano buscar essa alternativa do que ter a posse do automóvel. Você deve somar ao custo anual do automóvel os valores de custo de oportunidade que refletem o quanto você deixou de ganhar em suas aplicações por gastar esse dinheiro na compra do automóvel e também o custo de depreciação, que refletirá o quanto seu carro irá se desvalorizar entre o momento da compra e da venda.

O grupo de **educação** envolve todos os gastos relativos ao seu desenvolvimento. Curso, escola, faculdade, idiomas, livros, todo tipo de investimento em aprendizado deve ser computado aqui. Surpreendentemente, a maioria das pessoas se assusta ao ver que gasta muito mais em vestuário e coisas "supérfluas" do que na própria educação.

- ➢ Mensalidade escolar
- ➢ Material
- ➢ Uniforme escolar
- ➢ Cursos
- ➢ Transporte escolar

As contas de **lazer e recreação** são também importantes e fazem parte do equilíbrio da nossa vida. Nós devemos também investir em lazer e recreação de modo a sustentar a qualidade de vida e a saúde, nossa e da nossa família. Em alguns momentos os gastos serão mais moderados nessa modalidade, mas em outros momentos os gastos poderão ser merecidamente maiores.

- Cinema
- Teatro/Shows
- Academias
- Viagens/Férias
- Diversão
- Esportes
- Hobbies

As contas classificadas como **outros** não são aquelas com as quais devemos ter pouca atenção, mas aquelas que são esporádicas, ou talvez de difícil controle. Nós sempre sugerimos aos alunos do nosso programa de educação financeira que de início não sofram controlando o dinheiro da carteira, mas que apontem seus saques como outros e já considerem como dinheiro gasto. Ao fim do mês isso gera um sentimento de atenção com o que se gasta sem controlar, contribuindo muito positivamente para a mudança de postura algumas vezes consumista ou impensada.

O próximo grupo pode ser, em um início, o de **investimentos**, que reflete o quanto conseguimos reservar mensalmente da nossa renda para as aplicações financeiras. Esse dinheiro é economizado e deve, sim, ser aplicado para que no futuro você possa alcançar a independência financeira.

Acertadas as contas, é hora de começar a analisar o que fazer com elas. Os pontos de apoio à decisão quando falamos de assuntos nessa área devem ser claros e precisos, e a informação proveniente do seu controle de gastos deve fornecer um panorama completo para sua decisão.

O José, um dos participantes do nosso curso de formação de investidores, organizou suas finanças com essa metodologia. Ele descobriu, ao final de três meses, para onde estava indo o dinheiro dele ao longo do mês.

Observe suas contas do mês de janeiro:

Tabela 7. Exemplo dos gastos mensais do José.

Grupo de conta	Real	Planejado
Gastos de moradia	767,69	767,69
Utilidades	610,69	610,69
Saúde/vida	1.715,00	1.715,00
Alimentação	1.505,67	1.566,67
Facilidades	440,00	266,67
Transporte	948,33	1.033,33
Educação	312,00	208,33
Lazer e recreação	1.200,00	-
Outros	-	-
Investimentos	-	-
TOTAL	**7.499,38**	**6.138,38**

A transparência já melhorou, mas ele observou que gastou R$ 1.200 com uma viagem de férias não planejada, mas acabou economizando em contas como transporte e alimentação. O problema surge quando vemos o desvio entre o custo planejado de janeiro (R$ 6.168,38) e o custo real do mês de janeiro (R$ 7.499,38), que já era maior que a renda. O custo real foi 21,6% maior do que o planejado e deve ter consumido parte de sua reserva, trazendo um resultado para o mês de (R$ -1.499,38) comparando o custo real com a renda.

Quando isso acontece e não existe uma reserva para absorver o custo maior, o início de uma tragédia financeira pode acontecer. O endividamento da pessoa pode ser algo inevitável e de impacto muito forte, exigindo um grande esforço para sua resolução.

Adicionalmente, foi possível começar a entender o perfil dos seus gastos. Compreender como é consumido o dinheiro que ele recebe ao longo do mês permitiu que ele identificasse que suas maiores contas são: saúde/vida e alimentação. Observe na figura a seguir a divisão dos grupos de conta onde José gasta seu dinheiro.

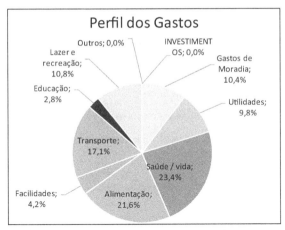

Figura 17. Perfil dos gastos por grupo de conta.
Fonte: os autores.

Com base nessas informações, fica um pouco mais fácil, em um momento de necessidade, escolher quais são as contas que merecem maior foco na análise e no detalhamento do consumo.

Tabela 8. As maiores contas na visão Pareto.

AS 5 MAIORES	
Saúde/vida	22,9%
Alimentação	20,1%
Lazer e recreação	16,0%
Transporte	12,6%
Gastos de moradia	10,2%

O conhecimento das cinco maiores contas dentro do planejamento financeiro de José ajuda a saber que não adianta começar a olhar o impacto, por exemplo, da conta Educação (4,3% do gasto mensal). É importante entender também o momento em que a análise é feita. A conta Lazer e Recreação, por exemplo, contém uma viagem de férias de R$ 1.200,00 que não se repetirá ao longo do ano, devendo ser excluída do custo mensal de José, mas que deve ser considerada no planejamento anual como um gasto pontual.

A partir do levantamento do perfil de gastos é possível entender melhor o comportamento de consumo e começar as alterações e correções. Algumas coisas podem ser eliminadas, o que às vezes exige coragem. Muitas vezes, pode significar renunciar a alguns prazeres como compras desnecessárias, buscar um carro mais econômico e até um segundo emprego para sanar as dívidas.

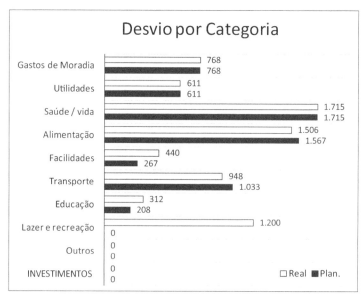

Figura 18. Comparação de gasto real e planejado.
Fonte: os autores.

Uma organização mais profissional das suas finanças, dependendo do seu nível de familiaridade com o controle de números, permitirá que você faça análises e projeções do seu poder financeiro ao longo do tempo. É importante ter o mínimo de noção do seu poder financeiro e das tendências dos seus gastos se você quiser progredir financeiramente.

É possível controlar os desvios de cada categoria de gasto no exemplo do José, de modo que mês a mês seja possível identificar qual grupo de contas apresentou um gasto maior do que o planejado. O nível de transparência e conhecimento dessa estrutura auxilia muito na autodisciplina e no autocontrole dos impulsos consumistas, porque mostra de maneira escancarada para onde vai seu dinheiro.

7.2. Planejando o futuro

Ganhar dinheiro ao longo da vida não é uma tarefa muito fácil, e acumular dinheiro para construir patrimônio pode ser quase impossível sem um planejamento sincero e honesto com seus objetivos, feito com disciplina e sistematicamente.

De maneira didática, buscaremos explorar neste tópico os passos do planejamento financeiro de modo a auxiliá-lo a prosseguir com seu desenvolvimento financeiro ao longo do tempo e a trazer maior transparência para suas finanças, calculando seu poder financeiro.

Muitas pessoas se preocupam com o início da vida financeira, formação, emprego e as primeiras conquistas, como um carro bacana, um imóvel e algumas outras pequenas conquistas. Com o passar do tempo, as preocupações mudam e começam a se voltar para a aposentadoria.

Quando somos mais jovens, se temos consciência do poder do planejamento financeiro, podemos construir um sistema que nos permita escolher de que forma nos aposentar sem precisar depender da previdência, que pode ter suas regras alteradas e se tornar uma renda insuficiente para viver o nível de vidas e conquistas que sempre sonhou.

A inteligência financeira deve trabalhar a seu favor, fazendo com que ao longo do tempo toda a quantidade economizada e investida possa colaborar com uma renda adicional no futuro ou financiar seus sonhos.

O planejamento e a organização financeira serão essenciais para atingir sua independência financeira. Jamais deixe de viver bem segundo suas próprias possibilidades, porém sem desperdiçar ou esbanjar os recursos que você recebe em troca do seu trabalho, dos seus projetos e da sua dedicação.

A independência financeira lhe dará um pouco mais de tranquilidade para exercer sua vida profissional de maneira mais satisfatória, pois elimina o peso da dívida, das contas a pagar e do trabalhar por dinheiro. A criação de uma estrutura financeira que pague suas contas e um modo de vida controlado (não restrito, mas dentro do seu controle) permitirá que você decida como e de que maneira gastará seu tempo e desenvolverá sua profissão.

O primeiro passo do planejamento financeiro deve ser o mapeamento das suas entradas e saídas de dinheiro. Saber quais são as suas receitas e mapear muito suas despesas. Inicialmente, após controlar os gastos mensais, você terá um período histórico para determinar, para cada tipo de conta, qual é ou qual deveria ser o valor mensal ideal para o equilíbrio das suas despesas.

Se essa é a primeira vez que você está olhando para as suas finanças, pode ser difícil montar qualquer tipo de planejamento financeiro de maneira rápida, pois é interessante ter um histórico de informação de pelo menos três meses para conseguir entender alguma coisa sobre as tendências do seu comportamento.

Se você já tem esse controle, fica bem mais fácil. Podemos olhar os últimos 12 meses, ou o ano anterior de janeiro a dezembro e utilizar os números para estimar o seu fluxo de caixa e começar a desenhar qual deveria ser o seu desenvolvimento financeiro ao longo do ano corrente e dos próximos anos.

Atenção:
Fluxo de caixa é um instrumento de gestão financeira que projeta ao longo do tempo todas as entradas e saídas de recursos financeiros de uma empresa, indicando como será o saldo de caixa após essas movimentações. É um instrumento importante porque permite prever períodos de risco, falta de dinheiro, mas também serve de base para o planejamento financeiro e investimentos.

A partir da elaboração e organização das contas mensais, você terá acesso ao seu gasto médio mensal e então pode começar a planejar. Algumas premissas devem ser consideradas para a elaboração dos seus gastos mensais futuros, como, por exemplo, o reajuste dos valores das contas como um aumento médio na conta de energia elétrica, troca de carro e aumento de seguro, troca de emprego e aumento do custo de combustível e pedágio para deslocamento ao novo trabalho, aumento de custo da TV a cabo e outros.

Os números obtidos a partir dessa análise serão utilizados como meta de gastos e devem ser acompanhados mensalmente na sua planilha de orçamento doméstico ou controle de contas. Esse processo deve ser prático o suficiente de modo que o trabalho realizado para o registro dessas informações não seja difícil a ponto de fazer com que você desista. Pode ser que, por pagar 100% das suas contas a partir da sua conta bancária ou cartões de crédito, seu controle seja simplesmente baixar mensalmente as movimentações do mês anterior e colocá-las em um arquivo Excel uma vez ao mês. Simples assim.

Outro ponto que pode influenciar no seu fluxo de caixa pode ser a definição de premissas. Elas determinarão, por exemplo, quanto você deve considerar de renda (sempre renda líquida), refletindo aumentos de salário, projetos e planos, rendas adicionais, troca de automóvel, compra de móveis, cursos e outros. As premissas darão o formato da sua avaliação.

Nosso amigo José está fazendo esse processo e se assustou com o resultado do seu gasto mensal. Ao projetar o custo planejado e seu salário líquido em uma planilha simples que soma mês a mês as entradas (salário, férias, décimo terceiro salário) e as saídas (metas mensais de gastos), observou o efeito destruidor do seu comportamento. Observe a seguir:

Tabela 9. Projeção do fluxo de caixa mensal.

Projeção fluxo de caixa

Descrição	JAN	FEV	MAR	ABR	MAI	JUN	JUL	AGO	SET	OUT	NOV	DEZ
Salário	6.000,0	6.000,0	6.000,0	6.000,0	6.000,0	6.000,0	6.000,0	6.000,0	6.000,0	6.000,0	6.000,0	6.000,0
Férias					6.000,0						3.000,0	3.000,0
Plano B												
Desp. Mensais	-6.168,4	-6.168,4	-6.168,4	-6.168,4	-6.168,4	-6.168,4	-6.168,4	-6.168,4	-6.168,4	-6.168,4	-6.168,4	-6.168,4
Outros		-1.200,0										
TOTAL	**-168,4**	**-1.368,4**	**-168,4**	**-168,4**	**5.831,6**	**-168,4**	**-168,4**	**-168,4**	**-168,4**	**-168,4**	**2.831,6**	**2.831,6**

O primeiro impacto que temos é o resultado da diferença "entradas – saídas". Observe que em todos os meses José fecha o resultado no negativo, reduzindo seu patrimônio, exceto nos meses de maio, quando recebe suas férias, e em novembro, quando recebe seu décimo terceiro salário. Isso é muito sério para uma pessoa que pensa em mudar sua situação financeira a longo prazo.

Como fica a questão dos 1.200 reais que José gastará para viajar no carnaval com seus colegas? Quem vai pagar isso? Quais serão as dívidas que poderão surgir caso ele não possua uma boa reserva financeira? Pode ser que uma possível dívida com o cartão de crédito surja nesse momento.

Adicionalmente, e mais importante do que responder às questões anteriores, podemos observar, no caso dele, como sua renda é pequena frente aos seus gastos. Para resolver isso temos apenas duas opções: (i) aumento de renda ou (ii) redução de gastos. O ideal para longo prazo é sempre trabalhar nas duas.

A partir da elaboração do fluxo de caixa, é possível desenhar uma projeção financeira para o ano. Se eu tenho uma situação em que tomadas de decisão são importantes, eu preciso trabalhar de maneira a criar informações e transparência para que eu possa realizar a tomada de decisão de maneira segura e a mais objetiva possível.

Pensando no caso do nosso amigo José, fica claro o que vai acontecer com esse comportamento com suas finanças:

Tabela 10. Saldos iniciais da projeção.

SALDOS	Dez. ano passado
Banco 1	3.000,00
Banco 2	1.200,00

A partir de um saldo inicial (ainda bem que ele possui um saldo para absorver seus meses negativos!), você pode observar a redução de patrimônio dele ao longo do tempo:

Figura 19. Evolução financeira do José.
Fonte: os autores.

Observe que não gastar o dinheiro recebido nas férias trouxe outro nível de resultado a partir do mês de maio. O problema é que o saldo continua sendo reduzido e vai ser assim enquanto ele mantiver o desequilíbrio entre entradas e saídas. Nesse ano ele não planejou viajar nem gastar o décimo terceiro salário para poder guardar dinheiro.

Esse gráfico mostra qual seria o possível resultado financeiro no final do ano, de maneira a permitir o seu planejamento a médio prazo. Essa conta pode ser feita ano a ano combinando os saldos e gastos planejados para decisões financeiras como quitar o carro, quitar o apartamento, realizar um curso no exterior.

Observe a seguir o que aconteceu com José ao mudar seu planejamento. Ele decidiu, sim, viajar com os colegas durante suas férias, gastando 4.500 reais ao final do passeio, e acabou por comprar um carro com uma entrada de 12.000 reais utilizando o dinheiro do seu décimo terceiro salário.

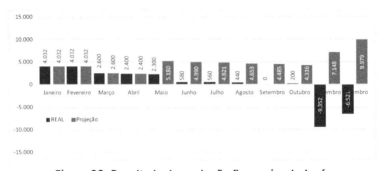

Figura 20. Resultado da evolução financeira do José.
Fonte: os autores.

Além de passar uma boa parte do ano com pouco ou quase nenhum dinheiro no banco, José acaba por se endividar com a entrada do novo carro. Ao buscar recursos para pagamento da entrada do carro, seu saldo já é negativo e esse negócio não vai se concretizar. A alternativa é tomar um empréstimo para poder pagar a entrada do carro, porém, com esse fluxo de caixa desorganizado, o resultado será um desastre.

Após acompanhar e mapear todo esse desastre, José resolveu replanejar suas despesas e trabalhar com afinco para resolver sua situação financeira. Após colocar o carro à venda por não possuir recursos para pagar documentos, combustível, seguro e manutenção, José resolveu se reorganizar.

A partir das análises ele identificou contas essenciais e não essenciais ao longo do seu mês, que colaboravam para essa situação. As contas essenciais foram mantidas e sempre que possível otimizadas com redução dos desperdícios ou diminuição dos níveis. Ele se mudou para um apartamento mais simples e com condomínio mais barato, baixou o pacote de canais da TV a cabo e contratou um pacote mais barato de celular. Buscou desenvolver hábitos de economia de água e energia, compra em supermercados mais baratos e reduziu parte das saídas de final de semana. Sua qualidade de vida aumentou e sua saúde também, permitindo que seus gastos com medicamentos e farmácia também fossem reduzidos, alcançando um custo mensal de R$ 3.657,16 na nova média.

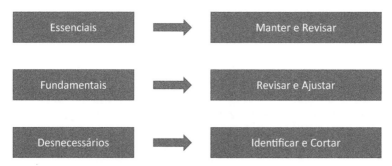

Figura 21. Como tratar os gastos.
Fonte: os autores.

Isso permitiu que ele pudesse agora economizar cerca de 40% do seu salário líquido, mudando completamente a sua curva de desenvolvimento e crescimento de patrimônio. A partir desse ponto é possível que José invista mais em bons cursos para sua carreira, como, por exemplo, uma pós-graduação ou aprender um idioma em escolas de primeira linha, trazendo um aumento de renda substancial a longo prazo. Observe a nova curva de José:

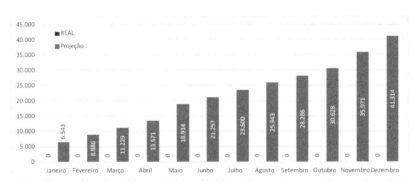

Figura 22. Evolução patrimonial do José.
Fonte: os autores.

Terminando o mesmo ano anterior com o saldo de 4.200 reais na conta corrente, ele consegue acumular ao longo do ano uma quantidade considerável de dinheiro e terminar o ano em mais de 41 mil reais, simplesmente com uma reavaliação dos próprios gastos e principalmente com a decisão de mudar seu comportamento.

7.3. A sua meta financeira

O tamanho da sua meta financeira importa na sua jornada de crescimento pessoal. Para isso são necessários preparo e dedicação. Infelizmente, temos observado nos nossos treinamentos e *workshops* muitas pessoas que não saem do lugar simplesmente pelo medo de errar ou de não atingir os próprios objetivos que desenharam.

Isso mostra uma total falta de capacidade de lidar com frustrações e pequenos desvios de percurso. Essas pessoas determinam metas fáceis de atingir, ficando muito aquém do que são capazes de realizar e acabam por não alcançar seus sonhos.

Se seu sonho é de curto prazo e modesto, você alcançará. Se seu sonho é grande e audacioso, você com certeza alcançará, talvez não com menos esforços do que o sonho pequeno, mas com certeza com ações e direcionamentos diferentes a partir das suas decisões.

Utilizar o tempo a seu favor e criar condições para a criação e o aproveitamento das suas oportunidades é o que diferencia as pessoas que alcançam muito na vida daquelas que alcançam pouco. A diferença nesse tipo de comportamento é apenas a visão que essas pessoas têm da própria vida e da própria autorresponsabilidade sobre seus atos.

Qual é o seu objetivo? Ele está condizente com o seu comportamento? Se sim, agora é hora de você começar a trilhar e agir em direção ao seu objetivo, buscar seu desenvolvimento e alcançar seus resultados. Existem pessoas que se tornam financeiramente prósperas em poucos anos e outras que lutam por dez, quinze anos, e não conseguem progredir porque não abrem mão da sua zona de conforto.

Isso mostra que querer não é poder. O dito popular é leviano quando diz o contrário. Se querer fosse poder, com certeza você teria muito mais do que tem hoje e seria uma pessoa muito diferente do que é hoje. Querer é sem dúvida um ponto muito importante do processo de mudança, porque ele alimenta a motivação pela mudança, mas nada acontece se você não agir. O poder da ação é infinitamente maior do que o poder da vontade.

Você precisa estabelecer metas como um profissional. Metas como, por exemplo, "ganhar melhor" são subjetivas e difíceis de ser avaliadas, pois dependem de um julgamento parcial e pessoal e podem ser interpretadas de maneira incorreta, dificultando e atrapalhando sua motivação.

A meta deve ser SMART:

- ➤ **S – *Specific*** – Específica e claramente definida para permitir uma visão clara e sem dúvidas para realização. Por exemplo, um rendimento mensal de 30.000 reais.
- ➤ **M – *Measurable*** – Mensurável, que pode facilmente ser medido com dados. Apenas bom ou ruim não permite uma medição adequada.
- ➤ **A – *Achievable*** – Atingível. Devem ser metas audaciosas, mas possíveis e condizentes com sua estratégia de crescimento.
- ➤ **R – *Realistic*** – Realista. Deve estar de acordo com sua realidade atual e alinhada com seu futuro. Não seria realista, por exemplo, um investimento de R$ 1.000 mensais atingir R$ 1.000.000 em 12 meses.
- ➤ **T – *Time Specific*** – Deve ter um tempo para execução e avaliação. Por exemplo, alcançar um rendimento mensal de R$ 30.000 no final de 18 meses.

Todas as metas por si só não trazem mudanças para a vida de ninguém. Todos os grandes feitos e conquistas foram alcançados após muito trabalho inteligente e estratégias; portanto, após a definição das suas metas, por favor, invista um tempo e elabore um plano de ação para executar as mudanças necessárias para atingir essas metas.

As ações dos planos devem seguir uma ordem lógica de maneira que elas formem uma sequência estável e façam sentido entre elas. As ações devem ter seu impacto dividido em curto, médio e longo prazo, combinando os impactos e os resultados esperados nas suas finanças.

A priorização das atividades deve iniciar com as ações de impacto maior em curto prazo seguidas pelas de impacto maior a longo prazo. Esse segundo grupo pode ter em paralelo algumas ações de impacto menor a curto prazo. Não perca tempo com ações de impacto menor a longo prazo. Até lá você já terá novos planos de ação desenhados e não valerá a pena esperar.

Figura 23. O planejamento financeiro baseado em objetivos.
Fonte: os autores.

A partir do momento em que você conhece seu objetivo de maneira clara e possui capacidade de projetar seu futuro em um horizonte de tempo, será possível medir qual a distância entre o que você quer fazer e entre o que você pode fazer. Isso pode trazer algumas verdades desagradáveis, como, por exemplo, a verdade de que, sim, você não ganha o suficiente para atingir os seus objetivos. Mas isso é ótimo, porque, sabendo o que tem que ser feito, você pode iniciar um plano de ação realista de como atingir isso.

Refletindo:
O que eu preciso fazer para que minha renda seja adequada ao meu objetivo?
O que é mais importante nesse momento? Como definir as prioridades?

Pode ser que a saída seja dobrar seu salário e para isso seja necessário investir em uma pós-graduação de qualidade e um curso bem feito de inglês, ou talvez em uma especialização no exterior ao custo de uma economia de um a dois anos do seu salário. O importante é: o desenvolvimento deve ser seu.

O seu desenvolvimento lhe permitirá lidar com coisas, projetos e ambientes mais complexos e resolver mais problemas, seja para seu cliente ou para a empresa na qual você é funcionário. Entregando melhores resultados, assumindo maiores responsabilidades e tendo melhor desempenho será possível ter melhores rendimentos. Você pode ser muito bem pago pelo que entrega, portanto invista no seu conteúdo.

8. Psicologia dos Investimentos

Veja se a seguinte história soa familiar: a vida é monótona até que você compra 1.000 ações de uma determinada empresa, seja por uma notícia vista, alguma recomendação de confiança do seu amigo, indicação de algum guru do mercado ou ainda apenas pelo próprio instinto.

Poucas horas após a compra você percebe que o preço da ação não é mais o mesmo de quando você comprou, ela está subindo quase 2% nesse pouco tempo, e a sensação de ganhar dinheiro "sem fazer nada" e o senso de superioridade e de ser capaz de prever os movimentos do mercado tomam conta do seu ser.

Você então olha de novo o mercado no outro dia e vê que ele subiu mais 3%. Fazendo uma conta rápida, percebe que quase empatou (se não ultrapassou) o seu salário do mês em poucos dias e se pergunta: "e se eu tivesse colocado mais? Quanto teria ganhado?".

Os planos de viver de mercado começam a aflorar, até que no próximo dia o mercado começa a recuar e você observa o mercado chegar cada vez mais próximo do seu ponto de entrada, até que a ação fica abaixo dele. Toda a euforia se transforma rapidamente em mãos suadas, gastrite e noites mal dormidas e você percebe que toda a alegria se transforma em ansiedade e arrependimento ao observar a ação que era 'um tiro certo' continuar a cair com pequenos suspiros de recuperação rapidamente frustrados por uma queda mais e mais acentuada.

Você passa rapidamente de 'investidor' a torcedor, alimentando a própria ilusão de que "alguma hora o mercado volta", sem base técnica ou estratégia alguma para tal conclusão, enquanto observa seu capital conquistado sendo corroído também, ironicamente, "sem você fazer nada". É nessa hora que quem passa por essa situação se faz a pior pergunta possível, que deveria ter sido respondida imediatamente antes de entrar em qualquer operação: **"e agora, o que eu faço?"**.

Quem já operou no mercado sabe exatamente o que é essa sensação e quem não operou pode pensar que "comigo será diferente" – no entanto, raramente o é. Isso ocorre com a gigantesca maioria dos investidores iniciantes, uma vez que estes usualmente começam da pior maneira possível, que é exatamente **ganhando dinheiro**. Fazem projeções completamente irreais, criando uma expectativa de longo prazo com base em dados de curtíssimo prazo que não podem ser replicados.

Aqui está a parte que talvez o choque, caro leitor: todo investimento – sim, inclusive renda fixa – acarreta risco. Se não estudarmos com cautela e não possuirmos autocontrole para tomar as decisões, podemos perder mais capital do que se acreditava ser possível.

Se algo semelhante ocorreu com você, não se preocupe: é comum entrar no mercado financeiro e em algum momento acreditar que seria possível prever o que o mercado faria. Por acreditar nisso, em geral a pessoa apenas considera os potenciais ganhos, sem levar em conta o que realmente importa, que é o risco potencial envolvido.

> **O que tira as pessoas do mercado nunca são os ganhos nem as perdas controladas, mas as perdas maiores do que se pode suportar.**

Um dentre os muitos fatores que se propõem a explicar esse fenômeno está inteiramente baseado na psicologia dos investimentos, alicerçado ao fato de que a grande maioria dos investidores iniciantes ignora (ou não dá valor) para essa importante vertente de (auto) conhecimento. Traduzindo a famosa citação de Charles Dow, pai da Teoria de Dow, "o orgulho em uma opinião causou a queda de mais homens em Wall Street que qualquer outro fator".

Existem diversas promessas de riqueza rápida associadas ao mercado de capitais, que podem ser facilmente vendidas aos desavisados que se encantam com números e contas "à prova de falhas". Como o mercado é um ambiente de praticamente infinitas possibilidades, sem dúvida existem as grandes oportunidades que acarretam grandes resultados, e infelizmente são esses pontos que são vendidos para os iniciantes, que desconhecem os reais riscos por trás de tão glamoroso resultado e falham ao perceber que retornos grandes praticamente sempre estarão associados a riscos grandes.

Mais adiante temos uma imagem, adaptada do site da Revista Forbes, de um gráfico teórico de uma bolha financeira em andamento, a qual é descrita em sua origem com boa base em fatores psicológicos. O intuito aqui não é detalhar cada fase do gráfico, mas chamar a atenção para o padrão de comportamento existente e entender o que se passa em termos psicológicos.

Figura 24. Gráfico de uma bolha financeira.
Fonte: Forbes, 2013[2].

Curiosamente, observe o gráfico do comportamento do *bitcoin* de maio de 2017 até janeiro de 2018:

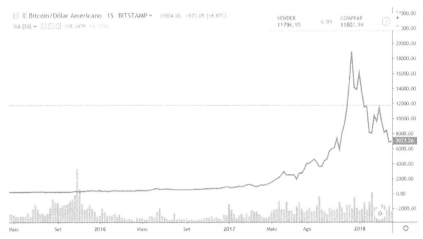

Figura 25. Gráfico da cotação do *bitcoin* até janeiro de 2018.
Fonte: montado a partir do site Tradingview

---

[2] COLOMBO, Jesse. Bitcoin May Be Following This Classic Bubble Stages Chart. **Forbes**, Dec. 19, 2013. Disponível em: <https://www.forbes.com/sites/jessecolombo/2013/12/19/bitcoin-may-be-following-this-classic-bubble-stages-chart/#528b48c836b8>. Acesso em: 24 jun. 2019.

Relembre exatamente quando foi que a euforia das notícias e os casos de riqueza do *bitcoin* pararam de cativar a mídia. Faça a comparação e tire as próprias conclusões.

O fator psicológico da euforia e o desejo de atingir a liberdade financeira em pouco tempo atuam como vieses mentais para que apenas olhemos o lado das possibilidades positivas do mercado, sem nos atentarmos para o lado dos riscos, que usualmente nos atinge justamente quando não estamos observando.

8.1. Efeito Dunning-Kruger

O efeito Dunning-Kruger explica por que isso ocorre com muito mais impacto nos iniciantes do que com investidores com experiência, sendo que instintivamente os investidores iniciantes deveriam ser os mais cautelosos (logo, apresentarem menores perdas) e os investidores experientes, os mais agressivos (logo, apresentarem maiores riscos e perdas potenciais). Ocorre algo similar ao ditado que diz que "quem morre afogado é quem sabe nadar". Mas, a nosso ver, esse ditado pode ser adaptado para "morre afogado quem ACHA que sabe nadar".

Este efeito estuda a relação entre o nível de confiança de uma pessoa a respeito de determinado assunto e o seu conhecimento sobre o tema.

Observa-se pela figura a seguir que o nível máximo de confiança está exatamente no início do aprendizado, quando se descobre um mundo novo que o ciclo de pessoas ao seu redor desconhece.

Você passa a acreditar que tem domínio sobre aquilo, e essa sensação gera confiança. É esse exato ponto que batizamos de "Pico da Estupidez", que é o ponto em que a pessoa "não sabe que não sabe". Anteriormente ela estava em um estado mental menos perigoso, pois ela não sabia, mas tinha ciência de que não sabia, e essa alta confiança pode culminar (e geralmente o faz) em danos e perdas impactantes, e às vezes não recuperáveis quando o assunto é investimento, já eliminando boa parte dos investidores.

É apenas com o passar do tempo e com a experiência (de quem sobreviveu) que uma área de estudos começa a ser dominada. A confiança vai caindo conforme se percebe que o assunto é mais complexo do que se acreditava no início. Esse contato mais aprofundado com o conteúdo, e a percepção de que não é algo trivial, gera uma queda brusca na confiança, mesmo com o aumento da experiência e do conhecimento. Muitos chegam a desistir e a se desmotivar ao chegarem perto do "fundo do poço" batizado de Vale do Desespero; porém, é exatamente nesse momento, bem distante do inicial, que ocorre a inflexão na curva, quando você de fato admite que você não possui todas as respostas e precisa sempre estar aprendendo mais sobre aquilo. É a partir desse ponto que seu nível de confiança começa a ascender. Contudo, mesmo que sempre ascendente, nunca retorna para a confiança cega que possuía inicialmente.

Esse teor de desconfiança, esse *gap* entre a confiança de um *expert* no assunto e de alguém completamente alienado a ele, é que mantém os investidores profissionais vivos no jogo do longo prazo. Duvidar de você mesmo é vital para sobreviver no mercado financeiro.

Figura 26. Efeito Dunning-Kruger.
Fonte: adaptado de REDBUBBLE, s.d.[3]

Esse efeito é extremamente fácil de ser detectado no nosso dia a dia. Quem não conhece alguém que fez uma aula de guitarra e acredita ser o próximo Jimi Hendrix? Ou que fez um treino na academia e se tornou o Schwarzenegger? Ou, trazendo para a nossa realidade, que comprou uma vez *bitcoin* e se tornou o investidor?

---

[3] REDBUBBLE. **Dunning Kruger Effect Art Print.** Disponível em: <https://www.redbubble.com/people/giovybus/works/31691500-dunning-kruger-effect?p=art-print>. Acesso em: 08 jul. 2019.

8.2. Vieses psicológicos

Existe uma infinidade de vieses psicológicos que nos afetam, muitos dos quais são responsáveis por decisões que tomamos, as quais cremos serem de livre arbítrio, quando na realidade somos influenciados por forças externas (e internas também) que explicam muito do nosso comportamento que nos leva ao insucesso. Diversos desses vieses são incrivelmente bem detalhados e exemplificados na excelente obra do grande Daniel Kahneman, "Rápido e Devagar", único psicólogo a ganhar um Prêmio Nobel de Economia. Ilustramos aqui os vieses mais pertinentes para o intuito deste livro.

8.2.1. Viés de retrospectiva

Um dos principais vieses que levam indivíduos a entrar no mercado sem preparo algum é o viés de retrospectiva, que nada mais é do que a falsa cognição que temos em afirmar que um fato ocorrido no passado poderia ser facilmente previsto e ter sido traçado um curso de ação perfeito para ele. Algo como "era óbvio que a Bolsa iria subir por causa do cenário político", algo dito sempre <u>após</u> uma grande alta do Ibovespa.

No entanto, se realmente era tão óbvio, por que a grande maioria das pessoas não se preparou para esse evento? Existem duas possibilidades para responder essa pergunta: ou realmente quem afirma essa frase tem um intelecto muito superior a todos que operam nesses mercados e é um gênio da causalidade; ou o indivíduo caiu no viés de retrospectiva e tal cenário, por mais óbvio que pareça no momento, não era tão simples assim de ser previsto.

Algo muito similar acontece sempre após jogos de futebol, quando diversos torcedores julgam que poderiam ter feito um trabalho muito melhor como técnico do time, porque "claramente" aquela decisão não era boa, e por isso o time perdeu, quando na hora no jogo, no calor do momento, a decisão não era tão óbvia quanto parecia. Ao analisar o que já se passou, com todos os fatores de risco e incertezas eliminados, qualquer um acredita que seria extremamente fácil tomar a decisão "certa" para tal ação.

Como exemplo disso no mercado financeiro (e existem muitos), há um caso que ocorreu com as ações da Embraer, a qual chegou a subir 40% no ápice, no dia que saiu a notícia do boato da fusão desta com a Boeing. Após tal fato, pelos próximos quatro meses aconteceu um crescimento expressivo de mais 40%, como ilustra a imagem a seguir:

Figura 27. Gráfico de *candle* das ações da Embraer.
Fonte: criado no programa (plataforma) Profit Chart.

Era óbvio que uma fusão seria bem-vinda para a companhia, não é mesmo? É uma oportunidade clara, inequívoca, e que você (provavelmente) se sente mal por ter ficado de fora de algo com ganhos tão expressivos e tão certos.

Porém, na imagem a seguir temos o que aconteceu com as ações da empresa no dia em que de fato saíram notícias da possível confirmação da fusão entre as empresas – mais uma alta de 40%, correto? Olhe o que ocorreu:

Figura 28. Comportamento da ação EMBR3.
Fonte: criado no programa (plataforma) Profit Chart (2019).

Sim, uma queda de mais de 16%, a partir da qual o mercado caiu em praticamente linha reta, chegando a perder quase 30% de seu valor em relação à máxima de R$ 28 atingida no dia 04 de julho de 2018.

Agora você pode estar se perguntando: "por que isso aconteceu?". Se você fizer uma rápida pesquisa no Google ou em qualquer site de notícias relacionadas a investimentos ou economia, provavelmente uma explicação plausível será fornecida para o evento que ocorreu, e essa é a informação mais **irrelevante** em termos de investimentos que você pode encontrar. Não que ela esteja errada, ou que o que você leu não seja um fato primordial que culminou em tal queda; porém, sem dúvida nenhuma você não vai encontrar em nenhum site ou revista (não alguma com um mínimo de credibilidade pelo menos) que na véspera deste fato afirmava que as ações iriam apresentar uma queda. Guarde esta lição que será reforçada diversas vezes ao longo deste livro, dada sua importância:

> **Ninguém sabe o que o mercado vai fazer, mas todos adoram explicar o que ele já fez!**

Não é falcatrua sites e revistas buscarem explicações para o que já ocorreu; este é o trabalho deles e faz parte do jogo. Mas isso ocorre porque nós, como seres humanos, precisamos colocar sentido nas coisas, precisamos entender o que se passa para que tenhamos a sensação (mesmo que falsa) de controle.

Ao internalizar que ninguém sabe, ou tem controle, sobre o que o mercado vai fazer, você vai tirar de si a responsabilidade e a necessidade de "acertar" para que lado o mercado vai ou o que irá acontecer com a taxa Selic ou a inflação para ganhar dinheiro. Como iremos explorar em capítulos futuros, conseguir ganhar dinheiro no mercado nada tem a ver com isso.

Não tenha dúvidas de que fatos pontuais e notícias afetam o mercado, mas saber qual será a reverberação do fato, e como aquele acontecimento em termos quantitativos irá impactar no movimento como um todo, é impossível de ser aferido com precisão.

Acreditar que temos alguma capacidade preditiva e que podemos tratar o mercado com certezas nos gera, ironicamente, a única certeza de que mais cedo ou mais tarde seremos expulsos desse mercado de maneira abrupta e dolorida.

As pessoas que se contaminam pelo viés de retrospectiva tendem a buscar sinais ou fatos que corroborem sua "brilhante" previsão, ignorando o cenário macro de risco envolvido no tempo que o fato ocorreu. Isso se torna mais fácil de ser feito uma vez que todo o risco do evento já se foi, visto que ele está no passado e o cenário em questão já se desenvolveu.

Outro exemplo disso foi a queda de 50% que ocorreu no *bitcoin* em janeiro de 2018. Muitos acreditavam que era uma bolha e uma parcela igual acreditava que subiria indefinidamente. As pessoas que sofrem do viés de retrospectiva vão afirmar categoricamente que era "óbvio que era uma bolha", no entanto cogitaram por diversas vezes adquirir tal ativo, mas ficaram com receio ou medo na época. Porém, se tivessem plena convicção de que de fato era uma bolha, não deveriam afirmar isso com propriedade desde <u>antes</u> da forte queda?

Diferentemente de diversos aspectos psicológicos que podemos trabalhar e resolver, nosso cérebro não consegue aprender e eliminar esse tipo de pensamento. Sempre sofreremos influência desse viés (e de outros) e inevitavelmente iremos concluir que poderíamos compreender melhor o que ocorreu se de fato estivéssemos na situação em si.

Mas o que podemos fazer para nos protegermos é termos ciência de que toda e qualquer análise que fazemos de um evento passado que já se desenrolou será tendenciosa. Nesse momento devemos nos questionar sobre quais pontos seriam mais relevantes na sua análise se o oposto tivesse ocorrido.

Logo, devemos atuar buscando os próprios erros ou fatos sólidos que nos contrariem naquela decisão, de forma que eles atuem como defesa para evitarmos decisões precipitadas ou emotivas. A grande dificuldade aqui jaz no fato de que as pessoas, de maneira geral, não gostam de ser contrariadas – nem pelo outros, que dirá por si mesma. No entanto, quem consegue superar essa barreira do ego estará um passo mais próximo do sucesso.

A realidade é que o mercado só funciona da maneira atual por causa de pessoas que se julgam investidoras (mas não o são) e agem emocionalmente, com excesso de confiança e com decisões impulsivas baseadas ou na euforia ou na dor. E são nesses momentos de euforia ou dor que os investidores profissionais que possuem autoconhecimento, estratégia e disciplina conseguem oportunidades fantásticas.

8.2.2. Viés da comparação ou ancoragem

Outro importante viés que nos afeta em nosso dia a dia – que é extremamente bem explorado pelo professor Dan Ariely em seu excelente livro sobre psicologia comportamental intitulado "Previsivelmente Irracional" – é o viés da ancoragem, que nos diz que somos seres comparativos e que temos menos poder de decisão sobre nossas atitudes e comportamentos do que acreditamos. Somos tão mais influenciáveis quanto menos dominamos ou conhecemos determinado assunto.

Foi possível montar e reproduzir um experimento para verificar a eficácia deste viés em alguns aspectos. O experimento foi feito com duas diferentes turmas de alunos de pós-graduação na disciplina de Negociação – turmas com idades médias similares, formações ecléticas e perfil relativamente similar.

O experimento ocorreu em uma das dinâmicas de sala. Nós questionamos a turma sobre qual seria a altura máxima da maior árvore do mundo. A pergunta foi elaborada para que dificilmente alguém soubesse a resposta correta. Dessa maneira, os alunos poderiam apenas contar com sua intuição e bom senso para a resposta.

Porém, a pergunta foi feita de maneira distinta para cada uma das turmas. Para a primeira turma a pergunta exata foi: "a sequoia gigante, a maior árvore do mundo, tem mais ou menos que 80m de altura?". Para a segunda turma a pergunta exata foi "a sequoia gigante, a maior árvore do mundo, tem mais ou menos que 360m de altura?".

Na primeira turma a resposta majoritária foi que a árvore possuía mais que 80m, enquanto na segunda turma a resposta majoritária foi que a árvore possuía menos que 360m, o que a princípio soa coerente. Porém, após essa pergunta chamariz, pedimos para as turmas estimarem então a altura que acreditavam ser a correta.

Surpreendentemente, as respostas médias foram, respectivamente, entre 90-110m para a primeira turma e 180-200m para a segunda. Quando questionei se eles foram influenciados pelo número que coloquei na pergunta inicial, a resposta foi um categórico "não", quando, na realidade, perceptivelmente eles foram influenciados pelo número apresentado e nem se deram conta disso.

Para os curiosos, uma detalhada e profunda pesquisa de 15 segundos utilizando o Wikipédia informa que a sequoia gigante, que é a maior árvore do mundo, pode chegar a mais de 115m de altura.

Também tendemos a apresentar percepções diferentes do valor do dinheiro, dependendo do cenário em que estamos inseridos e do estado emocional de cada um em dado momento.

Imagine o seguinte: você irá comprar um carro no valor de R$ 149.999. Você encontra o modelo ideal, em condições que julga justas, em uma concessionária de confiança e já decidiu por fazer a compra. Logo antes de assinar o contrato você descobre que a sete quarteirões de onde você está existe o mesmo carro, nas mesmas condições, em outro lugar de confiança, e que cobra pelo carro R$ 149.989, ou seja, R$ 10,00 a menos que o valor original. Você andaria sete quarteirões para obter esse desconto de apenas R$ 10,00? Responda sinceramente.

Agora imagine que você deseja comprar uma caneta e encontra o modelo que deseja por R$ 12,00. Logo antes de comprar descobre que a sete quarteirões de lá existe a mesma caneta, nas mesmas condições, por R$ 2,00. Agora você andaria sete quarteirões por essa diferença?

A maioria dos experimentos feitos com esses cenários indica que as pessoas tendem a não andar quando o objeto é o carro e tendem a andar quando o objeto é a caneta. Sob um ponto de vista estritamente racional, isso não faz sentido, visto que a caminhada é a mesma, o tempo de um lugar ao outro é o mesmo, e o valor economizado é o mesmo; no entanto, as pessoas são seres comparativos, e percentualmente o valor de R$ 10,00 é quase irrisório no caso do carro e soa como um 'roubo' quando se fala da caneta.

Essa característica comparativa possui outro lado negativo que é a comparação que fazemos entre nós e os outros. Comparações curtas não são saudáveis, visto que, além de as pessoas serem diferentes e terem tempos de aprendizados distintos, o ganho do próximo não invalida o seu, independentemente do valor aplicado. Essa comparação pode gerar decisões emocionais na compra de ativos, característica mortal em um mercado que faz você pagar mais caro para entrar em uma festa que provavelmente já estará no fim.

8.2.3. Viés da disponibilidade e viés da confirmação

Quando chegamos a conclusões com base na facilidade com que conseguimos obter informações em nossas mentes a respeito de determinado assunto, sem que necessariamente seja o suficiente para que a tomada de decisão seja coerente com o fato ou problema em questão, estamos diante do viés da disponibilidade. Esse viés muitas vezes atua em conjunto com o viés da confirmação, que é quando buscamos de maneira parcial informações que corroboram com o que acreditamos que seja o certo, ou, ainda, com o que queremos que seja o certo.

Imagine a pergunta: qual é a profissão que você acredita que mais comete adultério, atores famosos ou dentistas?

A grande maioria tende a responder atores famosos, e inclusive elaboram explicações para tal fato, como a fama e fortuna propiciarem esse comportamento, o contato com o mundo de extremo luxo favorecer tal atitude etc. Na realidade, é praticamente impossível saber essa resposta, a menos que se faça uma pesquisa com as duas profissões, na qual ambos os grupos de profissionais se dispusessem a ser sinceros quanto a seus atos de traição, e somente então fizéssemos uma análise estatística dos dados coletados.

Pensamos comumente em atores famosos, pois temos com mais facilidade informações disponíveis sobre isso em nossas mentes, visto que tais pessoas apresentam maior exposição na mídia. Atos de traição descobertos geram notícias populares, além do fato de essa categoria de profissionais estar em constante destaque no mundo. Já dentistas não gerariam tanta polêmica ou interesse do público, logo, ficam fora da mídia e de nossas mentes quando buscamos tais informações – mas será mesmo que essa segunda profissão não trai mais? Se pensarmos friamente, essa é uma profissão de prestígio, eles ficam muito tempo com alguém em uma sala que já possui um leito, falando bem de perto... ora, percebe como é fácil encontrar argumentos para sustentar algo, uma vez que se acredita naquilo? Se nós começássemos afirmando falsamente que uma pesquisa levantou dados que comprovam que dentistas traem mais que atores, muitos com certeza encontrariam motivos similares aos levantados na brincadeira anterior para justificar e corroborar tal informação.

Projetando o raciocínio para o mundo dos investimentos, tendemos a buscar notícias, fatos, pessoas e análises que sejam favoráveis ao que acreditamos, mesmo quando a realidade nos mostra outra coisa. Isso é comumente encontrado quando um investidor adquire ações de determinada empresa ou compra um fundo recomendado pelo seu assessor apenas com a expectativa de subida e ganhos atrelados a tal gesto. Quando vê a desvalorização ocorrendo e diversos fatos apontando contra a sua expectativa, é natural que busque de maneira seletiva informações ou interpretações favoráveis de que o cenário irá mudar. Essa pessoa acaba entrando em um ciclo de perdas e negação.

Traduzindo uma frase do famoso economista Richard Thaler: "o mercado precisa de investidores que são irracionais, lamentavelmente desinformados, dotados de preferências estranhas e que, por alguma outra razão, estão dispostos a comprar ativos sobreavaliados. O jogo é esse, onde a 'casa' sempre ganha".

8.2.4. Viés de aversão à perda

O viés mais importante e mais explicativo de todos, muito bem elucidado e analisado quantitativamente por Daniel Kahneman, é o que discutiremos a seguir. Antes de explicar o viés em si, faça um exercício e responda com sinceridade:

Cenário 1:
Você prefere:
  a) 90% de chance de ganhar R$ 10.000
  b) 100% de chance de ganhar R$ 8.500

Pense com calma e responda antes de prosseguir.

Cenário 2:
Você prefere:
  a) 90% de chance de perder R$ 10.000
  b) 100% de chance de perder R$ 8.500

Novamente, pense com calma e responda antes de continuar.

Muito provavelmente boa parte dos leitores, assim como os meus alunos, opta pelas opções de 100% de chance de ganhar R$ 8.500 e 90% de chance de perder R$ 10.000. Isso mostra que, no primeiro caso, preferimos a certeza do ganho, ainda que menor quando comparado com o valor em que existe a possibilidade da perda; e, de maneira oposta e pouco racional, escolhemos majoritariamente o oposto no Cenário 2, preferindo a opção com maior valor a se perder, mas onde exista a possibilidade, mesmo que reduzida, de não perdermos nada.

No entanto, se fizermos o cálculo do valor esperado de cada alternativa (que corresponde à multiplicação da probabilidade do evento pelo seu valor específico), teremos o valor médio adquirido no caso de a experiência ser reproduzida indefinidas vezes. Com isso, teríamos:

Cenário 1:
   a)   Valor esperado = 0,9 x 10.000 = R$ 9.000
   b)   Valor esperado = 1,0 x 8.500 = R$ 8.500

Cenário 2:
   a)   Valor esperado = 0,9 x (– 10.000) = – R$ 9.000
   b)   Valor esperado = 1,0 x (– 8.500) = – R$ 8.500

Como se pode observar, matematicamente falando, as melhores opções são as alternativas a) para o Cenário 1 e b) para o Cenário 2. Usualmente decidimos pelas opções exatamente contrárias porque, ao contrário do senso comum, as pessoas não possuem de fato aversão forte ao risco (pois aceitamos correr o risco no segundo cenário). O que possuímos é **aversão à perda**. De acordo com Kahneman, a dor da perda gera um impacto psicológico negativo que é praticamente o dobro do que seria a satisfação do ganho para o mesmo valor.

Com isso, tendemos a tomar decisões financeiras que não são as mais favoráveis de um ponto de vista racional. Mas o que os *players* de sucesso fazem é exatamente o oposto do racional comum: **cortar as operações perdedoras e deixar correr as vencedoras**.

Imagine que esses cenários se apresentem, cada um, mais de 100 vezes para você. Nessa situação, se em todas você escolher a alternativa de menor expectativa matemática no ganho e maior na perda, muito provavelmente em qualquer simulação que gere resultados aleatórios você estaria no prejuízo. Por isso, não se deve analisar de maneira individual cada oportunidade que aparece. No mercado o que não faltam são oportunidades, porém, a maioria das pessoas está despreparada para enxergá--las de fato.

8.2.5. Viés do "querer fazer algo"

Esse viés pode ser um dos mais perigosos para os investidores, pois está intimamente relacionado com o nosso sentimento de que se existe um 'problema' ou algo não está de acordo com o esperado precisamos "fazer algo" ou estaremos tomando a atitude errada, quando na realidade diversas vezes a atitude correta seria não fazer nada e as pessoas não percebem que **decidir por não fazer algo é completamente diferente de não saber o que decidir**.

Um exemplo clássico desse tipo de efeito está na iatrogenia, que é um termo derivado do grego que significa "causado pelo curador" e é utilizado para associar uma doença ou um problema ao resultado de um tratamento médico.

A medicina, obviamente, é essencial para a longevidade do ser humano. Sem ela não teríamos a penicilina, e em casos extremos de doenças graves ou situações emergenciais a medicina deve ser utilizada mesmo contendo riscos, visto que o retorno potencial supera os riscos. Porém, em diversos casos – extensivamente e muito bem explorados pelo genial Nassim Taleb em seu livro "Antifrágil" –, isso pode ocasionar cirurgias com alto risco de vida, às vezes com probabilidades de causar danos maiores ao paciente que a doença ou a potencial doença em si.

Citando um exemplo utilizado no livro, a morte do presidente americano George Washington derivou em boa parte do tratamento médico a que ele se submetia (conhecido como sangria). Os danos do tratamento encurtaram sua vida.

Porém, ao detectar que um paciente, por exemplo, apresenta a chance de 1% de ter câncer, o médico seria negligente ao não solicitar exames e procedimentos para eliminar essa possibilidade (pois uma vez a cada 100 ele estará certo). Só que os exames, às vezes invasivos, e a exposição do paciente ao ambiente médico podem causar um efeito mais negativo que a probabilidade estatística do dano em si.

E quando o assunto são investimentos esse viés se destaca fortemente, seja ao ver suas ações caírem de preço (devo vender ou comprar mais?), subirem de valor (devo vender ou aguardar?) ou os juros do país oscilarem (devo encerrar meus títulos públicos e buscar outras oportunidades?). Na realidade, é aqui que entra a formulação de uma estratégia sólida de mercado, a qual deve SIM comportar espaço para ajustes e novas oportunidades.

Mas lembre-se de que a decisão deve ter sempre um retorno maior do que o risco que ela acarretará ao ser executada.

8.3. Taxa de sucesso x fatores psicológicos

Um estudo feito pela iShare e divulgado pela HC Investimentos relata que dois terços dos fundos de ações obtêm resultados abaixo do Ibovespa e que quase 80% deles apresentam um risco calculado maior que o próprio índice.

Tal dado mostra que mesmo profissionais com equipes extremamente capacitadas e focadas na área, com analistas e gestores exclusivos para o fundo, acesso a dados analíticos de ponta, apresentam grande dificuldade em superar o próprio Ibovespa. Isso nos leva de volta ao raciocínio no qual se acredita que é possível prever os movimentos de mercado de forma a superá-lo, sendo que, literalmente, a maioria dos profissionais da área falha ao sequer superar o próprio índice.

Esse comportamento deveria servir como sinal de alerta para sermos mais cautelosos e embasados em nossas decisões, porém raramente somos e acabamos pagando (literalmente) caro por isso.

> **Antes de aprender a ganhar dinheiro, precisa-se aprender a lidar com as perdas.**

Citando o grande investidor George Soros: "não importa se você está certo ou errado, mas quanto dinheiro você faz quando está certo e quanto você perde quando está errado".

Segundo uma série de pesquisas sobre *traders* (indivíduos que operam especulando no mercado) americanos, em torno de 90% não conseguem ser lucrativos e acabam desistindo em períodos curtos, às vezes inferiores a dois anos. Isso em um país com uma história mais extensa e com maior familiaridade e proximidade do que a nossa nesse mundo das ações.

Um dos grandes fatores para tão elevado número se dá pela razão **expectativa x realidade**. Quando se trata do mercado financeiro, que é visto como um lugar onde "sonhos podem virar realidade da noite para o dia", as expectativas de riqueza instantânea (ou mais tardar ao final do mês) são muito bem capturadas e exploradas pelos vendedores de sonhos. É incrivelmente mais fácil vender uma doce mentira na qual queremos acreditar do que a amarga verdade que nos é necessária.

Ao entrar no mercado e deparar com as reais dificuldades, o indivíduo, antes motivado e com expectativas irreais sobre os retornos que iria conseguir, literalmente aposta uma quantia maior do que deveria/poderia na 'bola da vez'. Por consequência, não apresenta uma política de gestão de risco, uma estratégia de gestão de patrimônio, um prazo operacional definido e nem a base técnica necessária para tomar tal decisão. E o pior que pode acontecer com tal pessoa é que ela GANHE dinheiro dessa forma, o que irá alimentar a ilusão de que ela pode prever o que o mercado irá fazer.

É a mesma situação de alguém que atravessa uma estrada movimentada de olhos fechados e chega ao outro lado sem que nada lhe aconteça: acreditar que, por ter conseguido uma vez, conseguirá sempre – sendo que ela precisa apenas errar uma única vez para ser eliminada. O mesmo ocorre com o mercado: por mais que você dobre seu capital infinitas vezes, você precisa perdê-lo apenas uma vez para sair de vez do jogo.

8.4. Desculpas e autossabotagem

Os diversos vieses que afetam as decisões dos investidores têm fortes raízes na criação de desculpas, que em um nível psicológico transferem a culpa de nós mesmos para algum fator externo que nos gera a sensação de que "se não fosse por aquilo" tudo teria corrido como o planejado, quando na realidade o saudável e necessário é absorvermos o que deu errado para nosso próprio crescimento. Independentemente do "fator externo" que causou a perda, **quem de fato puxou o gatilho que fez o investimento?**

Um pretexto muito utilizado é culpar os noticiários, dizer que aquela notícia que 'ninguém podia prever' fez o mercado subir ou descer. A realidade é que é extremamente difícil quantificar o quanto as notícias de fato impactam o preço. O mercado dá sinais de maneira geral, as notícias podem deixar o mercado otimista ou pessimista, mas mensurar o real impacto é algo muito complexo.

Um fato não muito distante em nossa memória jaz no cisne negro que ocorreu na abertura da bolsa no dia 18 de maio de 2017, com a divulgação da conversa telefônica de Joesley Batista com Michel Temer. Chegamos a ter um *circuit break* na bolsa, ações das principais empresas do país caindo 15%, 25%, até mais de 30% em alguns casos, além de fundos de investimentos desabando junto com elas.

De fato, poucas carteiras estavam preparadas para tal evento. Quando dizemos "preparadas", não queremos dizer que elas sabiam o que ia ocorrer, mas que estavam prontas para aceitar e lidar com cenários completamente avessos ao esperado, seja com a construção de *hedges* de carteira, posições protetivas em opções ou uma política de alocação de ativos (tópico que será aprofundado mais à frente).

Mesmo que esse evento tenha sido divulgado como sendo prejudicial, muitos lucraram com as quedas – o que é perfeitamente possível e, aliás, essencial para quem deseja ser um *trader* (personagem que opera especulando o mercado, a ser detalhado em capítulos posteriores) e para investidores que aproveitaram o momento para comprar mais ativos subavaliados.

Só 'morreu' quem não controlou risco, e não controla risco usualmente quem terceiriza a culpa pelos próprios erros a eventos que não vão de acordo com o "planejado".

Fatos e notícias como "o aumento do preço internacional do petróleo explica a movimentação da Petrobras" ou "o reajuste da taxa de juros americana explica a movimentação do Ibovespa", que visam criar causa-efeito para um dado ocorrido, são meramente nosso cérebro criando uma falsa cognição para explicar um fenômeno que é a soma de uma infinidade de variáveis em algo que podemos entender.

Observe o seguinte: mesmo quando sai a notícia nenhuma agência de notícias financeiras (pelo menos não as sérias) ousa falar "com essa notícia o mercado vai ter uma retomada/recaída" – e ninguém fala justamente porque não é possível de fato prever para onde o mercado se movimentará. É extremamente mais fácil, contudo, explicar um fenômeno que já aconteceu com base em um fato que corrobore o ocorrido.

No entanto, a completa alienação ao que ocorre também pode levar a prejuízos. E é importante compreender o que se passa ao seu redor, porém com um filtro sobre o que de fato tem utilidade real para você.

Não temos o hábito de assumir responsabilidades pelas nossas decisões. Buscamos uma razão para o insucesso e nos apegamos a uma explicação que nos atenda, por mais frágil e distante que ela possa ser. No mercado financeiro culpamos nosso corretor, o gestor do fundo de investimento, a fonte da notícia, etc. No entanto, a decisão final sempre cabe a nós. Antes de seguirmos a opinião de profissionais, é necessário se conhecer e avaliar se aquela abordagem tem sentido para você, e não apenas em termos técnicos, mas se tem sentido para o seu perfil e objetivo.

Se alguém lhe prometer resultados futuros em renda variável, desconfie fortemente dessa fonte, uma vez que resultados passados não garantem ganhos futuros (esta sendo uma das máximas mais relevantes do mercado).

Isso não quer dizer que devemos evitar ouvir assessores ou analistas, ou assumir que todos querem nos enganar. É extremamente possível que a estratégia apresentada por diversos deles realmente tenha sido lucrativa no passado e se apresentará lucrativa no futuro por um período indeterminado. Mas então cabe a pergunta:

"Por que seguir essas estratégias pode não funcionar no longo prazo (às vezes nem no curto prazo)?"

A resposta é relativamente simples de explicar, mas difícil de absorver. Não necessariamente a estratégia X, Y ou Z apresentada terá sentido para o seu perfil de investidor. Muito provavelmente quem desenvolveu determinada estratégia tem um objetivo específico, um nível particular de tolerância ao risco, um capital provavelmente diferente do seu, uma carteira patrimonial distinta (talvez com ativos que protejam uns aos outros) e uma série de fatores que farão com que você não consiga seguir e/ou aplicar a estratégia na íntegra com todo o seu potencial.

Isso também não quer dizer que você não deva começar a sua estratégia com base em alguém que você julga ter um perfil similar ao seu. Isso sem dúvida é um bom tiro inicial, porém inevitavelmente você precisará moldar sua estratégia ao seu perfil. Faça isso sabendo que você está comprando algo que precisa ser lapidado, não porque não serve, mas simplesmente porque não serve idealmente em você. Cada um deve desenvolver uma estratégia particular e única. É possível fazer um paralelo com um médico que receita o mesmo remédio para todos os pacientes que chegam com tosse simplesmente porque ao receitar um medicamento específico para um determinado paciente ele resolveu o problema daquele indivíduo. Assim como no mercado, essa decisão, ao ser tomada sem avaliar o todo, pode ser fatal.

Da mesma forma que existem pessoas que conseguem suportar ver o capital decrescendo mais de 30% antes de uma retomada no longo prazo, algumas pessoas não conseguem ver a perda de 2% sem se sentirem extremamente mal e a partir daí tomarem decisões irracionais e perderem noites de sono. O primeiro passo é se conhecer. Já dizia Sun Tzu: "toda batalha é vencida antes de ser lutada".

Esse viés cognitivo nos torna mais vulneráveis à realidade em si. E por mais que possa parecer contraintuitivo, é o fato de admitir que não compreendemos ou não podemos prever algo que nos fornece as ferramentas necessárias para nos protegermos, principalmente de nós mesmos.

Grandes desastres financeiros estão alicerçados em operações de curto prazo que se tornam de longo prazo – quando, por exemplo, alguém vê seu ativo caindo em valor e não admite que 'errou' ao não se planejar para tal fato. Lembre-se de que **a melhor perda é sempre a primeira**.

Por exemplo, quem adquiriu ações da Petrobras em 2008, próximo da máxima histórica um pouco abaixo dos R$ 55,00, viu a partir daí a ação despencar e dentro do próprio ano atingir o valor mínimo abaixo de R$ 17,00. Onze anos depois, enquanto revisamos este capítulo, em 2019, seu valor de mercado se encontra próximo dos

R$ 25,00. Quem ficou no aguardo da retomada, dez anos após o ocorrido, ainda não viu seu dinheiro se recuperar, aferindo um prejuízo de mais de 50% – sim, estou desconsiderando o pagamento de dividendos para criar o impacto, mas você não deixa passar uma, não é mesmo? Ótimo! Continue assim! E se não entendeu, fique tranquilo que retomaremos o assunto no momento adequado.

Um caso de um impacto de queda de mais de 99% ocorreu com a Oi em um período de dois anos, entre 2013 e 2016, no qual as ações passaram de um valor de aproximadamente R$ 100,00 para a mínima histórica de R$ 0,78 em 2016, estando cotada no início de 2019 abaixo de R$ 2,00. E não precisamos nem comentar sobre o corrido nas ações das empresas GX.

Operar o mercado é aceitar os seus próprios erros e ter autoconsciência para se conhecer e conseguir se desenvolver.

8.5. Risco *versus* prejuízo

Como vimos no viés de aversão à perda, o ser humano tem a predisposição para realizar lucros mesmo que menores que o planejado para evitar o risco de reversão e para segurar posições perdedoras na esperança de obter uma recuperação futura. Ou seja, cortamos rapidamente operações vencedoras, uma vez que o lucro nos gera uma sensação de satisfação e alegria, e seguramos operações perdedoras porque "enquanto eu não finalizar não é prejuízo ainda" e acabamos perdendo mais do que o planejado.

Isso é exatamente o oposto de um pensamento de sucesso, no qual se devem cortar rapidamente posições perdedoras e deixar correr as vencedoras.

Pode soar óbvio da maneira que está escrito, mas quem já investiu sabe a dificuldade que é realizar uma posição perdedora, pois na nossa mente é o mesmo que admitir uma perda ou um erro, o que nos leva a realizar um lucro prematuramente, pois "dinheiro bom é dinheiro no bolso". Na realidade do investidor profissional, é absolutamente normal e esperado que em algum momento o mercado vá contra você, e isso não é um erro, é parte do jogo – e só se mantém nele quem entende isso.

Além dos fatores já explicitados, um dos pontos que mais leva investidores a perder dinheiro é não ver claramente a diferença entre prejuízo e risco. Risco é tudo aquilo que você está disposto a correr e para o qual se programa, gerencia e com o qual consegue lidar. Prejuízo é tudo que ocorre além do seu planejamento que gera desconforto e necessidade de alterar seu gerenciamento.

Risco é saber que em um cacho de uva podem existir alguns grãos estragados; prejuízo é comprar uma caixa fechada e descobrir que vieram pedras e não uvas. De maneira mais simplificada, definimos risco como parte do negócio. Prejuízo advém da falta de conhecimento e de planejamento.

Por não sabermos claramente essa diferença, esquecemos que é do risco que surgem as melhores oportunidades. Acabamos caindo nas falácias de cursos, eventos e livros que prometem "retorno alto, rápido e garantido" ou "estratégia de sucesso comprovado". Nesses casos esconda sua carteira, pois não existe maneira de garantir lucro no mercado de renda variável, pois investir é um desafio intelectual e diário.

Acredite naqueles que duvidam de si mesmos e buscam dividir o conhecimento e ensinar as ferramentas, e desconfie daqueles cheios de confiança que querem lhe vender a casa pronta.

O excesso de confiança é outro viés emocional que leva a pensarmos que temos alta capacidade de aceitar o risco. Isso pode derivar de períodos iniciais onde operamos o mercado em plena tendência de alta e conseguimos resultados expressivos e uma infinidade de ações "vencedoras" (sem gerenciar riscos), sem compreendermos que o mercado nessas (passageiras) fases é "à prova de inexperientes". No entanto, é nessas horas que a confiança se eleva, a tendência vira e o mercado cobra a conta – e ela chega de uma vez só e é tão mais alta quanto menos preparado para o inesperado você estiver.

Sua capacidade de lidar com o risco nada tem a ver com seus ganhos, mas, sim, com como você lida com as perdas. Tem a ver com o quanto do seu capital pode ficar exposto em um mercado volátil sem que você perca o sono e a saúde. Exploraremos com mais detalhes esse assunto em capítulo específico.

8.6. Disciplina

A grande semelhança entre uma pessoa disciplinada e uma não disciplinada que entram no mercado financeiro é que o mercado aceita as duas de braços abertos, sem limitações do que cada uma pode fazer e quanto de capital pode colocar em qualquer ativo. No mercado todos são bem-vindos para entrar, mas não se engane:

a seleção dos que ficam é feita lá dentro, e esse prêmio tende a ficar com os mais disciplinados e autoconscientes.

Imagine a seguinte situação: você faz um planejamento de alocação de ativos bem balanceado, com fundos específicos, uma boa parte do seu capital em renda fixa, se expõe um pouco em câmbio, ações, adquire alguns fundos imobiliários, tudo dentro do seu planejamento. Eis que um amigo seu disse que está fazendo 10% ao mês em um fundo/ação/criptomoeda que é garantia de crescimento. Você obviamente recusa a entrada e vê por mais um mês ele novamente ganhar mais 10% 'sem fazer nada' nem ter estudado e se preparado tanto quanto você.

Nesse momento você verifica seu patrimônio e percebe que ele cresceu muito pouco neste mês ou (por que não) até recuou um pouco, fator para o qual você havia se planejado e preparado para aceitar. Mas isso era antes de ouvir tal promessa fantástica de crescimento fácil e rápido do seu capital, não é mesmo?

E é exatamente nessas horas que a falta de disciplina pesa. Mesmo que você 'acerte' essa operação, vai logo querer fazer outra e mais uma depois dessa. Por mais que você ganhe, agora não está mais controlando risco e preocupado com as perdas, esquece que para sair do jogo precisa errar muito apenas uma vez, e todos sabemos como essa história costuma terminar.

Achou muito exagerado? Pesquise sobre a Maximus Digital e encontrará notícias com títulos similares a "empresa que prometia ganhos de até 10% ao mês fecha e 50 mil investidores ficam no prejuízo", além de uma série de outras pirâmides financeiras que iludem os desavisados.

Deixo a curiosidade de cada um pesquisar sobre esse interessante fenômeno que ocorreu com essa empresa (entre várias outras que fazem promessas similares), que possuía uma grande quantidade de investidores que apenas olharam para os lucros potenciais, os quais eram tentadores demais para que fosse mantida a tão lenta e tediosa disciplina em primeiro lugar. Um investidor profissional, mesmo que acredite que um ativo irá de fato crescer 50% no ano, não irá aplicar nenhum valor sem que ele antes esteja enquadrado na sua estratégia.

Entenda isso o quanto antes:

> **O mercado não responde ao seu nível de preparo; ele não sabe quem é você e não liga para o que achamos ou para quanto estudamos.**

Às vezes pode ser muito frustrante entrar em um mercado que não nos dá resultados em proporção ao nosso conhecimento, mas este não deve ser mensurado no curto prazo, e sim no longo prazo, de maneira constante e consistente, sendo esta última a grande chave!

Para desenvolver a disciplina é necessário exercitá-la nos mais diversos meios de nossas vidas. Alguém que se propõe a fazer uma dieta e em menos de uma semana não consegue dizer não para um pudim de sobremesa muito provavelmente tem dificuldade com a disciplina; e quando envolve dinheiro, a chance de replicar a falta de disciplina nos outros aspectos do cotidiano se torna grande.

Uma forma de exercitar a disciplina é fazer registros dos nossos comprometimentos. Por exemplo, um maratonista durante a época de treino anota a distância e o tempo que demorou naquele dia; nutricionistas recomendam que você anote tudo que comeu, mesmo que seja fora da dieta. Uma vez que anotamos, temos menos tendência a sair do planejado, pois tornamos aquilo mais tangível. Outra vantagem do registro é que é possível avaliar *a posteriori* e tomar uma medida corretiva em cima dos pontos que precisamos melhorar. Para progredir amanhã é preciso registrar hoje.

Disciplina começa com pequenos passos. Um médico não inicia sua carreira fazendo uma cirurgia, ou um engenheiro civil não começa seu trabalho fazendo uma ponte – começa-se aos poucos, até que a disciplina e o conhecimento atuem como um reflexo. Somente então estaremos devidamente prontos para os próximos passos. Caso você não tenha experiência no mercado, comece simulando uma entrada, ou entre com um capital pequeno. Mesmo que não gere lucro financeiro, o grande lucro no início de qualquer algo novo está no conhecimento e na experiência.

Só nos conhecemos de fato, em relação ao nosso perfil de investidor, quando estamos no mercado e vemos o quanto conseguimos ser disciplinados para administrar nossas perdas e ganhos. A maioria das pessoas acaba se surpreendendo, e é melhor se surpreender com um valor menor de capital comprometido.

Outro ponto fundamental que embasa toda a força da disciplina é o objetivo real por trás dos investimentos. E por objetivo não queremos dizer dinheiro; dinheiro é a consequência que o ajudará a chegar ao seu objetivo. Dificilmente se alguém perguntar para Warren Buffet, Bill Gates ou Jeff Bezos por que eles fazem o que fazem, a resposta seria dinheiro. Criação de capital é um resultado que deriva de quem domina o que faz, e o faz com dedicação total, pois é motivado por algo maior.

Obviamente, o dinheiro é importante e deve ser ponderado, ainda mais falando de mercado financeiro, mas ele não deve ser um único objetivo isolado. Atuando no mercado, onde o contato com a moeda é direto, essa separação se torna mais complexa que em outros meios. Por isso, se a sua motivação não estiver alicerçada em algo maior, seja conquistar independência financeira, aposentadoria, ter um imóvel próprio ou qualquer outro objetivo pessoal e/ou profissional, as chances de sucesso diminuem drasticamente. Mas o que de fato precisa ser feito é a comparação com o valor em risco a se perder e não o valor a se ganhar. A grande diferença entre o profissional e o amador é que, enquanto o segundo se pergunta o quanto pode ganhar, o primeiro sempre começa se perguntando o quanto pode perder.

8.7. Não existe fórmula mágica

"É só comprar barato e vender caro".
De um ponto de vista extremamente simplista, isso poderia ser considerado uma verdade – no entanto, quanto é caro? Quanto é barato? Qual o ponto de entrada correto? Responder às perguntas que levam ao comprar barato e vender caro é infinitamente mais complexo do que validar a afirmação em si.

"Podemos prever o movimento dos preços".
Uma das maiores falácias, e infelizmente uma das mais bem vendidas para os iniciantes no mercado. Não podemos prever os movimentos de mercado, apenas fazer projeções e gerar expectativas baseadas em estratégias, análises e cenários. Dizer que é possível prever a movimentação do mercado é o mesmo que dizer que é possível prever qual o pensamento de todos os investidores ao mesmo tempo e quais fatores os estão influenciando a tomar a decisão naquele momento específico no tempo.

"Bons investimentos permitem ganhos rápidos".
Apesar de ser mais 'fácil' conseguir ganho com um ou dois investimentos no curto prazo, onde você se aproveita do final de uma tendência ou segue algum conselho, ou (por que não) tem apenas sorte, no médio e longo prazo não é fácil. É extremamente difícil ser lucrativo e consistente, duas das principais características que o investidor profissional busca com frequência. Quanto mais tempo passar operando, mais o mercado vai cobrar de você experiência, disciplina e gerenciamento.

"Preciso acertar muito para ser lucrativo".
Não necessariamente. Existem modelos com taxa de acerto de 30% que são lucrativos e modelos com 90% de taxa de acerto que podem gerar prejuízo.

"Alavancagem proporciona grandes lucros".

Alavancagem pode, sim, proporcionar ganhos expressivos, porém apenas em operações vencedoras. Caso o mercado não vá para o lado esperado, o tamanho do prejuízo é tão grande quanto o resultado que se almejava. Grandes retornos sempre estarão associados a grandes riscos. Existem formas mais seguras e inteligentes de alavancar e conseguir aproveitar os benefícios que essa ferramenta proporciona, no entanto é necessário saber como utilizá-la.

"Lucro bom é lucro no bolso".

Depende. Realmente, o lucro só é de fato seu uma vez que ele é realizado, mas realizar lucros muito prematuramente pode acarretar apenas uma alta taxa de acerto e um *payoff* reduzido, o que pode no médio prazo se apresentar como uma estratégia perdedora.

"Preço médio ajuda a recuperar prejuízo".

Comprar preço caindo não tem sentido algum se o objetivo é apenas dar a ilusão de uma entrada mais abaixo da original. Você acaba apenas comprometendo mais capital sem base nenhuma para esperar uma recuperação. A única situação em que faz sentido comprar uma ação caindo é se você for um investidor que acredita na empresa.

"Preciso acompanhar o mercado de perto para ter lucro".

Não necessariamente. Dependendo da sua estratégia e metodologia, é fácil criar uma rotina de investimento que se adapte à sua rotina diária.

8.8. Perfil de investidor

Falamos aqui diversas vezes sobre "perfil de investidor", porém poucas pessoas de fato conhecem seu perfil na plenitude e acabam se contentando com uma análise completamente bidimensional se autointitulando (após um breve teste com perguntas usualmente superficiais de um banco ou corretora) conservadores, moderados ou agressivos. Falham ao perceber que tal análise muito provavelmente não irá corresponder ao seu real perfil. Essa análise se assemelha a acreditar que nossas personalidades estão determinadas pelos nossos signos, ou seja, sete bilhões de pessoas no mundo com apenas 12 reações possíveis para cada atitude.

"Mas e os ascendentes as luas..." – nem comece com isso!

Soa incoerente, não? Então por que fazemos o mesmo quando o assunto são nossas finanças?

O passo inicial antes de tomar qualquer decisão financeira consiste na identificação do próprio perfil, o que não é uma tarefa simples.

Classificar as pessoas da forma citada (conservador, moderado, agressivo) é uma visão extremamente míope de algo muito mais complexo que é o ser humano. Por exemplo, é perfeitamente possível ser muito conservador com uma grande parte do capital e extremamente agressivo com uma pequena parte deste e ainda assim ter seu patrimônio protegido como um todo, com a pequena porção exposta sujeita a riscos elevados e grandes retornos potenciais.

Além disso, nosso perfil se altera com o tempo e somos influenciados por uma série de fatores primordiais, que são discorridos a seguir.

8.8.1. Fase de vida

Como é o cenário da minha realidade atual? Possuo filhos? Se sim, eles dependem de mim? Estou na fase de acumulação de patrimônio ou já penso na aposentadoria? Possuo dívidas longas para pagar, como de um imóvel ou até mesmo de um veículo? Tudo isso influencia a nossa maior ou menor aversão ao risco.

Muitas vezes a fase de vida pode estar atrelada à nossa idade. Mesmo não sendo inflexível, existe uma fórmula empírica criada por Gustavo Cerbasi conhecida como "Regra dos 80", onde se subtrai sua idade de 80 e o valor resultante é a porcentagem limite que uma pessoa em determinada idade pode investir em renda variável (exemplo: uma pessoa de 30 anos poderia investir até 50% de seu patrimônio em renda variável, 80 – 30 = 50).

A fase de vida irá impactar de maneira direta na percepção e elaboração dos objetivos, visto que nossas prioridades tendem a se alterar. As prioridades de alguém nos vinte e poucos anos muito provavelmente não são as mesmas de alguém que acaba de entrar nos quarenta, muito devido à inversão de valores que costuma ocorrer nas pessoas. Alguns aspectos, que antes pareciam de extrema importância, no futuro podem ser terciários ou até mesmo irrelevantes.

8.8.2. Profissão

A carreira profissional também tem alto impacto no nosso perfil de risco, e não necessariamente salários mais altos possuem maior propensão a correr riscos. Tudo depende da capacidade de poupar e de porcentagens e não valores absolutos e muito relacionados com a mentalidade explorada no capítulo de finanças comportamentais.

A profissão influencia diretamente na previsibilidade de entrada de receita – por exemplo, funcionários públicos e empregados em regime CLT possuem maior previsibilidade que autônomos e/ou empresários, logo, tendem a ter maior propensão a riscos com seu capital, uma vez que conseguem fazer projeções com relativa precisão de entradas futuras que podem mitigar o impacto de perdas financeiras.

Por outro lado, os "celetistas" possuem um estado perigoso de fragilidade que é a condição binária em que estão inseridos: sua receita ou é o seu salário ou é zero, na hipótese de desemprego. Já o autônomo ou empresário, apesar de não ter uma previsibilidade de curto prazo tão precisa quanto o empregado, pode apresentar uma média de retornos mais constante e com impactos suavizados em momentos de crise. Usualmente, os empregados não consideram o cenário no qual perdem o emprego, pois assumem que essa possibilidade é baixa. Porém, é justamente para eventos de baixa probabilidade e alto impacto (como perder o emprego) que precisamos nos preparar, e como lidamos com isso ANTES de ocorrer é um dos fatores que separam os vencedores do restante.

8.8.3. Horizonte de planejamento

Corresponde ao tempo projetado para atuação no mercado com aquele dado portfólio. É algo muito individual e depende da distância projetada para se alcançar o objetivo, o que culmina obviamente na importância de qual é esse objetivo. Usualmente, metas mais longínquas apresentam maiores tolerâncias ao risco, visto que uma das premissas de investidores de longo prazo é que eles não devem necessitar do capital aplicado no curto prazo. Ou seja, é possível esperar a recuperação econômica em períodos de crise sem comprometer o fluxo de caixa do estilo de vida da pessoa. Por exemplo, montar uma carteira para aposentadoria é completamente diferente de montar uma carteira com intuito de conseguir realizar a troca de um carro.

Quando questionamos investidores jovens (25-30 anos) sobre horizonte de planejamento e projetos financeiros para longo prazo, ouvimos que eles estão "dispostos" a esperar o longo prazo para obter retornos. Quando perguntamos o tempo em si, recebemos respostas como "de um ano a um ano e meio".

Isso reflete muito o aspecto da ansiedade da geração atual e o distanciamento da fundamental visão do campeonato (longo prazo) em prol do jogo (curto prazo), o que gera frustração quando começam a investir e – pasme – não ficam milionários em um ano. Precisamos jogar todas as partidas para ganhar, mas precisamos entender que a estratégia global sempre é mais importante que uma decisão pontual. Precisamos enxergar claramente até onde irradia e qual o real potencial de nossas decisões no horizonte que planejamos.

Em termos comparativos, R$ 10.000 aplicados a uma taxa de juros de 0,8% a.m. em 12 meses rentabilizam 10% (R$ 11.003). Em 120 meses (10 anos) o rendimento não se multiplica por 10, mas por 16, indo para 160% de ganho (R$ 26.017). Em 20 anos vai para surpreendentes 577% de lucro (R$ 67.690), quase sextuplicando o capital, efeito que o "longo prazo" de 18 meses jamais conseguiria replicar.

8.8.4. Definição do objetivo x meta

O objetivo pode ser desde algo mais simples e curto prazo como poupar para uma viagem ou uma troca de um veículo, até para planos que se tornam mais longos, como realizar um MBA ou um intercâmbio, chegando até mesmo a objetivos como a construção de patrimônio para a aposentadoria e o alcance da independência financeira. Seja qual for o seu objetivo, ele deve ser condizente com o seu perfil de risco.

O grande ponto da definição do objetivo é para termos algo além do dinheiro que nos motive e nos dê a percepção de que objetivos maiores levam mais tempo para serem atingidos, evitando dessa forma que nos frustremos ao não alcançarmos rapidamente todas as nossas metas. Objetivo é diferente: este deve ser algo de valor, mais abstrato e que o motive, enquanto a meta pode e deve ser quantitativa, tangível e muitas vezes relacionada a um valor.

Pode ser o quanto você pretende investir por mês ou por ano, pode ser relacionado a cortar gastos ou ampliar receitas, etc. As metas devem servir como passos concretos que você consegue dar para atingir o objetivo, e é fundamental cumpri-las para você sentir o real avanço. Se, por exemplo, um dos seus objetivos for adquirir uma casa própria, ou você tem uma casa ou você tem 'zero casas', e pode ser frustrante ficar muito tempo com 'zero casas', não é mesmo? Mas com metas você conseguirá se sentir cada vez mais próximo do seu objetivo.

É algo similar a escalar uma montanha: o objetivo é chegar ao topo e suas metas são os pontos de descanso no meio do caminho, nos quais você para, analisa seus recursos e sua situação, organiza-se para seguir em frente ou mudar a rota, mas tendo a plena certeza de que está mais próximo do seu objetivo.

8.8.5. Capital disponível

O montante financeiro disponível também terá um forte impacto na definição da forma mais adequada para cada um lidar com o próprio patrimônio. Se, por exemplo, dois indivíduos desejam no curto prazo trocar de veículos cujo valor seja de R$ 50.000, e um possui R$ 100.000 de capital e outro possui R$ 10.000.000, obviamente o primeiro precisará correr riscos muito mais elevados para atingir seu objetivo, enquanto o segundo não necessariamente precise fazê-lo, visto que poderia rentabilizar o valor desejado rapidamente com uma aplicação extremamente segura.

Outro exemplo seria a resposta para a pergunta "você aceita ter R$ 10.000 em renda variável?" A resposta, além de depender do próprio perfil, depende também do montante total de dinheiro que se possui. No caso de um indivíduo para quem esse valor representa todas as suas reservas de uma vida de trabalho, é provável que ele não tenha essa disposição. Já alguém que possua R$ 1.000.000 em sua conta bancária e ainda se considere conservador, é provável que com facilidade aceite a proposta e aloque esse capital no mercado de renda variável.

8.8.6. Histórico pessoal com o dinheiro

Este é um tópico que por si só daria origem a um novo capítulo, ou até mesmo a um novo livro, visto que a nossa história pode agregar importantes *insights* sobre nós mesmos. Mais importante ainda, nossa história nos ajuda a entender que nossas decisões não são nossas (desculpe a franqueza), mas a soma de todos os acontecimentos em nossas vidas que nos levaram a desenvolver uma linha de raciocínio, às vezes mais protetiva, às vezes mais ofensiva.

Um livro que explora de maneira muito prática o assunto, o qual recomendo a leitura para os mais interessados nesse tema, é "Previsivelmente Irracional", do professor

Dan Ariely. Durante a narrativa ele explora diversas situações que deixam muito claro que somos influenciados por fatores que estão "tomando a decisão por nós" e nem sequer nos damos conta. É um livro que ajuda a abrir a mente e criar barreiras e gatilhos de atenção para (tentar) minimizar os danos que seu pior inimigo pode lhe causar – e, sim, esse inimigo é você mesmo.

Nosso histórico com o dinheiro está intimamente relacionado com a forma como tomamos decisão, às vezes pesando mais que qualquer outro fator. Imagine duas pessoas, João e Pedro, com 27 anos de idade, trabalhando na mesma empresa, com cargos e salários equivalentes, ambos solteiros em seus apartamentos alugados com carro próprio. Porém, João nunca passou dificuldades financeiras ou conversava sobre finanças em sua casa. Utiliza o que ganha para viver e pode contar com o apoio dos pais se precisar, tendo recebido R$ 50.000 de herança recentemente.

Já Pedro viveu períodos de dificuldades, em que não sabia se iria conseguir pagar as contas do próximo mês. Começou a trabalhar com 14 anos e juntou ao longo de sua vida o mesmo capital de R$ 50.000. Não é difícil imaginar que ambos, apesar de hoje se encontrarem em uma situação similar do ponto de vista externo sem contexto, muito provavelmente têm uma postura muito distinta quanto ao destino do seu capital?

Qual reação você imagina que seria a de Pedro se alguém lhe sugerisse que colocasse 70% do seu capital em renda variável? E a de João? Provavelmente você imaginou reações bem distintas, logo, é fácil concluirmos que qualquer análise de diagnóstico de perfil com base em sua situação hoje é claramente míope e com altas probabilidades de estar imprecisa. Uma análise correta de perfil requer um grande nível de autoconhecimento e é uma tarefa mutante e eterna, pois nós, apesar de não sermos eternos, estamos eternamente mudando. Quando achamos que nós compreendemos é quando de fato mudamos.

9. Alocação de Ativos

Alocação de ativos pode ser definida como uma estratégia que visa aperfeiçoar a relação risco/retorno de uma carteira de investimentos através de uma <u>exposição apropriada aos riscos, de maneira que a soma total dos riscos das aplicações seja menor que o risco total da carteira patrimonial</u>.

A primeira grande publicação a respeito da alocação de ativos, tão pouco abordada no Brasil, foi feita em 1952 por Harry Markowitz, que publicou um método para encontrar portfólios dc investimentos eficientes, ponderando os retornos esperados e as correlações entre os ativos. Por mais técnico e quantitativo que esse estudo soe, uma boa alocação de ativos sempre terá um lado subjetivo associado a ela, o que é extremamente pertinente, visto que as pessoas são diferentes e têm objetivos e percepções diferentes sobre o risco; logo, uma alocação de ativos que faça sentido para uma pessoa não necessariamente fará sentido para outra.

O uso adequado dessa ferramenta pode proporcionar um dos objetivos mais almejados, e pouco atingido, por uma grande massa de investidores:

> **Comprar quando o mercado está em baixa e**
> **vender quando o mercado está em alta**

– o que é completamente diferente de comprar na mínima e vender na máxima.

Esse método não deve ser confundido com uma simples diversificação de carteira de ações, nem com operações *long and short*, ou ainda com a diversificação através de diferentes modalidades de investimentos sem critérios. A alocação de ativos se refere à sua carteira patrimonial como um todo, envolvendo todas as áreas de investimentos que possuem capital (renda fixa, ações, fundos imobiliários, câmbio, COEs, entre outras) e à maneira como esses ativos se correlacionam entre si, além da forma como você faz a gestão dessa correlação.

Chegando a uma distribuição balanceada e alinhada com sua estratégia e seu perfil de investidor, é possível mitigar o risco global da sua carteira, fazendo com que o risco total de seus investimentos seja menor que a soma dos riscos individuais. Isso é possível quando possuímos técnicas e ferramentas de contenção, controle e gerenciamento apropriado de risco que exploraremos a seguir.

A alocação de ativos é tema de estudo de diversos acadêmicos e entusiastas do mercado financeiro que acreditam nessa vertente de pensamento.

Roger Ibbotson, professor da universidade de Yale, Estados Unidos, publicou um artigo ("Does Asset Allocation Policy Explain 40, 90 or 100 Percent of Performance") que levanta um estudo explicando que mais de 90% dos retornos em portfólios de investimento podem ser explicados pela política de distribuição de patrimônio em diferentes classes de ativos (alocação de ativos). Esses resultados considerados excelentes não estão atrelados ao *market timing* (momento em que o mercado se encontra), nem ao *stock picking* (seleção de alguns papéis específicos), mas, sim, à distribuição correta do capital.

Para fazer uma alocação de ativos otimizada é necessário primeiramente definir e conhecer diversos pontos:

- ➢ Conhecer o próprio perfil (uma tarefa nada fácil e não tão simples como se acredita)
- ➢ Definir quais ativos incluir em cada categoria
- ➢ Definir a porcentagem de cada ativo na carteira
- ➢ Utilizar aportes mensais para equilibrar a carteira
- ➢ Definir uma estratégia de monitoramento e rebalanceamento
- ➢ Verificar periodicamente se a estratégia original ainda faz sentido para você

Não existe uma única modelagem de alocação de ativos que apresente resultados positivos. Por mais que algumas modelagens se destaquem como as mais consagradas, nada genérico funciona tão bem quanto algo personalizado para as nossas necessidades. Não se pode esquecer que toda modelagem é feita por pessoas, e é extremamente improvável que um modelo encontrado em um livro, curso ou site tenha sido feito por uma pessoa com a mesma aversão ao risco, condição financeira, objetivos e momento de vida que você.

É essencial que cada indivíduo entenda os conceitos e princípios que regem essa importante ferramenta e, a partir de tal entendimento, consiga moldar a alocação que mais faça sentido para seus objetivos.

9.1. A necessidade e o custo da volatilidade

Para entender o funcionamento e o potencial da alocação de ativos é necessário entendermos alguns conceitos, sendo o primeiro a respeito da volatilidade.

Quando falamos dela, a reação mais geral é negativa e de aversão ao termo, pois usualmente associa-se volatilidade a perdas inesperadas e fora da previsibilidade. Porém, entenda a volatilidade como algo necessário, pois são das oscilações que a volatilidade nos proporciona que surgem oportunidades de obter lucros.

No entanto, assim como tudo no mercado, da mesma maneira que a volatilidade nos proporciona uma série de oportunidades, ela vem com os riscos inerentes e pontos de atenção que são necessários e não tão óbvios quanto podem parecer.

Um exemplo vai nos ajudar a explicar de maneira mais clara e didática o ponto elucidado.

Assumindo duas aplicações distintas ilustradas na imagem a seguir:

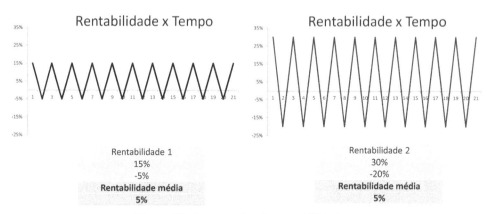

Figura 29. Comparativo de rentabilidades.
Fonte: os autores.

Temos à esquerda uma aplicação que rentabiliza por período +15% e -5% sucessivamente por 'N' períodos, gerando uma rentabilidade média de 5% por período.

E temos à direita uma aplicação que rentabiliza por período +30% e -20% sucessivamente por 'N' períodos, gerando uma rentabilidade média de também 5% por período.

Ora, se a rentabilidade média é de 5%, você concorda que, em termos de lucrativi-dade, no longo prazo é indiferente a escolha entre as duas?

Se você discordou, você está correto!

A tabela a seguir ilustra a rentabilidade de uma aplicação simulada de R$ 100.000 por 21 períodos:

Tabela 11. Comparativo de rentabilidades.

Períodos	Rentabilidade 1	Rentabilidade 2
0	R$ 100.000	R$ 100.000
1	R$ 115.000	R$ 130.000
2	R$ 109.250	R$ 104.000
3	R$ 125.638	R$ 135.200
4	R$ 119.356	R$ 108.160
5	R$ 137.259	R$ 140.608
6	R$ 130.396	R$ 112.486
7	R$ 149.955	R$ 146.232
8	R$ 142.458	R$ 116.986
9	R$ 163.826	R$ 152.082
10	R$ 155.635	R$ 121.665
11	R$ 178.980	R$ 158.165
12	R$ 170.031	R$ 126.532
13	R$ 195.536	R$ 164.491
14	R$ 185.759	R$ 131.593
15	R$ 213.623	R$ 171.071
16	R$ 202.942	R$ 136.857
17	R$ 233.383	R$ 177.914
18	R$ 221.714	R$ 142.331
19	R$ 254.971	R$ 185.031
20	R$ 242.222	R$ 148.024
21	**R$ 278.556**	**R$ 192.432**

Observe que ao final do período a rentabilidade da aplicação 1 foi significativamente maior que a aplicação 2, sendo que o "rendimento médio" de ambas é o mesmo. Esse fenômeno decorre de um fato que é **extremamente importante** que seja bem compreendido por você, caro leitor. Uma vez que se entende o real motivo deste fato, você compreenderá uma série de conceitos que serão explanados a seguir, inclusive por que muitas pessoas acabam sendo eliminadas do mercado.

Isto ocorre porque **as perdas geram um impacto mais significativo que os ganhos**. Ou seja, para recuperar o mesmo percentual de capital perdido, o ganho deve ser superior a este.

Para auxiliar na compreensão do conceito, veja a seguir um gráfico comparativo, simulando uma aplicação inicial de R$ 100.000 entre as duas rentabilidades para um prazo de 50 períodos. Foi adicionada ainda a rentabilidade de 5% ao mês de maneira constante:

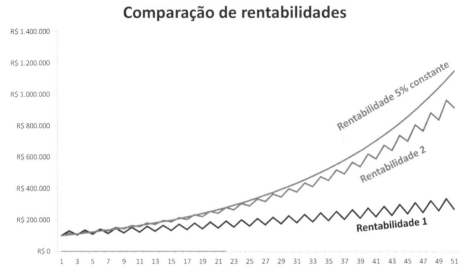

Figura 30. Rentabilidade financeira no tempo.
Fonte: os autores.

Observe que a Rentabilidade 1, após 51 períodos, apresenta um valor 70% abaixo da Rentabilidade 2, que por sua vez apresenta um valor 20% abaixo da rentabilidade de 5% constante. E essas diferenças, devido ao seu caráter exponencial de juros compostos, vão apenas se alargando.

Repare ainda que, bem no começo, antes do período 10, a Rentabilidade 1 (que se mostrou com o pior desempenho no longo prazo) apresenta momentos em que parece ser mais interessante que as outras, o que reforça o aspecto da importância de não querer comprar investimentos em curtos espaços de tempo, o que levaria nesse caso (e na maioria) a uma conclusão imatura e equivocada.

A critério informativo, a tabela a seguir ilustra os percentuais de ganhos necessários para recuperar o valor de suas respectivas perdas:

Tabela 12. Ganhos x perdas.

Perda	Ganho necessário para recuperar
10%	11%
25%	33%
50%	100%
90%	900%
99%	9900%

Ou seja, para se recuperar de uma perda de 10% de capital é necessário um ganho de 11,11%, o que não é tão distante assim do valor inicial. Porém, quanto mais expressiva é a perda, maiores são os ganhos necessários para retornar ao patamar anterior. Uma perda de 90% requer um ganho de 900% – ou seja, na prática, muito dificilmente o capital perdido será recuperado.

Em um exemplo mais simples, imagine que você possua R$ 100, que aplicará em um ativo que invariavelmente rende +20% em um período e -20% em outro, repetindo tal comportamento indefinidamente. Ao final de N períodos, com N tendendo ao infinito, o que ocorre com a sua aplicação? Mantém-se em torno dos R$ 100? Olhe o que ocorre no gráfico abaixo:

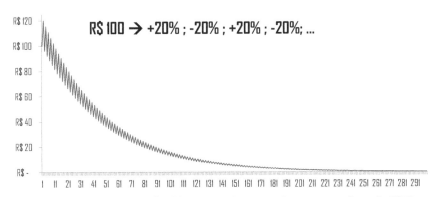

Figura 31. Oscilação de R$ 100 com ganhos e perdas consecutivos de 20%.
Fonte: os autores.

Note que, em um sistema de ganhos e perdas idênticos em percentual, seu capital invariavelmente tenderá a zero, pois a perda se dá sobre um capital maior e os ganhos sobre um capital reduzido. Entendido?

Por isso que muitas pessoas são eliminadas do jogo: mesmo que se multiplique o capital inúmeras vezes com diversos ganhos, é necessário apenas uma perda significativa para praticamente "quebrar" um indivíduo.

9.2. Correlação de ativos

Markowitz concluiu em seu estudo que um investidor poderia reduzir o risco global de sua carteira ao investir em ativos que apresentassem baixa correlação entre si.

Primeiro comecemos definindo o que é a correlação. Esta é dada pela equação:

$$r_{xy} = \frac{Cov(X,Y)}{S_x S_y} = \frac{\sum_{i=1}^{n}(x_i - \overline{x})(y_i - \overline{y})}{\sqrt{\sum_{i=1}^{n}(x_i - \overline{x})^2 \sum_{i=1}^{n}(y_i - \overline{y})^2}}$$

Antes que você feche este livro e desista da leitura, não iremos focar na conceituação da fórmula, e sim no uso prático do conceito e das ferramentas que nos fornecem esse dado de maneira objetiva. Elucidamos a fórmula para deixar os conceitos do capítulo mais completos.

A correlação de ativos nada mais é do que a tendência que dois ativos apresentam de se movimentar de maneira similar, na mesma direção. Representa quanto o movimento de um ativo pode explicar o movimento do outro.

Ativos com alta correlação tendem a apresentar altas e baixas durante o mesmo período de maneira similar. Ativos que apresentem movimentos opostos (enquanto um "sobe" o outro "cai") possuem correlação negativa.

Por último, temos ativos que aparentemente não apresentam nenhum padrão de movimento relacionado ao outro – esses são classificados como não correlacionados ou de baixa correlação, e são justamente esses ativos que idealmente iremos buscar para montar uma carteira saudável.

Como esses valores são comparativos, a correlação oscila entre -100% (negativamente correlacionados) até 100% (perfeitamente correlacionados), sendo os ativos com correlação muito próxima de 0 classificados como não correlacionados e os ativos próximos de 40% e -40% como pouco correlacionados ou de baixa correlação. Academicamente, encontramos a seguinte forma de classificar a correlação de ativos:

Tabela 13. Força da correlação.

Correlação (+ ou -)	Força
0,00 a 0,19	Muito fraca
0,20 a 0,39	Fraca
0,40 a 0,69	Moderada
0,70 a 0,89	Forte
0,90 a 1,00	Muito forte

Vamos começar estudando o cenário mais fácil de compreender, no qual existem dois ativos perfeitamente (ou quase) correlacionados: por exemplo, a correlação entre Itaú e o Índice Bovespa.

O primeiro passo para calcular a correlação entre esses dois ativos é ter o histórico de cotações referente ao período no qual se deseja calcular a correlação.

Aqui vale destacar o primeiro e fundamental ponto da correlação: ela **não é estática**. Logo, dependendo do período analisado, o valor pode se alterar. E, mais importante que isso, a correlação calculada hoje não necessariamente será a mesma para períodos futuros, visto que a interação entre o mercado e seus ativos está em constante mudança.

Você pode estar se questionando então: "ok, mas então qual o período que devo analisar?". É uma pergunta extremamente pertinente, a qual comporta a resposta mais covarde do mundo, porém, a mais adequada, que é **depende**. Depende do seu objetivo e para qual tempo gráfico será utilizada sua análise. Idealmente, é interessante calcular a correlação para diversos tempos gráficos e verificar a similaridade entre os valores. Quanto mais próximos forem para diferentes tempos, trarão consigo maior convicção e confiabilidade de estabilidade no resultado aferido.

Quem utiliza plataformas operacionais pagas muito provavelmente conseguirá extrair delas as cotações já em formato editável para que se consiga calcular a correlação. Quem não possui conseguirá encontrar em diversas fontes *on-line* de confiança o histórico de cotações com o uso de sites de busca ao utilizar os termos "histórico de cotações XYZ" ou buscas similares.

Com os dados em mãos, o próximo passo é calcular percentualmente, com base em logaritmo neperiano (ln), a oscilação diária que cada ativo sofreu durante o período em questão, fazendo a correlação do dia posterior pelo dia anterior. O uso da base ln se justifica por uma série de fatores de caráter financeiro que não cabem ser discorridos no detalhe por fugir ao escopo deste livro, porém, ao utilizar a base neperiana balizam-se de maneira ponderada oscilações mais acentuadas e são trazidos maiores pesos para dados mais recentes, visto que estes tendem a refletir melhor o comportamento do mercado atual.

Por óbvio, visando otimizar o espaço físico do livro, faremos uma tabela com 21 cotações de cada ativo a critério de exemplo:

Tabela 14. Variação de retorno.

Data	ITUB4	Variação % em In ITUB4	BOVA11	Variação % em In BOVA11
24/08/2018	R$ 41,62	0,75%	R$ 73,68	0,89%
23/08/2018	R$ 41,31	-3,96%	R$ 73,03	-1,52%
22/08/2018	R$ 42,98	2,35%	R$ 74,15	2,24%
21/08/2018	R$ 41,98	-1,30%	R$ 72,51	-1,60%
20/08/2018	R$ 42,53	0,66%	R$ 73,68	0,45%
17/08/2018	R$ 42,25	-2,59%	R$ 73,35	-1,07%
16/08/2018	R$ 43,36	-0,14%	R$ 74,14	-0,34%
15/08/2018	R$ 43,42	-0,69%	R$ 74,39	-2,01%
14/08/2018	R$ 43,72	2,06%	R$ 75,90	1,34%
13/08/2018	R$ 42,83	0,77%	R$ 74,89	1,47%
10/08/2018	R$ 42,50	-3,70%	R$ 73,80	-2,88%
09/08/2018	R$ 44,10	-0,54%	R$ 75,96	-0,47%
08/08/2018	R$ 44,34	-2,36%	R$ 76,32	-1,52%
07/08/2018	R$ 45,40	-0,59%	R$ 77,49	-0,96%
06/08/2018	R$ 45,67	-0,74%	R$ 78,24	-0,54%
03/08/2018	R$ 46,01	2,38%	R$ 78,66	2,20%
02/08/2018	R$ 44,93	0,33%	R$ 76,95	0,64%
01/08/2018	R$ 44,78	1,26%	R$ 76,46	0,01%
31/07/2018	R$ 44,22	-4,29%	R$ 76,45	-1,26%
30/07/2018	R$ 46,16	1,44%	R$ 77,42	0,38%
27/07/2018	R$ 45,50	-	R$ 77,13	-

Para calcular a variação no Excel, simplesmente utilize o comando "=LN(*célula de cima/célula de baixo*)". Exemplo: "= LN(C3/C4)".

Observe que a última célula da variação não apresentará nenhum dado, visto que carece da comparação anterior.

Ainda utilizando a "magia do Excel", pode-se encontrar a correlação ao utilizar o comando "=CORREL(*selecionar a coluna da variação A; selecionar coluna da variação B*)". No caso do exemplo: "=CORREL(Coluna **Variação % em In ITUB4;** Coluna **Variação % em In BOVA11**)".

Temos nesse cenário uma correlação de 0,8548, ou 85,48%. Isso quer dizer que, nesse cenário, 85% do movimento de um ativo pode ser explicado pelo outro, ou, ainda, que 85% dos movimentos direcionais de cada ativo são similares.

Se fizermos o mesmo cálculo para 50 períodos, temos uma correlação de 84,85%. Para 252 períodos (aproximadamente um ano), temos uma correlação de 82,61%.

E apenas para mostrar que não necessariamente os valores tendem a diminuir quanto maior for o período, a correlação para 400 períodos desses ativos foi de 84,01%.

Logo, podemos concluir que até a presente data a correlação entre esses ativos é forte e relativamente estável, visto que em diferentes períodos tende a não oscilar muito.

A análise matemática pode ser visualmente corroborada analisando o gráfico de dispersão relativo entre os dois ativos.

Um gráfico de dispersão plota os valores de cada ativo para uma mesma data, com referência ao seu respectivo valor, e visualmente temos as possíveis relações:

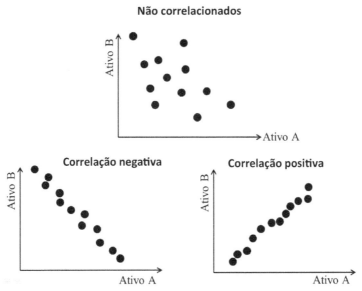

Figura 32. Tipos de correlações.
Fonte: os autores.

A próxima figura mostra o gráfico de dispersão entre ITUB4 e BOVA11 referente ao período de um ano (25 de agosto de 2017 a 24 de agosto de 2018):

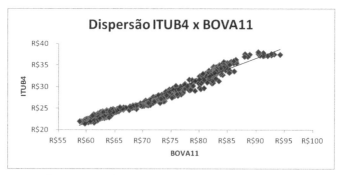

Figura 33. Gráfico de correlação ITUB4 x BOVA11.
Fonte: os autores.

Podemos observar uma forte correlação positiva entre os ativos.

"Mas por que fazer o gráfico se consigo extrair a correlação direto?" A pergunta é sem dúvidas pertinente, e se você já fez muitas dessas análises provavelmente consegue visualizar o gráfico sem a necessidade de vê-lo de fato. Porém, para você que está iniciando é fundamental e altamente recomendado que faça os gráficos para auxiliar na absorção do conhecimento e na compreensão do funcionamento dessa ferramenta. Lembre-se de que o foco é você aprender o máximo possível!

Abordando o mesmo raciocínio por outro ângulo, segue um gráfico de linha dos dois ativos (ITUB4 mais acima, BOVA11 em mais abaixo) elaborado no (excelente) site tradingview referente ao mesmo período. Observe como ambos tendem na maior parte do tempo a se movimentar na mesma direção:

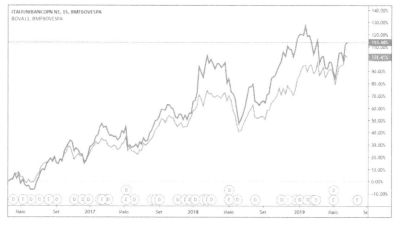

Figura 34. Cotação em gráfico de linha ITUB4 e BOVA11.
Fonte: site Tradingview.

9.3. Entendendo o uso da correlação na prática

Agora que entendemos como funciona e o que é a correlação, podemos dar o próximo passo e aprender como utilizar a análise de correlação de maneira inteligente visando iniciar construir nossa alocação de ativos da maneira mais eficiente possível.

9.3.1. Ativos fortemente correlacionados positivamente

Analisando do ponto de vista da diversificação de carteira e gestão de risco, aproveitando o exemplo utilizado no tópico anterior, no qual os ativos apresentam forte correlação positiva, visto que ambos se movimentam de maneira similar, **não há benefício em termos de gestão de risco em alocar capital em dois ou mais ativos com correlação perfeitamente positiva.**

Esse raciocínio pode ser feito perfeitamente sem o auxílio de cálculos. Se um ativo se movimenta de maneira similar ao outro, qualquer movimento a favor será duplicado, assim como qualquer movimento contra também será duplicado. Portanto, quando dois ativos perfeitamente correlacionados são adquiridos, o risco financeiro é dobrado e não mitigado.

9.3.2. Ativos fortemente correlacionados negativamente

No entanto, muito cuidado ao fazer o raciocínio reverso para ativos com correlação perfeitamente negativa. Não pense que sua carteira estará protegida de qualquer risco ao adquirir ativos com correlação perfeitamente negativa, visto que o critério da correlação **apenas nos informa sobre a direção** de dois ou mais ativos, não a intensidade do movimento em si. A análise avulsa dessa variável (e em conjunto com a correlação de ativos também) será explanada e analisada posteriormente neste livro, porém, é fundamental que esse conceito esteja bem claro para você, amigo leitor.

Para exemplificar tal caso, suponha que dois ativos apresentem o seguinte comportamento:

Tabela 15. Comparativo de rentabilidades.

Período	Variação Ativo X	Variação Ativo Y
1	-5%	10%
2	15%	-25%
3	-5%	10%
4	15%	-25%
5	-5%	10%
6	15%	-25%
7	-5%	10%
8	15%	-25%

Nesse caso, a correlação calculada é de -1, ou -100%, visto que quando um ativo se valoriza, o outro se desvaloriza e vice-versa. Porém, repare que a intensidade das altas e das baixas são diferentes. Ou seja, a correlação nos informa sobre a direção do movimento entre ativos, não sobre a intensidade do movimento.

No cenário apresentado, após oito períodos, assumindo um investimento de valor nominal equivalente entre os ativos X e Y, ocorreria um prejuízo de 6%.

A critério exemplificativo, segue um gráfico que ilustra dois ativos que usualmente apresentam comportamentos opostos, ou negativamente correlacionados, sendo estes a cotação do Ibovespa e do dólar (o período utilizado foi de abril de 2015 a dezembro de 2017):

Figura 35. Cotação em gráfico de linha Ibovespa e dólar futuro.
Fonte: site Trading View.

Observe como visualmente os ativos tendem a se movimentar de maneira inversa.

Assumindo agora dois ativos W e Z hipotéticos com correlação perfeitamente negativa (-100%), que se movimentam de maneira perfeitamente oposta, conforme ilustra tabela a seguir:

Tabela 16. Comparativo de rentabilidades.

	W	Z	WZ
1	20,0%	-5,0%	7,5%
2	-5,0%	20,0%	7,5%
3	20,0%	-5,0%	7,5%
4	-5,0%	20,0%	7,5%
5	20,0%	-5,0%	7,5%
6	-5,0%	20,0%	7,5%
7	20,0%	-5,0%	7,5%
8	-5,0%	20,0%	7,5%
9	20,0%	-5,0%	7,5%
10	-5,0%	20,0%	7,5%
11	20,0%	-5,0%	7,5%
12	-5,0%	20,0%	7,5%
13	20,0%	-5,0%	7,5%
14	-5,0%	20,0%	7,5%
15	20,0%	-5,0%	7,5%
16	-5,0%	20,0%	7,5%
17	20,0%	-5,0%	7,5%
18	-5,0%	20,0%	7,5%
19	20,0%	-5,0%	7,5%

Note que a oscilação média da carteira WZ é sempre constante. Esse efeito fica mais destacado no gráfico a seguir:

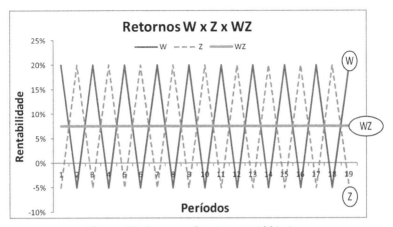

Figura 36. Comparativo de rentabilidades.
Fonte: os autores.

134 • Quanto custa ser rico?

Observe que nesse cenário o risco da volatilidade é eliminado e consegue-se adquirir um rendimento livre de oscilações.

Obviamente, esse tipo de relação é extremamente difícil de encontrar. E mesmo que exista, é muito improvável que se mantenha assim por tempo indefinido. Devemos apenas assumir hipóteses.

No entanto, alguns ativos usualmente costumam se comportar de maneira oposta, como, por exemplo, índice e juros, que são ativos que economicamente apresentam correlação oposta, mas não devem ser assumidos como verdades absolutas e imutáveis para montar uma carteira que visa ativos de correlação perfeitamente negativa.

Observe agora o que ocorre quando colocamos o rendimento de um valor teórico de R$ 1.000 em cada ativo e carteira no ano 0. Observe sua evolução financeira ao longo do período simulado de 20 anos:

Tabela 17. Comparativo de rentabilidades.

	W	Z	WZ
0	R$ 1.000	R$ 1.000	R$ 1.000
1	R$ 1.200	R$ 950	R$ 1.075
2	R$ 1.140	R$ 1.140	R$ 1.156
3	R$ 1.368	R$ 1.083	R$ 1.242
4	R$ 1.300	R$ 1.300	R$ 1.335
5	R$ 1.560	R$ 1.235	R$ 1.436
6	R$ 1.482	R$ 1.482	R$ 1.543
7	R$ 1.778	R$ 1.407	R$ 1.659
8	R$ 1.689	R$ 1.689	R$ 1.783
9	R$ 2.027	R$ 1.605	R$ 1.917
10	R$ 1.925	R$ 1.925	R$ 2.061
11	R$ 2.310	R$ 1.829	R$ 2.216
12	R$ 2.195	R$ 2.195	R$ 2.382
13	R$ 2.634	R$ 2.085	R$ 2.560
14	R$ 2.502	R$ 2.502	R$ 2.752
15	R$ 3.003	R$ 2.377	R$ 2.959
16	R$ 2.853	R$ 2.853	R$ 3.181
17	R$ 3.423	R$ 2.710	R$ 3.419
18	R$ 3.252	R$ 3.252	R$ 3.676
19	R$ 3.902	R$ 3.089	R$ 3.951
20	R$ 3.707	R$ 3.707	R$ 4.248

Novamente o retorno da carteira é superior ao retorno dos ativos individuais. O gráfico a seguir ilustra o fenômeno para o mesmo período:

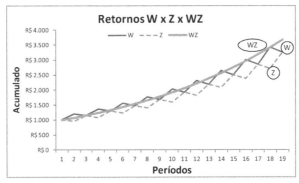

Figura 37. Rentabilidade financeira no tempo.
Fonte: os autores.

Vale destacar que a carteira WZ se movimenta de maneira uniforme, sem oscilações, visto que sua volatilidade foi eliminada pela interação entre os ativos.

Em um período de 100 anos pode-se observar como esse efeito é mais impactante:

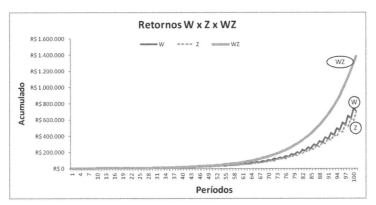

Figura 38. Rentabilidade financeira no tempo.
Fonte: os autores.

O uso inteligente da correlação de ativos mantém uma carteira precavida contra grandes oscilações do mercado. Se feita de maneira ponderada e adequada ao objetivo e ao perfil do indivíduo, pode gerar um retorno maior que cresce de maneira saudável e sustentável, além de mitigar perdas em períodos de grande recessão.

Outro fator extremamente relevante na alocação de ativos é a recuperação mais rápida após épocas de grandes quedas. Um portfólio diversificado tende a sofrer um impacto menor e, portanto, uma redução patrimonial menor, o que facilita a recuperação na retomada do mercado. Por exemplo, uma queda patrimonial de 25%

136 • Quanto custa ser rico?

precisa de uma retomada de 33% para se recuperar, enquanto uma queda de 10% precisa de apenas 11% para se recuperar.

9.3.3. Ativos fracamente correlacionados

São esses os tipos de ativos mais interessantes de se buscar para otimizar o efeito da alocação de ativos.

Ativos fracamente correlacionados (entre +40% e -40%) apresentam um grande benefício ao mitigar riscos na carteira como um todo. Além de conceitualmente proteger ou reduzir o impacto de riscos na sua carteira patrimonial, visto que os ativos não se movimentam em função um do outro, por conseguinte, pode-se assumir com certo grau de confiabilidade que, de maneira majoritária, tendem a ser afetados em intensidades distintas por variáveis dispersas e com pouca influência irradiante entre si.

Além disso, do ponto de vista quantitativo, existem claros benefícios na diversificação de ativos com baixa correlação entre si, que exploraremos a seguir.

Assumindo os ativos hipotéticos A e B, que tenham em média retornos anuais apresentados de acordo com a tabela a seguir, e a coluna AB representando a média simples entre os retornos de cada ativo:

Tabela 18. Comparativo de rentabilidades.

	A	B	AB
1	40,0%	0,0%	20,0%
2	5,0%	-15,0%	-5,0%
3	-15,0%	40,0%	12,5%
4	-10,0%	5,0%	-2,5%
5	0,0%	-10,0%	-5,0%
6	40,0%	0,0%	20,0%
7	5,0%	-15,0%	-5,0%
8	-15,0%	40,0%	12,5%
9	-10,0%	5,0%	-2,5%
10	0,0%	-10,0%	-5,0%
11	40,0%	0,0%	20,0%
12	5,0%	-15,0%	-5,0%
13	-15,0%	40,0%	12,5%
14	-10,0%	5,0%	-2,5%
15	0,0%	-10,0%	-5,0%
16	40,0%	0,0%	20,0%
17	5,0%	-15,0%	-5,0%
18	-15,0%	40,0%	12,5%
19	-10,0%	5,0%	-2,5%
20	0,0%	-10,0%	-5,0%

Tais ativos apresentam uma correlação de aproximadamente 0,4 (40%), logo, fracamente correlacionados.

Observa-se que a carteira de ativos AB nada mais é do que a média das oscilações dos ativos ano a ano.

Em forma gráfica, essas oscilações se apresentam da seguinte forma:

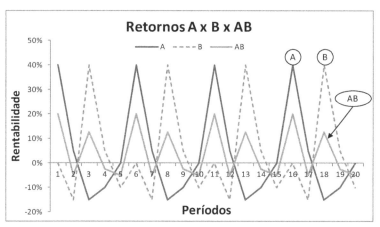

Figura 39. Comparativo de rentabilidades.
Fonte: os autores.

Pode-se observar no gráfico anterior que a oscilação média da carteira AB é menor que a dos ativos A e B individualmente.

Observe agora o que ocorre quando colocamos o rendimento de um valor teórico de R$ 1.000 em cada ativo e carteira no ano 0. Veja sua evolução financeira ao longo do período simulado de 20 anos (ver Tabela 19).

No ano 20, o retorno do ativo A e do ativo B são equivalentes, mas observe que o retorno da carteira AB é superior à simples média dos dois ativos.

É fundamental que você compreenda que o ativo 'AB' é diferente de uma carteira que contenha A+B. Observe na imagem a seguir o rendimento da carteira AB em comparação com uma carteira que fosse simplesmente a soma de uma distribuição de capital entre os ativos A e B (ver Figura 40).

138 • Quanto custa ser rico?

Tabela 19. Comparativo de rentabilidades.

	A	B	AB
0	R$ 1.000	R$ 1.000	R$ 1.000
1	R$ 1.400	R$ 1.000	R$ 1.200
2	R$ 1.470	R$ 850	R$ 1.140
3	R$ 1.250	R$ 1.190	R$ 1.283
4	R$ 1.125	R$ 1.250	R$ 1.250
5	R$ 1.125	R$ 1.125	R$ 1.188
6	R$ 1.574	R$ 1.125	R$ 1.425
7	R$ 1.653	R$ 956	R$ 1.354
8	R$ 1.405	R$ 1.338	R$ 1.524
9	R$ 1.265	R$ 1.405	R$ 1.485
10	R$ 1.265	R$ 1.265	R$ 1.411
11	R$ 1.770	R$ 1.265	R$ 1.693
12	R$ 1.859	R$ 1.075	R$ 1.609
13	R$ 1.580	R$ 1.505	R$ 1.810
14	R$ 1.422	R$ 1.580	R$ 1.765
15	R$ 1.422	R$ 1.422	R$ 1.676
16	R$ 1.991	R$ 1.422	R$ 2.012
17	R$ 2.091	R$ 1.209	R$ 1.911
18	R$ 1.777	R$ 1.692	R$ 2.150
19	R$ 1.599	R$ 1.777	R$ 2.096
20	**R$ 1.599**	**R$ 1.599**	**R$ 1.991**

	A	B	AB	SOMA	A + B	
0	R$ 1.000	R$ 1.000	R$ 1.000	R$ 1.000	R$ 500	R$ 500
1	R$ 1.400	R$ 1.000	R$ 1.200	R$ 1.200	R$ 700	R$ 500
2	R$ 1.470	R$ 850	R$ 1.140	R$ 1.160	R$ 735	R$ 425
3	R$ 1.250	R$ 1.190	R$ 1.283	R$ 1.220	R$ 625	R$ 595
4	R$ 1.125	R$ 1.250	R$ 1.250	R$ 1.187	R$ 562	R$ 625
5	R$ 1.125	R$ 1.125	R$ 1.188	R$ 1.125	R$ 562	R$ 562
6	R$ 1.574	R$ 1.125	R$ 1.425	R$ 1.349	R$ 787	R$ 562
7	R$ 1.653	R$ 956	R$ 1.354	R$ 1.304	R$ 827	R$ 478
8	R$ 1.405	R$ 1.338	R$ 1.524	R$ 1.372	R$ 703	R$ 669
9	R$ 1.265	R$ 1.405	R$ 1.485	R$ 1.335	R$ 632	R$ 703
10	R$ 1.265	R$ 1.265	R$ 1.411	R$ 1.265	R$ 632	R$ 632
11	R$ 1.770	R$ 1.265	R$ 1.693	R$ 1.518	R$ 885	R$ 632
12	R$ 1.859	R$ 1.075	R$ 1.609	R$ 1.467	R$ 929	R$ 537
13	R$ 1.580	R$ 1.505	R$ 1.810	R$ 1.543	R$ 790	R$ 752
14	R$ 1.422	R$ 1.580	R$ 1.765	R$ 1.501	R$ 711	R$ 790
15	R$ 1.422	R$ 1.422	R$ 1.676	R$ 1.422	R$ 711	R$ 711
16	R$ 1.991	R$ 1.422	R$ 2.012	R$ 1.707	R$ 995	R$ 711
17	R$ 2.091	R$ 1.209	R$ 1.911	R$ 1.650	R$ 1.045	R$ 604
18	R$ 1.777	R$ 1.692	R$ 2.150	R$ 1.735	R$ 888	R$ 846
19	R$ 1.599	R$ 1.777	R$ 2.096	R$ 1.688	R$ 800	R$ 888
20	R$ 1.599	R$ 1.599	R$ 1.991	R$ 1.599	R$ 800	R$ 800

$\neq$

Figura 40. Tabela de rentabilidades no tempo.
Fonte: os autores.

Tal raciocínio leva a algumas conclusões. A redução da volatilidade média da carteira em relação aos ativos individuais se comporta como uma medida de redução de risco, uma vez que grandes oscilações em um ativo são mitigadas pelo outro, minimizando impactos negativos.

Outra importante conclusão é que, se mantidas as duas carteiras balanceadas ao longo do tempo, o retorno médio no longo prazo da carteira AB tende a ser superior ao dos ativos A e B individualmente. Isso fica mais explícito em um gráfico com mais períodos:

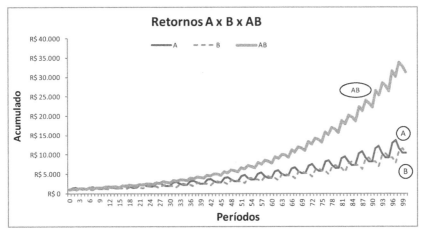

Figura 41. Rentabilidade financeira no tempo.
Fonte: os autores.

O retorno após 100 períodos da carteira AB é mais que 300% superior ao retorno dos ativos A e B individualmente.

Isso ocorre uma vez que se realize o rebalanceamento entre os ativos de forma a manter as proporções financeiras conforme estabelecido na montagem original da carteira.

O rebalanceamento será detalhado neste mesmo capítulo, mais à frente, mas é importante destacar que esse efeito deriva do fato previamente verificado de que as perdas percentuais impactam de maneira mais significativa uma carteira do que os ganhos. Logo, o rebalanceamento auxilia a mitigar o impacto das perdas em ativos que sofreram mais que outros, de forma que os ganhos posteriores possam ser otimizados e o crescimento patrimonial seja alavancado como um todo.

Caro leitor, até aqui é vital que você tenha compreensão dos seguintes pontos-chave antes de prosseguirmos:

➢ As perdas impactam mais que os ganhos!
➢ Os ganhos no longo prazo derivam do controle das perdas!
➢ Em termos de mitigação de risco, não faz sentido ter ativos de alta correlação em carteira!
➢ Em termos de mitigação de risco, precisamos buscar ativos com baixa correlação entre si!
➢ É diferente ter em carteira os ativos A e B e ter um ativo hipotético que se comporte como AB!

Tudo certo até aqui?

9.4. Conclusões sobre as correlações

No cenário real, nenhum ativo é perfeitamente correlacionado com o outro, seja de maneira positiva ou negativa. Buscar um *mix* de ativos que tenham correlações baixas um com o outro é uma estratégia interessante no controle de risco, seguindo a máxima de "não deixar todos os ovos na mesma cesta".

Há quem diga que você pode deixar todos os ovos na mesma cesta desde que você cuide muito bem dela. Essa vertente de pensamento alega que se você possui domínio sobre o que está fazendo, não há motivos para não colocar todos os ovos no lugar que aparenta ser mais lucrativo, e que diversificar é a ferramenta dos que não sabem o que fazem.

Apesar dessa linha de pensamento apresentar lógica e possuir seguidores, e assumindo que não existe certo nem errado quando o assunto são estratégias no mercado financeiro, discordamos de uma premissa básica para que ela possa de fato funcionar: a de que é possível saber com exatidão o que fazemos e para onde o mercado vai.

Aceitar essa teoria é assumir que um indivíduo consegue não apenas saber mais do que todos os outros participantes do mercado que possuem um determinado ativo (afinal, somos nós, em nossas decisões racionais ou emocionais que damos movimento ao mercado), como consegue também levar em conta todas as diversas variáveis que afetam a decisão das pessoas sobre a compra e venda, entender os fatores macroeconômicos, possuir uma compreensão vasta sobre economia mundial e ignorar a existência de cisnes negros e riscos sistemáticos.

A construção de uma carteira deve ser feita com ativos de diferentes classes, sendo que a porcentagem de aplicação em cada modalidade deve estar diretamente relacionada a três fatores macro: seu objetivo, seu perfil de risco e sua necessidade de liquidez.

> **Os grandes benefícios estão atrelados ao fato de que ativos de famílias distintas tipicamente não se movem de maneira harmoniosa, o que permite que um portfólio diversificado possua menos risco que o risco médio de todas as partes.**

9.5. Rebalanceamento

A grande eficácia associada à alocação de ativos está fortemente atrelada ao rebalanceamento, que consiste em reajustar as proporções da carteira, após os movimentos do mercado, ao plano inicialmente planejado. Isso pode ser feito de diversas maneiras, sendo que o rebalanceamento no tempo e no dinheiro é o mais comum.

9.5.1. Rebalanceamento periódico

Após um período de tempo definido previamente pelo investidor, avalia-se a proporção da distribuição da carteira. Após aferir os resultados, realoca-se capital de forma a restaurar as proporções incialmente estabelecidas.

Imagine o seguinte cenário: o patrimônio total do indivíduo é de R$ 200.000 e é feita a seguinte distribuição hipotética de ativos:

Tabela 20. Distribuição patrimonial – Data 0.

		Dia 0
100%	Capital total	R$ 200.000
15%	Ações	R$ 30.000
10%	Mercado futuro	R$ 20.000
10%	Fundos multimercado	R$ 20.000
20%	Fundos imobiliários	R$ 40.000
5%	Ouro	R$ 10.000
40%	Renda fixa	R$ 80.000

142 • Quanto custa ser rico?

O Dia 0 representa o momento da alocação inicial. Após um dado período, que usualmente gira em torno de um trimestre para os mais agressivos, chegando até um ano (ou mais) para os conservadores, foram notadas as seguintes variações:

Tabela 21. Distribuição patrimonial – Data X.

		Dia X
100%	Capital total	R$ 210.000
19%	Ações	R$ 40.000
7%	Mercado futuro	R$ 15.000
10%	Fundos multimercado	R$ 22.000
20%	Fundos imobiliários	R$ 42.000
4%	Ouro	R$ 9.000
39%	Renda fixa	R$ 82.000

Observe que algumas porcentagens referentes a cada ativo se alteraram do original. No rebalanceamento é necessário realocar capital de forma que se restaurem as porcentagens iniciais:

Tabela 22. Rebalanceamento de carteira.

		Dia X	% Original	Valor rebalanceado	Movimentação necessária
100%	Capital total	R$ 210.000			
19%	Ações	R$ 40.000	15%	R$ 31.500	-R$ 8.500
7%	Mercado futuro	R$ 15.000	10%	R$ 21.000	R$ 6.000
10,5%	Fundos multimercado	R$ 22.000	10%	R$ 21.000	-R$ 1.000
20%	Fundos imobiliários	R$ 42.000	20%	R$ 42.000	-
4,5%	Ouro	R$ 9.000	5%	R$ 10.500	R$ 1.500
39%	Renda fixa	R$ 82.000	40%	R$ 84.000	R$ 2.000

Nota-se que o valor total do patrimônio se alterou; logo, o valor absoluto de cada família de ativos se altera junto.

Os fundos imobiliários nesse exemplo cresceram exatamente igual ao patrimônio e, portanto, não precisam de ajustes.

As ações cresceram mais que o patrimônio e requisita uma retirada de capital para retornarem à porcentagem ideal.

De maneira oposta, o mercado futuro decresceu, sendo necessário aporte de capital para restaurar o balanceamento patrimonial.

Alocação de Ativos • **143**

9.5.2. Rebalanceamento percentual

Define-se uma variação percentual para cada classe de ativos. Quando ela oscila para fora da variação estipulada faz-se o rebalanceamento desse ativo.

Utilizando o mesmo exemplo do cenário anterior, imagine que se estipulou uma variação limite de 10% para as ações, que são mais voláteis, e 5% para os outros ativos. Dessa forma, temos o seguinte cenário:

Tabela 23. Distribuição patrimonial – Variações impostas.

100%	Capital total	Dia 0 R$ 200.000	Variação	Mínimo	Máximo
15%	Ações	R$ 30.000	10%	13,50%	16,50%
10%	Mercado futuro	R$ 20.000	5%	9,50%	10,50%
10%	Fundos multimercado	R$ 20.000	5%	9,50%	10,50%
20%	Fundos imobiliários	R$ 40.000	5%	19,00%	21,00%
5%	Ouro	R$ 10.000	5%	4,80%	5,30%
40%	Renda Fixa	R$ 80.000	5%	38,00%	42,00%

Nessa forma de rebalanceamento é necessário um acompanhamento mais de perto do mercado, uma vez que o gatilho não está atrelado ao tempo. Assumindo as mesmas condições do Dia X do cenário anterior:

Tabela 24 Distribuição patrimonial – Data X.

100%	Capital total	Dia X R$ 210.000	Variação	Mínimo	Máximo
15%	Ações	R$ 40.000	10%	13,50%	16,50%
10%	Mercado futuro	R$ 15.000	5%	9,50%	10,50%
10%	Fundos multimercado	R$ 22.000	5%	9,50%	10,50%
20%	Fundos imobiliários	R$ 42.000	5%	19,00%	21,00%
5%	Ouro	R$ 9.000	5%	4,80%	5,30%
40%	Renda fixa	R$ 82.000	5%	38,00%	42,00%

Tabela 25. Distribuição patrimonial – Ajustes necessários.

100%	Capital total	Dia X R$ 210.000	Mínimo	Máximo	Atual	Necessita de rebalanceamento?
19%	Ações	R$ 40.000	13,50%	16,50%	19%	SIM
7%	Mercado futuro	R$ 15.000	9,50%	10,50%	7%	SIM
10,5%	Fundos multimercado	R$ 22.000	9,50%	10,50%	10,5%	NÃO
20%	Fundos imobiliários	R$ 42.000	19,00%	21,00%	20%	NÃO
4,5%	Ouro	R$ 9.000	4,80%	5,30%	4,5%	SIM
39%	Renda fixa	R$ 82.000	38,00%	42,00%	39%	NÃO

Tabela 26. Distribuição patrimonial – Ajustes realizados.

100%	Capital total	Dia X R$ 210.000	Ideal	Movimentação necessária
15%	Ações	R$ 31.500	R$ 31.500	-R$ 8.500
10%	Mercado futuro	R$ 21.000	R$ 21.000	R$ 6.000
10,5%	Fundos multimercado	R$ 22.000		
20%	Fundos imobiliários	R$ 42.000		
5%	Ouro	R$ 10.500		R$ 1.500
39%	Renda fixa	R$ 82.000		

Observe que nesse cenário nem todos os ativos precisaram de rebalanceamento. Os fundos multimercado, fundos imobiliários e a renda fixa, apesar de terem oscilado, se mantiveram dentro da variação aceitável e não necessitaram de reajuste.

Note também que, no caso das ações, havia um excedente entre o ideal e o atual de R$ 8.500, enquanto há um déficit de R$ 6.000 e R$ 1.500 entre o atual e o ideal de, respectivamente, mercado futuro e ouro, totalizando R$ 7.500. Não é difícil concluir que, ao rebalancear os ativos, o excedente de alguns ativos muito comumente irá suprir o déficit de outros. Os valores residuais necessários à mobilização são retirados ou colocados nos ativos que, apesar de não necessitarem de rebalanceamento pelo modelo das porcentagens, não estão no valor exatamente ideal e comportam tal ajuste, de maneira que esse ajuste o aproxima ainda mais do valor ideal estipulado inicialmente.

Esse tipo de controle tem a vantagem de conseguir capitalizar movimentos extremos ou não usuais do mercado e aproveitar essas oscilações econômicas a seu favor.

9.6. Principais vantagens da alocação de ativos

Percebeu, amigo leitor, a grande 'sacada' da alocação de ativos e do rebalanceamento, que: **o 'força' a vender o que se valorizou muito e a comprar o que se desvalorizou**?

E você acaba de fazer o que todo investidor quer, mas poucos conseguem: **comprar na baixa e vender na alta.**

Dessa forma você mitigará os impactos de correções no seu patrimônio, pois as perdas que poderiam ocorrer eventualmente no ativo que se valorizou (talvez demais) serão menores, pois o montante de capital lá está ajustado e o impacto reduzido. A valorização do ativo que se depreciou será potencializada e mais facilmente recuperada, pois a rentabilização, quando ocorrer, será sobre um capital maior que o 'pós--perda', permitindo assim a potencialização do rendimento.

Uma das principais vantagens da alocação de ativos é que ela permite ao investidor alcançar o que todos que entram no mercado buscam e almejam fazer, que é ter maiores probabilidades de comprar na baixa e vender na alta. Isso ocorre porque as porcentagens de cada ativo devem permanecer constantes, ou seja, quando um ativo se desvaloriza isso é sinalizado pelo rebalanceamento, o qual irá requisitar o aporte de capital nesse ativo. Se o oposto ocorrer, ou seja, algum ativo se valorizar muito, ocorrerá o lucro para reajustar de volta às devidas proporções, favorecendo então a compra na baixa e a venda na alta.

Outra vantagem está associada aos custos de taxas, impostos e custódia, que tendem a ser baixos no global, já que a maior parte do capital estará alocada em ativos de baixa rotatividade.

Algumas vantagens mais subjetivas também podem se aplicar à estratégia de alocação de ativos, como um estresse reduzido, visto que tudo gira em torno da redução de risco – e quanto menor o risco, menor o estresse. Outra vantagem: ter uma carteira diversificada e ainda assim poder permanecer mais tempo longe do mercado e se dedicar a outras atividades, uma vez que seu risco está dentro de um gerenciamento e planejamento.

Uma das vantagens intrínsecas, e mais negligenciadas, da alocação de ativos, que nem sempre é entendida claramente, é o potencial de crescimento do patrimônio que essa estratégia cria. Uma distribuição adequada do capital auxilia a suavizar as perdas. Apesar de potencialmente suavizar os ganhos, permite ao investidor aproveitar o somatório dos movimentos do mercado com a boa gestão do portfólio.

Esse tema pode soar como uma novidade, pois é muito pouco explorado no Brasil por sua aparente complexidade e por ser um assunto muito voltado para a cultura dos americanos. Além de ir contra uma das máximas que motivam corretoras, bancos e o governo, que afirma que "precisamos movimentar nosso dinheiro para sempre estar na melhor oportunidade possível", o que acaba gerando altos custos de taxas, impostos e corretagem.

Obviamente, nenhuma instituição está errada em fazer isso, essas são as regras do jogo e graças a essas instituições conseguimos participar do mercado. Não estamos dizendo para nunca seguir ou confiar nas informações de corretoras e sites de notícias (pois muito provavelmente a expertise deles no assunto abordado é maior que a nossa e deve ser levada, sim, em consideração), mas sempre devemos encarar essas situações como a opinião do vendedor em uma loja de roupas. Quando você pergunta se a camisa ficou boa, a opinião dele tem mais base técnica e mais experiência que a sua, então é importante ouvir e aprender, mas sempre sabendo que a motivação dele é outra.

A alocação de ativos pode parecer, para os olhares mais inexperientes, algo que apenas limita seus ganhos ou pode soar como uma solução ideal que gostaríamos de ter encontrado antes, no caso de investidores com algum tempo de mercado que não conseguem ainda entender como o ganho de 20% de capital no primeiro mês não se repete nos meses seguintes.

Infelizmente, a grande maioria das pessoas só aprende com a dor, e tendemos a ouvir apenas o que corrobora com o que queremos. É muito mais fácil ler um livro, fazer um curso ou seguir alguém que promete "uma estratégia vencedora" ou "retorno sem risco" do que algo como "minimize suas perdas" ou "aprenda a melhor forma de perder dinheiro". Lembre-se de que o mercado sempre cobra a conta, e ela é tão mais intensa quanto menos preparado você está para lidar com o imprevisível.

Uma opção para começar nesse mercado é utilizar a expertise dos assessores em corretoras para auxílio em sugestão de portfólio. Essa afirmação parece contradizer tudo que foi discutido até agora, no entanto, ao fazermos isso sabendo que o perfil não necessariamente irá se adequar ao nosso, sabendo que a motivação da corretora é que você gire o capital e pague taxas, é possível aplicar esse filtro e ter alguma indicação como ponto de partida. Inicie com um valor pequeno em cada ativo para começar a entender os movimentos e, mais importante ainda, comece a se entender como investidor.

10. Fundamentos do Mercado de Ações

O mercado de ações existe porque empresas abrem seu capital para o público adquirir participação societária na empresa, e o fazem realizando uma emissão de valores mobiliários no mercado.

O intuito principal é atrair capital para si, visando financiar e expedir seu crescimento, e em troca dividem a sociedade e, consequentemente, compartilham também retornos e riscos com seus investidores, os quais passam a ser sócios da empresa na qual alocaram capital, em um percentual proporcional à participação financeira.

No entanto, é fácil notar que apenas uma pequena parte das empresas do Brasil possui capital aberto. Isso decorre de algumas implicações que vêm com essa oportunidade de captação de investidores, como a necessidade de expor publicamente os seus resultados, balanço, projeção de lucros e inclusive estratégias empresariais, além da alta burocracia por trás dessa transição. Tais dificuldades acabam por limitar a entrada da maior parte das empresas brasileiras, que não quer ter esse nível de exposição e necessidade de cumprimento de obrigações com seus respectivos investidores.

10.1. Ações

Muito se discorre sobre o funcionamento do mercado de ações sem que necessariamente o indivíduo tenha o conhecimento do que é de fato uma ação e o que ela representa, além de desconhecer as diferentes modalidades que existem.

Ações representam uma parte da empresa, ou seja, quem as adquiriu se torna sócio daquela empresa, estando sujeito aos riscos e às oscilações, tanto positivas quanto negativas, do mercado.

10.1.1. Tipos de ações

As ações de uma empresa podem ser classificadas, de maneira bem simplificada, em três categorias:

> **Ações Ordinárias (ON)**: permitem ao acionista o direito de voto nas assembleias empresariais, ou seja, nas decisões estratégicas da empresa. A participação do voto é proporcional ao valor investido na empresa; portanto, individualmente para o pequeno investidor esse direito acaba tendo pouca ou nenhuma influência.

> **Ações Preferenciais (PN)**: não dão direito a voto, mas podem receber preferência no pagamento de dividendos correspondente, via de regra, a no mínimo 25% do lucro líquido do exercício financeiro ou 10% a mais que os acionistas ordinários. No caso de liquidação da empresa, ou seja, caso a empresa entre em falência ou encerre suas atividades por algum motivo, os acionistas preferenciais têm prioridade na hora de ressarcimento pelas ações adquiridas em detrimento dos acionistas ordinários. Vale destacar que, se a empresa de capital aberta que possuir ações PN em negociação na bolsa não pagar dividendos por mais de três anos, os acionistas preferenciais passam a adquirir direito a voto na assembleia. Essa modalidade de ações pode ser classificada como Classe A ou Classe B, dependendo das características de cada ação, e varia conceitualmente de empresa para empresa.

> **UNITs**: são ativos compostos por mais de uma classe de valores mobiliários. Apesar de se enquadrar como uma das classes, não é uma ação por si, mas um conjunto de diferentes classes de ativos, os quais podem ser formados por uma mescla de ações PN e ON, por exemplo. É uma classe menos comum no mercado brasileiro.

Para auxiliar o investidor, existe um padrão numérico que indica qual a classe de ação o ativo representa, conforme tabela a seguir:

Tabela 27. Classificação do tipo de ação.

Numeração final	Classe da ação	Exemplo
3	Ordinárias (ON)	PETR3
4	Preferenciais (PN)	PETR4
5	Preferenciais Classe A (PNA)	BRKM5
6	Preferenciais Classe B (PNB)	CESP6
11	UNITs	SANB11

> **Observação:**
> Nem todo código que possui a terminologia '11' é uma UNIT. Com essa terminologia também temos fundos imobiliários e ETFs (tópicos que serão abordados mais à frente).

A Lei das S/A garante que a quantidade de ações preferenciais não possa ultrapassar a quantidade de ações ordinárias emitidas pela empresa, e isso tem todo o sentido do mundo para proteger o interesse dos acionistas como um todo.

Ora, imagine que uma empresa emite 90% de suas ações PN e 10% ON. Concorda que, nesse cenário, o controle sobre as decisões do futuro da empresa estaria nas mãos da minoria? Essa parte da lei veio para impedir que situações como esta venham a ocorrer.

10.2. Mitos sobre ações

10.2.1. "Garantia" de reembolso

Vamos discorrer sobre alguns fatos muito utilizados para "prender a atenção" de investidores iniciantes a respeito das ações preferenciais, que, com exceção do direto ao voto, podem soar mais interessantes que as ordinárias.

O primeiro fato deriva do senso de segurança gerado na preferência de reembolso no caso de falência da empresa. Isso não deixa de ser verdade, porém, assim como muitos fatos que são "vendidos" a você, este também está incompleto. A preferência de pagamentos é em detrimento APENAS dos acionistas ordinários. Em caso de falência empresarial, trabalhadores, bancos, governo, fornecedores e debenturistas (nessa ordem) recebem primeiro, e apenas se sobrar capital os acionistas recebem, sendo os preferenciais primeiro e os ordinários por último. Ou seja, há grande probabilidade de ambos não receberem nada.

10.2.2. Dividendos de ações

Outro aspecto, muito mais explorado de maneira equivocada que o primeiro, está em relação ao pagamento de dividendos. Muitos investidores são atraídos por isso acreditando que, ao receberem dividendos, estarão lucrando aquele valor. Porém – e preste atenção nessa parte, pois é algo que vem sendo utilizado de maneira incorreta com muita frequência –, o pagamento de dividendo em si NÃO É LUCRO no bolso do acionista. O pagamento de dividendos é um ajuste contábil feito pela empresa, a qual já aferiu a cotizou o valor, e tal ajuste resulta em um desconto do exato valor do preço da ação.

Calma, vamos entender melhor o que acontece de fato.

Quando uma empresa anuncia que irá pagar dividendos para seus acionistas, ela está, sim, distribuindo o lucro que obteve no período. Porém, tal lucro JÁ FOI INCORPORADO NO PREÇO DA AÇÃO e será descontado o valor correspondente ao pagamento do preço da ação.

Para entendermos melhor: quando uma empresa com ações na bolsa paga dividendos aos acionistas é dito que o ativo fica "ex-dividendos", que na realidade representa a data na qual o acionista perde direito a dividendos. Ou seja, todos os que possuíam alguma ação daquela empresa na data anterior receberão os dividendos.

O mesmo conceito é válido para pagamentos na modalidade Juros Sob Capital Próprio (JSCP), que são tributados em 15% pela Receita Federal, diferindo do pagamento de dividendos, que é recebido integralmente.

Agora imagine que você possuía, no dia 04/09/20XX, a quantidade de 1.000 ações do ativo ABZ4, cotadas ao valor nominal de R$ 50,00. A empresa fica "ex-dividendos" no dia 05/09/20XX, anunciando que irá pagar R$ 1,00 por ação para cada acionista – logo, você irá receber R$ 1.000 de dividendos. Porém, este exato valor é descontado do preço do ativo, o qual passa a valer R$ 49,00. Entendeu?

No primeiro cenário você possuía 1.000 ações cotadas a R$ 50,00 cada, ou seja, um capital total de R$ 50.000. No segundo cenário, você passa a ter 1.000 ações cotadas a R$ 49,00 e mais R$ 1.000 de dividendos, possuindo o mesmo capital total de R$ 50.000, ou seja, não houve lucro de fato.

Talvez você já soubesse disso, talvez não, porém a grande maioria que já ingressou no mercado da bolsa de valores desconhece esse fato. Afinal, é extremamente vendável e atrativo discorrer sobre empresas que pagam altos dividendos como forma de atrair capital em corretoras, bancos e até mesmo empresas. É importante entender que mesmo informações verdadeiras (como o fato de empresas pagarem dividendos) não necessariamente são completas ou englobam todas as consequências. **Não existe almoço grátis!**

Fundamentos do Mercado de Ações • **151**

"Então dividendos não servem para nada?" Calma, o pagamento de dividendos possui sim utilidades (e utilidades extremamente relevantes para investidores), mas estas divergem do senso comum e serão explanadas em detalhes no capítulo sobre investimentos para longo prazo. Porém, para sanar a sua curiosidade, comentamos de maneira sucinta a seguir alguns pontos-chave a esse respeito.

> **A primeira grande utilidade jaz na possibilidade de aumentar sua participação social sem necessariamente aportar uma quantidade maior de capital.**

Ora, utilizando o exemplo anterior, se você possui 1.000 ações e a empresa lhe pagou R$ 1.000 de dividendos e a ação passa a valer R$ 49,00, concorda que você poderia, em tese, alocar esses R$ 1.000 em ações da mesma empresa e aumentar sua quantidade de ações e sua participação na empresa? (Vale destacar que o pagamento de dividendos não é feito no dia que a empresa fica "ex-dividendos" ou JSCP, podendo levar inclusive meses para seu pagamento)

> **O segundo uso é para os investidores que usufruem dos dividendos como forma de renda e não querem diminuir sua participação societária na empresa.**

Em vez de venderem ações para obter capital, usufruem dos dividendos, mantêm a participação societária e acreditam que a empresa irá se rentabilizar com o tempo.

Como já dito, tal assunto será explorado com mais detalhes no capítulo sobre investimentos de longo prazo em ações.

10.2.3. Por que uma ação sobe ou desce?

Este é um conceito que com muita frequência é erroneamente compreendido pelas pessoas.

Uma ação sobe quando há mais compradores que vendedores e cai quando há mais vendedores que compradores, correto?

ERRADO.

Pensando no curto prazo, o valor de uma ação sobe se existem pessoas dispostas a pagar mais por ela do que o preço atual, e o valor de uma ação cai quando existem pessoas dispostas a vendê-la por um preço menor que o atual, ou seja, esta sobe quando há mais crença na alta do ativo, e esta cai quando há mais crença na queda do ativo.

Só existe uma transação, ou seja, a execução de uma ordem de compra se houver um vendedor do outro lado, da mesma maneira que só existe uma venda se houver um comprador do outro lado (ou alguém que as alugue para você, mas discutiremos isso mais à frente). O número de compradores e vendedores que fizeram negócios é exatamente o mesmo.

Por exemplo, em um dia usual a quantidade de negócios da Petrobras (PETR4) pode chegar a 50.000. Ou seja, de maneira bem genérica, poderíamos dizer que existiram 50.000 investidores acreditando na alta e 50.000 acreditando na baixa (apesar de não ser exatamente isso que acontece, mas fique com o conceito em mente).

Cabe dizer que não existe o certo ou o errado na história, pois cada um opera em um prazo diferente, com objetivos e estratégias diferentes, e é justamente isso que possibilita a ocorrência de diversas oportunidades no mercado.

O conceito pode parecer simples, mas compreendê-lo em seu âmago é fundamental para os próximos passos que daremos juntos, tanto nos termos técnicos e objetivos, quando nos conceitos subjetivos.

10.3. Mercado primário e mercado secundário

Quando uma empresa abre seu capital pela primeira vez, ocorre a oferta pública inicial das ações dessa empresa, também conhecida como IPO, que deriva do inglês *Initial Public Offering*. Nessa primeira etapa ocorre a transferência de recursos dos investidores para a empresa. É o momento no qual a empresa capitaliza os recursos aportados pelos investidores em seu patrimônio e isso gera o preço inicial da ação, que é uma função direta da quantidade de ações que a empresa disponibilizou e o valor capitalizado.

Por exemplo, uma empresa que decide disponibilizar um milhão de ações para a oferta pública inicial e capitaliza cinco milhões de reais somando os valores de todos os investidores que alocaram capital neste momento teria sua ação cotada a R$ 5,00.

Já o mercado secundário é a compra e venda entre investidores. O capital movimentado nesse mercado não vai para a empresa. É o cenário mais comum. Quanto maior for a movimentação de compra e venda de uma ação, mais líquido se considera aquele ativo.

10.4. Bolsa de valores

Essa dinâmica de compra e venda de (não só) ações entre empresa e investidores, ou entre investidores e investidores, é feita em um ambiente conhecido como bolsa de valores, que nada mais é do que um centro de negócios virtual onde as partes podem negociar seus ativos.

A única bolsa de valores brasileira é a atual B3 (estilizado como [B]³), em referência às iniciais de Brasil, Bolsa e Balcão, originada da união da BM&F Bovespa (bolsa de valores, mercadorias e futuros) com a Central de Custódia e de Liquidação Financeira de Títulos (CETIP).

O grande objetivo de sua existência é configurar um ambiente seguro e transparente para as negociações de compra e venda entre investidores e instituições, além de incentivar as pessoas a possuir parte de seu capital poupado investido em mercados de maior risco – por isso a altíssima transparência quanto a dados, resultados, balanços, entre outros.

É importante destacar que o Imposto de Renda (IR) cobrado sobre o lucro com o mercado de renda variável, no caso ações, é de 15% para movimentações de venda acima de R$ 20.000 no mês. Caso essa movimentação não alcance esse montante, os investimentos se tornam livres do IR. Vale ressaltar a importante exceção a essa regra, que se aplica às transações de *day trade*, ou seja, movimentações de compra e venda de ações no mesmo dia, nas quais, independentemente do valor movimentado, apresentam incidência de 20% do IR sobre o lucro.

Dentre os participantes que garantem o funcionamento da bolsa, alguns apresentam papel de suma relevância, como:

> **CVM (Comissão de Valores Mobiliários)**: atua como o 'fiscal' da bolsa. É uma entidade vinculada ao Ministério da Economia, porém com dirigentes e autonomia financeira e orçamentária. Sua principal missão é defender os interesses do investidor, especialmente o pequeno acionista, agindo como a

reguladora do mercado de valores mobiliários em geral. A missão formal da CVM é "desenvolver, regular e fiscalizar o Mercado de Valores Mobiliários, como instrumento de captação de recursos para as empresas, protegendo o interesse dos investidores e assegurando ampla divulgação das informações sobre os emissores e seus valores mobiliários".

➤ **BTC (Banco de Títulos da CBLC[4])**: é a entidade responsável pelo aluguel de ações. Essa entidade se torna mais relevante para dois tipos de investidores: os ditos **doadores**, que desejam colocar suas ações para empréstimo ou aluguel de outros investidores (ou seja, investidores de longo prazo que não desejam se desfazer dos papéis em um curto período de tempo), e os **tomadores**, que solicitam o empréstimo.

➤ **Corretoras de valores**: são as entidades que intermediam a negociação entre o investidor e a bolsa de valores. Toda corretora precisa receber autorização do Banco Central para operar e é constantemente fiscalizada pela CVM[5]. Até maio de 2019 existiam 87 corretoras registradas pela Bovespa. A escolha da corretora não é uma tarefa trivial e deve ser feita com cautela e ponderação. É um tópico tão relevante que existe um capítulo neste livro dedicado exclusivamente ao assunto.

10.5. Tipos de mercados

10.5.1. Mercado à vista

Uma das formas de se operar na bolsa é através do chamado mercado à vista, que é definido formalmente pela [B]³ como o mercado "no qual compradores e vendedores estabelecem um preço para um lote de ações a ser entregue e pago no prazo determinado, atualmente D+2". Ou seja, é o mercado usual no qual são negociadas as ações ON e PN durante o período de pregão, as quais levam três dias úteis para ser liquidadas.

É o tipo de operação que (via de regra) para ser realizada precisa do capital disponível integralmente em conta.

---

[4] **Companhia Brasileira de Liquidação e Custódia:** é o órgão responsável por custodiar, liquidar e garantir operacionalmente todas as transações que são realizadas no ambiente da Bolsa de Valores.

[5] **Comissão de Valores Mobiliários:** foi criada com o objetivo de fiscalizar, normatizar, disciplinar e desenvolver o mercado de valores mobiliários no Brasil.

10.5.2. Mercado de derivativos

Derivativos podem ser definidos como contratos que possuem grande parte do seu valor atrelado a outro ativo, taxa ou índice, ou seja, seu valor **deriva** de algo que lhe é correlacionado, podendo este ser um ativo financeiro (ações, taxas, entre outros) ou físico (boi, milho, ouro, entre outros).

Os derivativos podem apresentar diferentes classificações dependendo do seu comportamento e/ou ativo com o qual se relaciona.

10.5.3. Mercado a termo

Pode ser definido como um mercado onde duas partes assumem um compromisso de compra e venda de um determinado ativo em uma data futura. Ou seja, um investidor pode comprar a termo uma ação com o direito de vendê-la no futuro a um preço predeterminado, de comum acordo com outra parte que esteja disposta a vender o ativo na data e no preço combinados.

O contrato firmado não pode ser executado ou encerrado prematuramente sem que ambas as partes concordem. Esse é um mercado que, por apresentar vencimento futuro, permite a alavancagem, ou seja, permite a compra de um valor maior do que o investidor possui.

Dentro do mercado de valores mobiliários, esses contratos podem ocorrer livremente entre os investidores e devem oscilar entre 16 e 999 dias para execução.

Funcionam como uma espécie de financiamento: um investidor acredita na valorização de um ativo e quer garantir sua compra em uma data futura. Do outro lado, um investidor deseja vender suas ações e otimizar seus resultados cobrando uma taxa de juros pela venda, que é paga pelo comprador. **Confuso, não? Vamos tentar esclarecer um pouco mais.**

Para exemplificar o funcionamento do mercado a termo, imagine o seguinte cenário: um produtor de açúcar venderá sua produção em 30 dias, mas acredita que o mercado se apresentará "baixista". Por outro lado, existe um comprador de açúcar que acredita que o mercado será "altista".

Logo, esses dois indivíduos poderiam fazer um contrato a termo, no qual ambos concordam com um preço de compra e venda de uma quantidade predeterminada da produção de açúcar para ser executado em data futura.

Se o valor hipotético acordado for de R$ 2,00/quilo e na data futura o valor cotado de mercado estiver em R$ 2,10, o produtor venderá, por obrigação, cada quilo a R$ 2,00, aferindo dessa forma prejuízo de R$ 0,10/quilo em relação ao valor de mercado. O comprador sairia este exato valor no lucro.

Agora, se o valor de mercado estiver em R$ 1,90, teoricamente o comprador obteria prejuízo de R$ 0,10 por quilo em relação ao preço de mercado e o vendedor sairia este exato valor no lucro – no entanto, esse cenário não ocorre: enquanto o vendedor possui a **obrigação** de vender ao preço acordado, o comprador possui o **direito** de executar ou não a transação. Logo, temos dois personagens com compromissos e papéis diferentes no mercado a termo.

Voltando para o mercado, de um lado temos o **comprador**, que possui o direito de receber uma quantidade predeterminada de ações em uma data futura, com a obrigação de pagar uma taxa de juros pelo compromisso. Se na data da liquidação do contrato o valor da ação estiver superior ao acordado, será apropriado lucro, visto que o comprador pode vender as ações a preço de mercado superior ao preço pago por elas no mercado a termo.

Do outro lado temos o **vendedor**, que possui a obrigação de vender a quantidade predeterminada de ações no preço e data acordados com o comprador. Se na data da liquidação do contrato o valor da ação estiver superior ao acordado, será apropriado prejuízo, uma vez que o vendedor precisou comprar as ações a um preço superior ao que está vendendo. De maneira oposta, caso o preço da ação esteja abaixo do valor acordado, o comprador irá usar o direito de não comprar o ativo ao valor acordado e adquiri-lo pelo mercado; porém, este é obrigado a pagar a taxa acordada inicialmente, a qual se transforma em lucro e financiamento para o vendedor.

Alguns dos principais motivos para entrar nesse mercado estão associados a decisões estratégicas que podem envolver:

➢ **Proteção de preços:** o valor é fixado no futuro, e o investidor que não possui capital no momento para compra do ativo. Então, ele faz um contrato para poder comprar no futuro a um preço preestabelecido.

- **Alavancagem:** alguns investidores que operam de maneira mais agressiva desfrutam muito da alavancagem, que permite comprometer mais capital do que se teria disponível para realizar todas as aquisições e, dessa forma, otimizar os ganhos, mas com o risco de potencializar as perdas. Na alavancagem desse mercado, exige-se que o investidor possua apenas a margem de garantia, que pode girar em torno de 20% do valor do contrato. Logo, hipoteticamente, um investidor que possui um capital de R$ 100.000 poderia operar alavancado com R$ 500.000 em risco.
- **Financiamento:** essa estratégia é utilizada por investidores que buscam lucrar apenas com os juros do contrato a termo. Aqui, um investidor que adquire uma determinada quantidade de ações no mercado à vista e no mesmo momento faz um contrato a termo dessa quantidade de ações consegue 'se proteger' contra as oscilações de preço do mercado e garante a rentabilidade associada ao pagamento de juros por parte do comprador. Vale ressaltar que parte do lucro ficará para pagar as taxas de corretagem e transição inerentes ao processo.

10.5.4. Mercado futuro

É muito similar ao mercado a termo. Neste último, existe um acordo entre duas partes que não pode ser transferido a terceiros. Já no mercado futuro as transações são completamente padronizadas e podem ser negociadas livremente no mercado secundário, sendo possível assim comprar e vender, dependendo apenas da própria liquidez do ativo.

Uma importante diferença entre o mercado futuro e o mercado de ações é que no último o lucro ou prejuízo só é realizado na liquidação das ações. Já no mercado futuro esse valor é apropriado diariamente. Essa diferença aparece como forma do "ajuste diário" de posição. Podem ser ativos financeiros como o Índice (Bovespa, S&P) ou moedas (dólar).

No mercado futuro o investidor não opera comprando ou vendendo o valor dos contratos referentes a cada ativo desse mercado; ele apenas arca com as oscilações e mantém em depósito uma margem de garantia, o que pode ser extremamente perigoso para pessoas que não sabem o que se passa por trás do simples uso da margem de garantia.

Por exemplo, o valor de um contrato futuro de Índice da Bovespa chegou a valer aproximadamente R$ 100.000 no primeiro semestre de 2019. Um minicontrato de índice, ativo muito comum de ser operado no Brasil, corresponde a 20% de um contrato cheio – logo, aproximadamente R$ 20.000. No entanto, a margem de garantia para esse ativo (dependendo da corretora) gira em torno de R$ 100 por minicontrato. Ou seja, alguém que possui apenas R$ 1.000 em conta teoricamente poderia operar 10 minicontratos, quando na realidade está de fato operando com um valor de R$ 200.000, possuindo apenas 0,5% desse montante.

É possível alavancar muito nesse mercado, o que acarreta um risco gigantesco. No exemplo dado, se o mercado oscilar apenas 0,5% contra a posição do investidor, ele perderá 100% do seu capital.

A citada **margem de garantia** atua como um valor aprovisionado para garantir que o investidor possa cumprir com suas obrigações – lembrando que ela não necessariamente precisa estar disponível em saldo. Algumas modalidades de aplicações podem atuar como margens de garantia, como títulos públicos.

Atenção!
A margem de garantia pode ter uma alta influência na hora de montar sua carteira e sua estratégia de investimento.

> **Guarde essa informação, pois pode ter uma alta utilidade e influência na hora de montar sua carteira e sua estratégia.**

10.6. Aspectos operacionais

Uma vez conhecidos os fundamentos técnicos do mercado, é necessário conhecer os aspectos operacionais da bolsa de valores. É comum o investidor iniciante cometer erros operacionais que podem ter um preço elevado. Vamos elucidar a seguir os principais conceitos.

10.6.1. Lotes

Lotes de ações acabam sendo um dos aspectos básicos que todo investidor deve entender como funciona. Ações usualmente são vendidas em lotes de múltiplos de 100 – dessa forma, se um investidor quiser comprar uma ação cotada a R$ 12,00, ele deverá possuir no mínimo R$ 1.200. Lembre-se de que as compras são feitas em MÚLTIPLOS de 100, e não A PARTIR de 100. É perfeitamente possível comprar quantidades menores que 100 ações e/ou não múltiplas. Um problema potencial é que se entra no mercado conhecido como fracionário, que possui uma liquidez inferior ao mercado padrão que negocia lotes de 100, correndo maiores riscos de não execução das ordens de compra e venda. Porém, ações de grandes empresas usualmente apresentam boa liquidez, inclusive no mercado fracionário, mas é algo que o investidor deve sempre verificar antes de fazer uma compra.

Observação:
Para se negociar uma ação no mercado fracionário deve-se adicionar a letra F ao final do código convencional. Por exemplo: PETR4F, ITUB3F, MGLU3F.

Uma exceção a essa regra são algumas ETFs como o índice BOVA11 e SMAL11, onde o lote padrão corresponde a 10 papéis.

Vale destacar também que fundos imobiliários e contratos de mini índice e dólar, além de *commodities*, que são negociados muito similarmente a ações, podem ser adquiridos em qualquer quantidade e não possuem lote padrão de compra e venda.

10.6.2. Horários do pregão e leilão

Os horários de abertura e fechamento dos mercados é variável dependendo do ativo ou da classe de ativos.

O mercado à vista opera aberto de maneira regular das 10h00min às 17h00min, em dias úteis apenas. Outras modalidades não necessariamente seguem esses mesmos horários. Por exemplo, o mini índice e o mini dólar têm abertura às 9h00min e fechamento somente às 18h00min, e cada *commodity* (boi gordo, milho, café) possui horário específico de abertura e fechamento.

Leilão de abertura ou pré-abertura
Ocorre a partir das 9h55min até (usualmente) 10h00min-10h05min. Este é o período no qual serão determinados os preços de abertura das ações.

A bolsa utiliza esse mecanismo para evitar que ordens muito grandes consigam manipular o preço das ações na abertura no pregão. Ela faz um preço teórico médio de abertura ponderando todas as ordens e valores, que é o preço estimado de abertura do ativo em questão. Vale destacar que a formação do preço teórico já é mostrada a partir de 9h45min.

O leilão levanta um preço teórico para a ação. Vendedores só podem adicionar ordens abaixo do preço teórico e compradores só podem adicionar ordens acima do preço teórico – no entanto, nada garante que os preços se manterão durante o pregão oficial. O objetivo dessa medida é impedir que os preços oscilem de maneira descontrolada. É uma forma de a própria bolsa controlar o risco de mercado e gerar a formação mais coerente do preço do ativo.

Nesse horário o investidor pode enviar suas ordens de compra ou venda antecipadamente à abertura oficial do pregão, mas o negócio só será efetivado de fato na abertura, às 10h00min, ao preço teórico de execução. É importante destacar que, no leilão de abertura, operações lançadas nesse período, se fizerem parte da composição do preço teórico, não podem ser canceladas ou alteradas até a abertura oficial. Ou seja, ordens de compra acima do preço teórico não podem ser canceladas, e ordens de venda abaixo do preço teórico da mesma maneira não podem ser canceladas.

Destaca-se que a execução das ordens do leilão é feita **a mercado**. Isso significa que, por exemplo, uma ordem de compra feita ao preço de R$ 50,00 por uma ação cujo preço teórico de abertura está a R$ 49,00 seria executada ao preço de R$ 49,00. De maneira similar, uma ordem de venda ao preço de R$ 48,00 seria também executada ao valor de abertura de R$ 49,00.

Leilão de fechamento ou *call* de fechamento

Os cinco minutos finais do pregão regular e usualmente os cinco minutos após o fechamento oficial (de 16h55min às 17h05min) formam o período chamado de *call* de fechamento, ou leilão, que visa receber as intenções de compra e venda dos ativos para determinar o preço de fechamento. O *call* de fechamento atua de maneira extremamente similar ao *call* de abertura.

Horários *after market*

Corresponde a um período de funcionamento da bolsa após o horário normal de pregão, o qual pode ser interpretado como um horário extra de funcionamento que visa permitir que investidores que não puderam acompanhar ou operar durante o dia consigam alocar posições. Serve também para investidores que operam com base nos gráficos diários conseguirem tomar uma decisão ao fim do dia.

Usualmente ocorre das 17h30min às 18h00min, podendo este horário ser modificado a critério da Bovespa a qualquer momento. Nos 15 minutos iniciais (até às 17h45min) é possível apenas cancelar ordens enviadas durante o pregão regular. Isso permite que investidores que não conseguiram se posicionar ou encerrar a posição aberta durante o pregão possam aguardar a abertura do próximo pregão sem uma ordem em aberto e analisar a abertura do próximo dia antes da tomada de decisão.

O *after market* apresenta algumas limitações quando comparado ao pregão regular. Nele só é possível negociar no mercado à vista, por exemplo, ações e *units*. Já não é permitida a negociação de derivativos, como mercado a termo e opções.

Visando controlar grandes oscilações nesse cenário, os preços estão limitados a uma variação de até 2% em relação ao pregão regular. Qualquer operação que vise negociar os ativos acima ou abaixo dos 2% será vetada.

Existe um limite financeiro de R$ 100.000 por posição que se pode adquirir no *after market*.

Leilão durante o pregão

Atua similarmente aos *calls* de abertura e fechamento da bolsa, no entanto pode ocorrer durante o pregão convencional, dependendo de uma série de acontecimentos. Lembrando que, no leilão, apenas se registram as ofertas de compra e venda sem execução das ordens até que os preços se encaixem. Durante esse período, as negociações são removidas do pregão e só retornam ao final do leilão.

Este pode ocorrer em função ao valor da cotação ou em relação ao capital social, conforme as regras demonstradas nas tabelas a seguir:

Tabela 28. Regras do leilão.

Leilão em função da cotação	
Motivo	**Prazo leilão**
Oscilação (positiva ou negativa), em relação ao último negócio, de 3,00% a 8,99% para os ativos que compõem o Índice da Bolsa	5 min
Oscilação (positiva ou negativa), em relação ao último negócio, a partir de 9,00% para os ativos que compõem o Índice da Bolsa	15 min
Oscilação (positiva ou negativa), em relação ao último negócio, a partir de 10,00% para os ativos que não compõem o Índice da Bolsa	5 min
Oscilação (positiva ou negativa), em relação ao último negócio, de 20,00% a 49,99% para os ativos que não compõem o Índice da Bolsa	15 min
Oscilação positiva de 50,00% a 99,99%, em relação ao último negócio, para os ativos que não compõem o Índice da Bolsa	30 min
Oscilação superior a 100%, em relação ao último negócio, para os ativos que não compõem o Índice da Bolsa	60 min
Oscilação negativa superior a 50,00%, em relação ao último negócio, para os ativos que não compõem o Índice da Bolsa	60 min

Tabela 29. Regras do leilão.

Leilão em função do capital social	
Motivo	Prazo leilão
Lotes entre 0,50% e 0,99% das ações ordinárias	5 min
Lotes entre 1,00% e 2,99% das ações ordinárias	1 hora
Lotes entre 3% e 6% das ações ordinárias	24 horas
Lotes acima de 6% das ações ordinárias	48 horas
Lotes entre 1,00% e 2,99% das ações preferenciais	15 min
Lotes entre 3,00% e 4,99% das ações preferenciais	1 hora
Lotes entre 5% e 20% das ações preferenciais	24 horas
Lotes acima de 20% das ações preferenciais	48 horas

Não há uma regra de quantidade máxima de leilões que podem ocorrer por ação, ou seja, se após um leilão os preços voltarem a oscilar abruptamente em relação ao preço estabelecido pelo próprio leilão, este pode ocorrer novamente.

Circuit breaker

Assim como ocorrido no "Joesley Day" em 18 de maio de 2017, a bolsa como um todo pode interromper as negociações de todas as suas ações quando há queda de 10% ou mais no Ibovespa em relação ao fechamento do dia anterior. Ao contrário do leilão convencional, não existe *circuit breaker* para oscilações positivas.

Nesse cenário (queda de 10%), as negociações ficam paralisadas por 30 minutos. Se após a reabertura ocorrer uma queda até os 15%, o *circuit breaker* é retomado com duração de 60 minutos. Se a queda atingir 20% de desvalorização o *circuit breaker* entra por tempo indeterminado.

Uma regra quanto ao seu uso é que após encerramento a bolsa terá no mínimo 30 minutos de pregão (mesmo fora dos horários convencionais), de forma que os investidores consigam ajustar suas posições e ordens.

O grande objetivo por trás dessa ferramenta é literalmente que os ânimos se acalmem e as pessoas tomem decisões mais racionais perante tamanha queda. O exemplo mais recente até dezembro de 2017 decorre do dia da delação de Joesley Batista, em 18 de maio, cujo impacto só foi recuperado pelo índice em agosto do mesmo ano.

Entender as nuances operacionais da bolsa de valores, principalmente para o *trader*, é um aspecto básico. Se não for muito bem compreendido e dominado, pode lhe causar prejuízos que uma simples e atenta leitura poderiam facilmente evitar.

11. Introdução à Análise Técnica e às Estratégias Operacionais

Caro leitor, antes de iniciarmos os próximos capítulos, ressaltamos que eles serão dedicados aos que buscam entender e criar a própria estratégia para operar na bolsa de valores utilizando a análise técnica (ou seja, operações especulativas de curto prazo – minutos, dias ou até semanas) com base em análise gráfica. Vale a ressalva: não acreditamos que operações de curto prazo sejam a melhor forma de construir riqueza. Colocamos esse bloco no livro porque a grande maioria quer enriquecer rápido e buscar as operações de curto prazo para isso. Apesar do nosso conselho ser EVITE, ele não será escutado por muitos, então os próximos capítulos são voltados para ensinar do jeito profissional como funciona esse mundo, onde apenas 1% dos participantes têm lucro após 5 anos. Lembramos que o conceito central de construção de riqueza é a renda passiva, e operações de curto prazo são renda ativa que precisa ser acompanhada de perto.

Este capítulo é dedicado ao *trader,* mas é impossível prosseguirmos sem que dentro das próximas páginas algumas diferenciações sejam feitas. Elas serão retomadas e detalhadas com a profundidade adequada no capítulo dedicado ao investidor.

Se esse não for um assunto que o interessa, vá para o capítulo 14, onde retomamos a discussão sobre ações e a bolsa de valores, mas voltada para investimentos de longo prazo, baseado em fundamentos da empresa.

Existem potencialmente infinitas estratégias que podem ser adotadas ou criadas para se operar na bolsa de valores, e todas elas, independentemente da escola de análise que se utilize, coincidem em uma verdade absoluta: **elas não conseguem prever o movimento dos preços.**

Como o próprio nome já ressalta, é um mercado de <u>renda variável</u>, ou seja, está sujeito a incertezas, as quais carregam consigo excelentes oportunidades, porém, conjuntamente, um risco quase sempre tão expressivo quanto.

É importante ressaltar que muito provavelmente nenhum leitor que utilize apenas este capítulo como base técnica para operar no mercado de ações terá sucesso.

É virtualmente impossível criar uma estratégia apenas com conhecimentos de análise técnica ou, ainda, lendo (mesmo que mil livros), **sem de fato ter experiência prática no mercado**, saber quais são as dores e alegrias, como cada coisa nos afeta individualmente, e entender o que tem sentido ou não para cada um.

É algo similar a querer aprender a dirigir apenas lendo o manual do carro: você pode saber o que cada pedal faz, porém, ainda não tem a memória muscular para dirigir sem "morrer" o carro algumas vezes e também não sabe como reagirá em uma situação de perigo iminente até que esta de fato ocorra, por isso são necessários treino e prática em ambientes mais seguros.

O mesmo vale para criar e aplicar sua estratégia: no início, não se preocupe com os lucros e sim com o aprendizado que aqueles irão se tornar consequência deste.

Atenção!
Caro leitor, antes de prosseguirmos será necessário diferenciarmos da maneira mais clara possível alguns aspectos e personagens que atuam na bolsa de valores: os indivíduos que buscam se aproveitar de operações de curto prazo ao traçar cenários e aplicar sua estratégia operacional e os indivíduos que buscam boas empresas para investir no longo prazo também com suas estratégias.

11.1. Análise fundamentalista x análise técnica

Existem duas escolas principais de análise de ações e mercados: uma focada na empresa que a ação representa, sendo conhecida como fundamentalista, e a outra focada na análise histórica dos preços da ação, conhecida como análise técnica.

Obviamente, não existe a melhor escola, ou ainda a escola que traz mais resultados. Nenhuma análise tem o poder de prever o futuro. Ambas apresentam cunho especulativo e subjetividade; no entanto, cada uma se adequa a um diferente perfil de investidor, que deve sempre buscar o que mais se alinhe com seus objetivos.

A análise fundamentalista é utilizada por investidores que visam responder a uma única pergunta "**quero ser sócio dessa empresa?**".

Para tal análise, o investidor avalia a saúde financeira da empresa e utiliza balanços e demonstrações contábeis como ferramentas de cunho decisório. Analisa a estratégia da empresa no longo prazo e verifica se esta tem sentido com o que ele acredita e espera da empresa, permanecendo atento com notícias de aquisições, fusões e com a concorrência.

Para o analista fundamentalista o preço da ação em si é pouco relevante, o que importa é o valor da companhia. Na nossa visão, uma vez que o investidor acredita na empresa e vê valor nesta, ele irá aportar capital independentemente do preço. Usualmente, os aportes são menores e frequentemente espaçados no tempo a fim de gerenciar risco alocado, ocorrendo, via de regra, independentemente de o preço estar subindo ou caindo.

Já a análise técnica é utilizada por *traders*, que não possuem interesse algum em se tornar sócios das empresas. É uma análise que não leva em consideração a saúde da empresa, sua estratégia, notícias ou indicadores contábeis. Busca-se, através de métricas, determinar, entre os compradores e vendedores, qual apresenta mais força no momento. O objetivo é se aproveitar dessa força para obter ganhos.

> **A grande máxima da análise técnica é que <u>os preços descontam tudo</u>.**

Todos os impactos que notícias, eventos políticos, econômicos ou emocionais podem causar já estão descontados no preço. A quantidade de informações é extremamente alta e cada indivíduo possui uma interpretação para cada evento. Apesar de termos acesso a praticamente todas as informações, é impossível ponderá-las de maneira igualitária. Porém, esses sentimentos levam os investidores a decidir por compra ou por venda, e a soma dessas decisões culmina no preço do ativo, que acaba sendo a soma de todas as variáveis de mercado.

Logo, se tudo converge no preço, é muito mais plausível que ele individualmente seja analisado do que se tentar analisar todos os fatores quantitativos e qualitativos que influenciam o mercado.

Além desses fatos, temos pessoas com estratégias de curto, médio e longo prazo, pessoas que sabem o que estão fazendo e pessoas que não têm a menor ideia. Temos grandes *players* e pequenos investidores, temos estrangeiros e brasileiros, todos com seus vieses emocionais atuando e influenciando suas decisões, e todas essas pessoas concordam com apenas uma única coisa, que – pasme – é o preço do ativo em dado momento. Logo, a premissa máxima da análise técnica é que **tudo já está descontado no preço**, então vamos analisar como este se comporta!

166 • Quanto custa ser rico?

Toda vez que atrelamos o movimento do mercado a uma notícia ou evento específico, isso é o cérebro agindo com um viés cognitivo. Buscamos uma informação que possamos compreender para justificar um evento que não podemos entender por completo. Dessa forma, são gerados o conforto e a falsa sensação de que conseguimos explicar os movimentos do mercado com base em interpretação de eventos que parecem ter sentido com o fato. É como um estudante atrelar sua boa nota ao tênis que estava vestindo na hora da prova, já que os eventos ocorreram ao mesmo tempo.

Repare que não estamos dizendo que as notícias não têm impacto no mercado; obviamente têm. Porém, é impossível quantificar o impacto disso, ou saber a real reverberação de um fato isolado sobre um todo. Quando analisamos uma notícia que explica o movimento de uma ação ou da bolsa a um fato isolado nós caímos no viés de retrospectiva.

"E operar na hora que sai a notícia se ela for INDUBITAVELMENTE direcional?". Já nos fizeram essa pergunta, e nós perguntamos de volta, caro leitor: "o que seria indubitavelmente direcional?"

Um balanço positivo de 300 mi? Impossível saber, não é mesmo?

E se a projeção da empresa era de 100 mi, e ela reporta 300 mi de resultado? Isso não seria uma notícia "com certeza" positiva?

Depende! Será que o mercado já não esperava esse resultado? Será que os preços já não computaram tal fato? Ou, ainda, será que o mercado não esperava 500 mi de resultado e esse dado desaponta o mercado e terá repercussões baixistas? Essas perguntas que são impossíveis de responder na hora que o pregão se desenrola são facilmente sanadas um minuto após o fechamento com alguma explicação completamente intempestiva, ou seja, de nada serve agora.

É comum encontrarmos ações que na abertura do dia apresentam um *gap* de alta (abertura acima do fechamento anterior) com base em alguma euforia de mercado e rapidamente devolvem todo o movimento. O mesmo acontece em momentos de pânico, quando o mercado abre em *gap* de baixa (preço abaixo do fechamento anterior) e rapidamente retorna o movimento.

O que o analista técnico precisa não é antecipar os movimentos, mas ter uma pronta reação para qualquer cenário!

O analista técnico faz uma análise que indique qual é o próximo movimento mais provável do mercado, com base em ferramentas que o auxiliam a **montar cenários**, para ver se naquele momento e naquela situação vale a pena alocar risco em determinada operação.

A dinâmica gráfica, que será mostrada mais à frente, baseia-se fortemente em cunhos psicológicos e emocionais, os quais estão atrelados à memória e ao arrependimento dos indivíduos, o que acaba gerando padrões dentro do caos.

No entanto, mesmo existindo as duas escolas de análise, nenhuma é garantia de sucesso ou retorno lucrativo. Existem diversos estudos e teorias que refutam ambas, principalmente a escola foco deste capítulo, que é a análise técnica. Discorremos brevemente sobre duas dessas teorias.

11.1.1. Hipótese dos mercados eficientes e teoria do *random walk*

Uma das hipóteses mais famosas que contrariam a efetividade da análise técnica é a hipótese dos mercados eficientes (HME).

Como essa teoria afirma que os preços refletem muito rapidamente todas as informações relevantes para sua composição, os preços sempre serão os valores 'justos', não havendo (em momento algum) ação que esteja desvalorizada ou supervalorizada, tornando impossível que investidores se aproveitem desse desalinhamento do preço com a realidade, visto que ele não existe.

Já a teoria conhecida como *random walk*, criada por Maurice Kendall, afirma que os preços das ações se movimentam de forma aleatória e que movimentos passados não são indicativos de movimentos futuros, ou seja, os preços seguem (como o nome sugere) um "passeio aleatório". Todo padrão de movimentação gráfico deriva do fato de que, se algo aleatório é analisado por muito tempo, falsos padrões podem surgir. Por conta do desejo do ser humano de colocar padrões e ordem em tudo que nos cerca, tendemos a ver padrões onde na realidade eles não existem.

Essas são apenas duas de diversas teorias que contradizem as escolas de análise, assim como existem diversos estudos que contradizem essas teorias, favorecendo as escolas. Dada tamanha diversidade de possibilidades e incertezas, a necessidade de uma estratégia que faça sentido para o perfil de cada investidor se torna absolutamente essencial para o sucesso de longo prazo.

11.2. Investidor x *trader*

Um conceito que costuma gerar confusão é a diferença entre o investidor e o *trader*. Diversos estudos, inclusive, acabam não separando essas duas filosofias de atuação na bolsa de valores, o que culmina por gerar uma série de problemas.

Abordaremos em detalhes, em capítulos posteriores, as características do investidor, porém é necessário que agora (mesmo que de maneira resumida) entendamos as diferenças primordiais entre esses dois tão importantes e complementares personagens da bolsa de valores.

Investidor é alguém que acredita na empresa. Ele atua na essência do que significa comprar uma ação e a encara como um pedaço da empresa. Ele quer, portanto, ser sócio daquela companhia. O objetivo dele não é comprar e vender no curto e médio prazo; às vezes o objetivo é nunca vender as ações e viver dos proventos gerados dela (distribuição de juros e dividendos).

A grande busca do investidor é a criação de renda, e puramente o preço da ação em um dado momento pouco importa para ele, pois ele está interessado no valor da empresa. Assim, o preço (ou a tendência) das ações se torna praticamente irrelevante, visto que o investidor acredita na estratégia da empresa em gerar lucros e crescimento futuro.

O investidor controla risco diversificando, tanto ao comprar ações de diferentes empresas em diferentes ramos no mercado, como ao comprar ações da mesma empresa em tempos distintos – usualmente não se compra tudo de uma vez, vai-se comprando aos poucos e periodicamente.

A forma de análise do investidor majoritariamente é a análise fundamentalista, que constitui, de maneira simplista, a análise da saúde econômica da empresa. Ou seja, um analista de fundamentos faz a leitura do balanço patrimonial da empresa, verifica se a receita cresce ao longo do tempo, verifica a lucratividade da empresa, compara com empresas concorrentes, se identifica com a estratégia de longo prazo, fica atento a notícias como aquisições e fusões e analisa uma série de indicadores quantitativos e qualitativos relacionados aos dados dos resultados da empresa. Resumidamente, o investidor está preocupado com o valor intrínseco da empresa e seu potencial de crescimento no mercado.

Já o *trader*, **personagem foco deste capítulo**, é o especulador. É um dos principais personagens que conferem liquidez ao mercado e, de maneira geral, operam no cur-

Introdução à Análise Técnica e às Estratégias Operacionais • **169**

to e médio prazo. Não apresenta interesse em se tornar sócio de empresas, mas em conseguir aproveitar as oscilações de preço do mercado a seu favor.

De fato, pouco importa qual a empresa que se está comprando ou vendendo ações, desde que ela tenha liquidez e o mercado tenha apresentado um sinal de compra ou venda que se encaixe na sua estratégia de operar.

A análise técnica se subdivide em duas categorias macro: a discricionária e a sistemática. O *trader* discricionário tenta fazer uma leitura do mercado, interpretar as movimentações, escolher quais sinais seguir ou não, ou seja, ele tem uma opinião que é relativamente flexível e costuma ser embasada em sua experiência. Já o *trader* sistemático segue uma "lista de regras" que ele mesmo cria para determinar a hora de comprar e a hora de vender, diminuindo o espaço para interpretação.

Outra diferença entre o *trader* e o investidor é que para o primeiro é normal lucrar com a queda das ações. O *trader* profissional precisa saber operar o mercado tanto na alta quanto na baixa.

No entanto, apesar de existirem operações vencedoras e operações perdedoras, não existe um único *trade* correto em dado momento. Para cada compra realizada alguém fez uma venda, e essas diferentes pessoas possuem diferentes objetivos e estratégias distintas.

Para verificar isso com facilidade simplesmente abra um *book* de ofertas[6]. Será possível observar uma série de ordens de compra e ordens de venda dentro do mesmo ativo com diferentes valores, cada qual operando de acordo com sua estratégia, e é essa divergência que possibilita as movimentações e a liquidez do mercado.

Antecipando sua pergunta, é, sim, possível atuar como *trader* e como investidor, um não elimina o outro. No entanto, cada operação feita deve ser voltada para uma das vertentes de pensamento e mantida nesta. É comum, principalmente em iniciantes, realizar um *trade* com objetivo de curto prazo e, ao ver a ação não se movimentando para o lado vislumbrado, deixar a operação correr e atuar como um investidor, quando na realidade não está se fazendo uma coisa nem outra. Nesse cenário a pessoa é apenas um torcedor que espera que o mercado retorne ao ponto original de entrada sem ter base nenhuma para acreditar naquilo.

---

[6] Lista de preços e pessoas que querem comprar ou vender determinado ativo ou ação.

> **Grandes perdas no mercado são derivadas de operações de curto prazo que acabam se tornando de longo prazo.**

11.3. Teoria de Dow

A teoria de Dow foi elaborada há mais de 100 anos pelo colunista do *Wall Street Journal*, Charles Dow, e é utilizada até hoje por investidores em suas análises gráficas de projeção de preços.

Essa teoria tem em seu núcleo a essência da análise técnica, pois seu primeiro princípio é a afirmação de que os preços descontam tudo, com exceção dos chamados "atos de Deus" (como eventos extraordinários, também conhecidos como cisnes negros, assim como ocorreu dia 18 de maio de 2017 com o "Joesley Day"). Logo, ela refuta qualquer análise paralela ao mercado, uma vez que este é eficiente por si só.

O segundo e mais conhecido princípio é que o mercado se movimenta em três tendências, separadas de acordo com sua magnitude e tempo: primária, secundária e terciária, da mais longa para a mais curta, respectivamente.

Charles Dow criou essa análise com base nos movimentos dos mares, sendo a tendência primária equivalente à própria maré, ou seja, o movimento principal do mar. A tendência secundária seria as ondas, as quais se formam com a movimentação da maré. E a tendência terciária seria as marolas, as quais são formadas entre as ondas e não apresentam real impacto na maré.

No mercado a tendência primária pode durar de vários meses até diversos anos, enquanto a secundária usualmente de algumas semanas até poucos meses, e a terciária usualmente de alguns dias até algumas semanas.

Para ilustrar essas movimentações, seguem imagens em gráfico de linha de uma interpretação das três tendências dentro da PETR4 (ações preferencias da Petrobras) de 2000 a 2010. A primeira imagem mostra o gráfico e suas oscilações e a segunda imagem mostra o mesmo gráfico com a marcação das tendências primária, secundária e terciária:

Introdução à Análise Técnica e às Estratégias Operacionais • 171

Figura 42. Gráfico de linha da PETR4.
Fonte: criado a partir da plataforma Profit Chart.

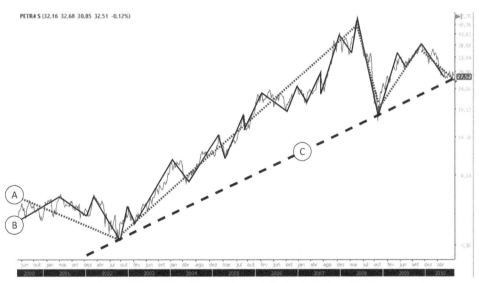

Figura 43. Gráfico ilustrando os três tipos de tendência.
Fonte: os autores.

Observa-se na linha tracejada (C) a tendência primária projetada, em pontilhado (A) a tendência secundária com maior sensibilidade aos movimentos que a primária, e na linha contínua (B) a tendência terciária, que pode oscilar com movimentos mais curtos do mercado.

Vale destacar que a marcação dos movimentos é relativamente subjetiva, ou seja, cada investidor provavelmente irá colocar os topos e fundos em posições um pouco diferentes entre si, o que não invalida nenhuma análise. Um teor de subjetividade e interpretação é característica intrínseca dessa teoria, o que acaba gerando força para os maiores críticos dessa vertente de conhecimento, pois a análise técnica propriamente dita tem, sim, uma pitada de arte e subjetividade.

De acordo com Dow, dentro da tendência primária se encontram três fases:

➢ **Fase de acumulação**: corresponde ao período inicial em uma tendência de alta, onde os sinais são mais difíceis de serem notados, usualmente aproveitados por investidores mais atentos e experientes.
➢ **Fase de participação pública**: corresponde ao período onde a maioria dos investidores seguidores de tendência toma uma posição de compra no ativo. A ascendência se torna mais íngreme e facilmente notável e o mercado segue otimista.
➢ **Fase de distribuição**: corresponde ao final da tendência, onde geralmente investidores que participaram da acumulação encerram suas posições e começam a suspeitar de uma inversão de tendência com viés baixista.

A imagem a seguir corresponde às três fases no mesmo ativo e período:

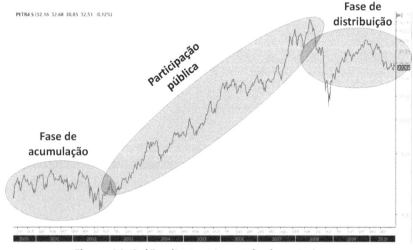

Figura 44. Gráfico ilustrando os três tipos de fases.
Fonte: os autores.

11.4. Gráficos

Por melhor que um *chef* de cozinha possa ser, pouco ele conseguirá realizar sem a combinação de utensílios de qualidade e um bom forno. Da mesma maneira, um *trader* pouco poderá fazer sem suas ferramentas estratégicas e sem um gráfico, que é o local onde seus *trades* (pratos) são colocados.

Uma vez que o *trader* busca analisar o movimento dos preços para encontrar sinais que gerem uma expectativa de movimento de mercado que mereça uma alocação de risco, ele precisa de uma ferramenta que lhe forneça essas informações da melhor maneira possível. Os gráficos usualmente são vistos nos *home brokers* das corretoras ou plataformas de operação como o Tryd, Metatrader ou Profitchart.

Os gráficos são ferramentas flexíveis, onde é possível inserir uma infinidade de indicadores, figuras e análises. Para cada modalidade de *trade* que se faz, existe um gráfico mais apropriado.

> ➤ **Day trader**: usualmente utiliza gráficos de escala de tempo de 15min, 10min, 5min, 2min e 1min.
> ➤ **Swing trader**: usualmente utiliza o gráfico diário, podendo utilizar em alguns casos gráficos de 120min ou até 240min.
> ➤ **Position trader**: usualmente utiliza gráficos semanais para tomar suas decisões.

Tais modalidades serão detalhadas no tópico sobre definição do prazo operacional.

A diferença principal entre as modalidades é o tempo de duração da operação.

Em cada tempo gráfico a leitura pode ser completamente diferente: um gráfico semanal pode apresentar um viés altista, enquanto o gráfico diário da mesma ação pode ter um sinal de queda. Logo, é coerente buscar operações que irão durar algumas semanas observando como os preços estão oscilando ao longo das semanas, da mesma maneira que, ao fazer operações de *day trade* (que podem durar poucos minutos), não tem muito sentido fazer uma análise do gráfico mensal.

Os gráficos do ativo FHER3, a seguir, foram gerados no mesmo dia (06 de agosto de 2018), no fechamento do pregão, apenas alterando o tempo gráfico da ação. No primeiro gráfico utiliza-se o tempo gráfico de 15min, no segundo, o gráfico diário, e no último, o gráfico mensal.

Mesmo sem termos aprendido a definir de maneira objetiva uma tendência gráfica, ficará claro que todos os gráficos mostram tendências diferentes:

Gráfico de 15min:

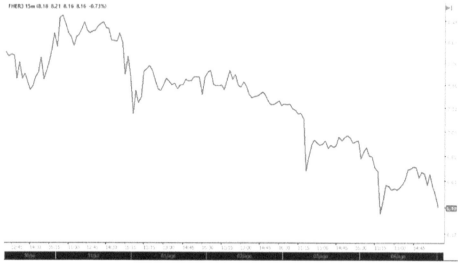

Figura 45. Gráfico de linha da FHER3.
Fonte: gerado a partir da plataforma Profit Chart.

Gráfico diário:

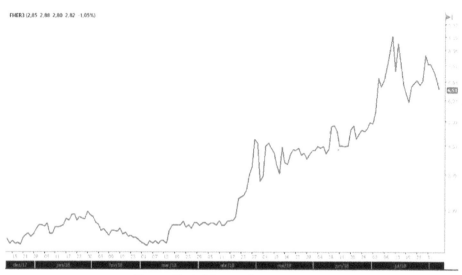

Figura 46. Gráfico de linha da FHER3.
Fonte: gerado a partir da plataforma Profit Chart.

Gráfico mensal:

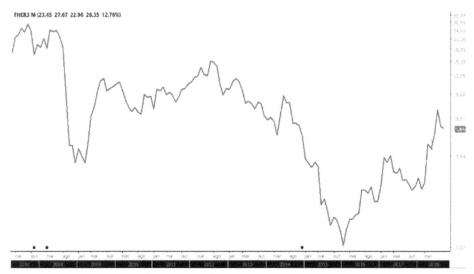

Figura 47. Gráfico de linha da FHER3.
Fonte: criado a partir da plataforma Profit Chart.

Como a análise gráfica vem evoluindo com o tempo, grafistas buscam maneiras de agregar informações de maneira limpa que sejam coerentes e de caráter decisório para o *trader*.

Entre as modalidades de gráficos existentes, algumas se destacam por seu uso. A mais simples é o gráfico de linhas (como os utilizados nas figuras anteriores), seguida pelo gráfico de barras, que apresenta uma riqueza de informação um pouco maior, e o gráfico de *candlesticks*, que é um dos modelos gráficos mais famosos e úteis dos dias atuais.

11.4.1. Gráfico de linhas

É o modelo gráfico mais comum e muito utilizado fora da análise técnica. Nesse tipo de gráfico utiliza-se o preço de fechamento das ações no período do tempo gráfico para marcar um ponto. A diferença entre o preço de fechamento de um período para o próximo é conectado por uma linha.

Muitos analistas acreditam que o preço de fechamento é um dos dados mais importantes para analisar, visto que representa o consenso dos investidores sobre qual o preço 'justo' do ativo ao final do período. No entanto, é pobre em informações se comparado com outras modalidades de gráficos.

Segue exemplo de um gráfico de linha das ações do Itaú de dezembro de 2017 a agosto de 2018:

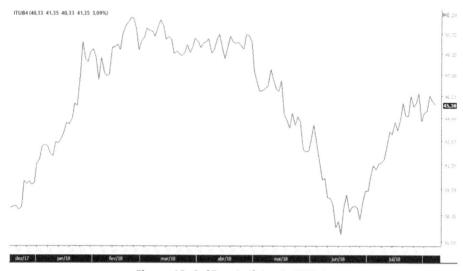

Figura 48. Gráfico de linha da ITUB4.
Fonte: criado a partir da plataforma Profit Chart.

11.4.2. Gráfico de barras

Essa modalidade de gráfico já apresenta ao seu leitor mais informações, como ponto de abertura e fechamento, assim como as máximas e mínimas do período, como ilustra imagem a seguir:

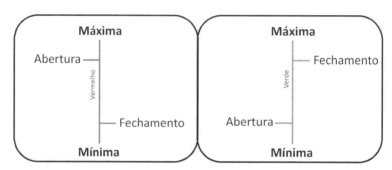

Figura 49. Barras de leitura de cotação.
Fonte: os autores.

A barra da esquerda representa uma barra de queda, visto que a abertura, sempre indicada por um traço do lado esquerdo da barra, está superior ao fechamento, sempre indicado por um traço do lado direito da barra. O valor máximo que o papel foi negociado naquele período é representado pelo topo da barra, e o valor mínimo é representado pela própria mínima da barra. A barra da direita representa um fechamento em alta, visto que o fechamento foi superior à abertura.

A imagem a seguir ilustra o mesmo gráfico do Itaú (ITUB4), mas agora representado pelo gráfico de barras:

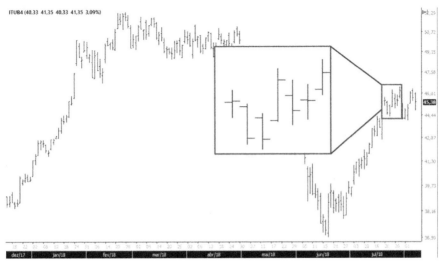

Figura 50. Gráfico de barras da ITUB4.
Fonte: os autores.

Observe que o período gráfico é o mesmo que o do gráfico de linhas, mas neste caso obtêm-se muito mais informações sobre o movimento dos preços, podendo-se agora detectar os valores de abertura e de fechamento, as máximas e as mínimas do período.

11.4.3. Gráfico de *candlestick*

É o mais antigo da análise técnica, criado no século XVII no Japão para monitorar a bolsa de arroz de Osaka e Dojima. Como o próprio nome sugere, esse gráfico apresenta sua unidade de variação muito similar a uma vela com corpo e pavio.

Apesar de apresentar basicamente os mesmos dados que o gráfico de barras, a análise visual dessas informações se torna muito mais fácil, visto que a diferença entre abertura e fechamento é dada por um retângulo sólido e preenchido, conhecido como corpo do *candle*, e os pontos de máxima e mínima são ligados do final do corpo até esses valores por uma linha, conhecida como pavio. *Candles* de queda são usualmente vermelhos ou pretos, enquanto *candles* de alta usualmente são brancos ou verdes, como ilustra a imagem:

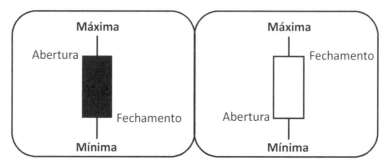

Figura 51. *Candlesticks*.
Fonte: os autores.

A imagem a seguir ilustra o mesmo gráfico agora em *candlesticks*:

Figura 52. Gráfico de *candles* da ITUB4.
Fonte: criado e personalizado pelo programa Profit Chart.

Observe como notam-se máximas e mínimas, assim como a diferença entre abertura e fechamento, mas se torna visualmente mais fácil e intuitivo do que no gráfico de barras, o que permite uma diversidade de estudos baseados em padrões de desenvolvimento de *candles*.

Reforçando que cabe ao investidor definir o período que o *candle* representa, e este, como já demonstrado, pode apresentar-se de forma que a leitura do gráfico se altere. Quanto menor o período gráfico, por um lado temos mais informações sobre a "história" do que ocorreu com o ativo, por outro tendemos a perder objetividade nos cenários montados. Na imagem a seguir, o retângulo tracejado ilustra o mesmo período em tempos gráficos diferentes.

Figura 53. Períodos gráficos em *candles*.
Fonte: os autores.

Agora vamos começar a entender a utilidade dessa tão importante ferramenta do analista técnico.

11.5. Topos e fundos e a tendência

Muito se ouve sobre o mercado estar em tendência de alta, de baixa ou indefinida, que nada mais é do que a direção em que o mercado está se movendo. O objetivo de todo *trader* é utilizar essa informação a seu favor para aproveitar os movimentos do mercado de forma lucrativa.

Uma das formas clássicas de definir tendência é observar a direção em que apontam as médias aritméticas ou exponenciais de (usualmente) 20 períodos. O uso desse indicador será explicado e exemplificado ao final deste capítulo.

Outra forma também clássica de determinar a tendência do mercado é através da observação do comportamento em ziguezague do mercado, ou seja, de como se movimentam os topos e fundos.

Topos e fundos em gráficos de linha surgem quando ocorre um movimento de inflexão no mercado, ou seja, ocorre uma inversão da direção da força dominante. Um topo surge quando os preços param de subir e começam a cair. Um fundo surge quando os preços param de cair e começam a subir.

Em um gráfico de linha é muito simples identificar topos e fundos:

Figura 54. Tendência de alta.
Fonte: os autores.

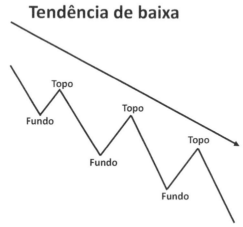

Figura 55. Tendência de baixa.
Fonte: os autores.

Logo, em uma tendência de alta encontramos topos mais altos e fundos mais altos, e em uma tendência de baixa encontramos topos mais baixos e fundos mais baixos.

Dentro de uma tendência indefinida ou lateral, também conhecida como zona de congestão, não é possível determinar a direção do mercado, e esta pode ocorrer de três formas:

Tendência indefinida

Figura 56. Tendência indefinida.
Fonte: os autores.

Com topos e fundos alinhados, sem demonstração de vieses altistas ou baixistas.

Tendência indefinida

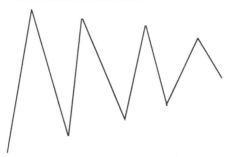

Figura 57. Tendência indefinida.
Fonte: os autores.

Com topos mais baixos e fundos mais altos, o que também não demonstra nenhuma tendência clara de movimentos ascendentes ou descendentes.

Tendência indefinida

Figura 58. Tendência indefinida.
Fonte: os autores.

Ou com fundos mais baixos e topos mais altos, o que também demonstra a falta de definição sobre qual direção o mercado tende a se movimentar.

Em um gráfico de *candle*, apesar de ainda ser razoavelmente intuitiva a marcação de topos e fundos, não é tão trivial quanto em um gráfico de linhas.

Em um gráfico de *candlesticks*, um topo surge quando em um movimento de alta a mínima do último *candle* é violada sem que se supere a máxima deste, não simplesmente quando surge um *candle* de baixa. De maneira oposta, um fundo surge quando, em um movimento de baixa, a máxima do *candle* anterior, ou último *candle* de baixa, é violada sem que se perca a mínima deste.

Para exemplificar:

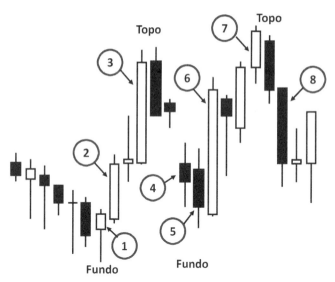

Figura 59. Marcação de topos e fundos.
Fonte: os autores.

Observe que o *candle* 1 faz máxima e mínima menores que o anterior, PORÉM, só pode ser considerado um fundo após o *candle* 2, que faz máximas e mínimas maiores. De maneira análoga, o *candle* 3, que faz máxima e mínima mais altas, só vira um topo de fato no *candle* 4 (três períodos após sua formação), uma vez que há perda da mínima feita por ele. A critério de exercício, observe que o *candle* 5 faz um fundo após a formação do *candle* 6.

Repare também que o *candle* 6 NÃO faz um topo, pois não apresenta sua mínima violada. O topo surge no *candle* 7, somente após a formação do *candle* 8. Parece complicado no começo, mas use um tempo para praticar a marcação que logo ficará intuitivo.

11.6. Suportes e resistências

Uma vez que se sabe marcar topos e fundos, é imperativo para o analista técnico utilizar essa informação para diagnósticos de sinais de entrada, ou seja, cabe definir o que os topos e fundos representam para os *traders* e como eles se relacionam com os conceitos de suportes e resistências.

Suportes e resistências são definidos como os pontos máximos ou mínimos que um ativo atingiu em determinado período, ou seja, toda inflexão (topos e fundos) pode agir como um suporte ou resistência.

Quando o preço atual de uma ação chega próximo a esses valores, pode ocorrer que esses pontos atuem impedindo que os preços continuem no movimento que estão, atuando como barreiras ao movimento direcional.

Alguns autores definem suporte como uma linha, um preço específico; nós optamos por definir suporte como uma **região ou faixa** na qual os compradores atuaram com mais força, inflexionando o movimento de queda e agindo literalmente como um suporte que o preço não consegue ultrapassar.

De maneira análoga, resistência é definida como a região na qual os vendedores atuaram com mais força inflexionando o movimento de alta, agindo como um teto para aquele preço.

A imagem a seguir ilustra os dois conceitos:

Figura 60. Zonas de suporte e resistência.
Fonte: criado a partir da plataforma Profit Chart.

Vale destacar que a marcação de resistência e suporte também apresenta um caráter subjetivo. Alguns autores o fazem baseados no fechamento, sem considerarem as 'sombras', outros (como nós) consideram a máxima ou mínima do *candle* como parte da região. O porquê dessa opção será detalhado no próximo tópico.

Observa-se que a região mais alta de resistência representou um patamar que o preço não conseguiu superar durante diversas tentativas, ou seja, nesse momento a força compradora não conseguiu se sobressair, dando espaço para os vendedores atuarem e derrubarem os preços.

Já no início do retângulo mais baixo do suporte observa-se que os vendedores não conseguiram mais derrubar os preços e por diversas vezes tentaram levar os preços para baixo daquela região, mostrando que eles não possuíam mais força, dando oportunidade para os compradores entrarem, os quais elevaram os preços até o patamar de resistência anterior, antes da retomada das quedas.

Obviamente, isso não é uma regra absoluta. É apenas uma tendência que depende de uma série de fatores. Esta é a nossa visão do principal motivo formador dessas regiões: se os preços sempre ficassem entre suporte e resistência, não existiriam as máximas e mínimas históricas sendo quebradas em nenhuma ação, não é mesmo?

Ocorre um interessante fenômeno quando um suporte ou resistência é quebrado, o que pôde ser observado no exemplo da imagem anterior, nos retângulos no meio da figura. Uma vez que um suporte é rompido, ele se torna uma resistência, pois ainda é um patamar no qual houve inflexão dos preços – da mesma forma quando uma resistência é rompida, ela atua como um suporte para os movimentos posteriores dos preços.

Note que na última região de suporte (à direita da figura) houve violação da resistência, porém, os preços retornaram para dentro da região mesmo após o rompimento, o que reforça a subjetividade desse conceito.

Ainda assim, muitos *traders* (nós incluídos) utilizam o rompimento de suportes e resistências como um dos argumentos para alocarem risco no mercado e posicionarem seus pontos de saída no ganho e na perda. Porém, não necessariamente é o único argumento. Vale ressaltar que o simples e puro rompimento, por si só, não consiste necessariamente em uma estratégia de atuação. Este carece de uma série de outros aspectos fundamentais que englobam uma estratégia completa, os quais serão abordados neste livro.

11.6.1. Por que surgem suportes e resistências

Apesar de todas as explicações técnicas para a existência de suportes e resistências, uma hipótese em particular tem apresentado grande sentido, mesmo sendo esta mais subjetiva.

Suportes e resistências existem devido às pessoas terem **memória** atrelada a sentimentos fortes, usualmente alicerçadas no arrependimento e na dor.

Imagine que alguém comprou uma ação que estava em tendência de alta ouvindo a "dica" de um amigo ao preço de R$ 30,00. Logo em seguida esta ação começa a se desvalorizar.

O que se acredita que no momento é o maior desejo desse indivíduo? Que a ação retorne ao patamar de R$ 30,00 para que ele "pelo menos saia empatado". Essa expectativa é baseada apenas na torcida, sem nenhum dado estatístico por trás.

Logo, uma vez que o preço retorne a esse valor, o indivíduo liquida suas ações, gerando assim uma resistência mental que se espelha em uma resistência real no gráfico.

O mesmo raciocínio pode ser replicado para os suportes. Um indivíduo que ficou com receio de seguir a 'dica' de que os preços que estavam em queda iam começar a subir vê os preços se erguendo e ele ficando 'fora da festa'. Quando o preço retorna para aquele patamar que inicialmente foi o ponto de subida, ele entra para tentar novamente pegar o movimento de alta que "com certeza" irá ocorrer.

Novamente, não existe base nenhuma para tal constatação. Ele ainda pode ser influenciado a vendê-la no ponto em que ela "parou" de subir pela última vez (próxima resistência).

Entendeu agora por que consideramos as máximas e mínimas para marcar essas regiões? Lá ainda existem a memória e a frustração de quem entrou na operação com uma expectativa diferente do que ocorreu de fato.

O mercado tem muitas pessoas bem preparadas e com infinitas estratégias distintas de atuação, mas também está recheado de pessoas que não sabem o que estão fazendo, apenas seguindo notícias, instinto ou dicas de maneira cega sem entender exatamente por que fazem aquilo. Essa miscelânea permite que oportunidades surjam para os mais preparados.

Outros pontos que podem atuar como suportes e resistências são números redondos (mais intuitivos para as pessoas comprarem e venderem), indicadores como médias móveis ou até indicadores mais complexos.

11.7. *Pivots*

É importante saber detectar a formação de *pivots*, pois são deles que surgem as inversões de tendência. Apesar de toda inversão de tendência ser "formalizada" pelo surgimento de um *pivot*, nem todo *pivot* de fato reverte a tendência. Assim como qualquer aspecto da análise técnica nunca deve ser tratado como certeza, ele serve para montar possíveis e prováveis cenários.

Um *pivot* se forma quando surge o primeiro ziguezague que reverte a tendência. Ele pode ser tanto um *pivot* de alta quanto um *pivot* de baixa.

> ➤ **Pivot de alta**: ocorre quando se forma um fundo mais alto em uma tendência de baixa, já dando indícios de fraqueza dos vendedores. Após esse fundo, o topo anterior é rompido, dando início ao possível movimento de alta, assim como ilustra imagem a seguir.

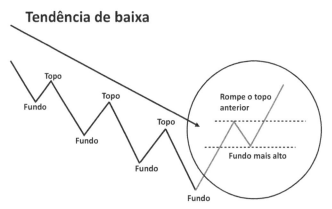

Figura 61. *Pivot* de alta.
Fonte: os autores.

➤ **Pivot de baixa:** ocorre quando se forma um topo mais baixo em uma tendência de alta, já dando indícios de fraqueza dos compradores. Após esse topo o fundo anterior é rompido, dando início ao possível movimento de baixa, assim como ilustra imagem a seguir.

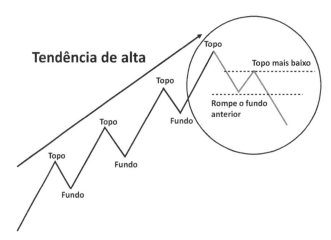

Figura 62. *Pivot* de baixa.
Fonte: os autores.

Um *pivot* formado pode ser o início de uma nova tendência, o que acaba sendo algo muito atrativo para os investidores. Detectar quando de fato um *pivot* ocorre proporciona maiores ganhos ao longo da tendência que se estará iniciando. No entanto, o surgimento de um *pivot* isoladamente não garante que a tendência será revertida ou quanto os preços podem oscilar a partir dele.

11.8. Linhas de tendência

Outra ferramenta que também é utilizada para facilitar a visualização de tendências são as chamadas LTAs, que significam Linhas de Tendência de Alta, e as LTBs, que significam Linhas de Tendência de Baixa.

Essa ferramenta, apesar de simples, possui um grau maior de subjetividade e requer certo nível de flexibilidade do usuário. Ela se constitui por linhas que conectam no mínimo dois topos ou fundos de maneira inclinada, apresentando maior significância quanto mais toques tiverem. Vale destacar que para constituir uma boa linha de tendência os pontos de conexão não devem ser muito próximos, nem a linha ser muito íngreme. Neste último caso, o mercado pode estar sujeito a uma oscilação muito acelerada, que usualmente não se sustenta no longo prazo.

A linha de tendência de alta (LTA) é traçada conectando fundos ascendentes e atua como suporte do movimento. O toque na linha atua como teste da eficiência da linha e da força do movimento de tendência. Relembrando que para constituir uma LTA a linha deve tocar no mínimo dois pontos, usualmente utilizando um terceiro ponto como confirmação. O rompimento da linha pode indicar uma reversão na tendência vigente. A imagem a seguir ilustra uma LTA com diversos toques:

Figura 63. Linha de tendência de alta.
Fonte: criado a partir da plataforma Profit Chart.

Observe na imagem a seguir um outro exemplo de LTA onde o *candle* que abre com um grande *gap* (região entre períodos que não existiu negociação) abaixo da LTA rapidamente se recupera, mantendo os preços sobre essa linha por diversos períodos. O ativo volta a testá-la por algumas vezes e segue sua trajetória ascendente. Vale destacar que esse *gap* ocorreu no evento do cisne negro causado no dia da divulgação da conversa que ocorreu entre Michel Temer e Joesley Baptista, e ainda assim o mercado respeitou a condição da tendência formada (não é fantástico?).

Figura 64. Linha de tendência de alta.
Fonte: criado a partir da plataforma Profit Chart.

Já uma linha de tendência de baixa é traçada conectando topos descendentes de forma que estes atuem como resistência para o movimento. Assim como uma LTA, deve ter no mínimo dois toques, e um terceiro ponto para confirmação quando possível. A imagem a seguir ilustra uma LTB conectando três topos:

Figura 65. Linha de tendência de baixa.
Fonte: criado a partir da plataforma Profit Chart.

Observe que nesse cenário a linha é testada três vezes antes de seu rompimento. Uma vez rompida, deu início a uma nova tendência, agora de alta.

No entanto, vale destacar que, devido à subjetividade, raramente as linhas de tendência são utilizadas como ferramentas únicas para critérios de decisão. Elas acabam atuando como ferramentas auxiliares para confirmar uma tomada de decisão.

No exemplo, observamos que o movimento dos preços já havia criado fundos mais altos e topos mais baixos, logo, saindo de uma tendência clássica de baixa e entrando em uma tendência indefinida.

11.9. Canais de tendência

Canais podem ser considerados uma variação da linha de tendência explanada anteriormente, muito comum na análise técnica, também apresentando caráter subjetivo em sua implementação.

Essa ferramenta é utilizada com base na premissa de que diversas vezes os preços oscilam entre duas linhas de tendência paralelas, uma conectando fundos e uma conectando os topos, tanto em uma tendência de alta, de baixa ou indefinida. Os canais seguem as mesmas regras que as linhas de tendência para sua formação, na qual cada linha deve apresentar no mínimo dois toques para sua validade e um terceiro para confirmação. A imagem a seguir ilustra um canal de baixa com três toques no suporte e dois na resistência:

Figura 66. Canal de baixa.
Fonte: criado a partir da plataforma Profit Chart.

Vale notar que, uma vez que o canal foi rompido, o ativo volta a testar a resistência original, agora atuando como um suporte, antes de engrenar um movimento mais altista.

Nesse ponto você pode estar se questionando: "como eu faço para prever o rompimento do canal?" ou ainda: "todo rompimento é sinal de reversão?". Essas são perguntas perigosas, **não pelas perguntas em si, mas pelas respostas que podem ser encontradas!**

Nenhuma ferramenta é absoluta, ainda mais as subjetivas, como você deve ter se cansado de ler nos capítulos sobre finanças comportamentais e psicologia de investimentos (mas o reforço nunca é demais). É inviável e infrutífera a busca pela ferramenta "ideal" que nunca falha. Isso não existe no mercado de renda VARIÁVEL, que intrinsecamente comporta um altíssimo grau de incerteza.

As ferramentas em questão estão sendo explanadas para que atuem no seu arsenal como PARTE de sua estratégia, não como algo à prova de falhas.

> **Lembre-se: se alguém está tentando lhe vender a fórmula do sucesso, saiba que o produto é de fato você!**

11.10. *Gaps*

São as regiões nas quais não houve negociação. Geralmente, ocorrem entre o fechamento e a abertura de pregões, ou seja, o preço fecha um dia em um valor e abre no outro dia já em outro valor, sem ocorrer negócios entre esses dois preços. Mas os *gaps* podem ocorrer (ainda que com menor frequência) dentro do mesmo pregão. É um fenômeno bem comum no mercado financeiro.

A imagem a seguir ilustra as variações de preço das ações da Vale entre os meses de julho e agosto de 2018, onde se observa a ocorrência de vários *gaps*:

Figura 67. *Gaps* de mercado.
Fonte: criado a partir da plataforma Profit Chart.

Note que as regiões entre *gaps* podem ficar em "branco", pois não ocorreu negociação nessa faixa. Porém, cuidado ao diagnosticar a ocorrência de *gaps* apenas ao buscar por regiões em que não ocorreram negociação. Note que na região circulada da figura não há *gap* aparente, porém, observando os *candles* com mais cautela, percebe-se que a abertura se deu em um ponto muito acima do fechamento anterior, e o *candle* deixa uma sombra que fecha o *gap* (ou seja, o preço chegou a cair até abaixo do fechamento anterior antes de se recuperar), porém não invalida a leitura da ocorrência do *gap* em si.

Um *gap* pode ser visto como um sinal de força na direção que ele ocorre. Por exemplo, um *gap* de baixa ocorre quando um preço abre abaixo do valor de fechamento anterior e pode ser interpretado como um sinal de força vendedora atuando, de forma que já na abertura foi possível derrubar os preços sem a necessidade de ocorrem negociações durante a faixa do *gap*. O mesmo vale quando o *gap* abre em alta, demonstrando força compradora.

11.11. *Spread*

O *spread* está intimamente ligado à liquidez do papel e pode ter um impacto significativo em suas operações se negligenciado, tendendo a ser tão mais impactante quando menor o prazo operacional.

Spread nada mais é do que a diferença de ofertas entre o melhor comprador e o melhor vendedor de determinado ativo. O *spread* pode facilmente ser verificado ao se observar o *book* de ofertas, disponível para acesso em praticamente qualquer *home broker* ou plataforma de operações.

Para auxiliar na compreensão do conceito, segue imagem de dois *books* de ofertas, um das ações preferenciais da Petrobras (PETR4) e um do fundo imobiliário FAMB11B. Note que a diferença entre o melhor comprador e o melhor vendedor (primeira linha do *book*) na PETR4 é de R$ 0,01, e, de maneira geral, este ativo costuma manter pequenas diferenças devido à sua alta liquidez.

Já o fundo imobiliário (FAMB11B) apresenta uma diferença (*spread*) de mais de R$ 60, o que é mais comum em fundos imobiliários, mas que ocorre em diversos ativos de ações de menor liquidez.

Livro de Ofertas					✕
Ativo	▲ Último	Variação	Hora	Volume	
PETR4	19,08	1,54%	14:04:59	791,28M	
(4,40M) 41%		(6,27M) 59%			
Qtd ...	Qtde	Compra	Venda	Qtde	Qtd...
19	20,70k	19,07	19,08	3,80k	5
16	33,00k	19,06	19,09	32,30k	13
16	80,50k	19,05	19,10	77,10k	27
12	60,50k	19,04	19,11	63,80k	17
16	88,00k	19,03	19,12	67,50k	18
22	103,30k	19,02	19,13	87,60k	17
20	103,30k	19,01	19,14	139,10k	21
36	212,60k	19,00	19,15	279,60k	54
15	142,50k	18,99	19,16	67,90k	18
14	138,10k	18,98	19,17	87,10k	20
11	57,80k	18,97	19,18	176,00k	31
13	132,40k	18,96	19,19	176,60k	34
16	97,10k	18,95	19,20	403,90k	133
7	33,20k	18,94	19,21	44,80k	22
9	33,10k	18,93	19,22	45,80k	22
12	136,70k	18,92	19,23	144,70k	40
11	58,70k	18,91	19,24	35,90k	15
27	104,60k	18,90	19,25	108,50k	69
9	37,80k	18,89	19,26	48,00k	17
13	125,10k	18,88	19,27	97,00k	21
9	40,50k	18,87	19,28	21,10k	10
6	37,10k	18,86	19,29	25,10k	13
18	59,30k	18,85	19,30	153,40k	78
5	12,90k	18,84	19,31	8,50k	7
5	13,50k	18,83	19,32	11,10k	9
7	81,00k	18,82	19,33	10,30k	8
8	23,40k	18,81	19,34	25,80k	12
Preços	Profundidade		Ofertas	NeTrix	

Figura 68. *Book* de ofertas da PETR4.
Fonte: retirado da plataforma Profit Chart.

194 • Quanto custa ser rico?

Figura 69. *Book* de ofertas do FAMB11B.
Fonte: retirado da plataforma Profit Chart.

Observe que nessa situação o preço da PETR4 está em R$ 19,08, ou seja, o último negócio foi realizado em R$ 19,08.

Caso você queira neste exato momento fazer uma compra de até 3.800 ações da Petrobras, irá comprá-las do melhor vendedor, ou seja, pagará R$ 19,08. De maneira análoga, se quiser vender até 20.700 ações irá vendê-las ao melhor comprador ao preço de R$ 19,07. Pouca diferença nesse caso, não é mesmo?

Já nos outros exemplos, se "deixa na mesa" um valor bem maior que simplesmente R$ 0,01 por ação.

Note que utilizamos a exata quantidade oferecida àquele preço como o limite de compra ou venda para aquele valor. "E se eu quiser comprar ou vender mais do que essas quantidades ofertadas?" Excelente pergunta! Nesse caso, você passará imediatamente para o segundo melhor comprador e vendedor (que se tornou o primeiro, uma vez que a ordem nos preços anteriores foi executada) e seu valor de execução será um preço médio, ok?

A PETR4 é uma das ações mais líquidas da bolsa, mas nem todas são assim. Caso se execute uma ordem sem se verificar o *spread* em questão, pode-se gerar prejuízo maior que o esperado ou minimizar os ganhos.

Retomaremos a discussão sobre o uso do *spread* na prática em momento oportuno. No momento, foque em entender seu conceito.

11.12. Volume financeiro e de negócios

Outras informações fundamentais, que não necessariamente se encontram no gráfico, mas podem ser inseridas ou verificadas com extrema facilidade em qualquer *home broker* ou plataforma de negócios, são o volume financeiro e o volume de negócios movimentados em dado período.

O volume financeiro e o volume de negócios são usualmente bem parecidos.

O volume financeiro corresponde à quantidade em valor que foi negociada no período gráfico, ou seja, se em um gráfico de 60min, durante uma hora foram negociadas 100.000 ações ao valor médio de R$ 15,00, o volume financeiro daquele *candle* seria de R$ 1.500.000. Já o volume de negócios corresponde à quantidade de transações feitas, ou seja, se dentro dessas 100.000 ações negociadas, cada *player* em média negociou 200 ações, o volume de negócios seria de 5.000 negócios.

Usualmente, o comportamento dos dois gráficos é similar. No entanto, quando ocorrem de divergir, geralmente o volume financeiro acaba apresentando um pico, e isso é um forte indicativo de que esse pico deve ter sido causado por um ou poucos negócios de altíssimo valor. Ou seja, houve um ou poucos negócios com valores muito acima da média.

> **A importância do volume está relacionada ao comprometimento da grande massa dos *players* com aquele movimento do mercado.**

Ou seja, um *pivot* de alta com grande volume financeiro é mais confiável que um *pivot* com baixo volume. O *pivot* de maior volume ocorre quando mais pessoas acreditam que aquele movimento irá retomar a alta, gerando assim mais força.

Observe a variação do volume de negócios exposta logo abaixo dos *candles* do gráfico a seguir:

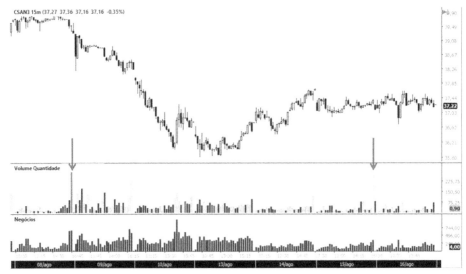

**Figura 70. Gráfico com destaque para o volume.
Fonte: criado a partir da plataforma Profit Chart.**

Durante o primeiro terço da imagem o gráfico apresenta uma tendência baixista. No campo "Volume Quantidade", que representa o volume financeiro negociado, os volumes das barras pretas (associados a *candles* de baixa) são mais aparentes e maiores que os das barras brancas (associados a *candles* de alta). A partir do *pivot* de alta (na metade da imagem), as barras brancas começam a aparecer com mais frequência e maior tamanho, reforçando a inversão de tendência para um movimento altista, até que no terço final da imagem o ativo fica indefinido.

Note também o indicador chamado "Negócios", que representa o número efetivo de transações feitas naquele período. De maneira geral, ambos os indicadores tendem a concordar, porém, nos dois pontos destacados pelas setas nota-se uma discrepância bem significativa entre os dois volumes, o que ilustra a condição explicada anteriormente de que muito provavelmente houve uma ordem direta, que pode ser feita por corretoras ou gestores de fundo, trocando/ajustando posições, e não necessariamente reflete a "intenção" do mercado como um todo. É saudável para uma leitura que os dois indicadores concordem no sinal.

Apesar de o volume ser uma excelente ferramenta de confirmação, podem ocorrer sinais um pouco mais avançados que podem levar a uma falsa interpretação da real 'intenção' do mercado, como é o caso do chamado **volume de clímax**, que acontece quando no final de uma tendência ocorre um pico no volume no sentido da tendência, como se fosse um último suspiro antes da inversão.

Logo, pode-se utilizar volume como ferramenta de confirmação, como apoio para a estratégia adotada. Por exemplo:

> **O rompimento de uma resistência ou de um suporte, para ser mais confiável, deve estar acompanhado de um bom volume, se não se aumentam as chances de ser um falso rompimento.**

11.13. Médias móveis

O uso de médias móveis nos gráficos apresenta uma extensão gigantesca no mundo da análise técnica, enquadrando-se nas mais diferentes formas de se operar. As médias móveis podem quase que literalmente ser usadas com infinitas combinações e formatos. Logo, o que faremos aqui é explanar o funcionamento do indicador e seu uso para verificar qual a tendência do mercado.

Apesar da simples compreensão do que é e de como funciona uma média móvel, cabe a cada investidor analisar e encontrar o uso que melhor se adeque a seu perfil, estilo de operar e objetivos.

11.13.1. Médias móveis aritméticas ou simples (MMA)

Como o próprio nome sugere, esse indicador ilustra simplesmente a média simples dos preços em um dado período. Muitos *traders* utilizam a direção da média para determinar a tendência do papel ou ao menos seu viés.

Por exemplo, a média móvel aritmética de 10 períodos (MMA10) mostrará o valor médio do preço para os últimos 10 períodos. A MMA50 mostrará para os 50 últimos períodos, e assim sucessivamente, assim como ilustrado no gráfico a seguir, com as médias de 8, 20, 50 e 200:

**Figura 71. Médias móveis aritméticas.
Fonte: criado a partir da plataforma Profit Chart.**

Como se pode observar, as médias mais curtas se movimentam mais rapidamente, e as médias mais longas, de maneira mais vagarosa. Como você já deve ter percebido, utilizam-se médias mais longas para determinar tendências mais longas, e médias mais curtas para determinar tendências mais curtas.

Também é uma estratégia comum utilizar o cruzamento de médias como critério de entrada em operações. A lógica por trás de tal análise gira em torno do fato de que, uma vez que a movimentação de curto prazo passa a concordar com a movimentação de um prazo mais longo, isso é interpretado como um sinal de força para aquele dado movimento.

Por exemplo, em uma tendência de baixa, quando a MMA20 cruzar para baixo da MMA50, seria uma condição de entrada. Ou, ainda, quando médias em todos os tempos escolhidos apontam para o mesmo lado. Também existem aqueles que operam no momento em que todas as médias se encontram e definem uma direção posterior. **A realidade é que existe uma infinidade de usos para esse tão popular indicador**.

Dentre as médias mais comuns, temos a de 9 períodos, 20 ou 21 períodos (muito populares no gráfico diário por representarem aproximadamente um mês) e a de 200 períodos, por ser uma média mais extensa de longo prazo.

Uma das críticas quanto ao uso desse indicador é o fato de ele atribuir peso idêntico para todos os períodos, ou seja, como a média é simples, não há ponderação com períodos mais recentes. Para sanar esse problema existe a média móvel exponencial.

11.13.2. Média móvel exponencial (MME)

A média móvel exponencial (MME) atribui maior peso aos dados mais recentes, de forma que ela "reage mais rápido" a movimentações e sinais do mercado que a sua prima aritmética. Segue a mesma imagem anterior, com a alteração das médias simples para exponenciais:

Figura 72. Médias móveis exponenciais.
Fonte: criado a partir da plataforma Profit Chart.

Observe que, obviamente, as maiores mudanças ocorrem nas médias mais longas.

"O que é melhor de utilizar? A média aritmética ou exponencial?". Depende. Não existe certo ou errado, mas uma estratégia bem formulada, com critérios e objetivos alinhados com a técnica e a disciplina necessárias para se tornar um investidor profissional, a escolha por uma ou outra pouco ou nenhum impacto terá no longo prazo de seus resultados.

11.14. Representação do mercado

Agora que já sabemos interpretar um gráfico, é muito comum acharmos que sabemos "ver o mercado". Porém, é de extrema importância entender que os gráficos, independentemente de serem de linha, barras ou *candles*, são nada mais que uma REPRESENTAÇÃO do mercado. **E, como toda e qualquer representação, ela não corresponde ao todo**.

Ao se analisar, por exemplo, um *candle*, sabemos de fato as máximas e mínimas daquele período, o ponto de abertura e de fechamento. Ao olharmos um conjunto de *candles*, podemos verificar a ocorrência de *gaps*, a direção do mercado, incluir indicadores para avaliar o volume, etc.

Contudo, o mercado é muito mais do que isso! Ele engloba todas as pretensões dos participantes, as estratégias de cada um, o peso e a influência dos fatores emocionais de cada indivíduo que nenhum indicador ou gráfico consegue mostrar. Os gráficos, por sua vez, não mostram quais ou quantos são os *players* que **ficaram de fora** daquele ativo, qual o *stop* ou alvo de cada pessoa, qual o tempo gráfico utilizado para a decisão, quantos são *traders* e quantos são investidores, quais os fatores externos ao mercado em si que afetam as decisões, etc.

Por isso, caro leitor, é que nenhuma leitura deve ser tomada como absoluta. A interpretação e a pretensão de cada *player*, somadas, é que constituem o mercado, não o gráfico ou os indicadores.

11.15. Ganhando com a queda dos preços

Outro ponto que é vital compreender: é possível, sim, lucrar com a queda dos preços.

Para compreender o conceito, imagine o seguinte cenário. Você tem um amigo, João, que deseja comprar uma bola de futebol cotada a R$ 80,00 hoje.

Você combina com João lhe vender uma bola, que você não possui ainda, ao preço de hoje (R$ 80,00), com o compromisso de entregá-la no futuro – digamos, daqui a um mês. João, que acredita na alta do preço das bolas de futebol, topa o acordo e paga a você R$ 80,00.

Ao final do mês, você deverá comprar uma bola ao preço de mercado e entregá-la para João independentemente do preço. Dessa maneira, se na data de recompra a bola de futebol estiver custando R$ 70,00, concorda que você lucrou R$ 10,00 com a operação, mesmo sem ter possuído a bola?

De maneira simétrica, se o preço da bola fosse R$ 85,00, você teria saído no prejuízo de R$ 5,00.

Você pode fazer o mesmo, com algumas regras e condições, no mercado de renda variável. Você vende uma ação que você não possui, com o compromisso de

recomprá-la posteriormente. Dessa forma, lucra-se com a queda dos preços e tem-
-se prejuízo com a alta.

Logo, caro leitor, quebre a crença de que bolsa em baixa é sinal negativo – é negativo
para quem está "comprado". E quebre o mito de que bolsa em alta deixa todos felizes
– é um sinal ruim para os "vendidos".

A venda de uma ação que não se possui é feita na forma de aluguel do ativo, o qual
pode ser verificado consultando o BTC (que é o banco de títulos da CBLC) sobre a
disponibilidade desse aluguel. Você pode fazer isso facilmente através do seu *home
broker* ou entrando em contato com sua corretora e/ou assessor. É necessário que
alguém coloque suas ações para alugar, para que de fato exista aluguel.

"Por que alguém colocaria suas ações para alugar?" Excelente pergunta, perspicaz
leitor! Porque existe uma taxa de aluguel, a qual é dada em valores anuais e pode
oscilar desde valores quase irrisórios, menores que 1%, até valores expressivos, não
raro acima dos 15%. Então é fundamental consultar esse valor antes de realizar a
chamada "venda a descoberto", que nada mais é do que vender um ativo que não
se possui.

Ao se alugar um ativo, existe um prazo limite para recomprá-lo – porém, para o
trader, dificilmente essa data tem influência. Ele busca usualmente se aproveitar de
movimentos mais curtos do mercado e liquida esse aluguel no mercado secundário,
ou seja, ele pode comprar a qualquer momento novas ações, visto que essas se con-
fundem umas com as outras, não havendo diferença entre elas. Após encerrar a operação, o aluguel fica em posse do tomador durante dois dias antes de ser devolvido.

Vale ressaltar também que, ao fazer esse tipo de operação, entra caixa para o indivíduo, que precisa desprender apenas uma margem de garantia pelo aluguel do ativo.
Isso faz com que a operação seja potencialmente alavancada (onde é possível operar
com mais capital do que de fato se possui), o que atrai um maior risco.

E o risco máximo em uma operação dessa é virtualmente **ilimitado**. "Como assim?"
Ao comprar 1.000 ações ao preço de R$ 10,00, qual é o seu risco máximo? R$
10.000, concorda? Afinal, a ação não pode valer menos que R$ 0. Porém, se você
entrar em uma venda a descoberto a R$ 10,00, qual é o seu limite máximo de per-
das? É ilimitado, pois não existe valor máximo a que uma ação pode chegar. Se esta
for para R$ 20,00, você perde os mesmos R$ 10.000; se ela for para R$ 30,00, você
perde R$ 20.000; e assim por diante. A operação de venda a descoberto deve ser
feita com cautela e ponderação.

Também podem existir, dependendo da corretora, outras taxas associadas a esse tipo de operação. Então é fundamental entender a fundo quais são as condições e os critérios necessários para operar dessa maneira.

O objetivo deste tópico é mostrar esse importante e fundamental conceito para os que desejam entrar no mundo dos *trades*. Parafraseando o (excelente) analista técnico e *trader* Fábio Figueiredo, *trader* que não sabe operar na venda é um ciclista que pedala com uma perna só.

Vale destacar que esse conceito não se aplica a operações de *day trade* (abertura e encerramento no mesmo dia), visto que a devolução do ativo no mesmo dia não se configura como aluguel.

11.16. Modalidades de *trade* e prazos operacionais

Definir o seu prazo operacional não é uma tarefa linear, visto que está atrelado a uma série de fatores que compõem nossos objetivos e perfil. No entanto, entender as vantagens e desvantagens de cada prazo operacional e as principais estratégias aplicadas a cada um deles é um passo fundamental para conseguir definir um prazo com maior adequação ao que almejamos.

Com todas essas informações em mente, é possível agora explorar quais são as principais modalidades de *trade* e quais suas vantagens e desvantagens.

11.16.1. *Buy and hold*: "compra e segura"

É a estratégia mais comum do investidor. Ela consiste na compra de ações visando construir patrimônio com elas no longo prazo. Quem opera com esse prazo não está preocupado com as oscilações de curto prazo e, inclusive, pode se aproveitar delas para adquirir mais ações em períodos de queda para aumentar sua posição e diminuir o *ticket* médio.

> **Outro ponto fundamental dessa estratégia é a diversificação.**

O investidor protege seu capital ao comprar diferentes ações de diferentes empresas em diferentes ramos de atuação. Usualmente, os dividendos e juros recebidos pela empresa são reinvestidos, de forma a aumentar o patrimônio e a participação na empresa.

Se o investidor parte da premissa de que quer ser sócio da empresa, quanto maior sua participação nela melhor. Além de reinvestir os dividendos, é habitual o investidor fazer aportes regulares de capital nas empresas em que se encontra posicionado.

Principais vantagens:

> Quase nada consegue superar o *buy and hold* no longo prazo. Uma prova matemática disso está no fato de que a grande maioria dos fundos de investimento não consegue superar o Ibovespa.
> Permite maior conforto emocional e menor estresse. Essa filosofia parte da seguinte premissa: como o dinheiro vai ficar posicionado por um longo prazo, não há necessidade nem dependência financeira deste, permitindo que as oscilações secundárias e terciárias negativas passem sem causar grandes desgastes psicológicos.
> Pouco trabalho de controle e acompanhamento. Como o foco está no longo prazo, não há necessidade de um acompanhamento tão próximo quando é necessário ao *trader*.
> Baixo custo operacional. Como o capital fica alocado sem ser movimentado por grandes períodos de tempo, os custos com corretagem, impostos e taxas ficam extremamente reduzidos.
> Oscilações negativas podem ser aproveitadas para aumentar a posição, visto que toda análise está baseada no valor da empresa e não no seu preço. Se a empresa possuir valor perante a análise do investidor, comprar em queda se torna uma oportunidade.

Principais desvantagens:

> O risco é de 100% do capital. Como investidores operam sem o uso de *stops*, estão com todo o seu capital exposto. Empresas podem quebrar ou ter seu valor de mercado extremamente debilitado, como, por exemplo, foi o caso da Oi (OIBR4), que possuía preço superior aos R$ 100,00 em 2009 e chegou ao primeiro semestre de 2019 ao preço na casa do R$ 1,50. O investidor que estava posicionado na OIBR4 e não encerrou sua posição viu seu capital investido em 2009 desvalorizar mais de 98%, sendo necessário uma valorização de mais de 6000% para voltar ao patamar da época.

- Necessidade de aceitar *drawdowns* de 50%-60% ao longo do tempo (historicamente, é normal o Ibovespa apresentar uma queda dessa magnitude periodicamente).
- A análise fundamentalista é complexa e subjetiva. Apesar de indicadores fundamentalistas fornecerem um número exato, a interpretação deles não o é. O que parece caro para um pode não parecer para outro. Além disso, o alinhamento de estratégias de longo prazo da empresa, possíveis aquisições, fusões, entrada de novos concorrentes e uma série de outras variáveis subjetivas atuam nessa vertente de pensamento.

11.16.2. *Position trader*

O *position trader* é o indivíduo que opera a tendência secundária, geralmente utilizando o gráfico semanal. As operações costumam durar de um a dois meses, em média. Este acaba sendo o cenário no qual ocorre muita confusão entre os investidores e os *traders*, por ser uma posição mais longa comparada com as outras modalidades de *trades*, e isso pode acarretar erros custosos para o *trader*/investidor.

O *position trader* atua fazendo a análise técnica de leitura gráfica, seja ele discricionário ou sistemático, mas não analisa balanços, nem segue notícias nem quer ser sócio da empresa no longo prazo. Misturar as duas vertentes é o mesmo que querer ir para a direita e para a esquerda ao mesmo tempo e não sair do lugar. Vale a ressalva que, obviamente, não existe o certo e o errado, nem a melhor ou a pior escola de pensamento sobre a forma de comprar e vender ações. Cabe a cada um avaliar qual se adequa mais ao próprio perfil e objetivo.

Principais vantagens:

- Análise pode ser feita com calma e tempo. Uma vez que as decisões são tomadas de uma semana para a outra, a análise é feita durante o final de semana, sem a pressão do mercado 'estar correndo'. Assim, é minimizada a chance de uma tomada de decisão emocional, logo, errada.
- Baixo custo operacional. Similar ao investidor, mas ainda não tão baixo quanto ele, nesse cenário os custos operacionais não costumam ter muito impacto devido às distâncias temporais das movimentações financeiras em comparação com os retornos esperados delas.

Principais desvantagens:

> Pessoas que são mais ansiosas podem ter dificuldades nessa modalidade. A necessidade de olhar o mercado com frequência e saber se naquele exato momento se está no lucro ou no prejuízo pode afetar fortemente as decisões do *trader* e gerar um estresse desnecessário, visto que as mudanças nas decisões devem ocorrer somente no final de semana após o fechamento do último dia útil da semana.
> Necessidade de uma alta disciplina, pois nesse cenário muitas vezes os sinais demoram a aparecer (semanas ou até meses) – e se manter fora de uma operação que não vale a pena requer, sim, uma alta dose de disciplina e controle de ansiedade. Ficar fora de um mau negócio é muitas vezes mais vantajoso que entrar em um bom negócio.
> Não opera na venda. O *position trader* é a única modalidade de *trader* que não opera a queda do mercado, muitas vezes por conta das altas taxas de aluguel de ações, que acabam sendo quase irrelevantes para as outras modalidades de *trade*.

11.16.3. *Swing trader*

O *swing trader* é provavelmente a modalidade mais conhecida de *trade* entre os operadores. Ele opera a tendência terciária através do uso de gráficos diários, podendo, em perfis mais agressivos, analisar gráficos de duas ou quatro horas para sinais de entrada. Busca garimpar oportunidades rápidas, sendo necessário um acompanhamento diário do mercado (usualmente na abertura e no fechamento do pregão). São operações que giram em torno de 3 a 6 dias.

Principais vantagens:

> São operações mais rápidas e em maior volume, com necessidade de acompanhamento do mercado. Em termos de aprendizado, são extremamente valiosas.
> Consegue aproveitar momentos de euforia ou medo do mercado, uma vez que o *swing trader* está focado nos movimentos terciários. O que ocorre no longo prazo pouco o influencia.
> Consegue aproveitar tanto os movimentos de alta quanto de baixa para realizar lucro, uma vez que nessa modalidade de *trade* é plausível que se atue "comprado" ou "vendido".

206 • Quanto custa ser rico?

Principais desvantagens:

➢ Conforme vão se reduzindo os prazos operacionais, a confiabilidade dos sinais tende a fazer o mesmo, visto que estão mais sujeitos a variações rápidas.

➢ Necessidade de maior domínio da análise técnica. Uma vez que os sinais apresentam menos confiabilidade e as decisões têm que ser tomadas com mais agilidade que as do *position trader*, a experiência e o conhecimento de análise têm um peso significativo nessa hora, para conseguir tentar separar os sinais falsos dos sinais com maior força.

➢ Dificuldade de operar em períodos nos quais o mercado se encontra indefinido. Apesar de o *swing trader* operar a tendência terciária, é usualmente preferível que as operações sejam a favor da tendência maior do gráfico. Logicamente, existem diversas formas de operar contra a tendência e diversas estratégias que englobam essa forma de atuação, mas usualmente é preferível seguir o fluxo do mercado. Outra coisa: só se detecta que a tendência está de fato indefinida quando o mercado já entrou nela, o que pode acarretar desgaste financeiro e emocional para o *trader* quanto mais tarde for detectada essa transição de tendências.

11.16.4. *Day trader*

O *day trader* realiza operações no curtíssimo prazo, desde algumas horas até alguns poucos minutos. Utiliza gráficos de 15min, 5min, 2min e até mesmo os mais agressivos gráficos de 1min. Essa modalidade de *trade* tem sua popularidade embasada na promessa de ganhos rápidos, expressivos e diários. No entanto, com a mesma intensidade que pode gerar bons ganhos, também existe a possibilidade de gerar expressivas perdas.

O *day trader* acompanha o pregão de perto buscando um sinal de entrada em papéis com altíssima liquidez.

Vale destacar que o *day trade* também é vendido como sinônimo de 'liberdade': o *day trader* é livre para fazer o que quiser e pode operar em qualquer lugar do mundo. No entanto, a realidade pode se mostrar o exato oposto: o *day trade* o mantém 'preso' à tela do computador quando a posição estiver aberta – é possível que se deixe de ter um almoço, ou até mesmo que se vá ao banheiro ou atenda ao telefone durante a operação.

Apesar de ser verdade que é possível realizar o *day trade* em qualquer lugar do mundo, de nada adianta se você estiver preso aos gráficos com operações abertas. Na nossa visão, liberdade é exatamente o oposto disso: é ter rendimentos que operem sem a necessidade de acompanhamento *full time*.

Principais vantagens:

> *Trades* rápidos com realização de resultados no dia. Sabe-se ao final do dia de fato qual foi o ganho ou a perda das operações daquele pregão, diferentemente do *swing* ou *position trader*, que só sabem o resultado no encerramento da operação e não de um dia para o outro.
> Possibilidade de realizar diversas operações por dia. Os sinais em gráficos mais curtos aparecem com maior frequência.

Principais desvantagens:

> *Trades* rápidos com realização de resultados no dia. Colocamos esse ponto aqui apenas para lembrá-lo de que resultados podem ser tanto positivos quanto negativos.
> Altos custos de corretagem e emolumentos. A grande movimentação acarreta altos custos de corretagem e taxas, com impactos mais significativos nos resultados. Geralmente *day traders* muito ativos buscam por pacotes de corretagem.
> Imposto de renda mais elevado. Enquanto o IR para operações de *swing trade* e *position trade* é de 15% sobre o lucro, em *day trade* o IR é de 20%, ou seja, 33% acima das outras modalidades.
> Subjetividade tem um peso grande. Como o período operacional é muito curto, a quantidade de sinais falsos se torna muito elevada, cabendo aqui ao *day trader* utilizar muito da sua experiência, visto que a subjetividade acarreta um risco elevado para iniciantes (e experientes também).

Um tópico em particular se enquadra tanto em vantagem quanto em desvantagem: a alavancagem.

No *day trade* é possível alavancar e operar posições maiores do que se tem capital disponível para buscar resultados maiores, ou seja, no *day trade* é possível ter um valor de ações ou contratos maiores que a sua disponibilidade de capital. Ao 'devolver' os ativos ao final do dia, apenas a oscilação que eles sofreram interessa.

A alavancagem atua como vantagem porque ela permite que mesmo indivíduos com capital pequeno consigam operar posições mais agressivas e aumentar significativamente seu capital. Porém, a desvantagem é que essa possibilidade chama muito a atenção de *traders* despreparados, que apenas vislumbram os lucros e não levam em conta que a alavancagem pode quebrar uma pessoa em apenas um dia.

12. Controle de Risco

Qualquer decisão que tomamos contempla risco, seja este mínimo ou elevado, desde irmos dirigindo para o trabalho até a compra de ações. No mercado financeiro é possível mensurar instantaneamente sua perda ou seu ganho na forma de dinheiro, ou seja, com a cotação atual do nosso ativo conseguimos calcular quanto 'estamos perdendo' ou 'estamos ganhando' neste exato momento.

Essa proximidade com a moeda em si gera um aumento na nossa percepção de risco e permite que fatores emocionais, quase sempre inimigos do investidor, atuem de maneira negativa em nossas decisões.

Abrir um negócio próprio muitas vezes acarreta mais risco que investir no mercado de capitais e pode levar a prejuízos extremamente significativos. Um estudo de 2016 feito pelo IBGE aponta que 60% das empresas no Brasil fecham antes de completar cinco anos no mercado.

Isso não quer dizer que o mercado financeiro é melhor ou pior que abrir o próprio negócio, mesmo porque em torno de 90% dos *traders* não conseguem ser lucrativos e acabam desistindo em períodos curtos, às vezes inferiores a dois anos. O objetivo dessa reflexão é mostrar que qualquer decisão que tomamos acarreta uma dose de risco. Citando Warren Buffet, "arriscado é trabalhar por 35 anos para outra pessoa e viver da previdência social".

O objetivo principal deste capítulo é mostrar ferramentas quantitativas de gerenciamento de risco, fundamentais para quem quer sobreviver no longo prazo no mercado de capitais jogando o jogo do curto prazo.

Portanto, apesar de matematicamente conseguirmos determinar o sucesso ou fracasso de nosso plano e de nossas estratégias operacionais, nunca estaremos imunes a eventos fora da curva, como o *crash* da bolsa de Nova York, a crise imobiliária dos

12.1. Tipos de riscos

Vamos conhecer agora as modalidades de riscos presentes no mercado financeiro. Todos os termos, siglas e investimentos citados serão explanados em detalhes em seus respectivos capítulos, foque aqui em entender os conceitos iniciais!

12.1.1. Risco de liquidez

Está associado diretamente à facilidade ou à dificuldade de vender um ativo. Esse risco, muitas vezes desconsiderado por investidores e principalmente *traders*, pode culminar em problemas significativos no caso da necessidade de resgates inesperados e fora do planejado. Esse risco se mostra presente tanto no mercado de renda fixa quanto no de renda variável.

No mercado de renda variável, algumas ações são mais líquidas que outras e apresentam maior número de negócios e volume financeiro. Esses dados são facilmente obtidos analisando indicadores de volume ou simplesmente olhando o *book* de ofertas.

Usualmente, grandes empresas como Vale, Petrobras e Itaú apresentam boa liquidez, mas é fundamental sempre estar de olho nesse quesito. Para poder vender algo é necessário que existam pessoas dispostas a comprar. Fundos imobiliários, de maneira geral, são menos líquidos que ações e esse fator costuma ser mais impactante durante a compra e venda dessa classe de ativo.

A renda fixa, apesar da contraparte não ser um indivíduo, e sim uma entidade, também é afetada pela liquidez, mas em outro conceito. Assim como em fundos de investimentos, aplicações como LCIs, LCAs, CDBs e debêntures apresentam tempo de custódia do dinheiro, que corresponde a um período de tempo durante o qual não se pode efetuar o resgate do principal aplicado, que pode variar desde um dia até alguns anos. Logo, a liquidez nesse caso está associada ao prazo do resgate do ativo.

Vale ressaltar que não existe nada de incorreto ou desleal nisso – essa é uma maneira que as entidades conseguem garantir o dinheiro em caixa e utilizá-lo para gerar o rendimento, por isso cabe ao investidor ponderar e decidir qual a quantia que pode ficar comprometida nesse período.

12.1.2. Risco de crédito

É o risco associado ao não pagamento das obrigações. Este é usualmente tão menor quanto mais credibilidade e histórico de bom pagador tiver a empresa ou entidade. Um exemplo clássico referente ao risco de crédito é uma empresa que não honra o pagamento de uma debênture (títulos de dívida de longo prazo). Dessa forma, é interessante buscar títulos que sejam assegurados pelo FGC (Fundo Garantidor de Crédito, a ser explanado em detalhes no capítulo sobre renda fixa).

Atualmente, os títulos que apresentam o menor risco de crédito são os títulos públicos, cuja entidade responsável é o próprio governo.

Existe uma série de outras categorias de risco, como risco legal, risco operacional, entre outras, que sempre é interessante levar em consideração, principalmente se você for um investidor iniciante.

12.1.3. Risco de mercado

> **Uma das maiores falácias do mercado financeiro está na inverdade de que o risco é o mercado não fazer o que foi previsto.**

Uma análise profissional não busca adivinhar a direção do mercado, uma vez que ninguém de fato sabe qual será o próximo movimento. O real risco no mercado está associado ao capital que você está disposto a deixar exposto naquela operação. Por exemplo, ao comprar R$ 10.000 de uma determinada ação cujo preço hipotético seja de R$ 20,00, o seu risco são os R$ 10.000, não importa o quanto o convençam de que o mercado não tem espaço para cair e a alta dos preços é iminente. Ninguém de fato tem certeza, o mercado pode tanto subir quanto cair, esses são os únicos dois movimentos possíveis.

Agora, se você comprou os mesmos R$ 10.000 de ações ao preço de R$ 20,00 por papel e coloca uma ordem de *stop* (valor que encerra a operação no prejuízo) no valor de R$ 18,00, resultando na venda do ativo caso o preço da ação caia até esse valor, o seu risco agora é de 10% do seu capital, R$ 1.000. Ou seja, é encerrada a posição caso o ativo atinja o valor de R$ 18,00, limitando suas perdas a esse patamar.

> **Observação:**
> Isso por si só não elimina completamente o risco, pois existe a real possibilidade (pela qual todo *trader* profissional já passou) de o mercado abrir em *gap*, como já explanado anteriormente.

Observe que, na mesma operação, com o mesmo valor de entrada, na mesma condição de mercado, na mesma ação, os riscos dos dois cenários foram completamente diferentes, e o movimento do mercado não irá levar em consideração quem deixou exposto 100% ou 10% do capital. O que não pode ocorrer de maneira alguma é entrar no mercado sem um planejamento, o que irá levar inevitavelmente à pergunta que muitos investidores que são expelidos da bolsa fazem: **"e agora, o que eu faço?"**. Essa pergunta deve ser feita sempre antes e deve contemplar uma resposta para todos os cenários possíveis.

A grande lição aqui está em entender que o risco não está associado à probabilidade da alta ou baixa dos ativos, mas, sim, de **qual é o valor** que aquela operação **não indo para a direção esperada irá custar**.

> **Um amador sempre irá perguntar primeiro o quanto ele pode ganhar em uma operação. Aquele que está no caminho de ser um profissional sempre se questiona primeiro qual é a possível perda.**

Obviamente, uma estratégia sempre procura sinais que reforcem a probabilidade de o movimento ir a alguma dada direção, mas nada além, ou seja, é formado um **cenário**. E é aí que o *trader* atua e entra, mas com plena consciência de que nunca se sabe de fato para onde o mercado irá.

12.2. Riscos sistemáticos e não sistemáticos

A movimentação do mercado está sujeita de maneira geral a duas formas principais de risco: os riscos sistemáticos e os não sistemáticos.

São riscos sistemáticos aqueles que afetam a economia como um todo, que acabam gerando as maiores perdas para os que entram no mercado despreparados e sem um plano. Esses riscos costumam ser agudos e com impactos rápidos. Por exemplo, a queda das torres gêmeas ou a delação de Joesley no fatídico 18 de maio são eventos que geraram um impacto significativo na economia e no mercado.

Eventos que não podemos prever, chamados de cisnes negros ou eventos de cauda, são os mais perigosos de todos. Devemos nos prevenir contra eles porque, mesmo sendo de baixíssima probabilidade de ocorrência, apresentam altíssimo impacto. O mercado nessas horas cobra muito mais caro de quem não tem um planejamento e controle de risco.

O primeiro passo para nos prevenirmos do imprevisível é aceitarmos o fato de que ele pode ocorrer e não sabemos quando ou em qual intensidade. Dessa forma, sempre iremos gerenciar nossos riscos considerando as perdas máximas, diversificando nossos investimentos, montando uma alocação apropriada de ativos e não apenas vislumbrando os potenciais ganhos de dada operação individualizada.

No entanto, costumamos focar nos riscos não sistemáticos, pois, além de mais tangíveis e com ocorrência mais frequente, gostamos deles, pois podemos mensurá-los de maneira mais objetiva. Alguns exemplos: o impacto que a variação do barril de petróleo internacional tem nos resultados da Petrobras, como a variação do dólar afeta o índice, como o preço do minério de ferro na China afeta a Vale, etc. Dessa forma, conseguimos dar uma explicação racional para o movimento do mercado, que na realidade é um somatório de uma diversidade gigantesca de fatores que não conseguimos antecipar.

12.3. Controle de risco através do uso do Beta

Citando o estatístico e famoso consultor industrial William Edwards Deming, "não se gerencia o que não se mede". E precisamos encontrar alguma forma de mensurar nosso risco para gerenciá-lo. Abordaremos no próximo tópico a maneira de mensurá-lo pontualmente, porém, antes é necessário entender como administrar e quantificar o risco de forma global. Uma das formas de controlar risco é através do uso do **índice Beta**.

Esse índice determina quão **sensível** e sinérgica é a movimentação de um ativo em relação ao outro. Ele pode ser utilizado como medida protetiva de sua carteira patrimonial, visando entender não apenas o quanto diversificado realmente seu portfólio está em relação ao mercado, mas o quanto este é afetado por movimentos direcionais. Essa ferramenta se mostra extremamente útil para proteção de uma carteira muito direcional.

O índice Beta calcula a relação entre a variação do preço de um ativo ao longo do tempo e o mercado, mas pode ser utilizado com qualquer índice ou até mesmo outro ativo. Assim, é possível utilizá-lo como uma medida de risco.

Antes de entender mais a fundo alguns dentre os diversos usos desse importante índice, vamos compreender o que é e como calculá-lo.

Formalmente, o Beta é dado pela covariância entre o retorno do ativo e do mercado pela variância do retorno do mercado, ou pela fórmula:

$$\beta_a = \frac{Cov(r_a, r_p)}{Var(r_p)}$$

➢ β_a = Beta
➢ r_a = Retorno do Ativo
➢ r_p = Retorno do Portfólio

A variância corresponde matematicamente ao quadrado do desvio padrão e é uma medida de dispersão que mostra a regularidade de um conjunto de dados em relação ao seu valor médio. A covariância, também conhecida como variância conjunta, é uma medida do grau de interdependência entre duas variáveis aleatórias. O índice Beta nada mais é do que a razão entre essas variáveis. Ao contrário da correlação, não se limita entre -1 e 1, podendo adquirir valores distintos, visto que é uma **medida de sensibilidade**.

Uma crítica a métodos que utilizam o desvio padrão é que a atribuição de pesos aos eventos recentes é a mesma que para eventos passados. Alguns modelos mais sofisticados ponderam de forma diferenciada eventos com datas mais próximas, de forma a ir ajustando o desvio para ele se adaptar mais rapidamente às oscilações no cenário atual.

Para o conceito ficar mais claro, vamos nos apegar ao uso prático do índice.

Podemos calcular o Beta entre quaisquer dois ativos simplesmente ao saber as cotações de fechamento deles. Por exemplo: para calcular o Beta entre as ações do Itaú (ITUB4), Smiles Fidelidade (SMLS3) e sua relação com a ETF do Ibovespa (BOVA11), podemos fazer da seguinte forma:

➢ Levantam-se as cotações de fechamento do período desejado dos ativos selecionados – no caso, utilizamos uma amostragem de dois anos (por óbvio, não serão reproduzidos todos os valores na tabela a seguir, que serve apenas como exemplificação).

Tabela 30. Cotações históricas.

Data	BOVA11	SMLS3	ITUB4
24/01/2019	R$ 94,17	R$ 41,90	R$ 37,49
23/01/2019	R$ 93,10	R$ 41,55	R$ 37,54
22/01/2019	R$ 91,40	R$ 41,00	R$ 37,29
21/01/2019	R$ 92,64	R$ 41,79	R$ 37,35
18/01/2019	R$ 92,61	R$ 42,20	R$ 37,66
17/01/2019	R$ 91,97	R$ 43,34	R$ 37,18
16/01/2019	R$ 91,15	R$ 43,08	R$ 37,18
...	...	...	...
02/02/2017	R$ 62,65	R$ 46,80	R$ 22,79
01/02/2017	R$ 62,71	R$ 45,31	R$ 22,85
31/01/2017	R$ 62,39	R$ 45,83	R$ 22,61
30/01/2017	R$ 62,26	R$ 45,55	R$ 22,61
27/01/2017	R$ 64,01	R$ 45,83	R$ 23,11
26/01/2017	R$ 64,20	R$ 46,21	R$ 23,23
24/01/2017	R$ 63,91	R$ 45,39	R$ 22,92

Fonte: os autores.

➢ Calcula-se a variação percentual em escala logarítmica neperiana (ln) de um período referente ao período anterior.

Tabela 31. Variação das cotações históricas.

Data	BOVA11	SMLS3	ITUB4
24/01/2019	1,14%	0,84%	-0,13%
23/01/2019	1,84%	1,33%	0,67%
22/01/2019	-1,35%	-1,91%	-0,16%
21/01/2019	0,03%	-0,98%	-0,83%
18/01/2019	0,69%	-2,67%	1,28%
17/01/2019	0,90%	0,60%	0,00%
16/01/2019	0,59%	-1,54%	-0,30%
...	...	...	...
02/02/2017	-0,10%	3,24%	-0,26%
01/02/2017	0,51%	-1,14%	1,06%
31/01/2017	0,21%	0,61%	0,00%
30/01/2017	-2,77%	-0,61%	-2,19%
27/01/2017	-0,30%	-0,83%	-0,52%
26/01/2017	0,45%	1,79%	1,34%
24/01/2017	-	-	-

Fonte: os autores.

Para calcular a variação no Excel, simplesmente utilize o comando "=LN(*célula de cima/célula de baixo*)". Exemplo: "=LN(C3/C4)".

Vale destacar que essa etapa é optativa para o uso do Beta, visto que academicamente se calcula o Beta diretamente das cotações de preço, não dos percentuais. Porém, apesar de não utilizado, fica a critério do leitor utilizar a forma que mais lhe agrade, visto que ambas são corretas.

O próximo passo é criar um gráfico de dispersão entre os valores das oscilações com cada par de ativos que se deseja comparar:

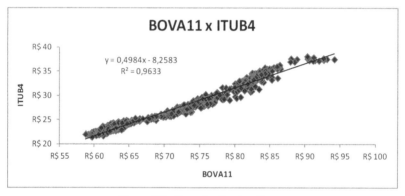

Figura 73. Correlação de ativos.
Fonte: os autores.

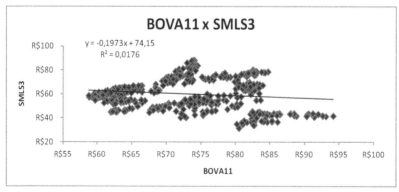

Figura 74. Correlação de ativos.
Fonte: os autores.

Nos gráficos, além dos pontos de dispersão, inseriu-se uma linha de tendência e a equação dessa reta (facilmente obtidas com o uso da magia do Excel). Vamos agora realizar uma análise do que fizemos e ilustrar onde o Beta "se encaixa" em tudo isso.

Comecemos nossa análise pelo primeiro gráfico. Já havíamos constatado que a correlação entre esses dois ativos é elevada (ITUB4 e BOVA11), mas quanto um se movimenta em relação ao outro? Ao inserir a equação da reta obtemos essa resposta: o **termo que multiplica 'X' corresponde ao próprio Beta**. Ao aproximarmos a dispersão para uma reta, cria-se a relação linear entre os dois ativos, que se movimenta de maneira proporcional. Logo, podemos concluir que para cada R$ 1,00 que a BOVA11 se movimentou, ITUB4 se movimentou na mesma direção R$ 0,49 (visto que o valor que multiplica X é 0,49).

De maneira análoga, ao analisarmos o segundo gráfico observamos que essa relação é de -0,19, ou seja, para cada R$ 1,00 que a BOVA11 se movimenta, SMLS3 tendeu a se movimentar R$ 0,19 no sentido oposto. Note que em ambos os casos foi utilizado o verbo no passado, pois essa é uma análise que está sujeita a oscilações (assim como tudo no mercado) e corresponde ao que aconteceu durante o período analisado, e **NÃO** ao que irá necessariamente ocorrer no futuro. Porém, sem dúvida, serve como balizador para criação de cenários prováveis.

Outro ponto relevante que você já deve estar se questionando é: qual o grau de confiança dessa movimentação? Excelente pergunta.

Observe que a dispersão de ITUB4 em relação a BOVA11 fica muito mais próxima da linha de tendência do que a distribuição de SMLS3; logo, é intuitivo pensar que a linha reta de tendência apresenta menor confiabilidade no segundo caso. E o valor que mensura essa confiabilidade é o R^2.

O R^2 oscila entre 0 e 1 (0 e 100%), indicando percentualmente quanto um modelo específico consegue explicar os valores observados. Ou seja, quanto maior o valor de R, melhor ele se ajusta à amostra.

Nos nossos exemplos, no primeiro caso (ITUB4) temos um R^2 de 0,9683, ou seja, 96,33% do movimento de ITUB4 pôde ser explicado pelo movimento de BOVA11, ou seja, é um valor bem expressivo.

Já no segundo caso (SMLS3), temos um R^2 de 0,0176, ou seja, 1,76% do movimento de SMLS3 no período determinado pôde ser explicado pela movimentação da BOVA11.

Cada indivíduo, *trader*, investidor e estatístico apresenta critério próprio para definir o que é um R^2 elevado ou baixo. Nós consideramos elevados os valores de R^2 superiores a 0,6-0,7.

Dica: não é necessário fazer a montagem do gráfico para encontrar o valor de Beta. Pode-se utilizar o comando =INCLINAÇÃO(SELECIONAR COLUNA X; SELECIONAR COLUNA Y) no Excel, e o valor da inclinação será o Beta. Porém, o aspecto visual do gráfico, principalmente para os iniciantes, auxilia muito na aprendizagem e compreensão dos conceitos.

A imagem a seguir mostra de maneira comparativa um gráfico de linha dos três ativos no período analisado. Note como tem sentido a relação encontrada por Beta ao observarmos que os movimentos de BOVA11 e ITUB4 são similares e quase sempre próximos (dado R² elevado e Beta próximo de 1). FIBR3 se movimenta de maneira mais "brusca" que a BOVA11, o que pode ser confirmado pelo seu Beta de 1,8. Note também que em alguns períodos de queda de um ativo o outro continua em alta, o que está coerente com um R² de aproximadamente 0,6.

**Figura 75. Comparativo das cotações em gráfico de linha.
Fonte: adaptado do site Tradingview.**

Vale destacar que tanto a volatilidade dos ativos quanto o Beta são baseados em modelos gaussianos, nos quais os retornos do mercado são vistos como 'normais' e não estão contemplados os cisnes negros. Um retorno taxado como normal nos indica que, na maior parte do tempo, os eventos ocorrem em torno de uma média.

A principal maneira de o *trader* controlar risco de mercado é sem dúvida fazer uso de *stops*. Trata-se de um patamar previamente determinado no qual uma posição é encerrada com um prejuízo aceitável. Ou seja, o *stop* nos diz o quanto estamos dispostos a perder naquela operação, para que em contrapartida possamos correr o risco de obter o lucro esperado dela.

Um *stop* sempre é definido antecipadamente à operação, de forma que as decisões fiquem mais sóbrias e o fator emocional não interfira. Existe um ditado americano que se aplica perfeitamente ao dia a dia do *trader*: *plan the trade and trade the plan*, ou seja, planeje o *trade* e opere seu plano.

O *stop*, apesar de geralmente ser baseado no preço, pode também ser um *stop* no tempo. Uma operação fica de lado por um tempo maior que a média estipulada para aquela modalidade de *trade* e 'segura' capital para outras aplicações. Por exemplo: operações de *swing trade* encerradas após duas semanas sem chegar ao alvo ou ao *stop* no preço.

12.4. Formas de gerenciamento de risco

Agora que entendemos o macro, precisamos quantificar qual o valor adequado a se alocar em cada *trade* (ou até mesmo cada investimento). Existe uma infinidade de metodologias de gerenciamento de risco nessa área. Três delas se destacam.

12.4.1. Porcentagem fixa

Essa metodologia atribui um percentual fixo em cima do capital disponibilizado para risco, de forma que a pergunta usual **"quantas ações eu devo comprar?"** é sempre respondida.

Para responder a essa pergunta é necessário que o *trader* se faça alguns outros questionamentos de maneira prévia.

A primeira questão a ser respondida é: **"até quanto aceito perder?"**.

Por mais incômodo que seja entrar em uma operação já pensando no valor que se pode perder, esta é a única maneira de se manter vivo no longo prazo, pois assim você se prepara para as perdas de maneira planejada e ponderada. Lembre-se de que os ganhos nunca tiraram ninguém do mercado; são as perdas que o fazem. Logo, precisamos nos precaver contra elas da melhor maneira possível (leia 'mais controlada' possível).

Raramente alguém consegue tolerar mais do que 1%-2% de risco no capital por operação. Obviamente, cada um decide e aloca a percentagem que julgar que melhor se adequa ao próprio perfil, estratégia e objetivo.

Por exemplo, imagine o seguinte cenário de uma ação (SANB11) que se enquadra em seu modelo de entrada:

Figura 76. Gráfico de *candle* da SANB11.
Fonte: criado a partir da plataforma Profit Chart.

Assumindo que você avaliou esse ativo e determinou que seu modelo pede uma entrada nesse dia no fechamento do pregão a R$ 31,47, **quantas ações devo comprar?**

Para iniciar a resposta a essa pergunta, primeiramente você precisa definir o seu *stop*, que, relembrando, é o que responde à pergunta "qual o ponto de saída caso o papel não faça o movimento esperado?".

Apesar de existirem inúmeras políticas de posicionamento de *stops*, inclusive diversas com *stops* móveis (não fixos no preço ou no tempo), para efeitos didáticos vamos assumir um *stop* fixo posicionado no fundo anterior, assumindo que é uma região de tende a segurar os preços.

Assumindo que se aceite 2% de risco e a condição hipotética na qual um indivíduo possui um capital de R$ 100.000 para alocar risco, ele aceitaria perder R$ 2.000 por operação.

Nesse cenário, a diferença entre o ponto de entrada e o *stop* é o risco da operação por ação no valor de R$ 1,99 (R$ 31,47 – R$ 29,48). Logo, este indivíduo poderia comprar:

$$\frac{R\$\ 2.000,00}{R\$\ 1,99} = 1005\ ações$$

Como a compra é feita em pacotes de 100 ações, arredonda-se para baixo, para não ultrapassar o valor máximo aceito para risco (lembrando que nessa simulação, simplesmente para simplificar o raciocínio, não se computaram custos de corretagem e impostos, os quais devem sempre estar inclusos nas contas). Portanto, a quantidade de ações a serem compradas nesse caso é 1.000.

Essa metodologia permite que o indivíduo diminua o impacto emocional nas decisões referentes à operação em aberto e inclusive a novas posições.

Como o valor aceito na perda deve ser uma quantia que se tolera, não há a necessidade de "recuperar" o valor perdido ou de antecipar uma saída na perda ou no ganho fora da estratégia desenvolvida. Fica mais fácil exercitar a disciplina e tomar decisões o mais imparcialmente possível em novas operações.

Infelizmente, só é possível achar esse valor uma vez que ele seja ultrapassado. Raramente alguém que nunca operou sabe qual é o valor real que se aceita perder por completo, sendo necessária muita autorreflexão para encontrar tal número, o qual, obviamente, oscila de pessoa para pessoa.

12.4.2. *Martingale*

Metodologia utilizada por apostadores de cassinos e jogadores de pôquer. Uma vez que ocorre a perda, aumenta-se a posição para recuperar a perda.

Por exemplo, um indivíduo compra R$ 5.000 em ações com a expectativa de dobrar o capital ou perder tudo.

Assumindo que ele perca tudo, na próxima posição ele utiliza a mesma estratégia, porém aloca o dobro de capital, ou seja, faz a operação com R$ 10.000. Dessa forma, fazendo uma operação vencedora, ele não só cobre a perda anterior como gera o lucro esperado da primeira operação. Caso venha novamente a perder todo o capital, o procedimento se repete: ele dobra a posição (R$ 20.000 agora) até que esta seja vencedora, e então é possível retornar ao valor inicial de R$ 5.000 com o lucro contabilizado – e o processo se inicia novamente.

Apesar de matematicamente fazer todo o sentido, essa metodologia acarreta um grande risco, pois ela necessita de uma escalada geométrica de investimento de capital para funcionar. Após poucas perdas, o valor pode chegar a níveis que o indivíduo não possua – por exemplo, suponha que inicie o investimento com R$ 5.000 e a operação falhe sete vezes seguidas:

Tabela 32. Evolução de gastos *Martingale*.

Valor alocado	Número de *trades*	Valor total
R$ 5.000	1	R$ 5.000
R$ 10.000	2	R$ 15.000
R$ 20.000	3	R$ 35.000
R$ 40.000	4	R$ 75.000
R$ 80.000	5	R$ 155.000
R$ 160.000	6	R$ 315.000
R$ 320.000	7	R$ 635.000

Fonte: os autores.

Logo, iniciando com apenas R$ 5.000 e gerando sete *stops* consecutivos, seria necessário um patrimônio disponível para alocar em renda variável de R$ 635.000 para essa metodologia funcionar.

É perfeitamente possível ocorrer quatro, cinco ou até mesmo sete *stops* consecutivos, mesmo com um *trader* profissional e lucrativo. Afaste o pensamento do 'isso não vai acontecer comigo'. Nessa metodologia, poucos erros consecutivos podem levar à falência.

12.4.3. *Bet it all*

Como o próprio nome sugere, nessa metodologia realiza-se a posição com todo o capital disponível. Apesar da facilidade de cálculo de entrada, o fator emocional tem um peso muito alto. Extrema disciplina e controle psicológico são necessários para operar com o *bet it all*.

Existe uma dificuldade na recuperação de capital nesse cenário, pois o percentual necessário para se retornar ao patamar anterior não é o mesmo que o originou. Por exemplo, uma perda de 20% no capital requer uma recuperação de 25% para retornar ao patamar original – e quanto mais significativa é a perda, mais difícil se torna recuperar. Uma perda de 95% no capital requer um ganho de 1900% para simplesmente amortizar as perdas.

12.5. Capital ótimo de risco

Uma vez que se conhecem as metodologias e se determinou qual abordagem seguir, o próximo passo é analisar qual o capital ótimo de risco que será utilizado, ou seja, qual é a parcela de todo o patrimônio para a estratégia, perfil e objetivo é possível deixar em risco visando alcançar ganhos maiores.

Dessa forma, surge a possibilidade, mesmo para o investidor "conservador", de participar do mercado de renda variável alocando a maior parte do capital em investimentos conservadores e uma pequena parte do capital em investimentos agressivos, de tal maneira que o capital em risco vislumbre alto retorno.

> **Essa é uma ferramenta que contempla
> e combina renda fixa e renda variável.**

O uso dessa metodologia retoma e se apoia em vieses psicológicos. Uma vez que determinamos para nós mesmos um padrão de comportamento e regras para seguirmos, tendemos a ter menor desconforto emocional quando uma operação sair na perda.

Por esta ser uma perda projetada, com a qual nós conseguimos lidar, e estar dentro do planejamento, a chance de tomarmos decisões emocionais que irão prejudicar a estratégia de longo prazo é menor. Lembre-se: uma perda não programada é um prejuízo.

Modelos que sugerem equações de cálculo de capital de risco em sua maioria não ponderam a diferença entre o investidor mais conservador e o agressivo. Na abordagem apresentada a seguir, inserimos um fator de segurança na equação de forma que pondere a propensão ao risco individual:

Capital ótimo de risco é dado por:

$$CR = \frac{CT - \dfrac{CT}{1 + Trf}}{FS}$$

Onde:
CR: Capital de Risco, CT: Capital Total, Trf: Taxa de Rentabilidade da Renda Fixa, FS: Fator de Segurança.

A equação permite determinar quanto do seu capital total é possível alocar em risco. Ponderando o seu perfil como investidor, a equação pode atuar tanto garantindo uma rentabilidade ainda que parcial da renda fixa, ao longo do período, quanto até a simples proteção do capital, ou ainda determinar o quanto do capital se coloca de fato em risco ao longo do tempo.

Por exemplo, assumindo um capital inicial de R$ 100.000 e uma rentabilidade anual de 11% de uma aplicação segura de renda fixa, pela primeira parte da equação ($CT - \dfrac{CT}{1+Trf}$) temos que:

$$CR = 100.000 - \frac{100.000}{1,11} = 9.910$$

Logo, se aplicarmos R$ 9.910 em renda variável, e ainda assim se perder todo esse valor, o capital restante através da renda fixa ao final do ano terá devolvido o principal:

$$CR = (100.000 - 9.910) \times 1,11 = 100.000$$

O fator de segurança atua para personalizar a equação. Com um fator de segurança igual a 1, a equação funciona como demonstrado no exemplo anterior; no entanto, perfis mais conservadores que preferem colocar menos capital em risco e ainda garantir uma rentabilidade devem utilizar o FS maior que 1, tão maior quanto maior for a parcela do lucro da renda fixa que se queira manter.

Por exemplo, se quiser, além de proteger o capital, garantir metade da rentabilidade da renda fixa, utiliza-se o FS de 2. Se quiser comprometer apenas um quinto do lucro, utilize o fator de segurança de 5, e assim por diante.

Exemplo para Fator de Segurança de 5:

$$CR = \frac{CT - \dfrac{CT}{1+Trf}}{FS} = \frac{100.000 - \dfrac{100.000}{1,11}}{5} = 1.982$$

Dessa forma, poderia alocar até R$ 1.982 em capital de risco no mercado de renda variável, que ao final do ano ainda garantiria o lucro de R$ 7.928 (R$ 9.910 – R$ 1.982), ou seja, ao se expor 20% (um quinto) do lucro, asseguram-se os outros 80% dele.

De maneira oposta, perfis mais agressivos aceitam atuar descobertos para prospectar maiores rentabilidades. Nesse caso, utiliza-se um FS menor que 1, tão menor quanto maior for a parcela do capital que se deseja operar descoberto pela rentabilidade da renda fixa.

Por exemplo, ao utilizar um fator de segurança de 0,5 no mesmo cenário de patrimônio anterior, temos:

$$CR = \frac{CT - \dfrac{CT}{1+Trf}}{FS} = \frac{100.000 - \dfrac{100.000}{1,11}}{0,5} = 19.820$$

Fazendo o cálculo da rentabilidade da aplicação em renda fixa, teríamos ao final do ano:

$$CR = (100.000 - 19.820) \times 1,11 = 89.000$$

Ou seja, 11% do capital estaria descoberto.

Utilizando 0,2 de fator de segurança, aproximadamente 50% do capital estaria descoberto. Utilizando 0,1 de fator de segurança, aproximadamente 99% do capital estaria descoberto. Então atente para esse fato: por estar no denominador, o cálculo não é linear.

Uma política de controle de risco é trabalhosa e requer experiência para ter não apenas o conhecimento técnico necessário, mas o autoconhecimento para saber nossa real aversão ao risco.

É muito pertinente que *traders* e investidores iniciantes ou comecem com um perfil mais conservador ou com uma quantidade alocada de capital voltada para aprendizado e para testar os diferentes tipos de estratégias até encontrar aquela que se adequa melhor ao seu estilo.

A realidade é que a maioria das pessoas que começam no mercado financeiro está buscando uma estratégia vencedora, negligenciando os vieses emocionais e as metodologias de gestão de patrimônio, logo, de risco. E a busca por essa ilusão leva as pessoas atrás de cursos, livros e até treinamentos em estratégias de como operar o mercado, sendo que mal sabem que a estratégia apresentada em questão pode ter todo o sentido para a pessoa que a está ministrando, mas pode não fazer sentido algum para o seu momento de vida, personalidade, objetivo e até mesmo sua renda atual.

Começar no mercado querendo ficar rico rápido é uma das principais razões que o exato oposto ocorre. Se prometerem uma estratégia de ganhos rápidos e certeiros, desconfie fortemente e fuja o mais rápido possível daqueles que garantem ganhos futuros, pois ninguém é capaz de prever o movimento do mercado. Resultados passados não garantem ganhos futuros.

13. Construindo uma Estratégia

A construção de uma estratégia é tão mais eficiente quanto mais experiência e dores já passamos no mercado financeiro. Ela não deve ser estática ou imutável; deve, sim, estar sempre predisposta a ajustes, testes e alterações, mesmo porque as pessoas também estão em constante mudança. Uma estratégia que fez sentido no passado não necessariamente fará sentido no futuro.

Apesar de a estratégia ter que ser algo mutante ao longo do tempo, durante a sua execução é necessário que ela possua <u>critérios extremamente claros e bem definidos</u>. É preciso alta disciplina para segui-los, principalmente na hora em que nossos vieses psicológicos nos disserem para cortar os ganhos no receio de "vai que para de subir" ou deixar correr os prejuízos em um dos pensamentos mais perigosos do mercado, que é "vou tirar meu *stop* antes que chegue nele, uma hora deve subir novamente".

Idealmente, alguém que já passou pelo mercado em tendência de alta, tendência de baixa e tendência indefinida terá certa vantagem teórica na hora de montar sua estratégia, não pelo fato de saber operar ganhos nesses três cenários, mas por saber lidar com as perdas nas inversões de tendências.

Ter o *mindset* e o controle de risco apropriados são duas das variáveis mais relevantes na hora da construção de uma boa estratégia.

Para reforçar a importância de possuir uma estratégia sólida e objetiva, ilustramos a seguir o gráfico do Ibovespa (em escala de preços logarítmica) desde 1992 até o terceiro trimestre de 2018, destacando os maiores *drawdowns* (quedas acentuadas antes da recuperação do modelo/ativo/estratégia):

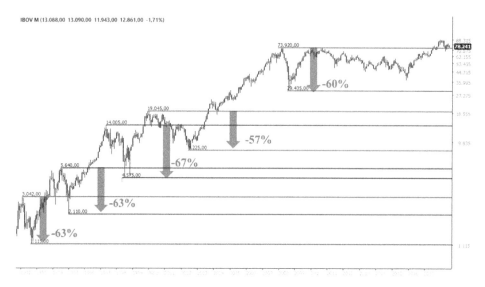

Figura 77. *Drawdowns* Ibovespa 1992-2018.
Fonte: criado a partir da plataforma Profit Chart.

Note que desde 1992 o Ibovespa apresentou quedas superiores a 50% cinco vezes em um espaço de 26 anos, aproximadamente uma queda dessa magnitude a cada 5 anos. Ainda acha que não é importante ter uma estratégia para períodos de queda?

Relembrando que esses períodos não significam perdas para os *traders* que conseguem ganhar com a queda do mercado.

> O importante é entender que o mercado passa por períodos
> de forte ânimo e euforia, mas de forte medo e pessimismo
> também, e é essencial estar pronto para o inesperado.

13.1. O que é necessário

É fundamental ter critérios para qualquer situação do mercado: quais são os pré-requisitos que fazem valer a pena alocar risco naquela operação, ou seja, quais são os critérios de entrada. É necessário ter um critério de posicionamento de *stop* (ou sinal de saída), pois é através dele que é possível decidir se aquela operação tem sentido ou não quanto ao gerenciamento de risco previamente estabelecido e consequentemente indicar qual o valor ótimo de capital a ser alocado naquele *trade*.

Apesar de existirem estratégias que operam sem alvo fixo (e não existe nada de errado com isso, desde que faça parte do seu planejamento), todo *trader* precisa de um critério de saída, seja ele fixo ou móvel.

Uma estratégia deve ser muito objetiva e clara. Ao analisar qualquer ação do mercado, deve ser possível identificar com facilidade se ali existe um cenário favorável ou não para uma entrada. Lembre-se de que não entrar em uma operação também é uma decisão estratégica.

É extremamente importante frisar que os critérios de entrada e saída no ganho e prejuízo constituem o seu *setup* operacional, o que é diferente de sua estratégia operacional como um todo.

O *setup* é apenas parte da estratégia que engloba algo muito mais complexo e holístico e envolve todos os pontos abordados neste livro até o momento.

Um *setup* de nada serve sem um gerenciamento de risco adequado, a definição de um prazo operacional, uma política de gestão de patrimônio, a definição de em quais mercados operar, quais os limites e critérios que o fariam ajustar sua estratégia, etc. De acordo com o excelente livro "Trading your way to financial freedom", o *setup* corresponde a apenas 10% do motivo de sucesso de um *trader*.

Para um *trader* conseguir formular uma boa estratégia, é necessário conhecer as ferramentas de análise técnica. No entanto, o que costuma ocorrer é que antes de entrar no mercado *traders* iniciantes acreditam que apenas dominando tudo que existe sobre análise técnica irão 'sem dúvida' obter sucesso no mercado financeiro, quando na realidade a análise técnica é o topo da pirâmide, a qual deve ser alicerçada em conhecimento, controle psicológico, uma alocação adequada de ativos e um prazo operacional e controle de risco bem definidos.

No entanto, é a pressa de já querer começar a operar e logo ganhar o 'dinheiro certo' que acaba gerando os maiores prejuízos, boa parte por causa da falta de uma base de gerenciamento de *trade* como um todo, ignorando que a análise técnica em si, apesar de essencial, é apenas uma parte desse todo.

13.2. Métricas estratégicas

Existem duas métricas estatísticas de controle de uma estratégia que se destacam por sua eficiência, eficácia e facilidade na hora de avaliar quantitativamente os resultados da aplicação de uma estratégia: o *payoff* e a taxa de acerto, que em combinação geram uma terceira métrica conhecida como expectativa matemática daquela estratégia no longo prazo.

Taxa de acerto:
É definida como a relação entre a quantidade total de operações encerradas no lucro dividida pelo número total de operações feitas.

Por exemplo, no cenário de dez operações feitas com os resultados a seguir:

Tabela 33. Simulação de resultados.

	Resultado
Operação 1	R$ 3.000
Operação 2	R$ 4.000
Operação 3	-R$ 3.500
Operação 4	R$ 2.000
Operação 5	-R$ 6.000
Operação 6	R$ 3.000
Operação 7	R$ 1.000
Operação 8	-R$ 5.000
Operação 9	-R$ 4.500
Operação 10	R$ 5.000

Fonte: os autores.

Sua **taxa de acerto seria de 60%** (6/10=0,6). Isso nos diz que, em média, essa estratégia gera 40% de resultados negativos e 60% de resultados positivos.

Payoff:
O *payoff* é definido pela relação entre o valor médio de ganhos dividido pelo valor médio de perdas, logo, ele nos informa o quanto estamos ganhando em média para cada real que arriscamos.

Por exemplo, utilizando o mesmo cenário anterior, temos a média das operações no lucro de R$ 3.000 (R$ 18.000/6 operações) e a média das operações perdedoras de R$ 4.750 (R$ 19.000/4 operações). Logo, o ***payoff* = 0,63** (R$ 3.000/R$ 4.750).

Isso nos diz que para cara R$ 1,00 que é arriscado dentro desse modelo, tem-se um retorno de R$ 0,63.

Vale ressaltar que, apesar de o cenário simulado contemplar apenas dez operações, a quantidade adequada para conseguir validar o *payoff* e a taxa de acerto de uma estratégia com maior convicção é (na nossa percepção) de no mínimo de 60 operações.

Analisando essas duas métricas nesse cenário, podemos extrair algumas reflexões. Apesar de ter uma taxa de acerto maior que 50%, ou seja, acerta-se mais do que se erra, para cada real arriscado existe um retorno menor que R$ 1,00, ou seja, quando se perde, perde-se em média mais do que se ganha.

Dessa maneira, intuitivamente surge a pergunta: "essa é uma estratégia rentável no longo prazo?". E o conceito de **expectativa matemática** surge para auxiliar nessa resposta.

 Expectativa matemática é um cálculo que relaciona e pondera a taxa de acerto e o *payoff*.

Um resultado de sinal positivo indica que a estratégia, se mantidas as proporções, é lucrativa no longo prazo e, de maneira oposta, se gerar um sinal negativo, demonstra que a estratégia é perdedora no longo prazo. Ela é dada por:

$$Exp.Mat. = MTA \times \%TA - MTP \times \%TP$$

Onde MTA: Média dos *trades* no lucro, MTP: Média dos *trades* no prejuízo, %TA: Taxa de acerto e %TP: Taxa dos *trades* perdedores (100% − %TA).

No cenário hipotético apresentado, teríamos:

$$Exp.Mat. = 3.000 \times 0,6 - 4750 \times 0,4 = -100$$

Dessa forma, temos uma expectativa matemática negativa, portanto essa é uma estratégia que no longo prazo gera uma perda média de R$ 100,00 por transação. Logo, podemos categoricamente constatar que não apenas porque uma estratégia possui alta taxa de acerto ela irá se enquadrar como lucrativa.

O valor calculado da expectativa matemática não coincidentemente corresponde à soma de todos os resultados divididos pela quantidade de operações. Apesar dessa forma de cálculo parecer mais simples de ser feita e gerar o mesmo número, ela peca em não informar dados de gerenciamento fundamentais que são a taxa de acerto e o *payoff*, que são métricas que no cunho prático precisam ser analisadas em conjunto, mas usualmente se comportam de maneira divergente em uma mesma estratégia.

Ou seja, uma estratégia muito provavelmente ou possui *payoff* elevado ou possui taxa de acerto elevada; manter os dois elevados no longo prazo se prova uma tarefa extremamente complexa e contraditória.

Para acertar mais dentro dos próprios parâmetros de critérios de entrada ou se diminui o alvo, aumentando a probabilidade de o mercado atingir seu *gain*, ou se aumenta o tamanho do *stop*, de forma que o mercado tenha mais espaço para recuperação. Dessa forma, é possível elevar a taxa de acerto, mas os *trades* na média ou ficam menos lucrativos ou apresentam maiores perdas quando dão errado, o que impacta o *payoff* de maneira negativa.

De maneira oposta, para se aumentar o *payoff* utilizamos alvos mais longos ou *stops* mais curtos. Logo, no longo prazo, ou acerta-se mais, ou quando se acerta ganha-se mais. Muito dificilmente consegue-se manter esses dois indicadores elevados por muito tempo.

Portanto, desconfie de estratégias de *traders* que possuem *payoff* e taxa de acerto elevados, visto que essas métricas atuam na prática de maneira oposta, uma contrabalanceando a outra.

Naturalmente, se levanta o questionamento a respeito de qual dos dois índices é melhor manter elevado, e a resposta é, obviamente, que depende. Depende muito do conforto emocional do indivíduo e de como ele lida com as perdas. O *trader* deve se questionar se ele fica mais confortável com várias perdas menores para quando acertar obter um grande lucro, ou se fica mais confortável realizando ganhos constantemente e quando errar ter uma perda maior. Tudo isso vai do perfil individual de cada um.

Porém, sabendo com qual variável se quer atuar com maior ímpeto, dá para analisar até quanto é possível 'sacrificar' a outra variável e ainda se manter com uma estratégia vencedora (leia-se expectativa matemática positiva). Pessoalmente, optamos por um *payoff* maior em detrimento de uma taxa de acerto reduzida, mas isso não quer dizer que você, caro leitor, deve buscar esse caminho.

Segue uma tabela com combinações de taxas de acerto e *payoffs* que geram uma expectativa matemática igual a zero, ou seja, o limite a partir do qual qualquer oscilação para baixo nas variáveis geraria o prejuízo:

Tabela 34. Taxa de acerto x *payoff*.

Exp. Mat = 0	
Taxa de acerto	*Payoff* limite
5%	19,00
10%	9,00
20%	4,00
30%	2,33
40%	1,50
50%	1,00
60%	0,67
70%	0,43
80%	0,25
90%	0,11
99%	0,01

Logo, é possível obter lucro com uma taxa de acerto de apenas 5%, mas é necessário ter um *payoff* maior que 19, ou seja, para cada R$ 1,00 investido necessita-se de um retorno de R$ 19,00 quando a operação for vencedora. Taxas de acerto muito baixas com resultados muito altos ocorrem comumente no mercado, como, por exemplo, com o uso de opções, onde o risco é extremamente elevado, mas o retorno é muito significativo.

Vale notar que uma estratégia com 50% de acerto e *payoff* de 1 não é lucrativa, pois nesse cenário para cada R$ 1,00 ganho, se perde R$ 1,00 em média por operação – e como se acerta metade das vezes, logo, todo lucro é consumido nas perdas. Se analisarmos com um pouco mais de cautela, é na realidade uma estratégia que gera prejuízo, visto que essa métrica não computa os custos envolvidos, logo, uma estratégia exatamente nos 50% se torna perdedora.

Analisando o outro extremo, uma estratégia com taxa de acerto de 99% precisa de no mínimo um *payoff* de 0,01 para não ser perdedora, ou seja, se para cada R$ 1,00 investido, na média dos *trades* se ganhar mais do que R$ 0,01, será obtido lucro. Estratégias com alvos curtíssimos que atuam sem *stop* conseguem chegar a elevados índices de acerto.

Óbvio que não existe certo ou errado quando o que faz sentido para um pode não fazer para outro. O único fator que pode ser considerado categoricamente errado é alguém que busca ser um investidor/*trader* profissional entrar no mercado sem estratégia.

Uma vez que se sabe como calcular quantitativamente se uma estratégia tende a ser vencedora no longo prazo, é necessário conhecer as diferentes linhas de pensamento que norteiam as principais formas de se elaborar uma estratégia.

13.3. Aspectos essenciais para uma estratégia

Como já mencionado, uma estratégia é a soma de uma série de fatores já apontados: os pontos objetivos de seu *setup*, alvo, *stop*, motivo de entrada, razão para antecipar ganhos ou antecipar saída, valor a se colocar em risco, capital destinado a *trades*, quantidade de operações limite, etc.

Algo que se torna fundamental tanto para o iniciante quanto para o experiente é possuir um **plano de *trade***, que consiste em um arquivo (digital, em papel, bloco de notas, ou o que seja) no qual estejam ESCRITOS todos esses pontos de maneira resumida e objetiva.

Isso é essencial, já que, durante períodos de dúvida ou de grandes ganhos ou perdas, tendemos a tomar decisões emocionais. Ao consultarmos o que planejamos por escrito, a chance de sairmos do plano é reduzida, visto que amenizamos o peso da "culpa" de cada decisão, já que ela foi tomada de maneira objetiva e técnica.

Ter um plano de *trade* serve como consulta técnica e apoio mental para seguir o plano e trilhar o caminho da minoria que consegue obter sucesso nesse meio.

Vale destacar que é perfeitamente possível operar de maneira discricionária e mais subjetiva. Existem diversos *traders* que operam figuras, canais e linhas de tendência que requerem um maior grau de interpretação, o que torna difícil estruturá-las em um plano de *trade*. Porém, é fundamental ter todos os aspectos que podem ser objetivados (risco, capital, etc.) em um plano escrito para reduzir ao mínimo o impacto de decisões emocionais.

Recomendamos inclusive que os iniciantes criem um **diário de *trade***, que consiste em anotar todas as operações feitas, com os ativos operados, pontos de entrada, saída, *stop*, *gain*, motivo da entrada, datas e qualquer outro critério que julgue pertinente. Dessa maneira, será muito mais fácil analisar de modo quantitativo e objetivo a validade de tal estratégia, o que irá permitir fazer os ajustes mais rapidamente quando necessários, além de reforçar muito o aspecto disciplinar.

Um ponto pouco mencionado quando se fala de Expectativa Matemática (EM) é em relação à quantidade de sinais que tal *setup* gera, o que culmina no fato *a priori* contraditório que uma estratégia com EM menor pode ser mais lucrativa que uma com EM maior. "Como assim?" A explicação:

Imagine dois indivíduos com *setups* distintos, com o mesmo capital de R$ 100.000, aceitando 1% de risco. O primeiro *setup* tem uma taxa de acerto de 50% e um *payoff* de 1,50, e o segundo *setup* tem uma taxa de acerto de 45% e *payoff* de 2,00.

Ora, fazendo um comparativo das EMs, temos que:

Para o primeiro caso (taxa de acerto: 50%, *payoff*: 1,50):
$$Exp.Mat. = 1.500 \times 0,50 - 1.000 \times 0,50 = +250$$

Logo, temos uma expectativa de, na média, ganhar R$ 250,00 por operação feita.

Já para o segundo caso (taxa de acerto: 45%, *payoff*: 2,00):
$$Exp.Mat. = 2.000 \times 0,45 - 1.000 \times 0,55 = +350$$

Temos uma expectativa de, na média, ganhar R$ 350,00 por operação feita.

Qual dos dois *setups* você escolheria? Provavelmente o segundo, certo? Porém, imagine agora que, apesar de possuir uma EM maior, o segundo cenário, devido a seus inúmeros filtros ou limitação de ativos que opere, gera 10 entradas por mês, enquanto o outro modelo gera 20 sinais por mês, qual você opta agora?

Vamos ver.

Primeiro caso: como o ganho é em média R$ 250 por operação, e em um sistema que gere 20 sinais, em média obteríamos R$ 5.000 por mês. Já no segundo caso, com uma EM de R$ 350 e 10 operações por mês, em média seriam obtidos R$ 3.500. Agora, por qual sistema você opta? Bem diferente a resposta, não?

Porém, ainda assim não é suficiente para definir que um sistema é melhor que o outro, mesmo porque no mercado não existe melhor ou pior, e sim o que mais ou menos se adequa às suas necessidades e objetivos.

O que faltou? Não foi mencionado nada sobre o *drawdown* dos modelos – sim, lembra dele no gráfico no início deste capítulo? –, que corresponde à queda (normal) de rentabilidade do modelo em períodos de estresse (leia-se não adequação ao movimento).

Lembre-se de que a EM é a média, não o retorno exato, e a média é composta de valores positivos, alguns menos positivos e outros negativos.

Um modelo hipotético cujo *drawdown* seja de 50% e tenha um retorno no longo prazo muito interessante a grande maioria das pessoas não conseguiria seguir, visto que poucas aceitariam perder metade de seu capital e ainda seguir o planejado.

Como comentário adicional, quem acompanha o Ibovespa desde 1992 aguentou cinco vezes essa queda para obter um retorno de mais de 5.000% desde aquela época.

Este tópico poderia facilmente se estender para outro livro, dado tamanho espaço para discussão que esse assunto gera. O grande objetivo aqui está em, além de ensinar os principais conceitos para elaborar uma estratégia, instruí-lo a questionar o que lhe é informado. Mesmo que a informação seja verídica (como uma EM maior que a outra), ela não necessariamente está completa. Devemos sempre nos aprofundar mais e almejar entender a fundo tudo que nos interessa, fugindo do caminho fácil que a maioria busca.

13.4. Filosofias de *trade*

13.4.1. *Trend followers* (seguidores de tendência)

É a filosofia de *trade* que visa se aproveitar da força do movimento atual do mercado e aposta na continuidade do movimento. Para isso é preciso que o *trader* saiba identificar uma tendência e identificar padrões e parâmetros que justifiquem uma entrada naquele ativo (está vendo novamente a importância de saber identificar topos e fundos, *pivots*, médias? Cada um tem um critério para determinar uma tendência). Essa filosofia se baseia em um princípio simples: a tendência está estabelecida pelo grupo que apresenta maior força no momento, sejam eles os compradores ou os vendedores, e o seguidor de tendência nada mais quer do que aproveitar o movimento mais forte para realizar lucro – de maneira simplista, quer sempre 'ir com a manada'.

Apesar de ninguém de fato saber até quando uma tendência irá perdurar, é possível utilizar a análise técnica para estimar quando uma tendência aparenta estar no seu final, ou muito esticada, e estipular quando de fato houve a inversão da tendência anterior e aproveitar o ímpeto de um início de nova tendência. Uma vez que a tendência inverte de lado, o seguidor de tendência busca *trades* agora no novo sentido.

Um dos problemas dessa filosofia, que não é exclusivo dela, é quando o mercado entra em tendência indefinida e o diagnóstico dessa inversão demora a ocorrer. Nesse intervalo os *trades* tendem a se tornar mais difíceis.

Um exemplo de estratégia operacional para seguidores dessa filosofia é operar rompimentos, onde se opera a continuidade de tendência após o *pullback* de mercado (ou seja, em uma tendência de alta opera-se o rompimento dos topos e em uma tendência de baixa, opera-se o rompimento dos fundos). É possível também operar movimentos como correções ou ainda usar indicadores como médias móveis e de volatilidade.

13.4.2. *Counter-trending followers* (operadores de contra-tendência)

É a filosofia de *trade* que busca se aproveitar dos movimentos de mercado julgados como 'excessivos', ou seja, buscam-se operações de queda em tendências de alta e operações de subida em tendências de baixa. De maneira simplificada, são *traders* que operam acreditando que o que subiu, já subiu demais, e o que caiu, já caiu demais.

Um sistema de operação contra a tendência tem um grau de satisfação psicológico usualmente maior do que quando se opera a favor da tendência, uma vez que gera a sensação de 'ganhar da manada'. Já para outras pessoas é praticamente impensável operar contra a tendência. Por isso é importante a autoavaliação antes de escolher uma filosofia estratégica. Não existe absolutamente nada de errado em testar as diversas formas e metodologias com pouco capital até que se determine qual melhor se encaixa no nosso perfil e faz sentido com nossos objetivos.

Uma das vantagens dessa forma de operação é que <u>usualmente</u> dá para operar com *stops* mais curtos, uma vez que é possível descobrir rapidamente se o movimento irá ou não para o lado esperado. No entanto, isso favorece que as operações sejam "stopadas" mais vezes. Vale aqui a ressalva da importância de se saber o que se busca em termos de formulação de estratégia, *payoff* elevado ou taxa de acerto elevados.

Essa filosofia costuma se adequar relativamente bem a tendências indefinidas ou laterais, onde suportes e resistências acabam exercendo seus papéis de 'segurar' o movimento entre eles. No entanto, operar esse tipo de tendência costuma ainda ser algo mais desafiador que uma tendência claramente definida.

Indicadores de sobrecompra/sobrevenda, como o IFR14, e indicadores de variância e desvios da média, como Bandas de Bollinger, são comumente utilizados por *traders* que operam contra a tendência.

13.5. Conclusão sobre estratégias

A realidade sobre estratégias é que uma é tão mais forte e tão mais propensa a ser lucrativa quanto menos espaço tiver para a pergunta **"o que eu faço agora?"**. Uma estratégia deve ser detalhada o máximo possível, contemplando as condições de entrada, de saída antecipada (quando houver), de posicionamento de *stops*, se vai utilizar ou não *stops* no tempo, possuir uma política de posicionamento de alvo, entre diversos outros critérios que cabe a cada *trader* personalizar e para torná-la o mais estruturada possível. Por exemplo, ao criar critérios de liquidez mínima para entrar, em operar ou não dois papéis do mesmo ramo ao mesmo tempo no mesmo sentido, cabe aqui a cada um se adequar a experiências adquiridas e se alinhar com o objetivo e o perfil individual.

14. Análise de Fundamentos

A tão famosa análise de fundamentos, temida por muitos por envolver a análise de balanços empresariais e conceitos de contabilidade, acaba afastando muitas pessoas, que migram para a análise técnica acreditando que esta última pode ser mais simples de entender. Na realidade, não existe a mais ou menos simples: são escolas distintas com objetivos também distintos.

Quanto à dita complexidade da análise de fundamentos, cito o bilionário Warren Buffett, que construiu sua fortuna ao analisar em termos de fundamentos empresas para adquirir ações: "se cálculo ou álgebra fossem pré-requisitos para um grande investidor, eu teria que voltar a entregar jornais". Tudo o que precisamos de matemática e cálculo para investir aprendemos até a quarta série (+ − * /). O difícil nunca foi (e nunca será) as contas, mas, sim, o nosso anseio pela riqueza 'imediata'.

> **O que nos falta é conhecimento em todas as suas concepções, e infelizmente o que nos sobra são as desculpas.**

Não necessariamente o primeiro, mas sem dúvida o mais famoso pai dessa escola de análise é ninguém menos que o próprio Warren Buffett, que, mesmo com mais de 80 anos de idade, apresenta praticamente a totalidade de sua fortuna investida no mercado de renda variável, fortuna esta que construiu ao longo de décadas com essa categoria de análise. De acordo com a Revista Forbes de 2018, Warren Buffett é o terceiro homem mais rico do mundo, com um patrimônio de 84 bilhões de dólares, praticamente 1 bilhão para cada ano de sua vida (nada mal, não é mesmo?).

Um livro que TODO investidor deveria ler, mas principalmente os que se interessam pela análise de fundamentos, é o atemporal "O Investidor Inteligente", escrito por Benjamin Graham, mentor de Warren Buffett.

14.1. O que é análise de fundamentos?

Afinal, o que é a análise de fundamentos? Ela aparece com vários nomes, como análise fundamentalista, *value investing*, estratégia *buy and hold*, e pode ser definida como uma metodologia de avaliação do valor intrínseco de um ativo financeiro que leva em conta fatores quantitativos e qualitativos, envolvendo cálculos objetivos e – agora que vem o centro da questão – interpretações que podem ser tanto objetivas quanto **subjetivas**.

Em resumo, **ela visa encontrar boas empresas**, que ou estejam subavaliadas pelo mercado, ou seja, que estejam com um preço abaixo do valor da empresa, ou com alto valor potencial de crescimento. O objetivo é essa oportunidade identificada gerar lucros para o investidor no longo prazo.

Um dos grandes objetivos da análise é determinar a saúde da empresa. Para tal, é necessário ponderar os mais diversos fatores e indicadores que possibilitem ao investidor determinar ou acreditar que a empresa será lucrativa e rentável no futuro. Isso envolve uma análise não apenas da empresa, mas de todo um contexto macroeconômico e uma visão mais holística do setor, para que a conclusão possa ser a mais sóbria possível.

Imagine que o único indicador que você possui e utiliza para analisar a saúde de uma empresa é o lucro que ela obtém no final de cada ano contábil.

Uma empresa que obteve 20 milhões de reais de lucro líquido ao final do ano é uma boa empresa? Difícil responder apenas com essa informação, não é mesmo?

E se no ano anterior ela lucrou 10 milhões? Ou seja, dobrou o lucro em apenas um ano. Agora ela é uma boa empresa? Talvez você tenha ficado mais tentado a falar um 'sim' agora, mas com certeza você sabe que ainda é uma análise crua e que faltam questões básicas, como:

- ➢ Qual é o tamanho da empresa?
- ➢ Como funciona o negócio? Ou seja, como ela ganha dinheiro?
- ➢ É um mercado útil no futuro?
- ➢ Qual o segmento em que atua?
- ➢ Qual foi o crescimento do seu mercado nesses anos?
- ➢ Qual foi o crescimento da economia nesses anos?
- ➢ Qual o faturamento em função do lucro?

- ➢ A empresa possui um caixa saudável?
- ➢ Qual o nível de endividamento?
- ➢ Qual seu *dividend yield*?
- ➢ Quanto está a relação Preço/Lucro (o famoso P/L)?
- ➢ Cresceu em *market share*?

Seria possível preencher páginas e mais páginas com questões que podem ser feitas para auxiliar a responder à pergunta derradeira: **'essa é uma boa empresa para se investir?'**.

Apesar da pergunta ser claramente simples, a resposta (assim como quase tudo em finanças e investimentos) não o é. De início, podemos partir do conceito individual do que seria uma boa empresa na visão de cada um.

Uma boa empresa seria estável em tempos de crise ou se alavancaria em épocas de crescimento? Uma empresa que distribui muitos dividendos ou uma empresa que reinveste tudo que lucra? Uma empresa líder de mercado ou uma empresa ganhando *market share*? Uma empresa focada em um produto ou uma empresa que diversifica seu portfólio?

Assim como na análise técnica ou na elaboração de uma carteira de investimento, existem diferentes estratégias, interpretações e objetivos que irão nortear as decisões e o rumo que cada investidor irá tomar. Logo, é altamente desaconselhável buscar replicar a carteira de longo prazo de analistas de mercado (por melhor e mais confiáveis que estes sejam), pois dificilmente terão a mesma estratégia que você almeja para alcançar seu objetivo, que sem dúvida será diferente do objetivo de qualquer outra pessoa.

No entanto, é muito válido buscar orientação, conhecimento e (por que não) entender o racional de pessoas inseridas nesse mercado há mais tempo, para que, ao final de muito estudo e tempo, você consiga entender quais são as similaridades que possui com cada pessoa que conversou/ouviu, quais são as diferenças e criar a sua própria estratégia – que será a melhor de todos os tempos, pois é feita pelo principal interessado.

Do lado quantitativo da análise precisamos saber interpretar os Demonstrativos de Resultados (DRE) e os balanços patrimoniais de uma empresa.

> **O conceito de *valuation* de uma empresa, apesar de ser sobre números, DEVE sempre ser mais sobre a história por trás desses números.**

Quando falamos no valor de uma ação, podemos tanto estar falando do valor de mercado desta, ou seja, do preço pelo qual o ativo está sendo negociado na bolsa, e do valor intrínseco, que é o valor "real" do ativo em questão. Uma das premissas da análise de fundamentos é que as ações eventualmente irão convergir para o seu valor intrínseco (apesar de não sabermos quando isso eventualmente irá ocorrer).

Para entender melhor o conceito, imagine uma garrafa de água. Qual é o valor desta garrafa? Assumindo que ela está sendo negociada no mercado a R$ 4 e você aceita pagar esse valor em uma compra convencional no mercado, esse é o valor intrínseco dela dado o seu contexto e o da garrafa.

Agora, a mesma garrafa, com o mesmo material, da mesma marca, com o mesmo custo industrial de produção, se fosse oferecida para você após dois dias perdido no deserto sem nenhum outro líquido para tomar, quanto ela custaria para você? Se estivesse disponível, você facilmente pagaria R$ 5.000 sem pestanejar. E pela segunda garrafa, pagaria quanto? Provavelmente ainda pagaria muito. E pela sexta garrafa? Talvez os mesmos R$ 4 originais, se o resgate estivesse a caminho.

Repare que o mesmo produto, em condições diferentes de mercado, apresentam valores diferentes.

No mercado de ações situações similares ocorrem (obviamente, não tão dramáticas como o exemplo citado).

O que precisamos sempre ter em mente é que estamos buscando empresas que gerem VALOR ao seu investidor, seja segurança e estabilidade para os mais conservadores, seja alto potencial de retorno e agressividade para os mais arrojados. Porém, jamais devemos buscar empresas apenas com base no preço e nos números.

14.2. O investidor

Gostaríamos de começar este importante tópico parafraseando um pequeno trecho de uma entrevista com Warren Buffett:

> *A coisa mais importante é ser capaz de definir quais (empresas) você pode tomar uma decisão inteligente de investimentos e quais estão além da sua capacidade de avaliação. **Você não precisa estar certo sobre milhares e milhares de empresas, e é um erro terrível pensar que você***

precisa ter uma opinião sobre tudo. Você só precisa ter uma opinião sobre poucas coisas. Na realidade, eu falei para alguns estudantes, se quando eles saíssem da escola eles ganhassem um cartão ponto com vinte marcas nele, e essas são todas as decisões de investimentos que eles poderiam fazer em toda sua vida, eles ficariam muito ricos, porque eles pensariam muito sobre cada uma. E você não precisa de vinte decisões corretas para ficar muito rico, quatro ou cinco provavelmente já farão o trabalho. Então, eu não me preocupo muito sobre as coisas que eu não entendo. Se você entende alguns desses negócios que estão aparecendo, e puder descobrir coisas sobre eles... Se você puder descobrir na Amazon, por exemplo, é uma conquista tremenda o que Jeff Bezos – homem mais rico do mundo em 2018 – está fazendo. Eu tiro meu chapéu para ele, é um excelente homem de negócios e uma boa pessoa, mas eu conseguiria antecipar que ele seria esse grande sucesso e outros dez não seriam? Eu não sou bom o suficiente para fazer isso. Mas felizmente eu não tenho que ser, eu não tenho que ter uma opinião sobre a Amazon, mas eu formei uma opinião sobre o Bank of America e sobre a Coca-Cola.

Saber que não 'precisamos estar certos' sempre ou conhecermos tudo tira um peso psicológico gigantesco de nossos ombros, o que abre caminho para tomarmos decisões cada vez mais sóbrias.

Ouvir de um dos homens mais ricos do mundo que ele não conseguiria diagnosticar a oportunidade vendida atualmente como "claríssima" do sucesso da Amazon com certeza nos faz refletir e nos ajuda a separar os que realmente querem ajudá-lo a crescer daqueles que exclusivamente querem se ajudar a crescer vendendo as tão já citadas e discutidas "fórmulas do sucesso".

Se surgisse uma empresa do ramo da criação de satélites de vigilância das Forças Armadas, por mais que nós julgássemos positivas as análises das demonstrações financeiras da companhia, nós resistiríamos muito antes de aportar qualquer parcela do nosso capital em um negócio que não temos a menor ideia de como funciona. Dizer 'não' também é uma decisão importante.

Busque empresas que você possui compreensão acerca do produto, do mercado, que você consiga entender claramente sua forma de ganhar dinheiro. Capacite-se para conseguir avaliar uma demonstração de resultados e seja crítico quando à sua própria análise.

Dois exemplos claros de empresas assim são a Ambev (ABEV3) e a Grendene (GRND3), ambas empresas muito queridas por (muitos) fundamentalistas, não só por suas estruturas e modelos de negócio, mas também por terem uma familiaridade com seus produtos e com a forma de rentabilizar capital – afinal, quem nunca tomou uma cerveja com um chinelo nos pés? Descontrações à parte, voltemos ao nosso raciocínio...

Um dos pontos-chave é saber exatamente o que você está buscando em uma empresa. Caso contrário, seria o mesmo que você observar o trânsito intenso de uma cidade grande e tentar encontrar o carro dos seus sonhos sem ter ideia de qual é – tarefa que se tornaria infinitamente mais fácil se você soubesse que seu sonho é um carro SUV, preto, com rodas de liga leve, com teto solar e cinco portas. Assim fica muito mais simples rapidamente **rejeitar o que você não quer** e conseguir focar em buscar o que realmente quer.

O mesmo vale para a análise de uma empresa: se você já chegou a observar as demonstrações financeiras de uma empresa de capital aberto, pode ter notado que não são poucas informações disponibilizadas, e não necessariamente 100% delas têm uso ou cunho decisório para você.

Se você não souber o que procurar, vai indubitavelmente se sentir perdido.

Vai analisar o caixa da empresa? Os lucros? A evolução do passivo circulante? A evolução do ativo circulante? A relação preço ação x dividendo? Cruzar todas essas informações? Cada investidor deve determinar quais análises têm sentido para si. E dependendo do segmento, ou até mesmo da própria empresa, as análises tendem a divergir entre si, ou seja, aqui também – pasme – não existe uma fórmula pronta para saber quais são as melhores empresas. Além do conceito do que é 'melhor' variar de pessoa para pessoa, este varia de segmento para segmento e de empresa para empresa.

No entanto, é extremamente interessante termos um ponto de referência, a partir do qual cada um poderá (aliás, deverá) moldar o que for mais adequado para o que almeja. E não existe ponto de partida melhor que o de um dos maiores investidores de todos os tempos – sim, ele novamente –, Warren Buffett. De acordo com o *Investopedia*, ele busca empresas que estejam sendo subavaliadas pelo mercado com base nos seguintes critérios:

> **Qual é o desempenho da empresa?** Empresas que apresentam um ROE (*Return of Equity* ou Retorno sobre o Patrimônio – fique tranquilo que explicaremos diversos indicadores no próximo tópico) positivo e constante ao longo dos anos são preferíveis a empresas que apresentam apenas um curto período de ROEs sólidos.

> **Qual é a dívida da empresa?** Sim, empresas (a grande maioria delas) possuem dívidas para financiar seus projetos, produção, crescimento, etc., o que é algo completamente normal. Porém, a empresa apresentar uma dívida elevada deveria levantar uma 'bandeira vermelha' para o investidor, visto que quanto maior a dívida, maior será a parcela dos resultados da empresa que serão desprendidos para pagar os juros e as dívidas propriamente ditas. O alerta segue para o aspecto do crescimento da empresa (caso exista). Esse crescimento está se dando por meios próprios ou pelo fato de a empresa estar gerando novas dívidas?

> **Como estão os lucros?** Pergunta simples, porém, essencial para uma decisão de investimentos. Warren Buffett busca empresas com boas margens de lucro e que, preferencialmente, estejam em crescimento. Assim como o ROE, ele analisa o lucro ao longo de vários anos, não apenas em curtos períodos de tempo.

> **Quão únicos são os produtos dessa empresa?** Buffett considera que empresas que desenvolvem produtos que podem ser facilmente substituídos carregam um risco maior do que empresas que possuem produtos mais únicos. Por exemplo, uma empresa que produz chapas de alumínio não é necessariamente uma empresa com um produto único, pois existem diversas concorrentes no mercado. Porém, uma empresa que produza chapas de um tipo específico de alumínio com um processo particular que permite um uso para o material que nenhuma outra empresa consegue processar, e esta detém a tecnologia, pode ser uma empresa que valha a pena olhar com atenção.

E a mais importante de todas:

> **Qual é o diferencial competitivo da empresa?** Ou seja, o que essa empresa oferece que a diferencia dos seus concorrentes de mercado? Um produto exclusivo? Um serviço exclusivo? Um monopólio de mercado? Busque entender por que ESSA empresa é diferenciada e terá maior probabilidade de gerar valor para você como investidor.

> **Busque empresas com CONSISTÊNCIA! No crescimento, nos resultados e nos custos!**

14.3. Análises e indicadores

Como já discutimos, o foco do fundamentalista é determinar a saúde financeira da empresa e seu potencial de continuar gerando lucro. Em termos de análises, é necessário entender o contexto em que a empresa está inserida. Apesar da análise da empresa em si ser fruto da microeconomia, esta não se desvincula jamais da análise macroeconômica, a qual afeta não uma empresa pontualmente, mas todo um sistema de empresas, Portanto, faz sentido entendermos alguns fatores desse aspecto.

Por exemplo, um país com um Produto Interno Bruto (PIB) em crescimento tende a gerar/é fruto de empresas com um crescimento que podem ou não ser mais sensíveis ao crescimento deste.

Empresas do segmento de consumo e do varejo tendem a se movimentar mais quanto maior for o PIB; já empresas mais resilientes, como do segmento de energia, tendem a oscilar menos tanto em movimentos de crescimento ou depreciação da economia como um todo. Outros fatores incluem a inflação, taxa de desemprego, taxa de juros, decisões internacionais... tudo isso tende a afetar empresas de maneiras distintas.

14.3.1. Cinco forças de Porter

Uma das ferramentas que nos permite olhar o cenário macro da empresa para nos auxiliar no critério decisório é entender onde a empresa se encaixa dentro das chamadas Cinco Forças de Porter. Esse modelo foi concebido em 1979 por Michael Porter, um dos pais de conceitos do campo de estratégias empresariais modernas e ainda um dos mais influentes pensadores do ramo da administração.

De maneira objetiva, as cinco forças almejam dar a visão holística do negócio em que a empresa está inserida, visando compreender o ambiente competitivo e possibilitar o desenvolvimento e a revisão de estratégias de atuação. As cinco forças são:

Rivalidade entre os concorrentes

Em qualquer esquema das cinco forças você notará que esta se encontra no centro de todas. É um dos aspectos mais importantes da análise, pois trata diretamente do nível de agressividade com que os concorrentes atuam. E nos ajuda a entender melhor algumas perspectivas da empresa ao levantar questões como: "a empresa atua em regime de monopólio?", "o mercado é uma guerra de preços?", "as empresas trabalham com margens confortáveis?".

Repare que cada uma dessas respostas vai gerar uma visão completamente distinta do mercado, uma vez que uma empresa que trabalha em monopólio pode indubitavelmente ter uma política de preços distinta de uma empresa que trabalha em um mercado saturado.

Novos entrantes

Um dos pontos mais negligenciados das cinco forças, porém, que carrega consigo uma das respostas mais importantes em termos de decisão de investimentos e risco da empresa: a facilidade/dificuldade de novas empresas entrarem no mercado ou reproduzirem o produto oferecido por dada companhia – ou seja, quais são as barreiras à entrada nesse mercado. Nesse aspecto, não são apenas o *know-how* ou a posse de patentes que atuam como barreiras: regulamentação do governo muitas vezes é um grande empecilho (para abrir uma empresa no segmento de alimentos ou da saúde a regulamentação tende a ser exigente e complexa), capital para início de operação (mesmo que fosse tecnologicamente simples abrir uma usina termoelétrica, sem dúvida o capital inicial para fazê-lo deixaria muitos interessados de fora), entre diversas outras.

É interessante buscar empresas que possuam grandes barreiras de entrada ao seu mercado.

Produtos substitutos

Quão facilmente o produto em questão pode ser substituído? Um caso clássico de substituição de produto que ocorreu foi a popularização de câmeras fotográficas digitais, que acabou por causar um impacto na até então gigante Kodak, que tinha boa parte de sua receita derivada da venda e revelação de filmes. Ironicamente, a Kodak foi a primeira empresa a criar uma câmera digital, mas não acreditou que ela substituiria seu negócio principal. Podemos citar outros exemplos, como a Blockbuster, que não resistiu ao impacto do surgimento da opção de alugar ou comprar filmes *on-line*, sem precisar sair de casa.

Este é um tópico complexo, pois nem sempre é fácil ou mesmo possível identificar que o produto pode ser substituído. Precisamos tomar cuidado para não cairmos no viés de retrospectiva e pensarmos "mas era óbvio que não ia dar certo" uma vez que o fato já aconteceu, mas que, na época, com certeza não era algo tão óbvio assim.

Poder de barganha dos clientes
Quanto a empresa em questão depende de seu maior cliente ou clientes? O que essa pergunta quer implicitamente responder é o quanto de perigo ou impacto a empresa vai sofrer caso esse cliente desista do produto ou faça exigências desastrosas. Saber o nível de dependência de uma empresa em relação a seus clientes mostra sem dúvida uma força desta. Uma empresa é muito mais forte quando não sofre grandes impactos na perda de alguns clientes.

Poder de barganha dos fornecedores
Se a empresa em questão possui um produto 'insubstituível', está em um mercado de monopólio, com grandes barreiras de entrada e com muitos clientes, mas o desenvolvimento de seus produtos depende de um insumo específico de um único fornecedor que controla o mercado desse insumo, a empresa de fato está correndo um alto risco, concorda?

Empresas que pegam *commodities* e agregam valor a estes através de seu processo tendem a ser empresas que não apresentam problemas quanto a essa força – aliás, são empresas com grande vantagem nesse aspecto, pois sempre existe um novo fornecedor na próxima esquina, o que aumenta o poder de barganha e tende a evitar a escassez.

Agora, se você reparou bem, percebeu diversos pontos em comum entre as questões que Buffett usa para avaliar uma empresa e as cinco forças de Porter, o que reforça a importância de se entender o contexto na tomada de decisões.

14.3.2. Indicadores fundamentalistas

Indicadores têm, sim, sua utilidade, da mesma forma que um tijolo na construção de uma casa: ele sozinho, ou mesmo em conjunto com outros tijolos (indicadores), não ergue a casa (investimento), mas é essencial para tal. Investimento para o longo prazo requer uma análise de longo prazo; já indicadores mostrarão fotos ou contarão uma história em relação apenas às variáveis que ele computa.

> **É necessário analisar a evolução e o andamento do contexto em que a empresa está inserida antes da tomada de decisão.**

Lucro bruto/Receita total

Este indicador mostra a razão entre o lucro da empresa antes de descontar os gastos administrativos, impostos, juros e depreciação em relação à receita da empresa. Ou seja, mostra o quanto o custo do produto impacta na lucratividade dele próprio.

Um alto percentual dessa relação mostra que a empresa tem bastante volume financeiro para usar com outros gastos relevantes, como despesas com publicidade, pesquisa, quitar dívidas e amortizar a depreciação; logo, sobra mais capital estratégico.

Empiricamente, empresas com diferenciais competitivos usualmente apresentam esse indicador superior a 40%.

Preço/Lucro (P/L)

Este indicador calcula a razão entre o preço da ação no mercado (cotação) e o seu lucro líquido do exercício. Ele revela algumas informações importantes para nós, sendo a primeira o quanto cada investidor está disposto a pagar para cada R$ 1 de lucro que a empresa oferece. Por exemplo, uma ação cotada a R$ 10 pagando R$ 2 de dividendos ao ano apresenta um P/L de 5 (10/2), ou seja, o mercado está no momento disposto a pagar R$ 5 para cada R$ 1 de lucro que a empresa oferece. Outra análise que pode ser feita é em relação ao prazo para o retorno nominal do investimento, ou seja, quantos anos leva, nas condições atuais, para que o investidor receba de volta seu capital. No exemplo anterior, o prazo seria de 5 anos.

Vale destacar que não necessariamente um P/L baixo quer dizer que uma empresa é boa ou lucrativa, ou que um P/L alto quer dizer que uma empresa está cara ou pouco lucrativa. Depende do setor em que está inserida, quais as perspectivas da empresa para o longo prazo ou ainda qual a estratégia da empresa na decisão de pagar mais ou menos dividendos.

Preço/Valor patrimonial (P/VPA)

Ele indica quanto que o mercado paga para cada real que os acionistas investiram na empresa. Para calcular esse indicador precisamos primeiro levantar o VPA, que nada mais é do que o patrimônio líquido da empresa dividido pelo número de ações por ela emitido. Isso nos fornece a relação do quanto de 'valor' o patrimônio possui em relação às ações. Ao pegarmos o preço de mercado e dividirmos por este número, chegamos a uma importante relação que nos indica quantas vezes o mercado está pagando o valor patrimonial da empresa.

Um P/VPA de 2 indica que o mercado está pagando duas vezes o valor do patrimônio da empresa no preço da ação. Um P/VPA de 0,5 indica que o mercado está pagando metade do valor do patrimônio da empresa no preço da ação.

Esse indicador (assim como todos) peca em sua deficiência de informações, pois não computa o valor de ativos intangíveis da empresa, como, por exemplo, a força de marca – alguém aqui realmente acha que o valor da Apple ou da Coca-Cola está apenas em suas fábricas, produtos e ativos?

Return of Equity (ROE)
Traduzido como retorno sobre o patrimônio líquido, este indicador informa a rentabilidade da empresa. Por exemplo, um ROE de 30% informa que a empresa está gerando um retorno de 30% para o acionista sobre o seu patrimônio. De maneira geral, quanto maior for o ROE de uma empresa, melhor. Lembrando que sozinho nenhum indicador deve ser critério de decisão na hora de um investimento, e ROEs elevados podem brilhar aos olhos dos mais despreparados para analisar o contexto. Citando mais uma vez Warren Buffett: "prefiro pagar um preço razoável por uma empresa boa, do que um preço baixo por uma empresa razoável".

Dívida/Capital social (D/CS)
Conhecido como *debt-to-equity*, este indicador revela o grau de endividamento da empresa em questão em relação ao capital social. No numerador (dívida) são computados todos os empréstimos e financiamentos que a empresa obteve e ainda não foram quitados. Essas formas de dívidas derivam das mais diferentes fontes, como bancos, agências de financiamento e emissão de debêntures.

Já o capital social (denominador) representa o valor do aporte financeiro que os acionistas alocaram na empresa, ou seja, o capital pertencente aos sócios que foi adquirido na emissão das ações. A relação entre o percentual de dívidas de uma empresa e o quanto ela possui de capital social pode ser um forte indício do status da saúde da empresa. Um D/CS elevado pode indicar que a empresa está com problemas para gerar caixa, porém, como tudo depende de um contexto, é necessário entender o cenário geral. Dependendo da estratégia da empresa, é perfeitamente possível que esta apresente um maior nível (planejado) de endividamento para dar andamento em algum projeto, aquisição, o(s) qual(is) pode(m) vir a gerar mais resultados para os acionistas no futuro. Da mesma forma, um endividamento muito baixo pode gerar a imagem de que a empresa não está explorando todas as formas possíveis de levantar capital para acelerar seu crescimento.

14.3.3. Como começar a análise dos fundamentos

Nessa modalidade de análise, usualmente a maior dificuldade do investidor iniciante é determinar por onde começar. Recomendamos que nesses casos comece sempre macro e vá caminhando até o micro, ou seja, comece pelo maior contexto e vá afunilando até o ponto que julgar necessário para ter uma opinião formada para responder à única pergunta que importa: "essa é uma boa empresa para se investir?"

Considera-se o histórico da rentabilidade da empresa, comparando-o com o setor e os líderes desse mercado. É importante não comparar empresas de setores diferentes pelo mesmo motivo que não se deve comprar um carro porque ele é mais rápido que uma bicicleta: cada um apresenta métricas distintas.

Também é interessante observar como o custo do produto da empresa vem oscilando ao longo do tempo. Isso pode nos dar uma importante informação sobre o aspecto interno da empresa, quanto ela conseguiu manter ou reduzir o custo ao longo do tempo, quão eficiente ela está sendo nesse aspecto perante as altas/baixas nos custos dos seus insumos e como isso está refletindo na ponta, ou seja: ela transformou essa redução em mais margem para a empresa ou atuou em políticas de preço para ganhar *market share*?

Como está o caixa da empresa ao longo dos anos? A análise desse aspecto não é trivial. Peguemos o caso da já citada Grendene (GRND3) do setor calçadista. A empresa é conhecida por possuir um valor muito alto em caixa e mantê-lo assim. Em 2018 esse valor chegou em torno de 2 bilhões de reais.

Dois analistas de fundamentos (ambos excelentes no que fazem) podem discordar totalmente sobre o que essa informação significa. Um deles pode defender que isso é interessante porque manter um caixa elevado dá forte poder de barganha com seus clientes, lojistas e varejistas, principalmente quanto a poder oferecer condições diferenciadas de recebimento e suportar períodos de crise com capital próprio. Isso pode ser visto como uma força. Já outro analista pode comentar que esse caixa tão elevado, por não entrar no resultado operacional da empresa como lucro, não era distribuído aos acionistas nem estava sendo aplicado para ampliar a capacidade da empresa, o que seria ruim do ponto de vista dele. Reparou como a mesma informação, no mesmo contexto, vista por duas pessoas plenamente capacitadas no ramo podem ter interpretações completamente distintas?

É interessante entender mais a fundo qual é o posicionamento da empresa em relação ao mercado internacional, o quanto a empresa está sujeita a oscilações cambiais, se esta possui presença internacional, quais são os principais *players* desse mercado, etc.

Utilizando ainda a Grendene, a China é o maior consumidor e fabricante de calçados do mundo atualmente e com certeza pode ser uma ameaça para a empresa. Cuidado para não confundir presença internacional com produção internacional: toda a produção da Grendene é feita no Brasil, o que pode ter suas vantagens e desvantagens; a produção nacional incentiva a economia, propicia maior controle, mas, por outro lado, está mais sujeita a impactos de decisões locais.

Obviamente, deve-se analisar a evolução da receita da empresa (que jamais deve ser confundida com o lucro) e comparar essa evolução com o aumento no custo dos produtos e o crescimento do mercado como um todo.

Dependendo da empresa e do setor, é interessante fazer a análise da evolução em dólar. Se o produto for precificado dessa forma, em um ano que o dólar apresenta uma forte alta e a exportação é a principal fonte de receita da empresa, o resultado analisado em reais pode gerar uma falsa conclusão de que a empresa cresceu mais do que de fato o fez. O mesmo vale para o raciocínio contrário.

Entrando um pouco em termos contábeis agora, outro aspecto que todo fundamentalista conhece (ou precisa conhecer) é o EBIT, *earnings before interest and taxes*, ou seja, o lucro antes dos juros e impostos (no caso do Brasil, do imposto de renda, principalmente). Ele nos mostra o resultado da empresa antes do pagamento de juros sobre o capital de terceiros, ou seja, antes do pagamento dos juros das dívidas e antes do imposto de renda. Essa informação nos mostra o quanto de resultado a empresa conseguiu gerar de fato, descontando todos os custos operacionais, e pode ser um importante indicativo da saúde financeira da empresa. É possível comparar esse número com o mesmo valor após o pagamento dos juros, o que permitirá ao investidor compreender o quanto do "seu lucro" está indo para o bolso dos credores.

14.4. *Tag along*

Um mecanismo de proteção ao acionista que a Lei das S/A proporciona é o direito de *tag along* oferecido ao acionista minoritário que não apresenta capital significativo para ser relevante nas decisões das empresas (o que acaba sendo o caso mais comum quando uma pessoa física investe em empresas grandes como Itaú, Petrobras, Bradesco, etc.).

Esse mecanismo possibilita o direito de **venda conjunta**. O acionista minoritário, em caso de mudança de controle da companhia, pode vender suas ações ao mesmo valor pago por ação ao controlador. Ou seja, uma empresa com *tag along* de 100% permite que o acionista tenha o DIREITO (e não obrigação! Que isso fique bem claro) de vender sua parcela de ações daquela empresa por 100% do valor recebido pelo controlador. Se for um *tag along* de 80%, poderá receber 80% do valor e assim por diante.

Exemplos de algumas empresas que oferecem *tag along* para acionistas preferenciais: Bradesco (80%), Gerdau (100%) e Santander (100%).

Esse mecanismo pode ou não ser estendido aos acionistas preferenciais; depende da decisão estratégica da empresa.

"Mas eu não posso vender a ação no momento em que eu quiser se estiver posicionado em uma empresa com alta liquidez? Por que preciso do *tag along*?" Como sempre, muito perspicaz, meu caro leitor!

Sim, você pode vendê-las no mercado (em teoria) a qualquer tempo em que o pregão estiver aberto. Porém, a partir do momento em que é anunciada no mercado a troca de controle, e os acionistas de maneira geral interpretarem isso como um sinal negativo para a empresa, o impacto no preço das ações pode ser rápido e significativo, se desvalorizando antes de haver tempo hábil para liquidar a posição desejada. Um exemplo nesse âmbito ocorreu em outubro de 2018, quando a Gol (GOLL4) propôs a reorganização societária unificando-se com a base acionária da Smiles (SMLS3), causando um impacto logo na abertura do dia. Confira o gráfico:

Figura 78. *Gap* de abertura.
Fonte: criado a partir da plataforma Profit Chart.

Caso o controlador consiga negociar um valor de venda superior ao valor do ativo no momento, o acionista que tem direito ao *tag along* poderá vender ao mesmo preço, obtendo o mesmo 'lucro' que o controlador.

Isso pode fazer com que o preço das ações seja rapidamente corrigido até esse valor, gerando um efeito benéfico para o preço do ativo. Isso ocorreu com a compra da Cetip pela Bovespa, que anunciou o valor de compra superior ao preço de mercado no momento, o que fez com que os preços rapidamente se elevassem até próximo do valor acordado.

Tem sentido pensar em ser um acionista ordinário quando se fala de longo prazo, por existir esse mecanismo protetivo.

Empresas que possuem tanto ações preferenciais quanto ordinárias (exemplo: Bradesco com BBDC3 e BBDC4) podem corrigir o preço do ativo ordinário em relação ao preferencial com base na diferença de pagamentos de dividendos, de forma que o valor total aplicado receba proporcionalmente algo muito similar em termos de dividendos. Ou seja, a cotação da ação ordinária pode estar abaixo da ação preferencial muito próxima da diferença percentual do pagamento de dividendos, de forma que ambos os acionistas receberão "R$ de dividendo/R$ da cotação" muito similares.

Não existe o certo e o errado; logo, investir em ações preferenciais para o longo prazo não é o errado, assim como investir em ordinárias não é o certo.

Buscar o *tag along* é uma boa forma de nos protegermos de todos os cenários, inclusive os mais improváveis.

Hoje chega quase a ser irrealista pensar na troca de controladoria de empresas como Itaú, Vale e Petrobras. Mas lembre-se de que o investidor que acredita na empresa joga o jogo do longo prazo, e o tempo e o 'acaso' estão sempre flertando.

"Mas em termos de proteção, não faz mais sentido ir para as ações preferenciais, visto que elas têm preferência no reembolso de capital no caso da falência da empresa?" Realmente, você não quer deixar nada para trás, não é mesmo? Excelente pergunta, que será respondida no tópico a seguir.

14.5. Beta e empresas para longo prazo

Como nada nessa vida anda sozinho – momento poético – e as análises técnica e de fundamentos não são antagônicas e sim complementares, é de se esperar que alguns conceitos possam ser replicados em diferentes situações, com objetivos distintos.

Este tópico possui dois objetivos: ensinar o uso do indicador Beta no mercado *buy and hold* e abrir sua mente para o potencial do seu uso.

Lembrando que o Beta é um indicador de sensibilidade, que mensura o quanto um ativo se move em relação ao movimento de outro ativo. Usualmente fazemos uma relação Beta entre uma empresa e o próprio Ibovespa.

Ou seja, um Beta próximo de zero quer dizer que o ativo em questão não oscila em função do outro ativo. Podemos pegar, por exemplo, um título público atrelado à Selic e o Ibovespa. Independentemente do que o mercado fizer, o título Selic se valorizará um pouco a cada dia.

Um Beta igual a 1 (em %) nos informa que, para cada 1% que o índice oscila, a ação oscila os mesmos 1%. Beta maior que 1 nos informa que o ativo oscila mais que o índice tanto na alta quanto na baixa.

Temos também situações em que o Beta é negativo: se este for -1, indica que a ação fará o movimento exato oposto do índice – uma vez que este suba, a ação cai na mesma proporção e vice-versa. Lembrando que o Beta pode oscilar com o tempo e não é algo completamente fixo.

Após essa brevíssima revisão, uma pergunta: é interessante para o *buy and holder* buscar ações com quais tipos de Betas?

Se você respondeu "depende", está certo. Porém, vamos analisar de um ponto de vista mais prático ao propor outra questão: o que faz de fato uma ação subir mais ou menos que as outras principais ações da bolsa (que compõem o índice)?

Uma das possíveis respostas do ponto de vista de fundamentos está associada à previsibilidade das receitas futuras da empresa. Ou seja, quanto mais previsível for o resultado futuro, a empresa tende a se desvincular do resultado das outras empresas e do mercado como um todo. Por exemplo, empresas de concessão de rodovias que chegam a fazer contratos para 50 anos de concessão geram para seus acionistas uma previsibilidade de receita razoavelmente alta.

Além da previsibilidade dos resultados, outros aspectos que tendem a influenciar o Beta contemplam o mercado de atuação da empresa, a estratégia da empresa, a governança, a concorrência e o grau de endividamento da empresa. Este último, quanto mais elevado, maior tende a ser o Beta, visto que o empréstimo visa financiar algum projeto futuro. Se o projeto for um sucesso, gerará resultados que a empresa não obteria sem esses recursos, criando um resultado 'extra'. De maneira análoga, caso o projeto fracasse e o setor/mercado/projeto novo não desempenhe como esperado, será necessário liquidar ativos da empresa para quitar a dívida, tornando-a mais sensível a esses resultados.

Empresas com Betas próximos de zero, com exceção daquelas que de fato apresentam uma participação significativa na composição do índice (o que não teria sentido compará-las com o próprio índice), como Itaú, Vale, Petrobras, usualmente são empresas sólidas e estáveis, com um potencial de retorno mais reduzido e um menor risco associado ao investimento. Porém, vale ressaltar que isso é um estudo analítico e quantitativo, e a relação não necessariamente se comportará dessa forma. Podem ocorrer casos de empresas com Betas baixos que, por gerar segurança ao investidor, acabam com um desempenho muito interessante no longo prazo, chegando a superar empresas com Betas mais elevados.

Empresas, por exemplo, do ramo da siderurgia em média apresentam Betas elevados. São empresas cíclicas influenciadas por fatores macroeconômicos e alta alavancagem comum ao setor. Somados, esses fatores geram uma alta sensibilidade a melhoras e pioras do mercado.

Já a Engie Brasil e a Grendene são empresas com Betas baixos – a primeira, por ser uma empresa do ramo de concessão de energia e por possuir uma alavancagem baixa, gera uma alta previsibilidade de receita. O grande caixa da Grendene, associado a diversos outros fatores (alguns discutidos aqui), fazem com que a empresa seja mais sólida e estável.

Exemplo de uma empresa com Beta próximo de zero seria a Weg, especializada na fabricação e comercialização de motores elétricos, transformadores e geradores. A empresa possui parte da receita em dólar, o que gera uma proteção em relação a oscilações do Ibovespa, que tende a se desvalorizar com altas do câmbio, 'anulando' esses efeitos externos.

Como foi possível observar, não existe um Beta ideal para o investidor de longo prazo, mas considerá-lo na montagem de sua carteira de longo prazo pode ser um diferencial de controle de risco e potencial de alavancagem de resultados.

Porém, vale destacar que, em momentos de crise ou pânico infundado do mercado, mesmo ações com baixos betas e baixas correlações podem sofrer movimentos direcionais e nos levar à tomada de péssimas decisões, em vez de enxergarmos oportunidades de adquirir boas empresas a bons preços.

14.6. Empresas de crescimento x empresas de dividendos

Empresas de crescimento têm sua definição extraída do livro "One up on Wall Street", escrito por Peter Lynch, que foi o gestor do maior fundo de ações do mundo (*Fidelity Magellan Fund*). Ele as definia como empresas que reinvestem o lucro líquido obtido no período, seja em projetos de infraestrutura, expansão, o que seja.

Esse reinvestimento atuaria como catalisador para o crescimento da própria empresa, gerando um aumento de lucro líquido no próximo período e um efeito em cascata positivo para o negócio. Ou seja, são empresas que criam valor para si e, por consequência, valor de mercado.

Já empresas de dividendos utilizam boa parte de seu lucro líquido e o distribuem como forma de remunerar seus acionistas. Usualmente, estão mais consolidadas no seu setor, possuem um *market share* elevado ou com características intrínsecas de difícil expansão, dominam seus métodos de produção e concluem que faz mais sentido distribuir o lucro do que reinvesti-lo dentro da própria empresa. Por consequência, o crescimento dessas empresas tende a ser menos expressivo.

A forma como a empresa atua está muito relacionada com o momento atual em que a companhia se encontra. Se esta busca se expandir no mercado, se consolidar em seu posicionamento, conquistar maiores parcelas de *market share*, provavelmente estará com uma política de empresa de crescimento.

E como podemos diagnosticar que uma empresa é de crescimento ou de dividendos? Muitos analistas utilizam de maneira equivocada o indicador de *dividend yield*, que relaciona os dividendos distribuídos à cotação do ativo, para avaliar se uma empresa é ou não considerada de dividendos. Para fazer esse diagnóstico é mais interessante utilizarmos o *payout*, que é a relação entre os dividendos distribuídos e o **lucro líquido** da empresa (*payout* = dividendos/LL).

Vamos entender o porquê. Uma empresa que paga 80% de dividendos em relação ao seu lucro líquido está distribuindo grande parte de seu resultado para os acionistas, correto? Isso é bem claro e fácil de notar.

Agora, uma empresa que tem um *dividend yield* de 80% não nos fornece necessariamente a informação de que precisamos para chegar a essa conclusão. Imagine (situação extrema apenas para critérios didáticos) uma empresa cotada no mercado a R$ 100,00 por ação, e esta pague R$ 1,00 no ano de dividendos. Isso nos daria um *dividend yield* de 1%. Mas imagine que essa empresa de fato obteve um lucro pequeno equivalente a R$ 1,00 por ação e distribuiu R$ 0,80 desse lucro para os acionistas – nesse caso, o *payout* seria dos mesmos 80%, ou seja, ela distribuiu boa parte de seu lucro, e é essa informação que queremos nesse caso, entendido?

Existem as duas abordagens: investidores que buscam montar carteiras que pagam bons dividendos e outros que buscam evitar empresas que pagam em demasia, visando empresas de crescimento e obtenção de lucros com a valorização do preço da ação. Vamos entender os dois pontos de vista.

Como exemplo de empresa de crescimento, ou seja, que não paga dividendos, temos a Apple. Ela ficou de novembro de 1995 até agosto de 2012 sem pagar dividendos, porém, o preço de mercado da ação foi de literalmente poucos centavos de dólar para mais de US$ 200 em 2018.

Na área de dividendos, podemos citar a também norte-americana American Water Resources (AWR), que vem ao longo de décadas aumentando sua distribuição de dividendos ano a ano, e ainda assim obteve um grande aumento em sua cotação desde 1980, de próximo dos US$ 2,00 até próximo dos US$ 60,00 em 2018.

No Brasil, como exemplos de empresas de dividendos temos a Ambev e a Engie, que apresentaram um *payout* próximo de 100% em 2018, com um crescimento médio anual entre 5%-6% nos últimos 10 anos.

Então, como um investidor obtém lucro com empresas que apresentam esse crescimento mais tímido? Ora, ao reinvestir os proventos pagos para adquirir mais ações e aumentar sua participação societária e consequentemente aumentar sua parcela na próxima distribuição de dividendos, criando um efeito dominó de aumento de patrimônio.

Já em relação a empresas focadas em crescimento, no Brasil podemos citar a Raia Drogasil (RADL3) e as Lojas Renner (LREN3), com, respectivamente, *payouts* de 39% e 35%, mantendo um crescimento médio de 30% e 14% ao ano pelos últimos sete anos.

Existem também empresas que conseguem desempenhar aparentemente como uma mescla entre as duas categorias, como foi o caso da Multiplus (MPLU3), que apresentou um (relativo) alto pagamento de dividendos e bom crescimento em valor de mercado. Logo, especialmente no Brasil, onde as empresas não têm essa separação tão clara, a análise não é binária.

Mas, afinal, investir em qual tipo de empresa? Crescimento ou dividendos? Aproveitando para citar o já referenciado Peter Lynch, "o futuro de toda empresa é se tornar uma empresa de dividendos". O objetivo das empresas é dominar o mercado; ao chegar nesse ponto provavelmente o crescimento se torna mais difícil e faça mais sentido distribuir os lucros do que reinvesti-los.

Portanto, não existe abordagem correta ou errada: entendendo os riscos e cenários de cada empresa, podemos ter uma carteira mais focada ou não em um tipo de empresa. Porém, o que jamais podemos esquecer é que o objetivo é encontrar boas empresas com lucros recorrentes e que sejam competitivas no longo prazo, independentemente de serem de crescimento ou de dividendos. O que remunera o capital social é o lucro e não o dividendo pago, e o que mantém o investidor no jogo é conseguir montar uma carteira que balanceia a 'estagnação' que empresas de dividendos usualmente possuem com mercados provavelmente consolidados e o potencial de expansão que empresas de crescimento apresentam, usualmente atrelado a um maior risco do negócio.

14.7. O que Warren Buffett busca: vantagem competitiva

Já sabemos que a análise de fundamentos é uma área com um bom grau de subjetividade, e que existem teoricamente infinitas possibilidades de cruzamento de informações que poderiam levar a conclusões distintas no intuito de responder à pergunta-chave: "essa é uma boa empresa para se investir?".

Um livro muito didático nesse assunto foi escrito pela nora de Buffett, Mary Buffett, juntamente com David Clark, intitulado "Warren Buffett e a análise de balanços".

Como ponto-chave, precisamos identificar se a empresa possui uma **vantagem competitiva**.

A vantagem que Warren Buffett busca é a empresa atuar em uma espécie de monopólio em relação a seu produto, de forma que esta possa cobrar mais caro por ele ou vender mais que a concorrência. Essa vantagem só pode ser claramente observada ao longo do tempo (em torno de uma década) e, se durável, refletirá no balanço da empresa e no aumento **consistente** (essa sendo a palavra-chave) do valor da empresa.

Um exemplo é uma das empresas favoritas de Buffett, a Coca-Cola, que possui o mesmo produto há mais de um século e provavelmente manterá o mesmo produto pelas próximas décadas, quiçá séculos. Essa é uma empresa que claramente possui um diferencial competitivo em relação a seus concorrentes: apresenta uma imensa força de marca.

Porém, o diferencial em termos de gestão e geração de valor não se encontra apenas na qualidade (termo completamente subjetivo) e força da marca do produto, mas no fato de que a Coca-Cola não precisa ficar alterando seu produto, ou expandindo seu parque fabril, para acompanhar os lançamentos da concorrência e mudanças na tendência do mercado. Ela gasta muito pouco em pesquisa e desenvolvimento, trabalha com boas margens de lucro (Lucro bruto % Receita total = Margem de Lucro Bruto), em torno de 60% ao longo dos anos, despesas operacionais controladas e uma série de fatores em termos de empresa que permitem que ela gere cada vez mais valor para o acionista.

Por outro lado, temos as empresas do ramo automobilístico. Apesar de fazerem produtos que gostamos e nos quais vemos luxo e valor, este é um ramo altamente competitivo, com altíssimos gastos operacionais, um endividamento muitas vezes maior que seu lucro operacional e uma necessidade de sempre estar atualizando seus produtos, com risco de a concorrência fazê-lo antes. Como exemplo, a General Motors (GM) apresentava uma margem de lucro bruta de 17% e uma série de 'problemas' que esse mercado e a falta de uma vantagem competitiva oferecem.

Precisamos aprender a olhar o negócio como um todo e buscar empresas que gerem valor. Pergunta: você preferiria investir em uma empresa que fabrica gomas de mascar ou em uma empresa que fabrica carros? Utilizando um trecho do livro supracitado:

> Wrigley, que tem um ativo imobilizado de US$ 1,4 bilhão, dívidas no valor de US$ 1 bilhão e um lucro de aproximadamente US$ 500 milhões por ano. Compare-a com uma companhia sem uma vantagem competitiva durável, como a GM, que tem um ativo imobilizado de US$ 56 bilhões, dívidas no valor de US$ 40 bilhões e teve prejuízo nos últimos dois anos. Goma de mascar não é um produto que muda muito, e a marca Wrigley garante uma vantagem competitiva em relação às empresas rivais. Mas a GM tem de competir diretamente com todas as montadoras de automóveis do planeta, e seu mix de produtos precisa ser constantemente atualizado e reprojetado para permanecer à frente da concorrência. Isso significa que as fábricas da GM precisam ser regularmente reequipadas para produzir novos bens. Produzir goma de mascar é um negócio muito melhor e rentável para os acionistas do que produzir carros.

Logo, caro leitor, esse aspecto de identificar o que torna uma empresa rentável no longo prazo vai muito além da análise de balanços e indicadores e, ironicamente, não pode ir além sem ela.

15. Renda Fixa

> **"Os juros compostos são a força mais poderosa do universo e a maior invenção da humanidade, porque permite uma confiável e sistemática acumulação de riqueza."**
>
> **Albert Einstein**

Aplicações de renda fixa são ativos ou títulos que pagam uma remuneração predefinida, a qual pode ser determinada ou na hora da aplicação ou na hora da liquidação do título (vencimento).

A renda fixa, de um ponto de vista simplificado, pode ser entendida como a rentabilidade acordada com o emissor do título para que o investidor empreste seu dinheiro. Ou seja, nada mais é do que os juros que são pagos para o investidor pelo empréstimo de seu capital, que deve ser utilizado pela instituição em questão para financiar projetos, levantar recursos, entre outras possíveis aplicações.

Diversos investidores que buscam retornos altos em um curto espaço de tempo, usualmente com pouca ciência do risco que estão correndo, tendem a ignorar a renda fixa e seu real potencial, pois comparam taxas de retorno na ordem de décimos contra a (possibilidade) de ganhos de às vezes dezenas e acreditam que esse é o caminho para construir patrimônio.

Poucos têm noção do potencial real da renda fixa, que é o efeito dos juros compostos (no coloquial, o famoso "juros sobre juros"), que nada mais é do que o potencial de rentabilizar o seu dinheiro de forma exponencial ao longo do tempo, uma vez que novos rendimentos sempre incidirão sobre um valor maior.

Um gráfico exponencial usualmente apresenta o seguinte formato:

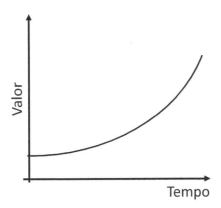

Figura 79. Rentabilidade genérica em juros compostos.
Fonte: os autores.

Façamos a seguir um exercício de comparação de juros simples com juros compostos. Tente pensar no resultado que acredita que dará em cada pergunta antes de olhá-lo – obviamente, não precisa ser um resultado exato, mas pense na ordem de grandeza de sua resposta e compare-a com a resposta apresentada. Veja se a sua 'bússola financeira' estava apontando para a direção certa. Vamos lá?

Assumindo que temos aplicados R$ 10.000, sob um regime de juros mensais de 0,5% a.m. sobre o capital, se aplicarmos por 12 meses nos dois regimes, quanto você acredita que seria a diferença de rendimento entre juros simples e compostos?

➢ Resultado após 12 meses, taxa de juros de 0,5% a.m:

Tabela 35. Juros simples x juros compostos.

Juros simples	Juros compostos	Diferença %
R$ 10.600	R$ 10.617	0,2%

E se fizermos o mesmo experimento por 10 anos (120 meses), para quanto iria a diferença?

➢ Resultado após 120 meses, taxa de juros de 0,5% a.m.:

Tabela 36. Juros simples x juros compostos.

Juros simples	Juros compostos	Diferença %
R$ 16.000	R$ 18.194	13,7%

E para 20 anos (240 meses)?

Tabela 37. Juros simples x juros compostos.

Juros simples	Juros compostos	Diferença %
R$ 22.000	R$ 33.102	50,5%

E se aumentássemos levemente a taxa de juros em 0,1%, ou seja, 0,6% a.m.?

Tabela 38. Juros simples x juros compostos.

Juros simples	Juros compostos	Diferença %
R$ 24.400	R$ 42.026	72,2%

Observe como as diferenças ficam cada vez mais gritantes com o tempo e também crescem exponencialmente com o aumento da taxa de juros. Por isso é fundamental entender dois aspectos cruciais quando o assunto é renda fixa:

1. O tempo é seu amigo, mas você só perceberá muitos anos à frente. Por isso, comece uma boa amizade AGORA.
2. **Pequenas diferenças de rentabilidade hoje causarão um efeito gigantesco no futuro**, logo, não aceite um investimento porque "é quase a mesma coisa" – esse quase pode custar muito caro (no nosso exemplo, custou quase R$ 10.000 ao ir para uma taxa de 0,5% em vez de 0,6%).

Apesar dos títulos de renda fixa serem classificados como de baixíssimo risco e possuírem uma rentabilidade "previsível", existe risco associado à sua compra, que segue a lei máxima do mercado, onde um maior risco requer um maior retorno associado a ele.

Existem cenários nos quais é possível perder dinheiro em aplicações de renda fixa se esses riscos não forem completamente entendidos e ponderados na hora da decisão da alocação de ativos. Risco não envolve apenas o fator financeiro em si; ele é definido como algo bem mais amplo.

Para caminhar até tal compreensão, precisamos entender alguns aspectos essenciais dessa modalidade de investimento que serão abordados a seguir.

15.1. Poupança

Apesar de a poupança ter utilidades e pontos positivos, estes não a qualificam como uma boa opção para gerar patrimônio, em comparação com diversas outras opções mais rentáveis e com riscos extremamente similares nos quesitos de segurança e liquidez, conforme discorreremos mais à frente.

A popularidade da poupança vem da tradição de sua longevidade de existência (desde a época de Dom Pedro II), de sua compreensão facilitada pelo indivíduo e por permitir a aplicação de valores baixos que oscilam dependendo de cada instituição bancária.

A poupança tem uma grande utilidade social, uma vez que 65% dos depósitos em caderneta de poupança devem ser destinados para o crédito imobiliário (empréstimos para compra de imóveis), o qual possui uma taxa de juros extremamente baixa.

A principal vantagem oferecida pela poupança em grandes bancos é o risco de crédito. Ela é vendida como um investimento seguro.

E de fato o é, mas existem outros investimentos protegidos pelo Fundo Garantidor de Crédito (a ser explicado em detalhes mais à frente), que garante o reembolso do valor aplicado no caso de quebra ou falência. Há a falsa premissa de que não existe aplicação tão segura quanto a poupança, quando na realidade existem aplicações MAIS seguras que ela.

Outra grande vantagem em relação a uma série de categorias de investimentos está na altíssima liquidez da poupança. Você consegue resgatar seu capital no mesmo minuto. Dependendo da categoria de renda fixa em que você investe, seu dinheiro pode ficar em custódia, "congelado", por anos. Porém, isso não é uma regra e alta liquidez não é exclusiva da poupança, como veremos mais à frente.

Além disso, a isenção de imposto de renda (IR) sobre a rentabilidade é oferecida como vantagem em detrimento das outras categorias de renda fixa. Contudo, existem outras modalidades isentas de IR, como LCIs, LCAs e debêntures incentivadas (todas serão explicadas em detalhes ao longo do capítulo), que podem oferecer um retorno financeiro mais interessante.

Outro ponto deixado de fora quando seu gerente o aconselha a investir na poupança é em relação ao famoso rendimento mensal ou 'aniversário' da poupança, que apenas rentabiliza uma vez ao mês na mesma data no mês seguinte ao depósito. Por exemplo, se você fez um depósito na poupança no dia 10/01 e outro no dia 20/01, você receberá os juros apenas se aguardar até os dias 10/02 (referente ao primeiro) e o dia 20/02 (referente ao segundo). Caso resgate o dinheiro no dia 09/02, não receberá nenhum rendimento. Vale destacar que a regra é um pouco diferente caso o primeiro depósito ocorra nos dias 29, 30 e 31 – nesses casos, o aniversário será no dia 1 do mês seguinte.

15.1.1. Como a poupança rende?

Uma vez entendidas as vantagens e desvantagens da poupança, cabe a pergunta: "como ela rende?".

As regras de rentabilização dependem da taxa Selic. De maneira sucinta, corresponde à taxa básica de juros da economia indexada ao Tesouro Selic.

Quando a taxa Selic se encontra em até 8,5% a.a., a poupança segue a regra de rendimento de **70% da Selic + Taxa de Reajuste** (que no ano de 2018 foi de 0%). Quando a Selic se encontra acima de 8,5% a.a., a poupança rentabiliza **0,5% a.m. + Taxa de Reajuste**. Agora podemos gastar preciosos neurônios fazendo contas e simulações com tabelas de imposto de renda, cenários de alta e baixa da taxa Selic e encontrar qual e quando cada aplicação é mais rentável, concluindo que em todos os cenários o rendimento da Taxa Selic sempre ganhará da poupança, assim como vem fazendo pelas últimas décadas, **ou** podemos refletir sobre por que existem essas regras de troca de rendimento.

Imagine que você, meu caro leitor, é o governo do país. Um dos seus objetivos é o crescimento do país e da economia, correto? Logo, ter a sua dívida pública financiada por seus cidadãos é algo muito interessante de ser feito. Agora, você, no seu posto de poder, acredita que seria interessante ter uma aplicação de altíssima liquidez, isenta de IR, mais popular e difundida que seus títulos públicos com uma rentabilidade financeira maior? Claramente não; logo, essas regras existem para garantir que em nenhum cenário a poupança rentabilize mais que os títulos públicos, que se comportam de maneira similar a ela.

A poupança pode se apresentar interessante para um pequeno (ênfase em pequeno) capital para emergências, mas é exatamente isso que ela deve ser: para emergências, não visando a rentabilização de patrimônio. Caso você não precise utilizar as reservas (assim esperamos), por que não deixá-las rentabilizar um pouco? Como investimento no longo prazo, a poupança perde, em termos de rentabilidade, para uma infinidade de outras categorias de investimentos, sobre as quais iremos discorrer a seguir.

15.2. Indexadores

Indexador pode ser um índice, uma medida ou algum fator ao qual o título em questão terá seu rendimento associado. Por exemplo, digamos que um título esteja indexado ao crescimento da economia da China. O título irá rentabilizar exatamente o quanto a economia chinesa se desenvolveu. Ou, ainda, poderíamos ter um título indexado ao aumento de produtividade do Sr. Ribeiro, conhecido plantador de maçãs da região, com o título rentabilizando tão mais quanto maior for a produtividade.

Claramente, você não encontrará no Brasil nenhum título de renda fixa com esses dois indexadores tão hipotéticos e extremos entre si. O intuito dos exemplos foi esclarecer que um indexador nada mais é do que algo que servirá de base para o rendimento do título em questão. Os indexadores reais estão associados a fatores interligados e coerentes com a economia e o mercado financeiro. Existem vários indexadores aos quais os títulos de renda fixa atrelam sua rentabilidade.

15.2.1. IPCA

Um indexador fundamental associado aos principais títulos de renda fixa é o Índice Nacional de Preços ao Consumidor Amplo (IPCA), que corresponde ao índice oficial do governo para mensurar a inflação. Esse índice, ao contrário da taxa Selic, não é determinado pelo governo; ele é medido e atualizado mês a mês pelo Instituto Brasileiro de Geografia e Estatística (IBGE).

Esse índice busca refletir o aumento ou a diminuição do custo de vida das famílias brasileiras ao longo do tempo. Para tal, considera-se uma amostragem de famílias com renda entre 1 e 40 salários mínimos em nove regiões metropolitanas do país e calculam-se ponderadamente os gastos com uma série de categorias em diversos setores do mercado.

Segundo o IBGE, as categorias de despesas listadas a seguir refletem da maneira fidedigna a real inflação no setor de consumo do país:

Tabela 39. Tabela de cálculo do IPCA.

Categoria	Peso no índice
Alimentação	25,21%
Transportes e comunicação	18,77%
Despesas pessoais	15,68%
Vestuário	12,49%
Habitação	10,91%
Saúde e cuidados pessoais	8,85%
Artigos de residência	8,09%
Total	**100%**

Para referência, em 2017 o IPCA se acumulou em 2,95%, e em 2016 apresentou um total acumulado de 6,29%. Ou seja, em média, os preços dos produtos e serviços das categorias de consumo listadas se elevaram em 6,29% de janeiro a dezembro de 2016. Colocando de outra maneira, o custo de vida do brasileiro subiu 6,29% em 2016 e 2,95% em 2017.

Assim como a taxa Selic é influenciada por uma série de fatores macroeconômicos, o IPCA também possui seus principais vilões, dentre os quais dois acabam se mostrando mais proeminentes.

O primeiro está associado à má administração pública (quando os gastos governamentais excedem a arrecadação, seja por incompetência administrativa, corrupção, crises internacionais, gastos com propaganda política ou ainda postergação de políticas como medidas de cortes de gastos).

O segundo critério, que acaba por derivar do primeiro, está associado aos altos impostos que visam cobrir o déficit criado pelo primeiro problema. Isso pode acarretar em um efeito reverso e cíclico, no qual o aumento no custo de produção de produtos e serviços é repassado para o consumidor final, o qual acaba por diminuir o consumo.

Obviamente, todo esse cenário político e econômico é muito mais complexo do que foi possível explicar em um simples parágrafo. A principal conclusão a ser tirada dessa reflexão é: mesmo taxas que são decididas e ponderadas pelo governo têm influências externas que afetam a decisão. Nem sempre as medidas tomadas para controle dos fatores externos geram o resultado esperado. Ou seja, fazer previsões de retorno, mesmo em renda fixa, pode ser um erro que comumente acontece com investidores que buscam segurança e estabilidade, sem entender as reais variáveis que o cercam.

Para corroborar com o concluído, segue uma tabela comparativa com as metas governamentais durante uma década para a inflação do ano e o resultado real aferido:

Tabela 40. Meta do governo x realidade.

Ano	Meta governo	Inflação calculada (IPCA)
2007	4,50%	4,46%
2008	4,50%	5,90%
2009	4,50%	4,31%
2010	4,50%	5,91%
2011	4,50%	6,50%
2012	4,50%	5,84%
2013	4,50%	5,91%
2014	4,50%	6,41%
2015	4,50%	10,67%
2016	4,50%	6,29%
2017	4,50%	2,95%
2018	**4,50%**	**3,75%**

Como se pode observar, em apenas **quatro de doze** anos a inflação se manteve abaixo da meta. Mesmo com todos os mecanismos de influência que o governo possui, uma série de fatores internos e externos ocorre e pode diminuir o real controle sobre esse indexador.

15.2.2. Taxa Selic

Também conhecida como a taxa básica de juros da economia, é determinada e divulgada pelo Comitê de Política Monetária (Copom). Formalmente, é definida como a taxa de financiamento em operações *overnight* (de um dia para o outro) de empréstimos interbancários que possuem lastro em títulos públicos, ou seja, ela corresponde a quanto um banco paga para outro ao emprestar recursos por um dia, utilizando títulos públicos como garantia de pagamento. Portanto, o real risco acaba sendo do governo, visto que os títulos públicos são usados como garantia.

Como a taxa Selic é utilizada como medida de controle da inflação, a decisão sobre valor da taxa é influenciada pelo resultado medido do IPCA. Logo, esses dois índices estão altamente correlacionados.

É perfeitamente plausível assumir que essa taxa deveria ser a menor taxa de juros do mercado, visto que o risco está associado ao governo, que é teoricamente a entidade que possui menor probabilidade de não cumprir com as obrigações financeiras. Logo, outras taxas de juros se baseiam na Selic, usualmente mais elevadas de forma a atrair investidores que estejam dispostos a correr o risco, teoricamente maior, de inadimplência da entidade em questão em comparação com o risco que correm ao emprestar dinheiro para o governo.

Portanto, é fundamental que o investidor, ao deparar com uma taxa de juros elevada em alguma aplicação de renda fixa, automaticamente associe-a a um maior risco financeiro daquela instituição, apesar de obviamente não ser uma regra sem exceções. É necessário ter discernimento para saber que simplesmente avaliar a rentabilidade de uma aplicação não é garantia de forma alguma de que se estará fazendo o melhor investimento para seus objetivos. Obviamente, devemos procurar investimentos que possuam de fato um retorno mais elevado; no entanto, só devemos alocar capital, mesmo sendo títulos de renda fixa, ao entendermos todos os riscos associados ao ativo e estivermos decididos a correr esses riscos.

A taxa Selic também atua como um instrumento de controle inflacionário pelo Banco Central. Quando elevada, esta atua desestimulando o consumo, uma vez que os juros atrelados a financiamento, créditos e empréstimos se elevam junto; portanto, agindo como redutora da inflação. Em contrapartida, quando reduzida, atua de maneira oposta, estimulando o consumo, movimentando mais a economia e, consequentemente, elevando a inflação.

A decisão de reajustar a taxa está atrelada a fatores macroeconômicos, influência de políticas de atração de investimentos, mercado internacional, entre uma série de fatores que apenas podem nos gerar uma expectativa de queda ou elevação da taxa. **Para referência, durante todo o ano de 2018, a taxa Selic foi mantida em 6,5% a.a, sendo que esta iniciou o ano de 2017 com uma rentabilidade de 13% a.a.** Dificilmente quem comprou um título associado à Selic em janeiro de 2017 acreditava que a rentabilidade chegaria a ficar abaixo de 7% em tão curto espaço de tempo – caso contrário, poderia buscar outros títulos de risco similar com rentabilidade mais elevada.

O ponto-chave é ter a consciência de que essa taxa está sujeita a alterações frequentes e que é possível apenas especular sobre as reais variações que ocorrerão ao longo do tempo. Só é possível de fato saber o que ocorrerá quando a taxa é anunciada.

O gráfico a seguir mostra a evolução da taxa entre os anos 2001-2018. Note que por duas vezes ocorreu uma oscilação de 10% no período de apenas um ano:

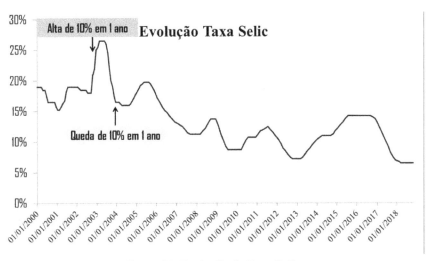

Figura 80. Evolução da Taxa Selic.
Fonte: os autores.

Independentemente de a rentabilidade estar em 6,5% ou 13%, a Selic remunera o seu capital sempre positivamente – porém, aqui entra o risco do custo de oportunidade, ou seja, o que **se deixa de ganhar** com um investimento de risco similar em detrimento do outro.

O valor real do dinheiro pode diminuir mesmo com uma rentabilidade positiva em função da inflação. Ou seja, simplesmente olhar a rentabilidade de um título hoje para tomada de decisão de alocação de capital é uma das decisões mais míopes que um investidor pode fazer.

15.2.3. CDI

O Certificado de Depósito Interbancário (CDI) é um título emitido por instituições financeiras que lastreiam operações no mercado interbancário, ou seja, é a taxa de juros utilizada por bancos para empréstimo de capital entre si.

O CDI não atua apenas como um indicador, mas como uma modalidade de aplicação na qual bancos disponibilizam uma parcela de seu capital em caixa para empréstimos de outros bancos no *overnight*. No entanto, um investidor normal (pessoa física) não consegue comprar CDIs, e sim títulos com rentabilidade associada a eles.

Lembrou algum outro indexador? Exatamente, a definição é muito parecida com a da Selic.

A descrição do CDI é muito similar à taxa Selic, com a diferença de que o empréstimo feito entre bancos não necessita de lastro em títulos públicos como garantia. De maneira simplificada, Selic é a taxa de juros que o governo paga pelo capital que lhe é emprestado, enquanto o CDI é a taxa de juros que um banco cobra do outro pelo capital que é disponibilizado para empréstimo, sendo este último exclusivo entre instituições financeiras.

A principal função desses títulos é manter a fluidez do sistema financeiro bancário do país, de forma que um déficit de caixa momentâneo derivado de excessivos resgates ou saques em determinado dia possa ser sanado no curtíssimo prazo, ao permitir que bancos que tiverem saldo em caixa emprestem dinheiro para os bancos que, por qualquer razão que seja, fechariam o dia no negativo.

Por suas similaridades comportamentais, as oscilações da taxa do CDI tendem a ser muito próximas das variações da taxa Selic.

Como se pôde observar, os indicadores estão tão intimamente relacionados que é até difícil separá-los quando comparados em um prazo mais longo. Esse fato deriva não somente da similaridade da origem de cada indexador, mas de que se, por exemplo, a Selic em algum momento estiver superior ao CDI, um banco poderia obter empréstimos de outros bancos via CDI e fazer uma aplicação na taxa Selic, contabilizando lucro com a diferença entre as taxas. Tal divergência criaria um aumento significativo na busca por CDIs, que, ao receber maior demanda, naturalmente se elevaria até patamares de controle, que não coincidentemente serão muito próximos da Selic. De maneira análoga, um banco pegará emprestado dinheiro de outro se for mais vantajoso que pagar juros ao governo, o que 'força' os indexadores a se manterem muito alinhados.

Agora que foram compreendidos os três principais indexadores aos quais a rentabilidade das aplicações de renda fixa é atrelada, o próximo passo é entender o funcionamento de agências classificadoras de risco e o fundo garantidor de crédito. Ambos atuam fortemente na atratividade de dado título ou ativo e devem ser levados em conta ao avaliar investimentos de renda fixa.

15.3. Agências classificadoras de risco

Estas atuam atribuindo uma nota para países, instituições ou empresas referente à capacidade do emissor de cumprir com as obrigações formalizadas com a dívida adquirida, ou seja, avaliam a solvência dos mercados e o risco de não pagamento por parte das instituições emissoras dos títulos. Essas agências são muito utilizadas por outros países, investidores estrangeiros, empresas e até investidores individuais que buscam identificar as melhores oportunidades visando atingir a melhor relação risco/retorno dentro de um investimento.

Obviamente, quanto maior for a classificação de risco de uma instituição (riscos mais altos), maiores terão que ser os retornos associados a ela para conseguir atrair capital de investimento. Em teoria, quanto maior for a nota de 'bom pagador' de um país, mais atrativo ele se tornará para investidores estrangeiros, gerando um fluxo de capital maior para o país e a necessidade de taxas de juros menores.

As três principais agências de classificação de risco do mundo são a Fitch, a Moody's e a Standard & Poor's. Elas têm influência na fomentação de um mercado de compra e venda de trilhões de dólares ao redor do mundo. A atribuição de notas é baseada no acompanhamento de indicadores econômicos, como teor de endividamento, caixa operacional, patrimônio (para empresas) e PIB (para países).

Apesar de serem empresas com renome mundial e possuírem foco em determinar o risco de investimentos como seu objetivo de existência, aplicar em um ativo ou instituição que apresenta uma nota alta não isenta o investidor de risco. Um exemplo dessa imperfeição ocorreu em 2008, quando o banco americano Lehman Brothers, que possuía avaliação de baixíssimo risco pelas três empresas, foi à falência com a crise imobiliária que se aflorou por possuir incontáveis títulos imobiliários emitidos sem lastro para pagamento.

Portanto, apesar de serem empresas sérias com alta credibilidade no mercado e apresentarem uma importante informação na hora da tomada de decisão, cabe a cada investidor saber que seu capital não estará isento de risco.

Apesar das empresas possuírem modos similares de avaliação e considerarem fatores econômicos semelhantes, cada uma apresenta um *ranking* de classificação diferente e pode discordar quanto à nota de uma mesma instituição. A seguir, as classificações e o que cada uma representa quanto à avaliação das instituições:

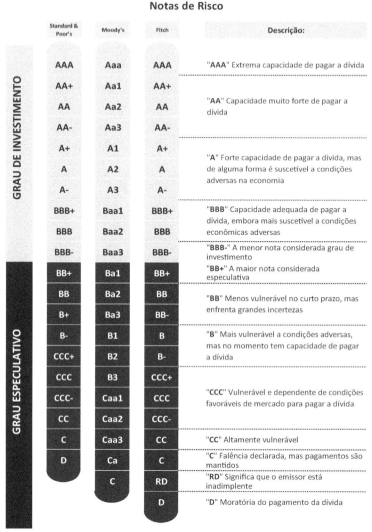

Figura 81. Classificação de risco país.
Fonte: adaptado de Folha de S. Paulo.

Notícias referentes à classificação do Brasil e de outros países relevantes estão presentes com frequência na mídia e têm influência na atratividade dos investimentos tanto internamente quanto externamente. Seguem algumas notícias, como exemplificação:

➢ **"S&P tira Brasil de observação e mantém nota do país".** Notícia no portal G1 em agosto de 2017, informando a decisão de até então manter o país com a classificação BB, dois patamares abaixo do grau de investimento (bom pagador).

> **"Fitch mantém nota do Brasil em grau especulativo, com perspectiva negativa".** Notícia no site da Folha de S. Paulo em novembro de 2017 informando que a agência mantém a mesma classificação da S&P, porém classifica o Brasil com perspectivas negativas.
> **"Moody's muda perspectiva da nota do Brasil de estável para negativa".** Notícia no portal G1 em maio de 2017 informando que a agência, apesar de manter a classificação como Ba2, muda a perspectiva de estável para negativa.

Como se pode observar, essas avaliações estão sempre nos olhos da mídia devido ao seu potencial de repercussão e de influência nas decisões dos investidores.

15.4. Fundo Garantidor de Crédito

A outra entidade que todo investidor de renda fixa deve conhecer é o Fundo Garantidor de Crédito (FGC), que não é um órgão ou instituição pública, mas uma entidade privada, sem fins lucrativos, que visa garantir a recuperação de depósitos ou créditos mantidos em instituições financeiras, dentro de alguns limites e regras preestabelecidas, em caso de intervenção, liquidação ou falência. Ou seja, o FGC atua visando assegurar que o capital aplicado em títulos de renda fixa (dentro de um limite) retorne para o investidor em caso de impossibilidade de pagamento por parte da instituição.

As modalidades de aplicações que **desfrutam da garantia do FGC** são:

> Depósitos à vista ou sacáveis mediante aviso prévio.
> Depósitos de poupança.
> Certificado de Depósito Bancário (CDB).
> Recibo de Depósito Bancário (RDB).
> Letras de câmbio (LC).
> Letras imobiliárias (LI).
> Letras hipotecárias (LH).
> Letras de crédito imobiliário (LCI).
> Letras de crédito do agronegócio (LCA).

Logo, é possível identificar que a poupança, vista popularmente como a aplicação mais segura, está garantida pela mesma entidade que cobre uma série de investimentos, que, por serem menos conhecidos, automaticamente são taxados como de maior risco. Apesar de haver diferenças entre poupança e outras aplicações, **a garantia de crédito não é uma delas**.

276 • Quanto custa ser rico?

Modalidades de aplicações que não desfrutam da garantia do FGC:

> ➢ Fundos de Investimento Imobiliário.
> ➢ Fundos de Investimento Financeiro.
> ➢ Certificados de Recebíveis Imobiliários e Agrários (CRI e CRA).
> ➢ Debêntures.
> ➢ Letras Financeiras (LFs).

Apesar da principal função do FGC ser a proteção do crédito com garantias de ressarcimento, ele também contribui para a manutenção da estabilidade do sistema financeiro nacional e para a prevenção de crise no sistema bancário, prestando assistência à liquidez dessas instituições.

Uma das funções não declaradas do FGC é o estímulo econômico através da atração de investimento para bancos menores, os quais se tornam mais atrativos quando possuem títulos protegidos por esse fundo. Via de regra, LCIs, CDBs e LCAs de bancos menores possuem rentabilidades maiores que de grandes bancos nas mesmas condições. Isso ocorre devido ao maior risco atrelado a eles. O FGC permite que essas instituições arrecadem maiores investimentos e movimentem positivamente a economia como um todo.

Em sua fundação, em 1995, o limite de cobertura financeira do FGC era de R$ 60.000. Passou para R$ 70.000 em 2010 e desde 2013 garante proteção de até R$ 250.000 por CPF, por instituição ou conglomerado financeiro. Ou seja, hoje cada investidor individual terá garantido pelo FGC o retorno de seu capital aplicado, nas modalidades por ele cobertas, até o valor de R$ 250.000 por instituição financeira, com a nova regra instituída do limite total de R$ 1.000.000 por CPF.

Ou seja, alguém pode possuir, por exemplo, R$ 250.000 aplicados em quatro entidades diferentes (totalizando 1 milhão) que todo esse valor ainda será coberto pelo FGC.

No entanto, em caso de intervenção do Banco Central ou decreto de falência, mesmo quando o investimento é coberto pelo FGC, o dinheiro não retorna imediatamente para o investidor. Usualmente, o tempo de início dos pagamentos é de dois a três meses, mas existem casos em que o intervalo é maior. Até novembro de 2017 o caso que mais houve demora no ressarcimento foi o do Banco Veja, com seis meses e 12 dias.

O investidor pode influenciar na janela de reembolso procurando corretoras que registrem suas operações na Central de Custódia e Liquidação de Títulos (Cetip). A ausência de registro dificulta a identificação do investidor, podendo gerar atrasos no pagamento.

Outra ressalva referente ao FGC é que o capital disponível para reembolso, obviamente, possui um limite. De acordo com o relatório anual de 2016, o volume financeiro assegurado pelo fundo é de aproximadamente R$ 1,9 trilhão, enquanto o fundo possuía R$ 33,8 bilhões disponíveis para de fato realizar a cobertura, ou seja, possui volume financeiro para cobrir 1,78% do volume total assegurado.

Apesar de parecer um número baixo, bancos não entram em falência com frequência, e o valor coberto pelo fundo historicamente vem se elevando; portanto, esse número muito provavelmente conseguiria sem maiores problemas lidar com a falência de um banco pequeno ou até médio. Caso ocorresse uma crise sistêmica de crédito que afetasse o setor financeiro como um todo, os recursos correriam sério risco de não ser suficientes, porém uma crise sistêmica em bancos muito provavelmente afetaria outros setores e aplicações financeiras, de modo que o FGC talvez fosse o nosso menor problema.

Uma vez conhecidas as funcionalidades e limitações das agências classificadoras de risco e do FGC, é possível iniciar uma análise sobre os instrumentos de renda fixa existentes, sendo eles divididos em **títulos públicos** e **títulos privados**.

15.5. Títulos públicos

Títulos públicos:
São ativos de renda fixa emitidos pelo Tesouro Nacional através de um programa em parceria com a B3, desde 2002, com o objetivo de financiar a dívida pública nacional.

Ou seja, ao comprar um título público, empresta-se dinheiro para o governo utilizar em financiamentos de projetos de educação, saúde, infraestrutura, entre outros. O investidor é remunerado por esse empréstimo ao longo do tempo através do pagamento de juros sobre o montante aplicado.

Um dos ideais do Tesouro Direto é permitir que as pessoas se tornem investidoras e financiadoras da dívida pública nacional com valores nominais baixos (a partir de poucas dezenas de reais). Ou seja, é uma política que visa incluir cidadãos de todas as classes sociais, o que acaba sendo interessante para o governo, que aumenta o leque de pessoas que podem financiá-lo, e interessante para o público, que pode começar a investir com pouco capital.

278 • Quanto custa ser rico?

Vale destacar que é possível comprar títulos do Tesouro diretamente pelo site do Tesouro Direto. A operação usualmente é mais barata que a compra através de corretoras ou bancos, os quais podem querer vender "segurança" ao realizar as operações através de suas plataformas, quando na realidade o risco real é exatamente o mesmo se feito pelo site <http://www.tesouro.fazenda.gov.br/>.

Você pode começar a investir em títulos públicos a partir de R$ 30,00 ou 1% do valor do título, o que for maior. Como referência, o maior valor mínimo que temos hoje está próximo dos R$ 100 associados ao tesouro Selic.

Os títulos públicos são classificados como os investimentos de menor risco no país, uma vez que é garantido pelo Tesouro Nacional, ou seja, o próprio governo assegura o pagamento dos títulos. O risco de não recebimento está associado ao governo não pagar. No entanto, quando se fala do baixo risco associado aos títulos públicos, usualmente se refere à probabilidade de não recebimento, e com relativa frequência acaba--se confundindo isso com o risco de mercado, do qual esses títulos não estão isentos.

Ou seja, a alta segurança na garantia do recebimento não garante que o investidor irá obter lucro nas operações, pois é possível ter prejuízo ao investir em títulos públicos, o que iremos detalhar mais à frente.

Existem três modalidades de investimentos em renda fixa: títulos prefixados, pós-fixados e híbridos. Utilizaremos os títulos públicos como exemplos, porém o raciocínio se aplica para todos os tipos de títulos de renda fixa.

15.6. Tipos de títulos de renda fixa

15.6.1. Prefixados

Nesses títulos, se sabe exatamente a rentabilidade obtida ao manter o ativo até seu vencimento. São títulos taxados como conservadores, uma vez que é possível ter a segurança da garantia do montante final a receber no vencimento do título na hora da aquisição, e usualmente é recomendado para investidores que acreditam que a taxa prefixada será maior que o rendimento da Taxa Selic ou que simplesmente não querem estar sujeitos a essa oscilação de mercado em seus investimentos.

Vale ressaltar que essa modalidade de título apresenta seu retorno de forma nominal, ou seja, é necessário descontar a inflação do período para saber a real rentabilidade.

Mesmo com garantia do valor a ser recebido, esta aplicação não protege o valor do dinheiro no tempo e está sujeita a impactos diretos de períodos de grande inflação.

Dentro dos títulos prefixados, existe uma divisão entre duas categorias: Letra do Tesouro Nacional (LTN) e Nota do Tesouro Nacional série F (NTN-F). Apesar de possuírem a mesma lógica de investimentos, a segunda apresenta pagamentos semestrais de juros e se recebe o principal na hora do vencimento do título. Acaba sendo mais utilizada por investidores que possuem grande capital e que utilizam esse pagamento de juros como fonte de renda. Vale ressaltar que há incidência de imposto de renda sobre os rendimentos semestrais, que segue uma tabela regressiva que será discutida mais adiante.

Esses títulos, uma vez adquiridos e mantidos até o vencimento, são liquidados cada um por R$ 1.000. É perfeitamente possível comprar uma fração de cada título de no mínimo 1% do valor deste, com possibilidade de comprar de um em um porcento, ou seja, é possível comprar 2%, 3%, mas não 2,5% ou 3,7% de um título, desde que respeitado o valor mínimo de R$ 30,00 ou 1% do valor do título (o que for maior).

Ao abrir o site do Tesouro Direto, é possível verificar os títulos prefixados disponíveis, assim como sua aplicação mínima e data de vencimento. Por exemplo, em junho de 2019 foi encontrada a seguinte tabela de opções, com destaque para os títulos prefixados:

Títulos públicos disponíveis para investimento						
Título	Data de vencimento	Rentabilidade ao ano (%)	Preço unitário (R$)	Quantidade desejada	Valor desejado (R$)	Taxa de administração (R$)
Tesouro IPCA+ 2024	15/08/2024	3,63	2.685,13			
Tesouro IPCA+ 2035	15/05/2035	3,89	1.761,23			
Tesouro IPCA+ 2045	15/05/2045	3,89	1.203,75			
Tesouro IPCA+ com Juros Semestrais 2026	15/08/2026	3,65	3.755,00			
Tesouro IPCA+ com Juros Semestrais 2035	15/05/2035	3,83	4.058,68			
Tesouro IPCA+ com Juros Semestrais 2050	15/08/2050	3,98	4.433,40			
Tesouro Prefixado 2022	01/01/2022	6,91	841,91			
Tesouro Prefixado 2025	01/01/2025	7,90	654,86			
Tesouro Prefixado com Juros Semestrais 2029	01/01/2029	8,20	1.156,47			
Tesouro Selic 2025	01/03/2025	0,02	10.132,56			
				Total (R$):	0,00	0,00

Figura 82. Títulos públicos.
Fonte: site do Tesouro Direto.

Ou seja, é possível comprar um título do tesouro prefixado com vencimento em 2022 ao valor unitário de R$ 841,91 para receber em 01 de janeiro de 2022 o valor de R$ 1.000 por título recebido. Ou, ainda, de maneira similar, comprar um título ao valor de R$ 654,86 com vencimento em 01 de janeiro de 2025, recebendo na data de vencimento o valor de R$ 1.000 por título.

Da mesma maneira, é possível comprar um título com juros semestrais ao valor unitário de R$ 1.156,47 (penúltima linha), sendo este valor já embutido com as taxas cobradas na aquisição, para receber no vencimento, em 01 de janeiro de 2029, o principal de R$ 1.000 por título de volta, e durante o período de duração do título receber juros semestrais equivalentes ao rendimento de 8,20% a.a.

Observa-se também a taxa de rentabilidade anual referente a cada título. Apesar do título ter valor de vencimento prefixado, a taxa de juros oscila com o tempo, e essa oscilação tem influência direta no preço unitário do papel no momento, e é nessa variação que o título pode sofrer valorização ou desvalorização ao decorrer do tempo. Apesar de títulos mais longos apresentarem rentabilidade mais elevada, esses títulos estão mais sujeitos a variações mercadológicas ao longo do tempo.

Para entender como a taxa de juros impacta no valor do título, é necessário compreender a aplicabilidade da taxa para determinar o preço de venda de cada título. Vamos exemplificar com o prefixado com vencimento em 2022:

Temos o preço de compra em 04 de junho de 2019 (data em que a imagem foi retirada do site) de R$ 841,91 e venda de R$ 1.000 em 01 de janeiro de 2022 à taxa de juros de 6,91% a.a.

A primeira informação necessária para realizar os cálculos é saber quantos dias úteis existem entre a aquisição do título e a data de vencimento. Isso pode ser verificado através de diversos meios, entre eles o site <https://www.dias-uteis.com/>.

Assumindo a data de compra mencionada, existem 655 dias úteis da aquisição ao vencimento. Fazendo o cálculo reverso, temos:

$$Valor\ do\ título\ hoje = \frac{Valor\ no\ vencimento}{(1 + taxa\ de\ juros\ hoje)^{\frac{dias\ úteis\ até\ o\ vencimento}{dias\ úteis\ em\ um\ ano}}}$$

$$\text{Valor do título hoje} = \frac{1000}{1,0691^{\frac{655}{252}}} = \text{R\$ 840,57}$$

A divergência com o valor da tabela decorre do fato de que as taxas cobradas na aquisição estão embutidas no preço de venda. Portanto, para efeitos didáticos, será assumido o valor de R\$ 840,57 como o preço adequado ao título.

É importante saber que o valor da taxa de juros dos títulos públicos é calculado com base na estimativa média da Taxa Selic para o prazo do título em questão. Ou seja, com a Selic com perspectivas de crescimento, os juros tendem a subir – e, de maneira inversa, uma perspectiva de queda da Selic poderá ocasionar o decréscimo da taxa de juros desses títulos.

Agora interpretemos o que ocorre com o valor do título ao longo do tempo, quando a taxa de juros se altera.

Assumindo que a taxa de juros após 22 dias úteis (aproximadamente um mês) se eleve para 15% a.a., o valor do título em questão irá <u>diminuir</u>, uma vez que o potencial de valorização de capital se elevou. Para chegar aos mesmos R\$ 1.000 na data de vencimento (visto que esse valor é prefixado e imutável), é necessário que o valor do título seja reajustado. Logo, teremos:

$$\text{Valor do título hoje (22 dias úteis depois)} = \frac{1000}{1,15^{\frac{655-22}{252}}} = \text{R\$ 703,94}$$

Logo, o valor do mesmo título adquirido a R\$ 840,57, com o aumento da taxa de juros para 15% no período de um mês, depreciaria o valor do título em 16%. Ou seja, a garantia de rentabilidade só ocorre de fato na data do vencimento. Obviamente, quanto mais próximo do vencimento, mais irá se aproximar o valor de compra e venda do ativo de R\$ 1.000, mas nada garante de fato que oscilações não ocorram entre a data de compra e a data de vencimento. Justamente por isso que títulos com vencimentos mais longos estão mais sujeitos a desvalorizações potenciais.

De maneira inversa, uma queda na taxa de juros causa a valorização do título em questão, uma vez que, com uma rentabilidade menor, é necessário que o preço do título se eleve para que seja possível atingir o valor de R\$ 1.000 no vencimento.

Assumindo uma queda de juros no mesmo cenário para 5% a.a., teremos:

$$\text{Valor do título hoje (22 dias úteis depois)} = \frac{1000}{1,05^{\frac{655-22}{252}}} = R\$ 884,66$$

Logo, o valor do mesmo título adquirido a R$ 840,57, com a queda da taxa de juros para 5% no período de um mês, valorizaria o título em 5%.

Utilizando um exemplo real, o título prefixado NTN-F com vencimento em 01 de janeiro de 2023 chegou a ser negociado em novembro de 2012 ao preço de R$ 1.082,21. Após um significativo aumento da taxa de juros, o preço de venda do título três anos depois (dezembro de 2015) chegou ao valor de R$ 749,08, ou seja, houve uma desvalorização de mais de 30% do capital aplicado. Caso houvesse necessidade de resgate dos títulos pelo investidor, esse prejuízo seria capitalizado, como ilustrado na imagem a seguir:

**Figura 83. Evolução do preço de um título pré-fixado ao longo do tempo.
Fonte: criado no site Highcharts.**

Não coincidentemente, a variação da taxa de juros se comportou de maneira praticamente simétrica ao movimento do preço do título, como ilustra a imagem a seguir:

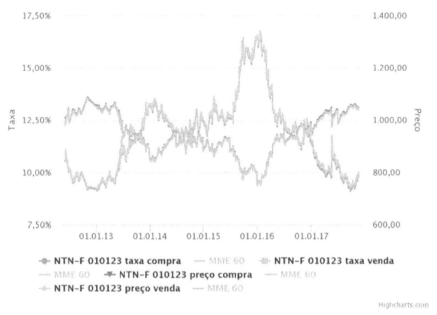

Figura 84. Preço do título x taxa de juros.
Fonte: criado no site Highcharts.

Note que esse **é o único tipo de título público que você sabe exatamente o quanto irá receber no vencimento**, ou seja, é possível calcular com exatidão o valor que se irá receber na data de vencimento do título. Porém, ele não garante aumento nominal diário nem proteção contra a inflação.

15.6.2. Pós-fixados

São títulos cuja rentabilidade está associada a algum indexador variável, sendo os mais usuais o IPCA, o CDI e a Taxa Selic. Esses títulos podem ser puramente pós-fixados ou híbridos, com rentabilidade vinculada em parte pós-fixada e parte pre-fixada. Ou seja, a rentabilidade pode ser composta puramente por um indexador, como a Taxa Selic, ou por uma taxa predefinida no momento da aquisição mais a variação do IPCA do período.

O título público associado à variação da taxa Selic é a Letra Financeira do Tesouro (LFT). A rentabilidade desse título acompanha a taxa de juros básica do país. Trata-se de um dos títulos mais conservadores que existem, visto que, diferentemente dos prefixados, as oscilações que ocorrem não podem ser negativas e tendem historicamente a oscilar menos. A imagem a seguir ilustra a variação de preço do título LFT com vencimento em 28 de fevereiro de 2021. Nota-se que desde sua origem, em 2015, não houve grandes oscilações, a não ser mudanças relativamente suaves na inclinação da curva ao longo do tempo em função da queda ou elevação da taxa Selic.

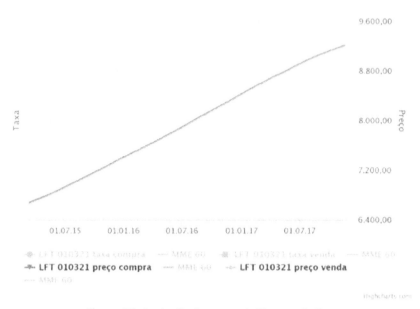

Figura 85. Evolução do preço do Tesouro Selic.
Fonte: criado no site Highcharts.

Esse é o único título público que garante aumento nominal diário do seu capital, ou seja, todo dia que você olhar seu extrato terá um valor maior que o do dia anterior – o quão maior irá depender da taxa de juros do momento. Você não sabe o valor exato que irá receber no vencimento do título (visto que é um pós-fixado), porém tem a plena convicção de que durante todo o percurso não há chances de perda de valor nominal. Apesar de mais estável, ainda assim não é um título que gera proteção contra a inflação. Quem acredita que a taxa de juros crescerá mais que a inflação ao longo do tempo pode querer alocar capital nessa modalidade de título. Vale destacar que tal título pouco é influenciado pela data de vencimento, visto que sua rentabilidade acompanha um indexador de oscilação diária.

15.6.3. Híbridos

Outras modalidades são os títulos híbridos, que contêm uma parcela prefixada e uma pós-fixada, como o Título do Tesouro IPCA+ (NTN-B Principal) e o Tesouro IPCA+ com juros semestrais (NTN-B). A principal diferença entre eles é que o último modelo atua pagando juros semestrais, enquanto o primeiro devolve todo o retorno ao vencimento do título.

Vamos entender melhor o que é de fato um título híbrido. Nessa categoria de títulos é ofertada uma parcela pós-fixada, no caso o rendimento indexado ao IPCA, e uma parcela prefixada que depende da taxa de juros do momento e pode causar oscilações no valor do título, da mesma maneira que ocorre com títulos prefixados discutidos anteriormente. Logo, o seu título rentabiliza em função das duas variáveis. Com os exemplos a seguir a compreensão ficará mais fácil.

É importante destacar que estes são títulos que de fato garantem rentabilidade real do capital investido no vencimento, ou seja, garantem o aumento do poder de compra do dinheiro, pois criam uma proteção contra a inflação.

No entanto, por possuir uma parcela de seu rendimento atrelado a uma modalidade prefixada, o preço do título pode oscilar ao longo de sua existência, da mesma maneira que um título puramente prefixado oscila.

Utilizando novamente um exemplo real, o título prefixado NTN-B Principal, com vencimento em 2050, chegou a ser negociado em janeiro de 2013 ao preço de R$ 3.280,64. Um ano depois (janeiro de 2014), houve um significativo aumento da taxa de juros no período, levando o preço de venda do título ao valor de R$ 2.122,60, ou seja, houve uma desvalorização de 35% do capital aplicado. Caso houvesse necessidade de resgate dos títulos pelo investidor, esse prejuízo seria capitalizado, como ilustrado na imagem a seguir:

Figura 86. Evolução do preço de um título híbrido ao longo do tempo.
Fonte: adaptado do site tdcharts.info.

Não coincidentemente, a variação da taxa de juros também se comportou de maneira praticamente simétrica ao movimento do preço do título, como ilustra a imagem a seguir:

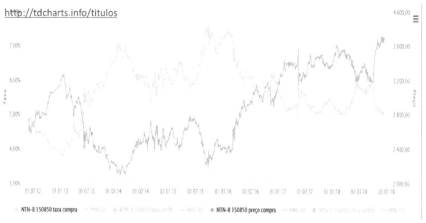

Figura 87. Preço do título x taxa de juros.
Fonte: adaptado do site tdcharts.info.

Esses títulos possuem opções mais longas de vencimento, o que permite que eles sejam utilizados muitas vezes para planos de aposentadoria, compra de imóveis ou objetivos de mais longo prazo. Como se pode observar nas opções existentes, existem títulos com vencimento até 2050:

Título	Data de vencimento	Rentabilidade ao ano (%)	Preço unitário (R$)
Tesouro IPCA+ 2024	15/08/2024	3,63	2.685,13
Tesouro IPCA+ 2035	15/05/2035	3,89	1.761,23
Tesouro IPCA+ 2045	15/05/2045	3,89	1.203,75
Tesouro IPCA+ com Juros Semestrais 2026	15/08/2026	3,65	3.755,00
Tesouro IPCA+ com Juros Semestrais 2035	15/05/2035	3,83	4.058,68
Tesouro IPCA+ com Juros Semestrais 2050	15/08/2050	3,98	4.433,40
Tesouro Prefixado 2022	01/01/2022	6,91	841,91
Tesouro Prefixado 2025	01/01/2025	7,90	654,86
Tesouro Prefixado com Juros Semestrais 2029	01/01/2029	8,20	1.156,47
Tesouro Selic 2025	01/03/2025	0,02	10.132,56

Figura 88. Títulos públicos.
Fonte: site do Tesouro Direto.

Note que esse **é o único tipo de título público que garante o aumento real do seu capital no vencimento**, ou seja, ele irá garantir um rendimento acima da inflação não só preservando, mas aumentando o poder de compra do seu dinheiro. Porém, é um título que, devido a sua parcela prefixada, não garante o retorno durante o seu tempo de vida antes do vencimento, devendo ser adquirido com a intenção de carregamento até a data de vencimento.

15.7. Aspectos fundamentais

Agora que já se possui compreensão sobre as variedades e os riscos existentes dentro dos títulos públicos, torna-se necessário discorrer sobre alguns aspectos intrínsecos e fundamentais a respeito desses ativos.

> ➤ **Liquidez:** desde março de 2015 todos os títulos do tesouro apresentam liquidez diária, ou seja, caso o investidor deseje efetuar um resgate antecipado, ele poderá vender o título a qualquer momento. A venda pode ser realizada *on-line* em dias úteis das 18h até 5h do dia posterior, e em finais de semana e feriados nacionais a qualquer momento. Essa regra é aplicada para garantir que a venda seja executada com o preço de fechamento do último dia útil. O pagamento ocorre em D+1, ou seja, um dia útil após a efetuação da venda.

> ➤ **Taxas:** existem duas principais taxas que devem ser consideradas na hora da decisão de uma compra. A primeira é relativa à B3, que corresponde a 0,25% a.a., desde janeiro de 2019, sobre o valor dos títulos. Essa taxa é justificada pela guarda dos títulos, serviços de movimentação do capital e levantamento e disponibilização de informações de saldos. A segunda taxa é referente à corretora utilizada e pode oscilar desde a isenção da taxa até aproximadamente 2% a.a. – essa variação oscila dependendo da corretora, do cliente e da negociação. Quando se paga a taxa B3, o título adquirido passa a fazer parte do seu patrimônio, visto que este fica vinculado ao CPF do investidor; a corretora atua como intermediária perante a Companhia Brasileira de Liquidação e Custódia (CBLC). Portanto, cabe a cada investidor aceitar ou não quando aparecer uma corretora que oferece a compra de títulos do tesouro com isenção da taxa B3, visto que, dessa forma, o título comprado ficará registrado como patrimônio da corretora. Obviamente, se a corretora for de confiança do investidor, esse tipo de situação pode se apresentar como uma vantagem. No entanto, nesse cenário ocorre maior vulnerabilidade em casos de fraudes e falência da entidade.

➢ **Tributação:** o imposto de renda (IR) incide sobre o lucro obtido em cada título e só é cobrado na liquidação, no recebimento de juros semestrais ou obviamente no vencimento. Este se comporta de maneira regressiva, ou seja, quanto mais tempo se deixar o dinheiro aplicado, menor será o IR até certo limite. Este se comporta da seguinte maneira:

Tabela 41. Tabela do Imposto de Renda.

Tempo	IR
Até 180 dias	22,5%
181 a 360 dias	20,0%
3601 a 720 dias	17,5%
Acima de 720 dias	15,0%

Essa tabela regressiva atua como incentivo para que os investimentos sejam focados no longo prazo, o que é extremamente interessante para o governo, que consegue ter maior previsibilidade e prazo para alocar os recursos levantados em projetos da dívida pública. É importante destacar que resgates feitos em prazos inferiores a 30 dias ainda são incididos por IOF, que segue uma tabela regressiva que pode consumir praticamente TODO o lucro se o capital for resgatado em um prazo muito curto.

Segue tabela da porcentagem do lucro descontado conforme o prazo dentro dos 30 dias nos quais incidem o IOF (além do IR):

Tabela 42. Tabela do IOF.

Nº dias	Alíquota	Nº dias	Alíquota	Nº dias	Alíquota
1	96%	11	63%	21	30%
2	93%	12	60%	22	26%
3	90%	13	56%	23	23%
4	86%	14	53%	24	20%
5	83%	15	50%	25	16%
6	80%	16	46%	26	13%
7	76%	17	43%	27	10%
8	73%	18	40%	28	6%
9	70%	19	36%	29	3%
10	66%	20	33%	30	0%

15.8. Títulos privados

Além dos títulos públicos já discutidos, existe uma categoria menos conhecida de aplicações de renda fixa que são os **títulos privados**, os quais são emitidos por bancos, financeiras ou empresas privadas. A aquisição desses títulos pode ser feita via bancos ou corretoras.

De maneira similar ao objetivo dos títulos públicos, os títulos privados surgem com o objetivo de levantar capital para as companhias que visam utilizar os recursos captados para financiar seus projetos ou dívidas. A atração desses investimentos é feita através do pagamento de juros sobre o capital investido, podendo ser tanto prefixado ou pós-fixado. Logo, ao comprar um título privado, se estará emprestando dinheiro à instituição em troca de remuneração na forma de juros sobre o capital depositado.

Se um título privado é emitido por um banco ou financeira de porte menor, o risco de crédito acaba tendo um impacto na hora da tomada de decisão do investidor. E é justamente por isso que usualmente esses títulos acabam apresentando as maiores rentabilidades do mercado, podendo em diversos casos ter uma rentabilidade maior que 100% do CDI, como será exemplificado a seguir.

Diversas modalidades mais populares desses títulos (praticamente com exceção das debêntures apenas), uma vez que sejam emitidas por instituições credenciadas, desfrutam da proteção do FGC, ou seja, é assegurado o valor de até R$ 250.000 por CPF por instituição ou conglomerado de instituições.

No entanto, além do risco de crédito, os títulos privados podem apresentar tempo de custódia ou de carência, que representa o tempo no qual o resgate total ou parcial da aplicação não será permitido. Esse é um mecanismo que atua de maneira similar ao IR regressivo, que permite maior previsibilidade quanto aos resgates e permite que o dinheiro aplicado possa ser utilizado por mais tempo no financiamento dos projetos da instituição, tornando-se muitas vezes a única medida protetiva quando as aplicações não possuírem a cobrança de IR. Essa informação é de extrema importância para o investidor e deve constar no termo de acordo, que deve sempre ser lido com atenção e detalhamento.

Destacamos nos próximos itens as principais categorias de títulos de renda fixa.

15.8.1. CDBs e LCs

Certificados de Depósito Bancário (CDBs), assim como o nome sugere, são títulos emitidos por bancos que visam gerar financiamento para suas atividades de créditos. Letras de Crédito (LCs) divergem dos CDBs apenas por serem emitidas por financeiras, mas seguem as mesmas regras.

Esses títulos podem ser prefixados: o banco emite o título a uma taxa predefinida e está sujeito às mesmas oscilações mercadológicas e econômicas que os pré-fixados emitidos pelo governo, correndo o risco de prejuízo caso ocorra o resgate antecipado. Eles também podem ser pós-fixados ou híbridos.

Existem os CDBs e LCs híbridos similares aos títulos públicos IPCA+, onde uma parcela do título é atrelada a um índice, que usualmente acaba sendo o IPCA, acrescido de uma rentabilidade anual previamente acordada.

Na tabela a seguir, retirada de uma corretora em junho de 2019, é possível verificar a existência de algumas opções de CDBs híbridos e uma série de informações relevantes para a tomada de decisão como: o emissor do título, o formato do IR, a rentabilidade anual, o vencimento e o valor mínimo de aplicação:

Produto ⇕	Emissor ⇕		IR ⇕	Rentab. (Anual) ▲	Vencimento ⇕	Valor Mínimo ⇕
:: CDB	BANCO BMG S.A		Regressivo	3,05% + IPC-A	365 Dias	R$ 10.000,00
:: CDB	BANCO BMG S.A		Regressivo	4,05% + IPC-A	730 Dias	R$ 10.000,00
:: CDB	BANCO BMG S.A		Regressivo	5,3% + IPC-A	1096 Dias	R$ 10.000,00
:: CDB	BANCO BMG S.A		Regressivo	5,9% + IPC-A	1460 Dias	R$ 10.000,00
:: CDB	BANCO BMG S.A		Regressivo	6,2% + IPC-A	1826 Dias	R$ 10.000,00

Figura 89. Opções de CDBs híbridos.
Fonte: site da XP Investimentos.

Vale destacar que o IR acompanha a mesma tabela de regressão dos títulos públicos.

Além desses dois formatos, existem os CDBs pós-fixados, que usualmente são vinculados ao CDI (Certificado de Depósito Interbancário). Seguem tabelas levantadas em junho de 2019 com uma série de opções de títulos pós-fixados organizados por ordem decrescente de rentabilidade:

Produto ⬍	Emissor ⬍		IR ⬍	Rentab. (Anual) ▼	Vencimento ⬍	Valor Mínimo ⬍
:: CDB	BANCO AGIPLAN S/A	🗎	Regressivo	123% CDI	900 Dias	R$ 3.000,00
:: CDB	BANCO PAN S.A	🗎	Regressivo	119% CDI	1080 Dias	R$ 5.000,00
:: CDB	BANCO TOPAZIO S.A	🗎	Regressivo	118% CDI	730 Dias	R$ 1.000,00
:: CDB	BANCO BMG S.A	🗎	Regressivo	118% CDI	1080 Dias	R$ 10.000,00
:: CDB	BANCO INDUSVAL & PARTN...	🗎	Regressivo	118% CDI	1080 Dias	R$ 3.000,00
:: CDB	BANCO BMG S.A	🗎	Regressivo	118% CDI	1800 Dias	R$ 10.000,00
:: CDB	BANCO FIBRA S.A	🗎	Regressivo	118% CDI	1800 Dias	R$ 5.000,00
:: CDB	BANCO ORIGINAL S.A	🗎	Regressivo	117,5% CDI	1095 Dias	R$ 10.000,00
:: CDB	BANCO FIBRA S.A	🗎	Regressivo	117,5% CDI	1440 Dias	R$ 20.000,00

Figura 90. Opções de CDBs pós-fixados.
Fonte: site da XP Investimentos.

Note que a maior rentabilidade se apresenta superior a 100% sobre o CDI. Como já visto, essa rentabilidade tende a ser maior quanto maior for o risco de crédito da instituição ou banco; no entanto, outros fatores também podem influenciar a rentabilidade, como vencimentos mais distantes e valores mínimos maiores. Cabe ao investidor analisar todas as variáveis relevantes antes da tomada de decisão e não apenas adquirir o título que apresente maior rentabilidade, pois não necessariamente este será o mais alinhado com a sua estratégia e o seu objetivo.

15.8.2. LCIs e LCAs

Letras de Crédito Imobiliários (LCIs) e Letras de Crédito do Agronegócio (LCAs) são títulos emitidos por bancos ou financeiras, usualmente pós-fixados indexados ao CDI, mas podem ser prefixados ou híbridos. Uma das grandes vantagens desses títulos é a isenção de imposto de renda sobre o lucro das aplicações.

Do ponto de vista do investidor, não existe diferença prática entre LCIs e LCAs, a não ser que o primeiro é lastreado por empréstimos imobiliários, e o segundo é garantido por empréstimos concedidos ao setor de agronegócio.

A tabela a seguir lista algumas opções de LCIs e LCAs levantadas diretamente de uma corretora em junho de 2019:

292 • Quanto custa ser rico?

Produto ⬍	Emissor ⬍		IR ⬍	Rentab. (Anual) ▼	Vencimento ⬍	Valor Mínimo ⬍
LCI	BANCO ORIGINAL S.A		isento	98% CDI	360 Dias	R$ 5.000,00
LCA	BANCO ABN AMRO		isento	89% CDI	810 Dias	R$ 30.000,00
LCA	BANCO COOPERATIVO DO B...		isento	88% CDI	90 Dias	R$ 10.000,00
LCA	BANCO BBM S/A		isento	88% CDI	186 Dias	R$ 50.000,00

Figura 91. Opções de LCIs e LCAs.
Fonte: site da XP Investimentos.

Nota-se que o banco com menor valor mínimo de aplicação e prazo de vencimento intermediário apresenta a maior rentabilidade; logo, provavelmente é a instituição que deve apresentar maior risco de crédito.

Vale destacar que essa categoria de renda fixa usualmente não é vantajosa no longo prazo. Apesar de ser isenta de IR, a rentabilidade bruta costuma ser inferior aos CDBs, e no longo prazo o efeito dos juros compostos é limitado.

15.8.3. Debêntures

Outra modalidade bem conhecida de renda fixa são as debêntures, que são **títulos de dívidas** emitidos por empresas de capital aberto ou fechado visando a captação de recursos para financiamento de projetos. A atração de investidores para esse título é feita da mesma maneira que quaisquer outros títulos: ao se adquirir o título o investidor se torna credor da empresa, a qual paga juros sobre o capital aplicado. Ou seja, a debênture é um título de crédito privado, no qual os investidores são os credores da empresa e recebem juros nas condições acordadas sobre o capital aplicado.

Uma empresa emite uma debênture quanto não quer (ou não pode), por qualquer motivo, abrir seu capital para investidores se tornarem sócios. A emissão de títulos de dívidas cumpre exatamente essa função de financiar projetos empresariais sem diluir a parcela societária da empresa.

Esses títulos podem ser prefixados, ou seja, a rentabilidade do título é acordada na hora da aquisição; podem ser pós-fixados, usualmente atrelados à Taxa Selic ou ao CDI; ou híbridos, com uma parcela prefixada e outra atrelada a algum indexador, usualmente o IPCA.

Como esses títulos são emitidos por empresas, eles possuem algumas características distintas das outras modalidades já apresentadas. Eles podem ser classificados em uma série de critérios.

Conversíveis ou simples
Debêntures conversíveis são títulos que podem ser convertidos em ações daquela companhia no vencimento do título ou em algum prazo estabelecido, enquanto as debêntures simples não podem ser convertidas. A conversão é optativa, sendo um diferencial para o investidor que apresentar interesse nessa modalidade para sua estratégia vigente.

Incentivadas ou comuns
As debêntures também podem ser incentivadas ou comuns. As incentivadas possuem isenção de IR, pois se referem à capitalização de fundos para projetos de infraestrutura (como construção de estradas, condomínios, aeroportos). Ao isentar o indivíduo credor desse imposto, o governo estimula investimentos para essa tão importante área econômica. A debênture comum possui desconto regressivo do IR, conforme a mesma tabela dos títulos públicos, podendo ir desde 22,5% até 15,0%, dependendo do prazo de resgate.

Garantia real ou flutuante
Uma debênture com garantia real é assegurada pelos ativos (bens) da empresa especificados no documento de emissão, ou seja, o pagamento da dívida é lastreado em um bem da empresa, aumentando a confiabilidade e a garantia do pagamento. Nessa modalidade, o valor da emissão não pode ultrapassar 80% do valor dos bens em garantia.

Já a garantia flutuante também assegura o pagamento da dívida em função aos ativos da empresa emissora, porém, sem atrelá-la a um ativo determinado. Esse ativo pode ser escolhido pela empresa, dentro de um critério preestabelecido, para ser liquidado no caso de inadimplência/incapacidade da quitação da dívida. O valor da emissão fica limitado a 70% do valor contábil de todo ativo da empresa.

Garantia quirografária ou subordinada
A primeira modalidade (quirografária) não apresenta preferência ou garantia específica sobre o ativo da empresa emissora, de forma que, em caso de falência ou incapacidade de quitação da dívida da empresa, o investidor concorre em igualdade de condições com outros credores.

Já a garantia subordinada oferece preferência no pagamento **apenas em detrimento dos acionistas**, ainda ficando abaixo de toda a fila de pagamentos já explanada no capítulo sobre ações (trabalhadores, governo, credores, fornecedores, **debenturistas subordinados**, acionistas preferenciais e acionistas ordinários).

Essa modalidade de título privado pode possuir vencimento desde dois anos até mais de uma década, então cabe ao indivíduo ponderar bem o que a variação temporal (especialmente em títulos prefixados) pode causar de benéfico e de prejudicial e possuir um bom planejamento de médio e longo prazo que se alinhe com sua estratégia e seu objetivo como investidor.

É importante destacar que, assim como qualquer título privado, o risco financeiro é maior que para os títulos públicos. Logo, é fundamental que se pondere qual empresa está emitindo a debênture, e não somente os aspectos operacionais do título – relembrando que quanto maior o rendimento, muito provavelmente maiores serão os riscos atrelados a ele.

A tabela a seguir lista algumas opções de debêntures levantadas diretamente de uma corretora em junho de 2019:

Produto ⇕	Emissor ⇕		IR ⇕	Rentab. (Anual) ⇕	Vencimento ⇕	Valor Mínimo ⇕
Debênture	ENERGISA SA ENGI49	⊙	Regressivo	105% CDI	1789 Dias	R$ 1.012,57
Debênture	VALE S/A VALE19	⊙	Isento	3,83% + IPC-A	998 Dias	R$ 1.223,07
Debênture	COMPANHIA ENERGETICA D... CSRN27	⊙	Isento	5,03% + IPC-A	2520 Dias	R$ 1.000,29
Debênture	VENTOS DE SAO TITO HOLDI... VNTT11	⊙	Isento	5,87% + IPC-A	3859 Dias	R$ 1.159,75
Debênture	EXTREMOZ TRANSMISSORA... EXTZ11	⊙	Isento	5,97% + IPC-A	4073 Dias	R$ 1.011,92
Debênture	CHAPADA DO PIAUI I HOLDI... CHPA11	⊙	Isento	6,44% + IPC-A	4132 Dias	R$ 14.138,42
Debênture	COMPANHIA DE SANEAMEN... SNTI23	⊙	Isento	6,49% + IPC-A	1713 Dias	R$ 1.228,98
Debênture	ITAREMA GERACAO DE ENE... ITGE13	⊙	Isento	6,76% + IPC-A	4042 Dias	R$ 1.099,94

Figura 92. Opções de Debêntures.
Fonte: site da XP Investimentos.

Note que existem títulos com IR regressivos e isentos, além de vencimentos com prazos relativamente extensos e empresas dos mais diversos segmentos de mercado ofertando essa modalidade de investimento.

15.9. Montando uma carteira de renda fixa

Agora cabe a pergunta que você deve estar se fazendo após conhecer melhor todas essas distintas categorias de aplicações de renda fixa: "como eu monto a minha carteira de renda fixa?". A reposta você já deve estar calejado de ler: mais uma vez, é o nosso grande amigo **depende**. E não apenas do momento econômico e da falta de nossa real capacidade preditiva, como já discutimos. Depende do seu perfil e do seu objetivo, de quão frequente serão seus aportes de capital, como você irá realizar sua alocação de ativos, qual o teor de risco a que suas outras aplicações estão sujeitas, do quanto você precisa de capital líquido. Enfim, você deve ter captado que a montagem de uma carteira, mesmo que dentro de uma carteira patrimonial, não é tão simples. Para auxiliá-lo a responder à pergunta inicial, existem, sim, alguns critérios que você pode utilizar para elaborar suas aplicações em renda fixa.

Vamos dividir essa análise em duas partes: a primeira em relação a cada espécie de título e a segunda em função do seu perfil e objetivo.

Em períodos de grande incerteza econômica e fortes oscilações de mercado, um dos fatores que usualmente acabam sofrendo impacto é a inflação. Já vimos que, apesar de todos os mecanismos de controle governamentais, a inflação não é tão simples de ser administrada, logo, é interessante, em períodos de incertezas ou simplesmente visando o longo prazo, buscar **títulos IPCA + taxa**, de forma que o seu capital esteja protegido contra grandes oscilações inflacionárias. Isso também garante um aumento no poder de compra real do seu dinheiro.

Contudo, trata-se de uma modalidade de título que deve ser adquirido com o intuito de carregamento até o vencimento, devido a sua parcela prefixada, que gera a possibilidade de prejuízo no caso de resgate antecipado.

Agora, quando você acredita que a taxa de juros se encontra em patamares elevados, é interessante buscar **títulos prefixados.** Ao contrário da compra de ações, títulos prefixados devem ser adquiridos nas máximas, visto que o valor da cota deste aumenta com a queda da taxa de juros. Porém, ao adquirir um título prefixado, você não deve jamais contar com a queda da taxa de juros, visto que é impossível prever o que a economia e o mercado irão fazer com precisão. **Mesmo que seja um título público com alta liquidez (D+1), este deve ser adquirido com o intuito de carregá-lo até o vencimento**, para não se correr o risco de obter prejuízo, na eventualidade de precisar resgatá-lo.

Se você acredita em uma alta da taxa Selic – pasme –, você deve buscar títulos associados à Selic, sempre tendo em mente que é uma taxa determinada pelo governo, mas influenciada por uma série de fatores internos e externos. Esse é o único título que garante aumento nominal do seu capital.

Se você está buscando um rendimento mais elevado e consegue alocar parte de seu capital para ficar aplicado por um longo prazo, busque títulos com vencimentos mais longínquos, visto que estes costumam pagar as melhores taxas. Porém, são também mais influenciados por oscilações econômicas, visto que o efeito das taxas de juros repercutirá por períodos mais longos nos títulos prefixados e híbridos.

Caso você precise de rendimentos constantes para pagar suas contas ou reaplicar em algo além da renda fixa, procure por títulos com pagamentos de juros semestrais. Contudo, sempre tenha em mente que, ao obter pagamentos semestrais, o efeito dos juros sobre juros na sua aplicação está sendo anulado. No longo prazo isso gera um impacto bem significativo sobre o montante final.

E se você tem um perfil mais curioso, comece com um pouco em cada categoria que chamou a sua atenção.

Caso você esteja buscando o melhor rendimento do mercado, você estará apenas alimentando sua corretora, banco e governo ao pagar taxas e impostos ao movimentar o seu dinheiro. Ou você pode aceitar que não precisamos estar expostos ao 'melhor investimento da vez', pois este sempre será mutante. Raramente conseguiremos entrar e sair no *timing* taxado como ideal. Um conselho seria buscar uma mescla de títulos alinhados com os seus objetivos. **Não precisamos do melhor rendimento do mercado para sermos lucrativos**. O ideal é ter uma exposição saudável a diferentes pontas – e, por que não, uma exposição maior nas categorias que acreditamos que irão se destacar em rentabilidade nos próximos períodos.

Lembre-se sempre do efeito do longo prazo em renda fixa. Se investíssemos R$ 10.000 dez anos atrás na poupança e no tesouro Selic, teríamos, respectivamente, algo muito próximo de R$ 20.000 *versus* R$ 24.000. Uma diferença de 20%.

Mas se fizermos a mesma comparação, agora com 20 anos, teríamos na poupança aproximadamente R$ 47.000 e no tesouro Selic impressionantes R$ 116.000, quase 300% a mais de ganho.

No jogo da renda fixa, o tempo é o seu maior aliado!

16. Fundos de Investimento

Compreender o que são e como funcionam os fundos de investimentos é fundamental para o investidor que deseja criar uma carteira diversificada dentro de uma alocação de ativos ponderada e estratégica.

Fundos de investimentos podem ser comparados a condomínios, com investidores em vez de locatários e ativos em vez de imóveis, mas de modo que todos possuam uma parcela desse condomínio no formato de cotas, proporcional à participação financeira dentro desse fundo. Ou seja, fundos são aplicações financeiras onde o capital de diversos investidores é gerido de forma comum.

Nos fundos, os investidores são donos de suas cotas, mas a propriedade dos ativos é pertencente ao fundo, o qual é representado por uma pessoa jurídica.

Um fundo de investimento pode ser comparado a uma cesta de natal. Em vez de vinho, nozes, tâmaras, champanhe e outros itens festivos, contém ativos do mercado de capitais que podem ser tão distintos entre si como os itens listados, ou tão similares quanto se queira, podendo o gestor do fundo (dentro das regras deste) decidir o que manter na cesta, quando manter e tirar, e a quantidade de cada produto.

Outra similaridade de um fundo com a cesta é o fato que, ao comprar a cesta, você não paga individualmente por cada item que nela está contido. Você compra o pacote todo, e caso haja uma 'uva passa' você terá que levá-la junto.

De acordo com o anuário de 2015 sobre fundos de investimentos publicados pela Associação Brasileira das Entidades dos Mercados Financeiro e de Capitais (ANBIMA), existem mais de 14.000 fundos no Brasil, com a participação de mais de 11 milhões de CPFs, correspondendo ao capital somado de aproximadamente R$ 3 trilhões. Logo, não é difícil notar que a indústria dos fundos de investimentos possui significativa relevância dentro da economia brasileira.

Apesar dos fundos de investimentos se apresentarem como uma opção para o investidor que quer diversificar sua carteira, tanto em renda fixa como em renda variável, e quer se aproveitar das vantagens que uma gestão profissional traz consigo, é importante destacar que, assim como qualquer modalidade de ativos de renda variável (obviamente, quando o fundo for de renda variável), não existe garantia de retornos.

Vale relembrar que quase 80% dos fundos de ações não conseguem superar o rendimento do próprio Ibovespa, e mesmo fundos que vêm superando há diversos anos não garantem que no ano vigente ou no seguinte irão repetir o feito. Um exemplo dessa vulnerabilidade ocorreu com o fundo americano *Legg Mason Trust Fund* (IMVTX), que por 15 anos consecutivos superou o índice S&P 500 dos Estados Unidos. Este fundo sempre foi considerado um dos mais tradicionais, que investia em empresas de grande valor, similar às consideradas *blue chips*[7] no Brasil.

Entre 1991 e 2005 esse fundo superou em 7,1% o rendimento do índice, gerando um retorno de 16,5% a.a. Esse rendimento acumulado gerou 888% de rendimento, ou seja, US$ 10.000 aplicados nesse fundo em 1991 se tornariam aproximadamente US$ 98.800 em 2005, enquanto a mesma quantia investida no índice se tornaria aproximadamente US$ 37.800, ou seja, 60% a menos, como ilustra a imagem a seguir, que compara o rendimento do fundo e o índice nesse período:

Figura 93. Fundo x S&P.
Fonte: Morningstar.

No entanto, nos seis anos seguintes consecutivos o fundo apresentou um rendimento inferior ao índice, chegando inclusive a apresentar resultados de rentabilidade negativa de aproximadamente -34%, contra 17% do índice nesse mesmo período. Veja a imagem:

---

[7] *Blue chips* são empresas vistas como líderes de mercado, com solidez financeira e estabilidade.

Figura 94. Fundo x S&P.
Fonte: Morningstar.

Uma hipótese para o acontecimento pode ser explicada pelo comportamento do gráfico do próprio índice, o qual permaneceu majoritariamente em tendência de alta durante o período de 1991 a 2005, e a partir de 2006 até 2011 começou a apresentar uma tendência indefinida e, dependendo da forma de análise, até mesmo baixista em algum período. Logo, existe a possibilidade de a estratégia elaborada pelo gestor do fundo ser adequada apenas para o mercado em tendência de alta no longo prazo. Quando ocorre uma inversão ou alteração na tendência, a estratégia, que antes era adequada, passa a não ser.

O investidor menos experiente pode até chegar a assumir que até o mercado mudar a tendência ele trocaria a posição de seu capital para um fundo que atue bem nesse novo cenário, o que é sem dúvida uma estratégia válida e teoricamente viável. Acontece que só é possível diagnosticar uma tendência após ela já estar em vigência; prever quando ela ocorrerá é impossível. Não se deixe enganar pelo viés de retrospectiva, caro leitor!

Um investidor mais experiente estaria consciente de que seu capital alocado no mercado de renda variável está sujeito a oscilações e que estratégias deixam de se adequar dependendo da situação e do comportamento (sempre) mutante do mercado. Ele alocaria o capital de risco estrategicamente designado em determinado fundo, sabendo dos riscos de perdas, mesmo que um fundo venha constantemente apresentando ganhos. Para isso, além da necessidade primária de uma estratégia em nível macro, é necessário conhecer as principais vantagens e desvantagens associadas a essa tão relevante categoria de investimentos, para decidir em qual fundo de investimento alocar capital.

16.1. Vantagens e desvantagens dos fundos de investimento

Aplicações em fundos de investimentos permitem alcançar uma carteira diversificada com a compra de um ou poucos ativos. Como a chave de uma boa estratégia de alocação de ativos está em definir o quanto irá se diversificar, os fundos de investimentos acabam apresentando espaço para os mais diversos perfis, desde os mais cautelosos com os fundos de renda fixa, até os mais arrojados com fundos multimercado ou fundos de ações.

Um investidor que possui, por exemplo, boa parte de seu capital alocado em dólar, está exposto a sofrer grandes perdas caso a moeda sofra desvalorização perante a moeda nacional. De maneira similar, um investidor que possui grande parte de seus recursos investidos apenas na Petrobras está sujeito às oscilações e à volatilidade da empresa em tão maior intensidade quanto maior for sua posição.

Os fundos compöem suas carteiras com diversos ativos distintos, os quais podem (e são) alternados ao longo do tempo, sem que o investidor do fundo pague a corretagem para tal troca. Ele continua protegido pelas regras e regulamentos que garantem que o fundo aloque os recursos dentro da estratégia e dos limites predeterminados pelas características desse fundo.

Por exemplo, para ser considerado de renda fixa, um fundo precisa de no mínimo 80% de sua carteira com ativos classificados como renda fixa, enquanto um fundo de ações necessita de no mínimo 67% dos seus ativos alocados em ações. Já um fundo de câmbio segue a mesma regra de porcentagem do fundo de ações, devendo obrigatoriamente manter 80% de sua carteira atrelada a moedas estrangeiras.

Já um fator que pode ser considerado tanto uma vantagem como uma desvantagem, dependendo da interpretação, é o fato de que a gestão não é feita pelo investidor. Ele se torna um sócio passivo nas decisões gerenciais e administrativas, ou seja, o investidor não opina em quais ativos farão parte do fundo.

Alguns podem interpretar isso como uma vantagem, visto que não querem ou não possuem tempo para se envolver e preferem deixar que profissionais da área lidem com essas modalidades de assunto. Já um investidor de perfil mais incisivo e participativo pode se sentir excluído e desconfortável ao deixar a administração em poder de um terceiro.

Um ponto claramente favorável dessa abordagem é que, devido ao grande volume de capital dos fundos, gestores diversas vezes conseguem elaborar carteiras com produtos mais complexos e sofisticados, que acabam por não ser acessíveis ao investidor comum de maneira prática.

De maneira geral, os fundos de investimento, especialmente os de ações, possuem uma carteira de ativos que, se fosse montada pelo investidor individual, necessitaria de um aporte mínimo usualmente maior que o valor de entrada no fundo para se tornar rentável.

Por exemplo, assumindo uma carteira de um fundo com dez ações distintas, e um preço de corretagem de R$ 15,00 por ativo, um investidor, para montar uma carteira similar, iria gastar R$ 300,00 apenas de corretagem para efetivar a compra e posterior venda desses ativos. Se o investidor utilizasse um capital total de R$ 10.000 para montar essa carteira, precisaria de um rendimento de 3% apenas para empatar os gastos com corretagem, sem mencionar outras taxas como emolumentos e IR.

Diversos fundos de investimentos possuem valores mínimos de entrada na ordem de R$ 1.000, podendo inclusive em alguns casos chegar a montantes menores (também existem casos opostos, nos quais os valores mínimos de entrada nos fundos são superiores a R$ 50.000).

No entanto, manter essa estrutura de maneira saudável pode apresentar um alto custo, através da cobrança de taxas, as quais precisam ser consideradas na hora da decisão de aquisição do fundo.

De maneira sucinta, com exceção dos fatores operacionais que serão detalhados nos próximos tópicos, dentre as principais vantagens de investir em fundos de investimento se destacam:

> **Gestão por uma equipe de profissionais:** você não precisa acompanhar o mercado todos os dias e todas as horas. Uma equipe especializada e focada nisso faz o trabalho por você. O gestor do fundo (e sua capacidade de rentabilizar capital) acaba sendo a principal razão pela qual investidores alocam parte de seu patrimônio em determinado fundo de investimento.

> **Diversificar em um único ativo:** conforme já comentado, a possibilidade de diversificar seu portfólio através de um único ativo é um fator de atração dessa modalidade de investimentos.

302 • Quanto custa ser rico?

➢ **Redução de custos para montar a carteira:** tópico também já discutido em parágrafos anteriores. Mas vale a ressalva: dependendo do seu capital disponível, os custos para montagem de uma carteira podem apresentar um peso significativo no seu retorno final.

➢ **Alto volume de capital no fundo:** usualmente fundos chegam a coletar milhões de reais para sua carteira, o que permite acesso a produtos mais sofisticados não disponíveis ao investidor comum. Tais produtos podem conter oportunidades interessantes de rentabilidade.

➢ **Velocidade de reação:** como toda a equipe do fundo está focada em geri-lo da melhor maneira possível – assim esperamos –, o foco no mercado permite reações bem mais rápidas e práticas a oportunidades ou ameaças. Usualmente, um investidor comum não conseguiria ter essa agilidade toda.

➢ **Mais tempo longe do mercado:** uma das principais vantagens ao se investir em um fundo é ter mais tempo livre para desenvolver seus negócios, ficar com sua família, estudar algo que lhe interesse.

Dentre as principais desvantagens, destacamos:

➢ **Gestão por uma equipe de profissionais:** se você não concordar com a decisão de um gestor de um fundo, nada poderá fazer quanto a isso, e às vezes a oportunidade que você identificou pode passar e nada ocorrer se seu capital estiver comprometido. Pessoas com perfis mais controladores usualmente não gostam de alocar capital em fundos, ou o fazem pouco, preferindo tomar as próprias decisões – aqui entra a importância de conhecer o próprio perfil.

➢ **Desvantagens operacionais:** estas serão detalhadas nos próximos tópicos, mas entre elas destacamos o come-cotas, as taxas de administração e performance e o prazo para liquidação do resgate.

16.2. O famigerado come cotas

Muito se fala a respeito do temido come cotas, porém, pouco se compreende de fato o real impacto que ele apresenta no longo prazo em fundos.

Primeiro de tudo, o que é o come cotas? Trata-se da antecipação do recolhimento do imposto de renda que a Receita Federal faz sobre fundos de investimentos uma vez a cada semestre – mais especificamente, em maio e em novembro.

O conceito do governo nesse recolhimento está em tributar de maneira antecipada aplicações nas quais não há previsão de recebimento e deixar o dinheiro 'sem ser tributado' pela União por muito tempo. Dependendo do montante financeiro aplicado, poderia em tese gerar algum impacto econômico, visto que fundos de investimentos em teoria não possuem data de vencimento. E já antecipando um questionamento seu: sim, a tributação segue a mesma tabela regressiva de IR que já vimos.

"Mas uma vez que a tributação foi adiantada, quando eu resgatar o fundo este valor já não será descontado?" Sim, será, porém perceba que tributar o IR ao longo da rentabilização do fundo mina o efeito mais poderoso de uma aplicação de renda fixa, que são os juros sobre juros.

Uma vez que o montante total está reduzido, o potencial de retorno também é diminuído.

Mas não são todos os fundos que são afetados: apenas fundos de renda fixa e a maioria dos fundos multimercados (exceto os que são voltados para ações) são afetados por esse fenômeno. O que não quer dizer que você deveria evitar ao máximo esse tipo de aplicação – apenas quer dizer que é necessário ter ciência deste fato e ponderar as vantagens e desvantagens antes de qualquer decisão.

16.3. Reais responsáveis pelos fundos de investimento

Existem cinco personagens principais envolvidos no gerenciamento de fundos de investimentos:

> **Administrador**: é o responsável pela administração diária do fundo, ou seja, cabe a ele manter o registro dos cotistas, fazer o cálculo do valor diário das cotas, manter atualizado o valor do patrimônio líquido do fundo, elaborar e disponibilizar extratos dos resultados aos investidores, etc.
> **Gestor**: é o encarregado da movimentação dos ativos dentro da carteira do fundo. É o emissor das ordens de compra e venda dos papéis. Ou seja, é o responsável por manter sempre a carteira de ativos alinhada com a política de investimentos e estratégia do fundo, sempre buscando otimizar os resultados como um todo. Diversas vezes acaba sendo o pivô principal na hora de se optar por um fundo ou por outro.
> **Custodiante**: é o responsável pelo levantamento e envio de dados para o administrador e o gestor, além de cuidar da guarda dos ativos que compõem a carteira.

- ➤ **Distribuidor**: é o responsável pela venda das cotas do fundo. Os maiores distribuidores do Brasil são os bancos de varejo.
- ➤ **Auditor**: é o responsável pela emissão de relatórios referentes à saúde financeira do fundo. É encarregado pelo reporte do cumprimento ou não das normas operacionais estipuladas para o fundo. O auditor é o personagem que mantém a credibilidade e a transparência do fundo perante o investidor.

Conhecer os profissionais responsáveis por trás de um fundo de investimento é fundamental para munir o investidor de informação e quebrar alguns mitos sobre essa modalidade de investimento. Grandes bancos oferecem fundos em suas plataformas *on-line* ou em terminais de autoatendimento, passando a ideia de que o banco é integralmente responsável pelo fundo, quando diversas vezes ele é apenas o distribuidor. Na realidade, existem mais quatro profissionais que não necessariamente estão vinculados à instituição que oferece o fundo – da mesma maneira que este fundo pode ser adquirido através de corretoras, o risco inerente ao fundo se apresenta o mesmo. Existem, sim, fundos criados e geridos pelos próprios bancos, mas é imperativo que se saiba quem é de fato o real gestor antes da compra.

A qualidade do fundo em termos de desempenho e resultados está fortemente atrelada à estratégia, ao desempenho e às decisões do gestor acerca da alocação de capital do fundo. Esse desempenho nada tem relação com a instituição pela qual se adquiriu o fundo. É prática usual de gestores independentes a divulgação dos nomes destes, juntamente com uma lista de outros fundos pelos quais este foi responsável, como sinal de transparência e levantamento de dados para avaliação da estratégia e do desempenho passado, prática que não é comum dentro de grandes bancos.

Fundos ofertados por grandes instituições financeiras são populares devido à alta credibilidade e praticidade que é oferecida aos clientes investidores na hora de adquirir um fundo. Diversas vezes, acabam se aproveitando da falta de conhecimento do investidor iniciante sobre os reais riscos atrelados aos gestores independentes. Cabe ressaltar que não é incorreto investir através de grandes bancos, da mesma maneira que não é incorreto utilizar gestores independentes; a escolha deve deixar cada indivíduo confortável e satisfeito com sua decisão, que deve estar alinhada com a sua estratégia e perfil.

16.4. Riscos de investir em fundos

Os riscos de alocar capital em fundos de investimentos podem ser divididos em três grandes categorias, que podem oscilar em significância e impacto, dependendo da classe de ativos em que o fundo aloca seu patrimônio.

- **Risco de crédito**: se refere à possibilidade de algum ativo do fundo não cumprir com as obrigações financeiras em caso de falência ou intervenção do Banco Central. Essa classe de risco se mostra mais relevante de ser ponderada em títulos de renda fixa como debêntures ou CDBs de bancos menores. Caso esse risco de fato se torne realidade em algum ativo do fundo, o valor da cota é reduzido proporcionalmente à participação do ativo no fundo.
- **Risco de mercado**: refere-se às oscilações nos preços de ativos de renda variável ou em títulos prefixados. O valor da cota é proporcional ao preço de mercado dos ativos que a compõem, ou seja, se estes se elevarem, o valor da cota acompanha – o mesmo vale para o raciocínio inverso. Mudanças no cenário político, econômico e mercado externo são alguns dos fatores que podem ter impacto significativo no risco de mercado. O desempenho de uma empresa em particular, no caso de o fundo possuir participação em ações ou debêntures, também influencia nessa modalidade de risco.
- **Risco de gestão**: está atrelado à qualidade das decisões que o gestor do fundo toma na hora de alocar os ativos do fundo e o quanto alinhado com a estratégia do fundo ele está. A avaliação deste risco acaba sendo um dos fatores mais analisados pelos investidores. No entanto, muitas vezes a análise é feita simplesmente ao se levantar o desempenho passado do fundo, o que não é de maneira alguma garantia de resultados futuros. Uma estratégia que deu certo no passado é derivada de uma série de fatores, como, por exemplo, o cenário econômico e político, o qual muda constantemente. É sempre necessário avaliar se a estratégia em questão, a distribuição e exposição em renda variável do fundo e o nível de agressividade da carteira como um todo estão alinhados com a estratégia do investidor.

16.5. Categorias de fundos de investimento

Uma vez compreendidas as principais modalidades de risco, é possível iniciar uma análise a respeito das principais categorias de fundos de investimentos (fundos de renda fixa, fundos de ações e fundos multimercado). Analisar as diferenças e compreender as vantagens de cada uma é essencial na hora de decidir em qual fundo se alocar capital.

16.5.1. Fundos de renda fixa

Investem em títulos públicos, como títulos do Tesouro, e em títulos privados como CDBs, LCIs ou debêntures, sendo que devem possuir no mínimo 80% de seu patrimônio aplicado em títulos públicos. Os ativos dessa modalidade de fundo podem tanto ser prefixados, pós-fixados ou conter títulos dessas duas categorias em sua distribuição de ativos. Usualmente, a avaliação de rentabilidade de um fundo de renda fixa é a comparação com a taxa do CDI e costuma aparecer dentro dos próprios relatórios e comparativos do fundo.

A forma como cada fundo aloca capital nos mais diversos tipos de ativos de renda fixa afeta diretamente a propensão à volatilidade, o potencial de risco de mercado e o potencial de retorno de capital.

16.5.2. Fundos de ações

Devem manter por estabelecimento legal no mínimo 67% do seu capital investido em ações ou derivativos; dessa forma ficam disponíveis 33% do fundo para alocação de capital em outras modalidades de ativos, as quais serão pautadas no objetivo, na estratégia e no perfil do fundo. Por exemplo, dentro da categoria de fundos de ações, existem os considerados mais conservadores, os quais alocam boa parte ou todo o capital legalmente disponível em renda fixa para proteção de patrimônio, ou os mais arrojados, que podem chegar a ter quase 100% do capital em ações.

Fundos de ações podem ser subdivididos em duas categorias: os de gestão passiva e os de gestão ativa.

Os fundos de ações passivas buscam replicar um índice, como o Ibovespa, índice de *small caps*, índice de setores macroeconômicos, entre outros. Na prática, para replicar fidedignamente um índice, o fundo deve manter os ativos que o compõem em carteira na mesma proporção que estes impactam o índice; logo, a gestão é passiva, visto que busca replicar o que ocorre com os índices.

Essa modalidade de fundo que busca replicar um índice também é conhecida como ETF, que significa *Exchange Traded Fund*. Esses fundos podem ser comprados através de códigos padrões da mesma maneira como se compram ações, com a diferença de que todos os ETFs têm a terminação numérica de '11' em seu código. Por exemplo, BOVA11 corresponde ao Índice Bovespa, possui 59 ações das empresas com maior valor de mercado e sua composição é atualizada a cada quatro meses. Dentro desse índice algumas empresas se destacam pela participação significativa, como Itaú, Bradesco, Petrobras, Ambev, Vale, entre outras.

Os fundos com gestão ativa buscam superar os índices atuando ativamente na decisão de quais ativos comprar, de maneira que a valorização destes seja superior à valorização do índice. O trabalho da gestão do fundo nesse cenário é tentar identificar quais são as empresas do mercado que apresentam maior potencial de valorização. Trata-se de uma estratégia que fica mais exposta ao risco de mercado; no entanto, quando lucrativa, tende a apresentar um elevado retorno.

Esta é uma tarefa que se mostra árdua. De acordo com um artigo publicado em outubro de 2017 pela revista Exame, somente 30% dos fundos de ações bateram o Ibovespa em janeiro de 2017. De acordo com o mesmo artigo, dentre os fundos passivos, que buscam 'apenas' replicar os índices, 70% não conseguiram um desempenho igual ou superior ao índice que visavam replicar. Esse comportamento é taxado como comum por analistas da área, que atrelam esse resultado aos custos e às taxas inerentes aos fundos.

16.5.3. Fundos multimercado

São fundos que possuem ampla liberdade para compor suas carteiras, podendo ser elaborados como fundos extremamente conservadores ou extremamente agressivos. Não existe um percentual mínimo ou máximo para alocação de capital em uma determinada classe de ativo, o que tornam as possibilidades da elaboração desse fundo altamente diversificadas e interessantes. Essa flexibilidade gera a necessidade de um grau extra de atenção na avaliação dessa espécie de fundo, uma vez que não é possível discorrer sobre a volatilidade ou rentabilidade de fundos dessa classe, dada a flexibilidade que os gestores possuem na hora de elaborar o fundo.

16.6. Estratégias de fundos

Dentro de cada modalidade de fundo existe uma estratégia macro por trás, que rege todo o direcionamento que o fundo possui na tomada de suas decisões. Tal estratégia tem direta relação com a expectativa de resultados e o grau de risco da aplicação. Dentre as categorias de estratégias mais difundidas no mercado se destacam:

➤ **Fundos *long short***: são fundos que mantêm posições "comprado" e "vendido" dentro de sua alocação de ativos. No mercado financeiro a palavra *long* se refere a uma posição comprada em algum ativo, na qual se lucra com a alta dos preços, e a palavra *short* se refere a uma posição vendida, na qual se lucra com a queda dos preços.

Resumidamente, essa modalidade de fundo tenta aproveitar tanto os movimentos de alta como de baixa do mercado para criar lucro. A razão principal por trás da estratégia dessa modalidade de fundos é mitigar a exposição às variações de ativos específicos que possuam, por exemplo, Betas similares, ou seja, comportamentos e oscilações similares.

Há também a possibilidade de em rápidas inversões do mercado não ficar sujeito à espera da recuperação, tentando lucrar com a inversão nas tendências. As operações de *short*, de entrada vendida, podem ser realizadas tanto em ações como no mercado de derivativos, com as operações conhecidas como *hedge*, ou seja, de proteção de carteira. Essa modalidade de fundo também é conhecida como fundos *equity hedge*. Essa categoria estratégica pode ser utilizada tanto por fundos multimercado quanto por fundo de ações.

➤ **Fundos *long biased***: assemelham-se à estratégia *long short*, porém são mais agressivos, uma vez que as regras de elaboração de alocação de capital do fundo são mais flexíveis. O gestor do fundo pode assumir posições maiores ou menores em qualquer categoria (comprado ou vendido), dependendo da sua forma de análise. Portanto, essa modalidade de fundo pode apresentar maior volatilidade.

16.7. Critérios operacionais de avaliação de um fundo de investimento

Uma vez conhecidas as modalidades de fundos e suas principais estratégias de atuação, é necessário avaliar os critérios operacionais na hora de decidir em qual fundo de investimento alocar capital. Essa avaliação se torna fundamental na tomada de decisão, e os aspectos operacionais necessitam também estar alinhados com a estratégia de cada um.

Por exemplo, de nada adianta um investidor identificar um fundo com todas as características desejadas, com um gestor de sua confiança, uma abordagem dentro do seu planejamento de gestão de risco, se ele não possuir o capital mínimo para aplicação ou não levar em consideração as taxas cobradas pelo fundo na hora do resgate, entre diversos outros critérios operacionais. Logo, conhecer esses aspectos dos fundos antes da tomada de decisão se torna um ponto fundamental para o investidor.

Fundos de Investimento • **309**

- ➤ **Aplicação mínima inicial**: corresponde ao montante de capital necessário para entrada no fundo. Não existe uma regra geral para o valor mínimo a ser aplicado, este varia entre cada fundo, podendo oscilar de poucas centenas de reais até centenas de milhares de reais.
- ➤ **Movimentação mínima**: corresponde ao montante mínimo que o investidor pode resgatar ou alocar no fundo. Usualmente, é um valor menor que a aplicação mínima inicial, ou seja, uma vez posicionado no fundo, o investidor não pode comprar ou resgatar qualquer valor do fundo; é necessário respeitar uma quantidade mínima de capital. Observa-se que a movimentação mínima neste caso corresponde à metade da aplicação mínima total. Vale destacar que as movimentações não precisam ser múltiplas na movimentação mínima: qualquer valor acima de R$ 5.000 poderia ser resgatado nesse fundo, desde que respeitasse o critério do saldo mínimo.
- ➤ **Saldo mínimo**: corresponde ao valor mínimo que o investidor precisa manter no fundo, que usualmente é menor que a aplicação mínima e igual ou maior à movimentação mínima. Observe que não haveria sentido o saldo mínimo ser menor que a movimentação mínima, uma vez que o valor se tornaria inviável de ser resgatado.
- ➤ **Prazo para resgate**: corresponde à diferença de tempo entre a venda do fundo e a disponibilização do capital para o investidor, ou seja, é a demora entre a venda e a entrada efetiva do dinheiro na conta. Esse prazo existe para que o fundo consiga se manter organizado quanto à alocação de ativos, que necessitam sempre estar alinhados com a estratégia de investimento. Esse prazo costuma ser tão mais longo quanto mais estruturada e complexa for a distribuição de capital no fundo. Por exemplo, existem fundos de renda fixa cujo prazo para resgate é D+0, ou seja, ocorre no mesmo dia. Da mesma maneira, existem fundos multimercados cujo prazo para resgate pode chegar a D+20, ou seja, somente após vinte dias úteis é que o investidor terá acesso ao capital resgatado.
- ➤ **Taxas operacionais**: são valores percentuais cobrados para manutenção de toda a estrutura do fundo, tanto administrativa quanto operacional. Usualmente existem dois tipos principais de taxas cobradas pelos fundos:
  - ✓ A **taxa de administração** é a mais comum. É usualmente expressa em termos de porcentagem anual, mas é cobrada diariamente, ou seja, essa taxa irá cobrar o valor percentual dela sobre o capital inicial aplicado diariamente, de forma a atingir no período de um ano a porcentagem acordada na aquisição do fundo.
  - ✓ A **taxa de performance** nem sempre é cobrada e usualmente aparece quando o fundo possui um *benchmark* vinculado a um indexador. A taxa de performance só é cobrada quando o resultado do fundo supera o indexador, sendo cobrada <u>sobre a parcela que de fato excede o indexador</u>.

Ou seja, caso se adquira um fundo com taxa de performance, é desejável que essa taxa seja cobrada, pois isso indicará que o fundo superou o indexador ao qual estava vinculado.

Por exemplo: o CDI, segundo o IBGE, apresentou um rendimento de 14% no ano em 2016. Suponha que um fundo indexado a esse CDI tenha rentabilizado 20% no ano, ou seja, 6% acima do indexador. Assumindo uma taxa de performance de 15%, teríamos um desconto desses 15% sobre os 6%. Logo, o desconto percentual real que essa taxa causa é de 0,9%, como ilustram os cálculos a seguir:

Desconto real = Taxa de Performance x Excedente sobre o Indexador
Desconto real = 0,15 x 0,06 = 0,009 = 0,9%

Apesar de todos esses aspectos serem fundamentais na avaliação de um fundo de investimento, eles sozinhos têm a mesma utilidade que um martelo no chão ao lado de um prego, ou seja, nenhuma, se você não souber utilizá-lo ou entender exatamente o que você quer 'pregar'. Precisamos ser críticos quanto às informações que nos são fornecidas.

Atenção!
Não é porque você sabe o que cada sigla significa que você está pronto para tomar uma decisão. A aquisição ou não de um fundo de investimento depende de uma visão macro e de uma avaliação criteriosa de cada aspecto.

Sabe o que não aparece em todos esses aspectos operacionais que discutimos antes? A história do fundo!

E a história não se confunde com o histórico de rentabilidade. A história envolve perguntas muito mais complexas e significativas, como:

- Como se comportou em épocas de alta?
- Como se comportou em épocas de queda?
- É muito volátil? É estável?
- Qual é o *drawdown* do fundo?
- Quem é o gestor? Quais outros fundos ele gerencia?

Repare, caro leitor, que a resposta para essas perguntas gera uma riqueza de informações. Nossa decisão de investir ou não em dado fundo adquire propriedade e clareza que não conseguiríamos jamais obter apenas com dados 'jogados' sem contexto.

17. Fundos Imobiliários

Fundos imobiliários (FIIs) é uma classe de investimento que costuma atender a uma maior diversidade de perfis de investidores, possuindo espaço em praticamente qualquer portfólio, desde o conservador até o mais arrojado, devido a uma vasta gama de características atrativas que tornam a relação risco x retorno vistas uma das mais favoráveis no longo prazo.

Essa modalidade de fundo apresenta características de renda variável, como o mercado de ações, através da distribuição de dividendos, volatilidade e potencial de valorização, mas também atua como imóveis.

Fundos imobiliários correspondem à classe de fundos na qual não é permitido o resgate de cotas antes do vencimento ou liquidação do fundo. As negociações de cota ocorrem usualmente no mercado secundário (entre investidores, não entre instituição e investidor). Assim como os fundos de investimentos convencionais, os FIIs são gerenciados pelo gestor do fundo, que almeja o investimento em ativos imobiliários das mais diferentes classes. Existe também uma categoria de investimento em dívidas imobiliárias.

> **Ou seja, fundos imobiliários são constituídos pelo aporte coletivo de recursos de investidores que desejam ser sócios de um determinado imóvel ou grupo de imóveis.**

Esses investidores buscam entrar em empreendimentos nos quais não seria possível entrar sozinho como pessoa física, como shoppings centers, condomínios e lajes executivas. Outro objetivo pode ser simplesmente dividir os riscos com outros investidores e delegar a administração para profissionais do ramo, desfrutando, dessa forma, do rendimento derivado dos aluguéis dos imóveis.

O fundo imobiliário se inicia com uma oferta pública de cotas através da B3, de forma que os investidores tenham a oportunidade de aquisição dessas cotas no mercado primário e tenham acesso ao prospecto e detalhamento dos informativos relevantes do fundo, como quais são os imóveis pertencentes ao fundo, o preço de cada cota, a quantidade de cotas oferecidas, a rentabilidade esperada e toda a estratégia e os riscos associados à criação daquele fundo.

Após a finalização da oferta inicial, o valor total é capitalizado pelas instituições financeiras responsáveis e cada cotista passa a ser sócio dos imóveis em questão, proporcionalmente a sua participação na totalidade das cotas. Esse processo inicial pode levar alguns meses para ser finalizado.

Para os investidores que desejam fazer parte do fundo e não participaram da oferta pública inicial, as negociações ocorrem no mercado secundário de maneira análoga ao mercado de ações. As transações de compra e venda são feitas entre os investidores e estão sujeitas à volatilidade do mercado de renda variável, com o preço de cada cota sendo um reflexo direto da relação entre compradores e vendedores do ativo no mercado secundário.

17.1. Fundos imobiliários x imóvel próprio

Um dos questionamentos mais debatidos sobre os fundos imobiliários é compará-los a um imóvel próprio e entender qual é o melhor negócio. Como quase tudo no mercado de capitais, a resposta é depende. Qualquer opção de alocação de capital possui suas vantagens e vieses. Cabe ao investidor determinar qual melhor se alinha com seu perfil e estratégia.

Uma das vantagens inerentes aos FIIs é a possibilidade de o investidor, mesmo possuindo uma parcela significativamente baixa do investimento total, se tornar sócio de empreendimentos de magnitude que individualmente seria inviável, como a construção de grandes parques industriais, grandes shoppings centers, entre outros.

Outro ponto positivo deriva do fato de que a maior parte dos fundos apresenta bons locatários, sendo diversos deles empresas de grande porte, como bancos, financeiras, estatais como Petrobras, montadoras, entre outras. Em um imóvel próprio, o quesito locatário costuma ter um peso significativo. No fundo imobiliário, a associação com locatários que são grandes empresas gera uma segurança muito maior para o investidor.

Um dos diferenciais que mais se destacam em relação aos fundos, quando comparados com imóveis particulares, está associado à liquidez, uma vez que as cotas dos fundos são negociadas no mercado de capitais da bolsa de valores, o que permite que dentro de um mesmo fundo ocorram dezenas, centenas e até mesmo milhares de transações no mesmo dia. Alguns dos fundos mais líquidos do mercado movimentam milhões de reais de volume financeiro em um único dia de pregão. Já um imóvel próprio acaba sendo mais complexo e demorado para ser liquidado. Em caso de necessidade de caixa em curto prazo, isso pode se apresentar como um problema.

Além disso, é possível fazer a venda parcial dos patrimônios desses fundos. Uma vez que se adquira mais de uma cota, elas podem ser vendidas individualmente ou em qualquer quantidade sem restrição de lotes mínimos. Se, por exemplo, um investidor possui 1.000 cotas com preço de mercado de R$ 50,00 cada, é possível que ele venda 500 cotas ao preço de R$ 25.000 e continue com a outra metade aplicada no fundo. Se você possui um imóvel no valor de R$ 300.000 e precisa de R$ 100.000, não conseguirá vender um terço do imóvel.

Uma das vantagens mais atrativas é o pagamento mensal constante de dividendos, que pode oscilar por uma série de fatores, mas mensalmente dividendos são pagos aos possuidores de cotas de fundos imobiliários derivados do aluguel dos imóveis pago pelos locatários. Em um imóvel particular, não é incomum ficar meses, até mesmo anos, sem que se consiga uma locação. Sem contar que o dono do imóvel deve arcar com os custos inerentes à propriedade durante o período de não ocupação.

Outra grande vantagem associada aos dividendos está atrelada à isenção de imposto de renda, taxa que incide em aluguéis recebidos de imóveis particulares, podendo chegar a alguns casos em até 27,5% da renda.

Dessa vantagem deriva-se outro ponto extremamente relevante associado aos FIIs: a possibilidade de reinvestimento dos dividendos recebidos no próprio fundo, que aumenta a participação do investidor nos rendimentos, potencializando o efeito dos juros compostos – o que é uma das maneiras mais comuns de potencializar os resultados dessa categoria de investimento.

Isso acaba não ocorrendo com a mesma facilidade em imóveis próprios, visto que as alocações de capital para aquisição de novos imóveis costumam ser relativamente elevadas e superiores aos valores cobrados em aluguéis. Vale destacar que o pagamento de dividendos ocorre da mesma maneira que nas ações: o valor pago ao investidor é descontado do preço da cota.

314 • Quanto custa ser rico?

Outro fator que se apresenta com significativo cunho estratégico é a possibilidade de diversificação que os FIIs permitem. Seja ao adquirir fundos de diferentes setores, fundos de fundos ou fundos de imóveis em regiões diferentes, o investidor consegue montar uma carteira de investimento de fundos imobiliários com um capital relativamente moderado, quando comparado a um imóvel próprio.

É possível criar uma grande diversificação entre setores do mercado imobiliário, o que seria inviável no investimento em imóveis físicos, dado o elevado valor para aquisição de diferentes propriedades.

Já um fator que pode ser considerado tanto uma vantagem como uma desvantagem, dependendo da interpretação, é o gerenciamento do fundo. Da mesma maneira que ocorre com os fundos de investimento, o investidor não opina na elaboração dos contratos de locação, no preço do aluguel, na necessidade ou não de reformas e estratégias de venda. Tudo depende da estratégia e do perfil do investidor que analisa.

Outro ponto questionável é o preço de venda das cotas, já que este é determinado pelo mercado e oscila diariamente. Logo, o investidor está sujeito à volatilidade do mercado. Na hora de liquidar as cotas, o valor de venda destas será exatamente o que o mercado estiver disposto a pagar, o que muitas vezes é mais flexível em uma negociação de um imóvel próprio. O que não necessariamente é uma vantagem – por não vermos um preço diariamente no imóvel próprio, é psicologicamente mais confortável esperarmos o mercado se recuperar de uma crise antes de colocá-lo à venda. Mas o fato é que, em época de desvalorização, o imóvel próprio desvaloriza junto; a grande diferença é que no caso das cotas é possível mensurar diariamente essa oscilação.

Já uma das falácias vendidas referentes aos FIIs, que visam apenas atrair público para esse mercado, se dá em publicações ou cursos que ensinam que é possível se tornar sócio de grandes empreendimentos e entrar no mercado dos fundos imobiliários com apenas R$ 2,00 ou valores próximos a nada.

Apesar de tecnicamente existirem fundos cuja cota seja negociada em preços próximos a R$ 2,00, existem os custos da compra, que giram em torno de R$ 15,00, além da taxa de custódia, que oscila por volta dos R$ 12,00, dependendo da corretora.

Ou seja, seria necessário um rendimento de 500% para simplesmente empatar o valor gasto com a taxa de custódia, e mais um rendimento de 1.400% ao longo do tempo para empatar com as taxas de corretagem de compra e venda. Portanto, existe um valor mínimo a partir do qual se torna efetivamente rentável entrar nesse mercado, e esse valor está intimamente associado ao prazo operacional projetado pelo investidor.

17.2. Fundos imobiliários x taxa Selic

Quanto maior é a taxa Selic, mais atrativos se tornam os investimentos de renda fixa em títulos públicos e privados atrelados a esse indexador. Devido ao caráter de baixo risco, quando a rentabilidade da taxa Selic se mostra superior à rentabilidade proveniente do pagamento de dividendos dos fundos imobiliários, historicamente o volume de capital alocado nos FIIs tende a diminuir, e o volume de capital injetado nos títulos públicos se eleva, visto que estes são isentos da volatilidade a qual os fundos imobiliários estão sujeitos.

Dessa forma, em períodos de alta da taxa Selic, as cotas dos FIIs tendem a se desvalorizar. De maneira reversa, em épocas de queda ou de perspectiva de queda da Selic, os fundos imobiliários se tornam mais atraentes, podendo gerar um efeito dominó: além dos dividendos, os fundos imobiliários tendem a apresentar valorização no preço das cotas, o que potencializa o crescimento de patrimônio.

Outra linha de pensamento se dá na aquisição de fundos imobiliários quando a taxa Selic está elevada. Uma vez que o fundo tende a reagir de maneira indireta à movimentação da Selic, os fundos acabam atuando como uma proteção em caso de desvalorização rápida da taxa básica de juros.

Possuir ativos com movimentos contrapostos faz parte de diversas estratégias de alocação de ativos e gerenciamento e controle de risco, atuando em conjunto para preservar o patrimônio.

17.3. Tipos de fundos imobiliários

Os fundos podem ser detentores de um único imóvel ou possuir vários ativos, da mesma maneira que podem possuir apenas um locatário ou vários. Não necessariamente um fundo com um único imóvel possuirá um único locatário, como é o caso de, por exemplo, shoppings centers. De maneira oposta, não necessariamente um fundo com vários imóveis possuirá diversos locatários, como é o caso, por exemplo, de fundos que alugam seus imóveis para agências bancárias. O próximo passo agora é compreender os diferentes tipos de fundos:

17.3.1. Fundos imobiliários de lajes corporativas

Investem majoritariamente em ativos do segmento logístico e industrial através da construção de lajes corporativas, fábricas, galpões e parques industriais, entre outros. Costumam ser uma boa opção para o investidor que acredita que o segmento industrial irá crescer e se encaixam em uma grande diversidade de estratégias e carteiras de investimento, visto que boa parte desses fundos possui contratos atípicos de longo prazo, que usualmente proporcionam maior segurança e estabilidade ao investidor.

17.3.2. Fundos imobiliários educacionais

Investem majoritariamente em imóveis para o setor educacional, como universidades e centros de ensino. Usualmente apresentam contratos de longo prazo e acabam sendo considerados os mais conservadores dentro dos fundos imobiliários, o que obviamente não quer dizer que estão imunes a riscos ou oscilações bruscas, visto que fazem parte do mercado de renda variável.

17.3.3. Fundos imobiliários de shoppings

Investem em participações em shopping centers. São fundos que acreditam que essa indústria irá crescer ao longo do tempo. Trata-se de uma categoria que, apesar de historicamente sofrer com as crises econômicas, vem se mostrando de alta resiliência, podendo facilmente ser uma opção interessante para diversificação de fundos.

17.3.4. Fundos de hospitais

investem em ativos de prédios para a área de saúde através dos aluguéis de hospitais. Apresenta-se como uma categoria de fundos com menores quantidades de opções para investir. No entanto, por destoar completamente dos outros segmentos e possuir comportamento próprio, é sem dúvida uma opção válida para se considerar quando o assunto é diversificação de capital.

17.3.5. Fundos de letras de crédito imobiliário

Também conhecidos como "FIIs de papel", destinam seu patrimônio à aquisição em ativos de crédito imobiliário como CRIs[8] e LCIs. As cotas dessa modalidade de fundo são lastreadas nos recebíveis que compõem o portfólio de ativos. Portanto, esta é uma modalidade de fundo que investe seu patrimônio na compra de títulos de crédito imobiliário de uma ou mais empresas. Por possuírem esse comportamento distinto das outras modalidades de fundos, também aparecem no radar de investidores que buscam diluir risco através de estratégias de diversificação.

17.3.6. Fundos de fundos

Investem em outros fundos imobiliários, ou seja, dentro da distribuição de ativos desse fundo existem outros fundos, podendo ser estes de lajes corporativas, de shoppings, fundos com apenas um ativo, fundos com apenas um locatário, fundos com diversos ativos e locatários, entre outas diversas opções existentes. A composição desses fundos visa diluir o risco alocado a um único setor do mercado imobiliário e foca fortemente na diversificação. O que esse fundo faz, na realidade, é montar a própria carteira de investimentos de fundos imobiliários e alocar todos eles em um único ativo a ofertar para o mercado.

Como essa categoria de fundo já apresenta uma distribuição de capital em diferentes fundos feita por um profissional do ramo que busca sempre a otimização dos resultados e acompanha de perto o que ocorre no mercado, muitos investidores optam por alocar parte de seus investimentos em um fundo de fundos. Essa linha de pensamento é sem dúvida válida, porém, deve ser perseguida com cautela, visto que experiência em gestão não equivale a uma boa gestão. Lembre-se também de que a estratégia vigente deve estar alinhada com a estratégia individual do investidor.

---

[8] **Certificado de Recebíveis Imobiliários** – Corresponde a uma categoria de título de renda fixa não muito popular, muito similar a um LCI.

17.3.7. Fundos de desenvolvimento

Atuam na compra ou construção de imóveis com o recolhimento de capital na oferta pública e geram receita com a venda desses imóveis, utilizando o capital adquirido para novas compras.

Usualmente, apresentam maior risco e consequentemente os maiores potenciais de retorno. São fundos que seguem uma lógica distinta das outras modalidades, visto que a alocação de capital é voltada para compra e venda de imóveis, ou seja, o lucro não deriva da receita dos aluguéis, mas da receita de venda dos ativos – logo, a volatilidade desse fundo tende a ser maior.

Os imóveis são adquiridos ainda em etapa de construção e estão sujeitos a todos os riscos inerentes à construção, como estouro de orçamento da obra, problemas de licenciamento, possíveis variações macroeconômicas até a finalização da obra, etc. Portanto, são fundos cuja previsibilidade de receita é mais complexa, visto que o rendimento costuma ser esporádico, porém acentuado.

Nesses fundos os dividendos pagos costumam ser agressivos e abruptos. Esta categoria de fundos é vista como uma das mais arriscadas dentre os FIIs. Para ilustrar o impacto dos dividendos, a figura a seguir traz o fundo RBDS11 (RB Capital Desenvolvimento Residencial II) apresentado em dois gráficos, sendo o primeiro da variação das cotações normais do fundo e o segundo com os dividendos descontados, ou seja, abatidos do preço do ativo:

Figura 95. Gráfico RBDS11 – Variações do preço no tempo.
Fonte: criado a partir da plataforma Profit Chart.

Figura 96. Gráfico RBDS11 – Variações do preço no tempo, descontados os dividendos do preço.

Repare, querido leitor, que literalmente ocorre uma **mudança na tendência** do gráfico. Cada ponto preto na parte de baixo do gráfico corresponde a um pagamento de dividendos do fundo. Os olhos principiantes que observariam o primeiro gráfico poderiam erroneamente concluir que o fundo estaria se desvalorizando, quando, na realidade, este simplesmente está pagando altos dividendos para seus acionistas e ainda assim agregando valor à cota, como ilustra o segundo gráfico.

17.4. Métricas e indicadores

Uma avaliação completa de um fundo imobiliário se apoia tanto no cunho qualitativo quanto no cunho quantitativo. Obviamente, um investidor pode se apoiar majoritariamente (ou até mesmo totalmente) na vertente que melhor se enquadre no seu critério estratégico de seleção de ativos.

Na porção qualitativa, que acaba se alinhando com mais facilidade à visão de investidores de longo prazo, estão incluídos os dados intangíveis e de difícil mensuração, como: se a localização do ativo está em uma zona de crescimento, se a cidade e o estado em questão apresentam boas perspectivas de crescimento, qual a qualidade do locatário e o estado de conservação do imóvel, o histórico do gestor do fundo, etc.

320 • Quanto custa ser rico?

Já a avaliação quantitativa pode soar mais simples, visto que se obtêm números e dados mensuráveis para se chegar a uma conclusão. Contudo, a interpretação desses dados tem um cunho subjetivo, como: um retorno mensal que um investidor julga elevado pode ser muito baixo para outro, a liquidez de cada fundo, apesar de ser monetariamente mensurada, gera um nível de rejeição ou aceite maior ou menor em cada investidor, etc. Obviamente, existe uma diversidade gigantesca de indicadores quantitativos no mercado. Avaliar todos, além de ser uma tarefa exaustiva, torna a análise cada vez mais complexa. Cabe ao investidor selecionar os indicadores mais adequados e relevantes, focando em buscar dados com caráter decisório, ou seja, que forneçam informações que de fato influenciarão na decisão ou não da compra. Entre eles, alguns merecem destaque por sua popularidade e riqueza de informações.

17.4.1. Indicadores de vacância

Apresenta-se como um dos indicadores mais relevantes para análise de um fundo, pois está ligado diretamente à capacidade do fundo de gerar receita e, consequentemente, pagar juros ao investidor. O indicador também apresenta uma gama de outras informações de alta valia.

É possível avaliar e comparar a vacância com a média da região onde o ativo se localiza e gerar um comparativo com o mercado. Teoricamente, imóveis bem localizados, preservados e com boa gestão tendem a possuir uma vacância reduzida em relação ao mercado. A comparação também pode ser feita com outros fundos de mesma modalidade, de forma a utilizar esse indicador como um critério de qualidade da gestão atrelado à qualidade do ativo.

Outro ponto fundamental na avaliação desse indicador (e em diversos outros, inclusive) é o histórico de variação da vacância. O objetivo seria compreender a resiliência do fundo ao longo de épocas de crise e o decréscimo em épocas de crescimento econômico. Compreender a volatilidade e a variância de um ativo ao longo do tempo é um dado fundamental na gestão de risco e na projeção de prazo de investimento.

17.4.2. *Dividend yield* (taxa de dividendos)

Corresponde à rentabilidade anual paga pelo fundo ao investidor. Ou seja, este indicador está intimamente associado a um dos fatores que mais gera atratividade em um fundo. Os FIIs são ativos de geração de receita mensal, assim como imóveis alugados, e se torna óbvio associar a qualidade de um fundo à sua capacidade de gerar rentabilidade para o investidor.

A avaliação qualitativa de um ativo é importante, principalmente para perspectivas de longo prazo. No entanto, um ativo bem localizado, consolidado e com boa ocupação não garante um alto retorno de dividendos. A expectativa de retorno para a aplicação deve estar alinhada com a realidade financeira do ativo.

De nada adianta se sentir bem ao se tornar sócio de grandes empreendimentos que possuem fundos como shoppings de alto padrão ou prédios executivos em bairros nobres de São Paulo, sem antes verificar se o retorno daquele fundo está adequado à sua estratégia e expectativa.

É possível avaliar a consistência na rentabilidade de um fundo verificando a oscilação no recebimento de dividendos ao longo do tempo. Apesar de resultados passados não garantirem retornos futuros, uma boa métrica de comparação e projeção de ganhos pode ser feita com uma análise criteriosa do histórico de rentabilidade e volatilidade.

Apesar de diversos relatórios dos fundos imobiliários já informarem o *dividend yield*, é de extrema valia e importância que o investidor saiba como realizar o cálculo e interpretar seu significado em termos conceituais e obviamente financeiros. Para se chegar ao valor pago anualmente por cota, basta multiplicar 12 pelo valor médio dos últimos 12 meses pagos por cota (ou simplesmente some os 12 últimos dividendos recebidos). Dividindo esse resultado pelo valor da cota, obtém-se o retorno anual percentual médio pago pelo fundo. Ou seja:

$$Didivend\,Yield = \frac{Rendimento\,mensal\,médio\,x\,12}{Preço\,atual\,da\,cota}$$

Logo, um fundo genérico que apresente o preço de mercado de R$ 100,00 por cota, e retorne em média mensalmente R$ 0,80 por cota, terá um *dividend yield* de:

$$Didivend\,Yield = \frac{0,80\,x\,12}{100} = 0,96 = 9,6\%$$

Ou seja, a rentabilidade é de 9,6% ao ano sobre o capital aplicado.

17.4.3. *Capitalization rate (cap rate)*

Representa a taxa de retorno implícita do ativo imobiliário em função de sua renda, ou seja, é um indicador que avalia a razão entre toda a renda obtida pela cobrança de aluguéis e o valor patrimonial do imóvel. É um indicador muito similar ao *dividend yield*; a diferença é que o *dividend yield* se refere à renda final paga ao investidor, enquanto o *cap rate* avalia a renda de fato obtida pela somatória dos aluguéis, antes de considerar as despesas do fundo relacionadas à gestão e administração.

Dessa maneira, é possível concluir que o *cap rate* sempre será superior ao *dividend yield*, dando a impressão de que é um indicador redundante que gera uma informação incompleta para o investidor. No entanto, ele se mostra de suma importância para o investidor que busca de fato verificar o quanto de capitalização os fundos estão apresentando e avaliar a disparidade desta com os dividendos. Seria uma forma de avaliar se a gestão está cobrando um valor condizente com o esperado.

Em teoria, quanto mais elevado o *cap rate*, maiores serão os dividendos pagos pelo fundo. Na prática, acaba seguindo a regra máxima do mercado: quanto maior o retorno, maior o risco. É possível, por exemplo, encontrar *cap rates* elevados de diversos fundos com propriedades em localidades com menores demandas, baixas liquidez e vacâncias elevadas.

17.4.4. Valor de mercado/Patrimônio líquido

É um indicador que retorna se uma cota está sendo negociada acima ou abaixo do seu valor patrimonial, ou seja, compara o valor de mercado com o valor de venda teórico dos imóveis.

O **patrimônio líquido**, ou **valor patrimonial**, representa o valor total dos imóveis pertencentes ao fundo, ou seja, ele espelha em teoria qual o preço real dos imóveis pertencentes ao fundo, se eles fossem negociados no mercado tradicional. É diferente do **valor de mercado**, que é dado pelo preço de mercado das cotas multiplicado pela quantidade total de cotas.

Vale destacar que o valor patrimonial, no caso de fundos de fundos, é dado proporcionalmente à participação de cada um no fundo. Nos fundos de desenvolvimento, é a soma dos valores dos recebíveis imobiliários.

A relação da divisão do valor de mercado pelo patrimônio líquido gera um valor resultante que mostra o quanto distante está a percepção do mercado do valor 'real' dos imóveis.

Uma maneira de interpretar esse indicador é se basear na premissa de que o mercado tende a buscar o equilíbrio entre os dois valores. O valor da cota seria o reflexo real do valor do patrimônio físico, e oscilações são causadas por efeitos externos e pela diferença de tempo de reação entre os valores de mercado. Dessa forma, uma relação com resultado menor que 1 (valor de mercado inferior ao valor patrimonial) pode representar uma oportunidade de entrada, enquanto uma relação maior que 1 (valor de mercado superior ao valor patrimonial) pode representar um papel "sobrecomprado", ou seja, que aparenta estar caro.

Esta é apenas uma filosofia de pensamento que não engloba todo o cenário. Por exemplo, um fundo que apresente uma relação menor que 1 pode estar refletindo algum problema estrutural no fundo ou algum problema judicial com locatários. Assim como um fundo com o indicador maior que 1 pode estar refletindo algum projeto em crescimento ou dado econômico favorável que irá consequentemente valorizar o fundo.

> **Um indicador sozinho sempre está limitado às informações que ele contém e precisa ser combinado com outras informações e indicadores, para somente então ser possível a tomada de decisão.**

17.4.5. Valor do metro quadrado (m²)

É um indicador que mostra ao investidor qual o preço do aluguel por m² daquele fundo. Dessa maneira, é possível avaliar se o valor está elevado ou reduzido em relação aos valores praticados na mesma região e modalidade de ativo.

Um imóvel localizado em uma região nobre, com baixo índice de vacância, pode apresentar um valor do m² mais elevado que a média da região, sem levantar nenhum alarme ao investidor, que pode inclusive interpretar o sinal como algo positivo, uma vez que a vacância está baixa e o preço está elevado.

A procura por aquele imóvel teoricamente é significativa; por outro lado, um valor muito elevado do m² pode ser derivado de antigos contratos de locação cujos vencimentos estão sendo aguardados pelo locatário, que quer desocupar o local. Nesse cenário, se tornaria muito improvável que o administrador dos imóveis consiga um novo locatário que aceite as mesmas condições anteriores.

Logo, nota-se que a mesma informação extraída de um indicador quantitativo, dependendo da interpretação, pode apresentar um cunho positivo ou negativo. Vale a pena então reforçar: evite a utilização de um indicador único na tomada de decisão de compra ou venda de um ativo.

17.4.6. Liquidez

Refere-se à facilidade ou dificuldade na hora de vender ou comprar um ativo. Quanto maiores o volume de negócios e o volume financeiro médio, maior será a liquidez do ativo. Um fundo imobiliário com boa liquidez relativa apresenta mais de 100 negócios realizados em um único dia. Isso pode parecer baixo se comparado com o mercado de ações, mas cabe relembrar que os FIIs são fundos com características de imóveis usualmente utilizados visando o longo prazo; logo, se a comparação for feita com a facilidade ou dificuldade de se vender um imóvel particular, o número 100 se destaca.

Esse dado é extremamente importante, pois existem fundos que não apresentam nenhum negócio no mês, e o investidor que não contabilizar esse risco pode acabar sendo surpreendido negativamente.

17.4.7. Taxas de gestão e administração

São valores cobrados em fundos imobiliários que visam, assim como o nome sugere, realizar todo o processo de gerenciamento e administração do fundo. Usualmente, somadas, giram em torno de 1,0% sobre o valor total do patrimônio líquido. É necessário incluí-las na hora da avaliação e de estudos de rentabilidade referentes ao fundo.

Outro tipo de taxa que pode ou não ser cobrada é a chamada **taxa de performance**, que é utilizada para motivar os gestores do fundo a alcançar certos níveis de desempenho. Uma vez atingidos, os gestores são premiados com uma parcela maior sobre o lucro excedido.

As taxas podem ser encontradas nos relatórios mensais de desempenho dos fundos, como exemplifica a tabela extraída do relatório gerencial de outubro de 2017 da BCFF11B:

Tabela 43. Exemplo de taxas de fundos imobiliários.

Gestora
BTG Pactual Gestora de Recursos LTDA.

Taxa de gestão
1,10% a.a. sobre o patrimônio líquido

Administrador
BTG Pactual Serviços Financeiros S.A. DTVM

Taxa de administração
0,15% a.a. sobre o valor de mercado do fundo

Taxa de performance
20% do que exceder o maior entre: (I)IGP-M
+3% a.s. (II) 4,5% a.s.

17.5. Avaliando um fundo imobiliário

Entender o macro de cada modalidade de investimento é fundamental para desenvolvimento da estratégia de alocação de ativos. Agora, uma vez que a categoria de ativo entra no portfólio de investimentos, é necessário, dentro da categoria, conseguir selecionar os ativos que mais se alinhem com a estratégia macro, pois o comportamento da modalidade como um todo nada mais é do que a média do comportamento de todos os ativos que ela possui.

Cabe ao investidor possuir discernimento para decidir quais condições ou critérios devem ser cumpridos para que o ativo em questão faça jus a uma alocação de capital. Alguns critérios se mostram fundamentais na hora da tomada de decisão, e aqui se ressalta a importância de possuir uma estratégia e objetivos bem definidos. Os critérios majoritariamente são qualitativos, logo, sujeitos a subjetividade, que é tão menos nociva quanto mais bem preparado o indivíduo estiver para interpretar os dados.

17.5.1. Preço

Este é sem dúvida um critério de suma importância a ser avaliado, mas também é algo que necessita de alguns cuidados. Existem fundos que são vendidos próximos a R$ 3,00 a cota e podem estar 'caros' e fundos vendidos a R$ 3.000,00 a cota que podem estar 'baratos'.

Quando se fala de avaliar preço, não é o número em si que importa, mas como irá se avaliar e determinar se o valor cobrado naquele momento justifica uma alocação de capital naquele fundo. Para isso, são utilizados majoritariamente: indicadores de *dividend yield*, a evolução histórica dos preços para os grafistas, a relação valor de mercado/valor patrimonial, entre outros. Todos atuam como ferramentas que auxiliam na avaliação do preço do ativo.

17.5.2. Localização

É um parâmetro fundamental na hora de determinar em qual fundo investir. Da mesma maneira que muito provavelmente não se compra um imóvel particular sem antes conhecer a sua localização, o mesmo raciocínio deve ser aplicado na hora de escolher qual fundo adquirir, ou seja, de qual empreendimento irá tornar-se sócio. Idealmente, conhecer a região é uma vantagem na hora de avaliar um imóvel, porém, realisticamente, se torna inviável ter acesso a todos os imóveis de diversos fundos, especialmente de fundos de fundos, que chegam a ter centenas de imóveis enquadrados em seu portfólio. Pesquisar artigos e relatórios sobre as regiões, juntamente com o uso de ferramentas de navegação virtual (como o Google Maps, por exemplo), facilita a coleta de informações.

Os dados de localização, junto com imagens dos imóveis, usualmente podem ser encontrados nos relatórios mensais dos fundos.

Um fator mais tangível acerca da qualidade da localização está atrelado às informações de vacância em imóveis de características similares da região, qual a evolução histórica, qual o comparativo com outras regiões, etc. Esses dados não aparecem sempre nos relatórios mensais, mas alguns fundos disponibilizam esses dados, como demonstrado na imagem a seguir, do fundo CSHG Atrium Shopping Santo André:

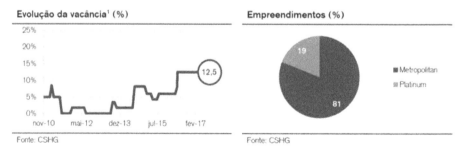

Figura 97. Dados do relatório do Fundo.
Fonte: Credit Suisse Hedging-Griffo.

17.5.3. Qualidade do ativo

Este é um parâmetro altamente subjetivo, pois está relacionado à percepção individual do que representa a qualidade do(s) imóvel(is) que compõe(m) o fundo. Em geral, avaliam-se as condições de integridade física do imóvel, os depoimentos dos locatários atuais sobre a gestão e as características do estabelecimento e os diferenciais oferecidos – ou seja, como se agrega valor ao que é oferecido. Para este último critério, usualmente buscam-se serviços diferenciados como a presença de garagens, restaurantes internos, tecnologia de segurança, etc.

17.5.4. Gestão

Uma avaliação do histórico e da credibilidade dos gestores do fundo pode ser um bom indicativo sobre o futuro do fundo. Dentro desse critério, avaliam-se também as taxas cobradas, o alinhamento destas com o que é cobrado no mercado, e acompanham-se os relatórios mensais dos fundos para verificar as medidas que são tomadas para preservação de inquilinos e qual a estratégia para aprimorar o retorno do fundo.

Usualmente, várias informações sobre a gestão se encontram nos relatórios mensais dos fundos, os quais disponibilizam uma série de comparativos e avaliações do rendimento do fundo nos mais diversos critérios. Por exemplo: o relatório de abril de 2019 do fundo Maxi Renda elaborou um comparativo entre o rendimento histórico do fundo, o índice dos fundos imobiliários IFIX (paralelo ao BOVA11 para uma carteira de ações), um título público e o próprio valor patrimonial:

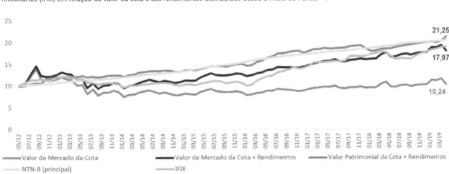

Figura 98. Comparativo de rentabilidades.
Fonte: fiis.com.br.

17.5.5. Vencimento do contrato

Conhecer os dados de vencimento é sem dúvida uma informação com caráter decisório. Contratos com vencimento próximo geram um fator de insegurança e incerteza. Dependendo da análise feita, isso pode ser visto como uma oportunidade para buscar aproveitar essa incerteza para compras mais arriscadas (porém, com maior potencial de valorização) ou pode ser considerado um sinal de espera para verificar como se desenvolve a renovação ou não de contratos de locação. Portanto, essa informação se torna relevante independentemente da filosofia de investimento e estratégia.

De maneira geral, quem visa o longo prazo em fundos imobiliários costuma se alinhar melhor com a filosofia que busca por contratos com vencimentos longos, preferencialmente com empresas ou locatários sólidos em seus mercados. A maior previsibilidade de recebíveis se torna algo favorável e confortável para o investidor.

17.5.6. Taxa de correção do aluguel

Corresponde ao ajuste que alguns fundos fazem nos aluguéis atrelados a algum índice, como o IPCA, IGP-M ou ainda alguma taxa prefixada.

Obviamente, não existe a melhor política de reajuste; cada uma possui suas vantagens, desvantagens e riscos. Cabe ao investidor avaliar qual se adequa melhor à sua estratégia e perfil. Por exemplo, se o investidor acredita que a inflação irá crescer significativamente, ou quer simplesmente se resguardar dela, soa mais coerente buscar um fundo com correção atrelada ao IPCA. Um investidor que prefere saber exatamente qual será o reajuste, sem considerar outros indexadores, pode buscar uma correção prefixada. Um investidor que prefira um contrato mais aberto, negociado periodicamente, pode preferir rejeitar ambas as opções citadas.

17.5.7. Renda Mínima Garantida (RMG)

É um dos fatores mais delicados e potencialmente ilusórios que, se não avaliados e levados em consideração da maneira correta, podem gerar prejuízos. A Renda Mínima Garantida proporciona ao investidor o pagamento de um valor fixo de dividendos por um determinado período de tempo, podendo ir de alguns meses até alguns anos. Essa metodologia é utilizada na atração de investidores que buscam constância e previsibilidade nos rendimentos ou em empreendimentos nos quais o imóvel apresente um período de maturação até que de fato comece a gerar rendimentos.

Essa modelagem de distribuição de dividendos pode mascarar o resultado real do fundo. Quando o pagamento de dividendos se torna maior que o valor que seria distribuído pela receita conquistada naquele período, é necessário utilizar reservas para pagamento desses proventos, que descapitaliza o fundo. Um exemplo desse risco segue nas imagens a seguir:

Distribuição de Rendimentos (R$/cota)											
	Jan	Fev	Mar	Abr	Mai	Jun	Jul	Ago	Set	Out	Nov	Dez
2013							R$ 0,83	R$ 0,83	R$ 0,83	R$ 0,83	R$ 0,83	R$ 0,83
2014	R$ 0,83	R$ 0,83	R$ 0,83	R$ 0,83	R$ 0,83	R$ 0,83	R$ 0,83	R$ 0,83	R$ 0,83	R$ 0,83	R$ 0,83	R$ 0,83
2015	R$ 0,83	R$ 0,83	R$ 0,83	R$ 0,83	R$ 0,83	R$ 0,83	R$ 0,83	R$ 0,83	R$ 0,83	R$ 0,83	R$ 0,83	R$ 0,83
2016	R$ 0,83	R$ 0,83	R$ 0,83	R$ 0,83	R$ 0,83	R$ 0,83	R$ 0,83	R$ 0,83	R$ 0,83	R$ 0,83	R$ 0,83	R$ 0,83

Figura 99. Histórico de pagamentos de dividendos.
Fonte: Economática.

Apesar dos pagamentos dos dividendos se manterem constante ao longo do tempo, o desempenho real do fundo em questão não espelha esse cenário. Foram pagos mais dividendos do que foi gerado de resultado, o que é prejudicial à saúde financeira do fundo e pode refletir significativamente no preço de mercado das cotas do ativo, ou seja, o fundo distribuiu mais do que rentabilizou, invadindo o caixa e/ou outros recursos do fundo para cumprir com sua obrigação.

Outro cenário possível foi o que ocorreu em 2012, com o fundo do Shopping West Plaza (WPLZ11B). A RMG proporcionava dividendos de R$ 0,83 por cota, e no vencimento do contrato da renda garantida o valor da cota passou a oscilar próximo dos R$ 0,33 por cota, uma queda de mais de 60%.

Vale ressaltar que não existe nada de incorreto com fundos que utilizam a RMG. Ao proporcionar uma rentabilidade de longo prazo, ela atua como catalisadora para financiar projetos de longo prazo. Trata-se de uma estratégia perfeitamente aceitável e embasada. Mas cabe ao investidor conhecer não apenas as vantagens, mas também todos os riscos atrelados a essa forma de distribuição de dividendos.

17.6. Estratégias de investimento em fundos imobiliários

Uma vez compreendida a dinâmica única que existe nos fundos imobiliários, que apresentam características tanto de imóvel quanto de renda variável, estes se revelam uma oportunidade singular para os mais diversos perfis de investidores, sendo possível ganhar espaço em carteiras dos mais variados perfis, desde os mais conservadores até os mais agressivos.

A construção de uma estratégia eficiente não é algo simples ou rápido de se fazer, e muito provavelmente precisará de ajustes e aprimoramentos constantes. Nossos objetivos e metas mudam com o passar do tempo e novas fases de vida vão surgindo, então não devemos tratar a estratégia como algo estático.

Destacamos algumas das estratégias utilizadas por investidores profissionais na hora da tomada de decisão sobre qual fundo comprar. Obviamente, elas podem ser utilizadas em combinação e <u>devem</u> ser adaptadas para cada perfil, e não seguidas como soluções ideais.

17.6.1. Investir em fundos com poucos locatários

Quando analisada por ângulos distintos, esta estratégia não necessariamente se enquadra como agressiva ou conservadora, mas como uma estratégia que possui cunho de alto e baixo risco ao mesmo tempo.

Fundos com um locatário não necessariamente correspondem a fundos com apenas um imóvel. Pode ocorrer de um fundo possuir apenas um imóvel e vários locatários, assim como é o caso de shoppings e prédios corporativos. Outra possibilidade é o fundo possuir vários imóveis e apenas um locatário, como acontece com agências bancárias que ocupam diversos prédios, porém representando um único locatário.

Neste último cenário, usualmente os contratos são muito bem definidos em termos de reajustes do aluguel e multas contratuais e costumam operar com prazos mais longos. Tais condicionais possibilitam uma maior previsibilidade de receita e ocupação.

Esses fatores, somados, atuam na atratividade do investidor que busca essa constância. Em contrapartida, caso ocorra algo com o locatário, o fundo como um todo estará comprometido, seja em dificuldades na renovação do contrato ou mesmo em problemas financeiros referentes ao locatário que o impeçam de cumprir com suas obrigações.

Por um lado, existe o menor risco da oscilação de receita por conta da previsibilidade que um único locatário e um rígido contrato fornecem; por outro lado, existe o risco, usualmente pequeno em probabilidade, porém de alta relevância em termos de impacto, que está atrelado à dependência de um único inquilino.

Essa modalidade de contrato busca ser feita com locatários de alta credibilidade e excelente saúde financeira, como é o caso de grandes agências bancárias, justamente para mitigar ao máximo o risco de quebra de contrato ou o risco de problemas financeiros comprometerem o recebimento dos aluguéis.

Porém, não é impossível: um exemplo ocorreu com o fundo TRX Edifícios Corporativos, que até então possuía apenas dois locatários, Peugeot e Petrobras. Por uma diversidade de razões, a primeira acabou encerrando o contrato e desocupando os imóveis. O reflexo imediato disso foi a desvalorização rápida da cota. Essa oscilação fez com que o preço de mercado da cota caísse de aproximadamente 23% no mês em que isso ocorreu.

17.6.2. Investir em fundos com diversos locatários

Esta estratégia apresenta algumas características peculiares. Uma delas é acreditar que a diversidade de locatários irá, de maneira global, diluir riscos como grandes oscilações pontuais na receita e possibilidade de alta vacância momentânea. Outra característica seria possuir inquilinos de diferentes setores econômicos, diluindo assim o risco de um impacto em algum setor específico afetar a rentabilidade do fundo como um todo.

No entanto, a gestão se torna mais complexa. Atingir e manter ocupação total dos imóveis se torna uma tarefa árdua; os vencimentos e renegociações de contrato ocorrem com mais frequência; a inadimplência pode se apresentar como um fator relevante (caso que dificilmente ocorre em fundos com um único locatário representado por uma empresa de grande porte). Porém, em situações de múltiplos locatários a saída de um tende a não impactar de maneira significativa as receitas do fundo, permitindo que gestores consigam prospectar novos inquilinos sem a preocupação da necessidade absoluta daquela receita pontual para a sobrevivência do fundo, o que pode gerar negociações melhores e mais ponderadas.

Um dos fundos mais líquidos do mercado, e que possui diversos locatários, é o fundo Kinea Renda Imobiliária, como ilustra a imagem a seguir, extraída do relatório mensal de maio de 2019:

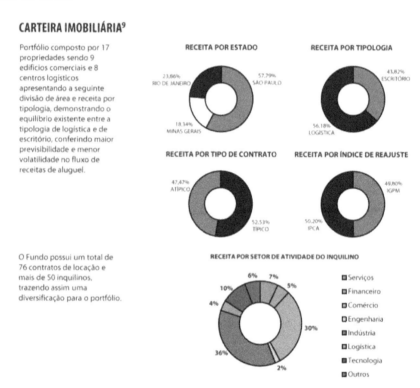

Figura 100. Dados do relatório do Fundo.
Fonte: <https://fnet.bmfbovespa.com.br/fnet/publico/exibirDocumento?id=50630>.

Este fundo possuía na data 50 inquilinos divididos nos mais diversos setores, como comércio, engenharia, serviços e financeiro. É um fundo altamente diversificado tanto em quantidade de inquilinos quanto em receita por setor econômico, tornando-se uma opção interessante para ser analisada por quem busca essa modalidade de fundo como parte da estratégia de elaboração de carteira de FIIs.

17.6.3. Investir em fundos de fundos

Trata-se de uma das estratégias mais básicas, porém mais eficientes, no quesito diversificação da carteira. Muitos recorrem a esse fundo justamente por sua característica mais conservadora.

Além da diversificação de outros fundos, esse tipo de ativo conta com uma parcela de seu capital alocado em LCIs e CRIs, o que garante uma renda fixa mensal à receita total do fundo.

Outra vantagem dessa estratégia para o investidor com pouco capital é a redução de taxas de corretagem que ocorreriam caso fosse se comprar a mesma quantidade de fundos de maneira separada. Por exemplo, um fundo de fundos pode apresentar mais de 20 ativos distintos. Para adquirir todas as modalidades, assumindo a corretagem no valor de R$ 15,00, custaria ao investidor R$ 300,00 apenas na aquisição e mais R$ 300 caso fosse liquidar os títulos.

Uma característica desses fundos é a flexibilidade que o gestor possui em alterar quais fundos fazem parte da carteira do próprio fundo e em qual depositar maior ou menor participação dentro dela. Um bom gestor dessa modalidade de fundo consegue aproveitar os diferentes movimentos positivos das outras modalidades de fundos a seu favor. O contraponto desse fato está justamente no argumento de que os gestores são independentes e podem tomar decisões que não se mostrem rentáveis. Esse é um risco intrínseco dessa e de toda modalidade de fundo que possui um gestor.

17.6.4. Investir em fundos de desenvolvimento

Usualmente, é uma estratégia utilizada por investidores que possuem um perfil mais agressivo, visto que essa modalidade de fundo, por basear sua estratégia na compra e venda de imóveis em vez de aluguéis, apresenta risco mais elevado em comparação a outras. No entanto, tais fundos possuem grande potencial de retorno.

Avaliar o real potencial de lucro e risco desse tipo de fundo se torna uma tarefa árdua e muitas vezes subjetiva. É justamente por essa razão que esses fundos acabam sendo direcionados para investidores com alto capital, os quais não dependem da receita constante desse fundo e apostam que o retorno no longo prazo irá compensar o alto risco tomado.

334 • Quanto custa ser rico?

Um exemplo de um fundo dessa modalidade é o RB Capital Desenvolvimento Residencial II. A tabela retirada do relatório gerencial de setembro de 2017 mostra um fluxo de receitas com alta volatilidade:

RBDS11

Inflação projetada para o período remanescente: 3,80% a.a.

Mês	Integralização	Rendimento	Amort.	Amort. Acum.	Rend + Amort
2010	-R$ 537,13	R$ 0,00	R$ 0,00	R$ 0,00	R$ 0,00
2011	-R$ 384,15	R$ 0,00	R$ 0,00	R$ 0,00	R$ 0,00
2012	-R$ 122,92	R$ 0,00	R$ 0,00	R$ 0,00	R$ 0,00
2013	R$ 0,00	R$ 196,01	R$ 0,00	R$ 0,00	R$ 196,01
2014	R$ 0,00	R$ 294,24	R$ 238,89	R$ 0,00	R$ 533,13
2015	R$ 0,00	R$ 161,65	R$ 302,85	R$ 0,00	R$ 464,50
2016	R$ 0,00	R$ 53,76	R$ 158,53	R$ 0,00	R$ 212,29
jan-17	R$ 0,00	R$ 0,36	R$ 1,45	R$ 701,72	R$ 1,82
fev-17	R$ 0,00	R$ 0,40	R$ 1,58	R$ 703,31	R$ 1,98
mar-17	R$ 0,00	R$ 0,55	R$ 2,20	R$ 705,50	R$ 2,75
abr-17	R$ 0,00	R$ 1,13	R$ 4,53	R$ 710,03	R$ 5,66
mai-17	R$ 0,00	R$ 4,21	R$ 12,62	R$ 722,65	R$ 16,82
jun-17	R$ 0,00	R$ 1,20	R$ 4,79	R$ 727,44	R$ 5,98
jul-17	R$ 0,00	R$ 0,00	R$ 3,95	R$ 731,39	R$ 3,95
ago-17	R$ 0,00	R$ 2,69	R$ 17,78	R$ 749,17	R$ 20,47
set-17	R$ 0,00	R$ 4,16	R$ 6,52	R$ 755,70	R$ 10,68
Fluxo Proj. (Esperado) [*]	R$ 0,00	R$ 239,07	R$ 288,50	R$ 288,50	R$ 527,57

	Integralização	Rendimentos	Amort. Princ.	Total
Realizado	-R$ 1.044,19	R$ 720,35	R$ 755,70	R$ 1.476,05 [*]
Fluxo Proj. (Esperado) [*]	R$ 0,00	R$ 239,07	R$ 288,50	R$ 527,57
Total	-R$ 1.044,19	R$ 959,42	R$ 1.044,19	R$ 2.003,62

Fonte: http://fiis.com.br

Figura 101. Histórico de rentabilidade do fundo RBDS11.
Fonte: fiis.com.br

Observe que o primeiro rendimento positivo só ocorre de fato em 2013. Ou seja, foi um fundo que não gerou provento algum durante três anos, mas que apresentou um retorno bem significativo aos investidores que estavam posicionados e correram o risco associado ao fundo. Como o valor da cota em 2010 era próximo dos R$ 200,00, foi gerado um retorno de aproximadamente 100% sobre o capital investido pago em dividendos, além da valorização da própria cota em si, que ao final de 2013 valia aproximadamente R$ 350,00 e em março de 2018 chegou a valer R$ 400,00.

Dois sites muito bons para estudar e analisar fundos imobiliários são: fiis.com.br e fundsexplorer.com.br.

18. COE (Certificado de Operações Estruturadas)

Os certificados de operações estruturadas merecem um capítulo à parte por uma série de (boas) razões.

O COE não se enquadra em nenhuma modalidade de ativos explanada até o momento, não sendo um fundo, nem renda fixa, nem se enquadrando perfeitamente na definição de renda variável. Ele pode ser classificado em uma região mesclada entre essas categorias, podendo inclusive apresentar grandes variações entre as próprias subclasses.

Essa "nova" modalidade de investimento é crescente, porém ainda modesta, no Brasil, fazendo parte quase que tradicional da carteira de investidores estrangeiros em mercados bem mais maduros, como o americano e europeu, devido às suas boas oportunidades de associar a proteção ao capital oferecida pela renda fixa, com a possibilidade de ganhos de renda variável e o acesso a mercados estrangeiros. Nesses países, tais títulos são conhecidos como **notas estruturadas**.

Vamos um passo de cada vez.

18.1. O que é um COE

Similar ao CDB, o certificado de operações estruturadas é um título emitido por um banco estrangeiro. Os mais populares no Brasil são usualmente oferecidos por grandes bancos como Morgan Stanley, JP Morgan, Credit Suisse, entre outros. É uma opção para quem busca diversificação da carteira patrimonial através da estruturação de operações com derivativos.

Outra importante diferença está no uso do capital aplicado: enquanto em um CDB o valor de remuneração consiste no conceito dos juros sobre o capital investido (ou seja, o banco remunera o investidor pelo "empréstimo" na forma de juros sobre capital próprio), no COE o capital não é alocado no caixa da entidade que emitiu o título, mas aplicado em uma "cesta de ativos" que podem ser de renda fixa e/ou variável. É da combinação desses ativos que surgem a proteção e a rentabilidade oferecidas pelo COE (ambas serão detalhadas mais à frente).

COE é uma oferta pública, ou seja, cada um é único e existe uma data específica limite para se investir. Uma vez ultrapassada, não é possível a aquisição desse ativo durante todo o seu período de existência.

Devido à "novidade" desse investimento, é possível que nem todos os reais riscos envolvidos sejam devidamente explanados ao investidor quando este for abordado por corretora ou banco.

Os COEs são registrados na Central de Custódia e de Liquidação Financeira de Títulos (CETIP), instituição financeira que registra os ativos em nome do investidor. Essa modalidade de ativos partilha da mesma regulação que aquisições de títulos de renda fixa, como CDBs, debêntures e LCs.

O risco principal envolvido nos COEs é o risco de crédito, ou seja, o risco da instituição emissora quebrar e o dinheiro não ser reembolsado pelo investidor, cenário improvável para entidades tão grandes quanto os bancos que usualmente emitem os títulos (porém, sempre tenha em mente o caso do famoso banco Lehman Brothers). Essa modalidade de investimentos não goza da cobertura do FGC.

Existem diversas categorias de COEs, mas a grande maioria converge para algumas principais características:

➢ Usualmente, seu capital nominal é protegido, no pior cenário, até o vencimento (no entanto, algumas modalidades expõem o capital nominal ao risco financeiro).

➢ Os ganhos derivam de renda variável, como fundos, ações, câmbio, etc.

➢ Existem condições específicas a serem cumpridas para ocorrer o ganho do melhor cenário.

➢ O valor não pode ser resgatado até que o COE seja extinto (o que pode ocorrer ou não antes do vencimento).

18.2. Vantagens e desvantagens do COE

Uma das principais vantagens inerentes ao COE é o acesso ao mercado internacional pelo pequeno investidor, com pouco capital e proteção ao risco financeiro. Outras vantagens são a diversificação de carteira englobando mercados internacionais e o acesso a operações complexas através da aquisição de um único ativo em território nacional.

Mesmo que se tenha acesso a essas empresas, como o pequeno investidor consegue se aproveitar da oscilação desses ativos sem correr risco financeiro de perda de capital? Essa segunda parte pode ser respondida através dos COEs.

Um único COE pode estar associado a uma diversidade de ativos, similar a um fundo de investimento, possibilitando assim a mesma vantagem da "diversificação única", ou seja, diversificar ativos adquirindo um único produto. Porém, diferentemente da maioria dos fundos e outras modalidades de investimentos, o COE não apresenta taxa de administração, performance ou (usualmente) custódia, além de não ser afetado pelo famoso "come cotas" (antecipação do IR).

Dentre as desvantagens associadas ao COE destacamos a possibilidade de, no pior caso, não haver remuneração real sobre o capital aplicado, expondo o investidor ao custo de oportunidade explicado no Capítulo 3.

Em um período de alta inflação, ter seu dinheiro "parado" por cinco anos sem nenhuma remuneração pode gerar um impacto relevante no poder de compra do capital. É importante para o investidor entender o real custo de oportunidade e o conceito de valor esperado, já explicado neste livro, para decidir se de fato vale ou não o risco de seu capital. Lembre-se sempre, caro leitor, de que o mercado é um cobertor curto: se existe uma grande oportunidade de alta rentabilização, algum risco equivalente (não necessariamente diretamente monetário) você estará correndo.

Outro ponto relevante é o COE estar sujeito à tabela de IR regressivo convencional das aplicações de renda fixa, chegando ao patamar mínimo (15% sobre o lucro) somente após dois anos. Como veremos mais à frente, existe a possibilidade, além do controle do investidor, deste ser liquidado antecipadamente e o IR ser cobrado a taxas mais elevadas.

Lembrando que um ponto negativo desse investimento, quando comparado com títulos públicos e alguns títulos privados, é a falta de cobertura pelo FGC.

18.3. Análise de um COE

Um COE sempre apresentará em sua estrutura para análise os seguintes dados:

- ➢ Emissor
- ➢ Prazo para reserva de cotas
- ➢ Data de início e de vencimento
- ➢ Valor mínimo de aplicação
- ➢ **Descrição da estratégia**
- ➢ **Classe**
- ➢ **Datas de observações e/ou taxa fixa[9]**
- ➢ **Cenários de retorno no vencimento**
- ➢ **Presença ou ausência de proteção do capital principal[10].**

Dentre os aspectos listados, as classes, datas de observações, taxas fixa, estratégia, cenários e proteção do principal são características peculiares dentro de um COE e serão explanadas a seguir.

Esses dados são pontos fundamentais de entendimento para quem deseja compreender e usufruir dessa categoria promissora de investimentos.

18.3.1. Classes

COEs de capital protegido

São os mais comuns e usualmente os mais atrativos justamente pela sua característica de proteção ao capital principal. Ou seja, se no vencimento do COE os pré--requisitos (que logo serão explanados) para obtenção de lucro não forem atingidos, o capital nominal é devolvido ao investidor **independentemente** da oscilação negativa dos ativos que compõem o COE.

Logicamente, isso é possível através de uma alocação inteligente de capital dentro do próprio COE, que, para conseguir garantir esse retorno, aplica grande parte do capital levantado em ativos com rentabilidade prefixada. O objetivo é que, no vencimento, essa rentabilidade garanta a proteção do capital mesmo com o pior cenário de oscilação dentro da porção destinada à renda variável associada aos derivativos, os quais são responsáveis pelo potencial de alta rentabilidade nos casos de sucesso do COE.

---

[9] Quando existirem.

[10] O capital principal é o capital investido em uma operação financeira. Pode também ser conhecido por valor atual, valor presente ou valor aplicado.

COEs de capital em risco

São pouco comuns no mercado brasileiro, justamente pela novidade relativa dessa categoria de investimento, que já é complexa por si só. Atrelar essa complexidade à não proteção do capital torna esse investimento não atrativo para o investidor comum. Portanto, a demanda e a oferta são escassas nessa categoria.

No entanto, ela não foge à máxima do mercado: quanto maior o risco, maior o retorno associado a ele. É nessa categoria que jazem as maiores possibilidades de retorno, sendo recomendando então apenas ao investidor de perfil agressivo e com alto conhecimento técnico sobre as categorias gerais de investimentos.

COEs de capital remunerado

São COEs para o perfil mais conservador, que não deseja correr o risco de seu capital aplicado ficar sem alguma remuneração. Este deve buscar COEs com condições de rentabilidade mínima associada à ocorrência do pior cenário.

Por exemplo, existem COEs que no pior cenário atrelam uma rentabilidade e a possibilidade de indexação de rendimento ao fundo a que se destina a aplicação, sendo o pior resultado final a remuneração mínima e o melhor cenário a remuneração mínima **mais** a rentabilidade (dentro das regras individuais do COE) do fundo aplicado.

Assim como os COEs de capital em risco, estes também estão sujeitos à lei do risco x retorno, sendo obviamente o ganho máximo potencial usualmente inferior às duas outras categorias deste ativo.

18.3.2. Datas de observações

Dependendo da categoria do COE, este pode conter as chamadas datas de observação, que nada mais são do que datas nas quais os gestores do fundo irão averiguar se as condições para encerramento antecipado do COE se cumpriram ou se o COE permanece em vigor até a próxima data de observação.

Por exemplo:

> *COE de ativos Subjacentes: ações da Apple, Microsoft e Netflix. Estratégia de 3 anos com 6 datas de observação semestrais. Em cada uma das 6 datas de observação, sendo a última no vencimento, caso as 3 ações estejam iguais ou acima dos respectivos preços iniciais, o investidor re-*

> *cebe um cupom acumulado de 5% ao semestre mais o capital investido, e o COE é encerrado antecipadamente. No vencimento, se a estrutura ainda não tiver sido encerrada e pelo menos uma das ações tenha apresentado queda, o investidor recebe o capital investido.[11]*

Ou seja, a cada seis meses, o gestor verifica se as condições foram cumpridas: se as três ações estiverem com valor igual ou superior ao de entrada (na própria moeda, sem considerar o câmbio), o COE paga o cupom de 5% vezes a quantidade de semestres até que a condição seja de fato cumprida mais o capital. Se durante todo o período de existência do COE as condições não forem cumpridas, este é liquidado e o capital nominal retorna ao investidor.

18.3.3. Taxa fixa

Dependendo da categoria do COE, este pode conter taxas fixas, que são a remuneração sobre o capital aplicada independentemente das condições de sucesso do COE se concretizarem ou não, ou seja, protege o capital e o remunera ao mesmo tempo com um valor mínimo acordado na aquisição.

Por exemplo:

> *COE de Fundos Internacionais. No vencimento (5 anos), o investidor recebe uma taxa fixa de 30% mais a alta ilimitada do ativo subjacente no período, sem exposição cambial. Em caso de queda no preço do ativo, o investidor recebe de volta o capital investido mais a taxa fixa no período.[12]*

Se o fundo apresentar rentabilidade negativa ou zero, o investidor recebe no mínimo 30% de remuneração sobre o capital aplicado. Como não há limites para os ganhos nesse caso, se o fundo rentabilizasse 40% no período, o investidor receberia 70% sobre o capital próprio (30% + 40%). Nesse cenário não há possibilidade de encerramento do COE de maneira antecipada, como ocorre com as datas de observação.

---

[11] O texto em questão foi retirado de um COE real para aproximar o exemplo à realidade, porém foi adaptado para proteger o emissor.

[12] O texto em questão foi retirado de um COE real para aproximar o exemplo à realidade, porém foi adaptado para proteger o emissor.

COE (Certificado de Operações Estruturadas) • **341**

18.3.4. Cenários de retorno no vencimento

Pela complexidade intrínseca do próprio COE, que gera aversão aos investimentos, os gestores tentam deixá-lo o mais didático e de fácil compreensão possível em sua apresentação. Por isso, quase sempre serão elaborados cenários de retorno no vencimento para ajudar a esclarecer ao investidor o pior e o melhor cenário que este pode enfrentar ao aplicar em um COE.

No caso do exemplo anterior com as três ações envolvendo observações periódicas, teríamos algo similar a:

Tabela 44. Data de observação – 6 meses.

Cenário	Ação
As três ações acima ou no valor de entrada	Pagamento do cupom de 5% e o COE é encerrado
Pelo menos uma das três ações abaixo do ponto de entrada	Não ocorre pagamento de cupom e o COE continua a existir

Tabela 45. Data de observação 2 – 12 meses.

Cenário	Ação
As três ações acima ou no valor de entrada	Pagamento do cupom de 10% e o COE é encerrado
Pelo menos uma das três ações abaixo do ponto de entrada	Não ocorre pagamento de cupom e o COE continua a existir

O mesmo vai se repetindo até a penúltima data de observação, com cupom cumulativo no regime simples (5% – 10% – 15% – 20% – 25%). No último período de observação teríamos:

Tabela 46. Data de observação 6 – 36 meses.

Cenário	Ação
As três ações acima ou no valor de entrada	Pagamento do cupom de 30% e o COE é encerrado
Pelo menos uma das três ações abaixo do ponto de entrada	Devolução do capital nominal sem pagamento de cupom e o COE se encerra

Já para caso da taxa fixa, teríamos algo similar a:

Tabela 47. Cenários de retorno.

Cenário	Ação
Fundo aplicado em queda	Pagamento do capital investido + taxa fixa
Fundo aplicado em alta	Pagamento do capital investido + taxa fixa + alta % do fundo

18.4. Descrição da estratégia

Existem várias possibilidades estratégicas que podem ser aplicadas dentro de um COE, as quais poderiam ser tão detalhadas em termos qualitativos e quantitativos que facilmente gerariam outro livro. Como o objetivo é fornecer ao leitor uma familiaridade com essa modalidade de investimento, selecionamos as categorias estratégicas mais utilizadas.

Já vimos que os COEs podem atuar com datas de observação atreladas a condições que podem ou não gerar cupons e/ou com taxas fixas de rendimento mais a possibilidade de ganhos associados ao ativo relacionado.

No entanto, os COEs se apresentam como uma classe de ativos bem flexível, criando opções para os mais diversos tipos de investidores.

Uma das versatilidades do COE está em sua capacidade de alavancar os retornos. É perfeitamente possível que um COE ofereça, além da proteção do capital nominal, uma alavancagem de retorno sobre o rendimento do(s) ativo(s) do qual deriva.

Por exemplo, uma estratégia nesse âmbito seria:

> *COE de Índice de Multimercado Global. No vencimento após 2 anos, o investidor recebe o capital investido mais a alta alavancada em 4 vezes do ativo subjacente no período, sem exposição cambial. Em caso de queda no preço do ativo, o investidor recebe de volta o capital investido.*[13]

Ou seja, se o índice em questão apresentar uma rentabilidade de 5% no período de vida do COE, o retorno seria alavancado para 20% mais o capital nominal. Se o índice apresentar retorno negativo, o capital nominal é protegido. Nesse caso, teríamos algo similar a:

Tabela 48. Cenários de vencimento.

Cenário	Ação
Índice com queda no vencimento	Pagamento do capital investido
Índice com alta de Y% no vencimento	Pagamento do capital investido + 4xY% sobre o capital

---

[13] O texto em questão foi retirado de um COE real para aproximar o exemplo à realidade, porém foi adaptado para proteger o emissor.

COE (Certificado de Operações Estruturadas) • **343**

Essa estratégia pode ser utilizada tanto com liquidação apenas no vencimento ou associada a datas de observação.

As estratégias também podem oferecer faixas de retorno por data de observação ou vencimento, como, por exemplo, retornos entre 2,85% e 3,85%, ainda faixas de alavancagem entre 3,5 e 4,5 vezes, ou ainda combinações de diferentes categorias como "retornos entre 11% e 14% ou alavancagem de 4 vezes o vencimento". Todos os exemplos são similares a opções reais de COEs encontradas no Brasil.

O foco deste capítulo foi mostrar a versatilidade dessa categoria de ativos, a qual possibilita inúmeras combinações e oportunidades de investimento. Por se tratar de um produto complexo, é necessária uma análise minuciosa antes de decidir pela alocação de capital. Preferencialmente, conte com o auxílio de um consultor de investimentos de sua corretora. É plenamente possível encontrar diversas boas oportunidades nesse mercado emergente, desde que se tenha o conhecimento necessário para realizar uma boa análise crítica.

19. Previdência Privada

A previdência privada é uma modalidade de investimento análoga ao sistema previdenciário do governo. Assim como qualquer investimento, apresenta seus riscos, vantagens e desvantagens, e tem sua base teórica na remuneração do capital investido na forma de juros pagos ao investidor.

Essa modalidade de fundos não permite alavancagem, o que acaba protegendo o investidor quanto à garantia do valor dos rendimentos a serem pagos possuírem lastro. Dentre a grande variedade de previdências privadas, existem as que aplicam exclusivamente em títulos públicos e/ou renda fixa privada e algumas que admitem a participação em ativos de renda variável, como câmbio e até mesmo ações. É importante saber também que a previdência privada não pode ter mais que 70% de seu patrimônio em fundos de renda variável.

Apesar de derivarem de instituições privadas, os bancos que ofertam tal serviço são fiscalizados pelo Banco Central e devem prestar contas perante a Susep (Superintendência de Seguros Privados), que é o órgão responsável por seguros particulares.

As principais diferenças entre a previdência social e a privada são: na primeira o contribuinte não escolhe o valor a ser aplicado, não pode negociar as taxas de remuneração, não pode resgatar o valor em momento algum e está sujeito a oscilações nas regras de contribuição e remuneração (que quase sempre apresentam um retorno muito inferior ao gerado pela modalidade privada).

Uma característica peculiar dessa modalidade de investimentos é o fato de que no vencimento o investidor poderá optar ou por resgatar o montante total rentabilizado pela previdência ou pelo recebimento mensal (por um período ou vitalício, dependendo do acordado na contratação) de parcelas pré-acordadas reajustadas por algum índice (usualmente o IPCA).

De todas as categorias de investimentos apresentadas até agora, a previdência se destaca como uma das mais flexíveis. A instituição que a oferece pode aplicar ou não uma gama de regras, sendo vital ao investidor entender todas as regras antes da decisão final. Levantaremos a seguir os principais aspectos comuns e pontos de atenção que são voltados para o caráter decisório de investir ou não em determinada previdência, para que você consiga avaliar se existe espaço ou não dentro do seu portfólio para essa modalidade de investimento.

19.1. Vantagens da previdência privada

Na previdência privada cabe ao investidor decidir o valor que será aplicado. É possível flexibilizar esse valor ao longo do tempo, ou seja, conforme a renda de um indivíduo se altera, ele pode alterar o valor da contribuição de acordo com sua capacidade e planejamento financeiro.

Outra vantagem em relação à previdência social é que, mesmo com descontos tributários, é possível resgatar o dinheiro em qualquer momento dentro das condições acordadas no momento da contratação do plano. Também é permitido fazer o plano para outra pessoa, ou seja, pais podem fazer planos para filhos, por exemplo.

Essa modalidade tende também a seguir a regra máxima de qualquer investimento: o retorno é proporcional ao risco. Como o governo é teoricamente a instituição que oferece menor risco, as taxas de remuneração de bancos em planos privados tendem a ser bem mais atraentes quando comparadas à previdência social.

É possível também contratar uma previdência privada que irá remunerar o contratante por um determinado período de tempo em vez de ser vitalícia, permitindo assim uma maior previsibilidade de receitas.

Para quem busca a transferência de recursos para herdeiros sem que o valor entre em inventário, a previdência privada proporciona essa característica, tornando-se uma opção atrativa para quem inicia planos de previdência com idade mais avançada. Essa designação dos beneficiários é usualmente feita sem custo, garantindo que os herdeiros possuam no mínimo acesso ao patrimônio acumulado no fundo.

19.2. Categorias de previdência privada

19.2.1. Plano Gerador de Benefício Livre (PGBL)

O PGBL apresenta como sua principal vantagem a possibilidade do desconto do valor aplicado no imposto de renda (com limite de até 12% do volume total da renda do investidor). Portanto, esta é uma modalidade que se torna mais interessante para indivíduos com uma renda elevada.

Um ponto importante: caso haja resgate do capital aplicado, o imposto de renda é cobrado sobre **todo o montante e não apenas sobre os rendimentos**.

19.2.2. Vida Gerador de Benefício Livre (VGBL)

Já o VGBL não pode ser abatido do IR, porém o valor do imposto é cobrado **sobre os rendimentos** e não sobre o montante total, tornando-se uma opção mais interessante para indivíduos com rendas menores.

19.3. Regimes de tributação

Ao contratar uma previdência privada, é possível optar entre dois possíveis regimes de tributação: progressivo ou regressivo.

A tabela regressiva, criada em 2005, beneficia a passagem do tempo ao reduzir o desconto do imposto sobre os rendimentos de maneira regressiva, ou seja, se torna interessante para aplicações que visam o longo prazo. Os valores seguem a tributação conforme a figura:

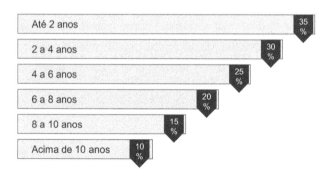

Figura 102. Tabela Regressiva de IR.
Fonte: os autores.

Já a tabela progressiva segue as alíquotas aplicadas aos salários CLT, ou seja, é proporcional ao valor a ser resgatado e é tributada conforme ilustra figura a seguir:

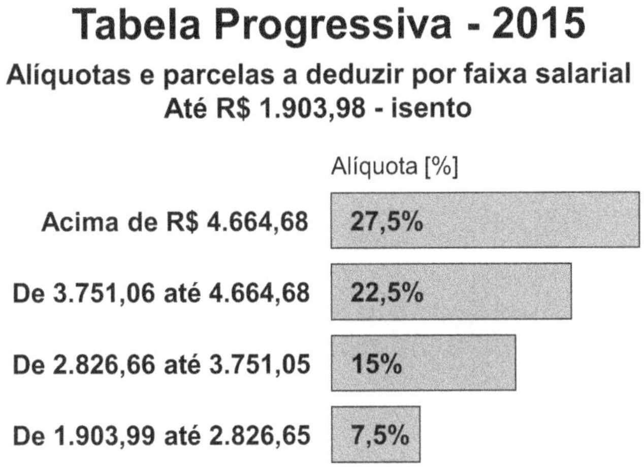

Tabela Progressiva - 2015

Alíquotas e parcelas a deduzir por faixa salarial
Até R$ 1.903,98 - isento

Alíquota [%]

Acima de R$ 4.664,68	27,5%
De 3.751,06 até 4.664,68	22,5%
De 2.826,66 até 3.751,05	15%
De 1.903,99 até 2.826,65	7,5%

Figura 103. Tabela progressiva de IR.
Fonte: <https://impostoderenda2019.net.br/tabela-imposto-de-renda-2019/>.

Ou seja, alguém que faz um resgate de até R$ 1.903,98 recebe o montante livre de tributação. Um indivíduo que resgate R$ 3.751,06 pagará um IR equivalente a R$ 843,99 (22,5%).

Pode-se perceber que este formato de tabela costuma ser vantajoso para quem visa o resgate prévio à aposentadoria, ou seja, busca retornos no curto ou médio prazo e/ou fará resgates anuais com valores isentos de (ou de baixa) tributação, conforme a tabela.

19.4. Taxas cobradas

Existem três principais categorias de taxas:

> **Taxa de carregamento**: corresponde ao valor descontado imediatamente na hora do aporte de capital feito à aplicação. Esse valor oscila dependendo da instituição, usualmente entre 0% e 5% do valor aplicado. Ou seja, se, por exemplo, um indivíduo fizer aportes mensais no valor de R$ 1.000,00 a uma taxa de carregamento de 5%, de fato estará aplicando R$ 950,00 para ser capitalizado e submetido aos rendimentos dos juros. Tal taxa também pode ser regressiva com o tempo ou com o valor aplicado. Por exemplo, essa taxa

348 • Quanto custa ser rico?

pode começar em 5% para as primeiras aplicações e ir se reduzindo até 0% com o passar dos períodos – ou, ainda, a partir de um valor aplicado X, não existir a taxa ou esta ser mais amena.

➢ **Taxa de gestão**: é cobrada anualmente como forma de cobrir os gastos com toda a parte de gestão e gerenciamento dos fundos de previdência. Usualmente essa taxa oscila de 0,5% a 4,0% sobre o patrimônio acumulado.

➢ **Taxa de saída**: é uma taxa muitas vezes negligenciada, porém relevante, que pode ou não ser cobrada sobre o patrimônio acumulado na hora do resgate do fundo. Usualmente oscila em torno de 0,4% do total resgatado.

19.5. Previdência privada x renda fixa

Existem diversos sites, aplicativos e empresas que simulam o rendimento da previdência privada de forma a facilitar a decisão do investidor. No entanto, é imperativo que se conheça o real funcionamento de taxas e impostos, além de comparar a previdência privada com outras modalidades de investimento de forma a tomar a decisão da maneira mais sóbria e ponderada possível, pois é perfeitamente comum que os números apresentados 'brilhem os olhos' dos desavisados. Assim como qualquer categoria de investimentos, existem aqueles com maiores e menores rentabilidades que precisam ser analisados com grande detalhamento e cautela antes da tomada de decisão.

Por exemplo, uma simulação real feita em um determinado banco indicou que alguém do sexo masculino, com 30 anos de idade, que deseja se aposentar aos 60 com uma renda mensal vitalícia de R$ 3.000,00, poderia atingir tal resultado ao aplicar mensalmente o aporte de R$ 890,16.

À primeira vista, pode soar interessante depositar por 30 anos um valor próximo de R$ 900 reais e receber pelo resto da vida um valor de R$ 3.000. Apesar de não existir nada de errado com quem decida por essa opção, uma vez que não existe certo ou errado quando o assunto é investimento, o único erro seria tomar uma decisão sem possuir todas as informações relevantes para tal.

Assumindo um título de renda fixa que gere um rendimento de 10% a.a., ou seja, aproximadamente 0,80% a.m., fazendo aportes mensais de R$ 890,16 por 30 anos, você teria o montante de R$ 1.848.340, **três vezes mais** do que o valor total acumulado pela previdência privada, o que geraria uma rentabilidade no valor de R$ 14.787 ao mês, quase **cinco vezes mais** que a proposta da previdência privada.

O valor total acumulado de R$ 610.003, assumindo o mesmo valor de aportes mensais de R$ 890,16, equivale a um rendimento de aproximadamente 0,33% a.m., ou seja, 4% a.a. durante 30 anos, rendimento facilmente equiparado e superado por uma grande diversidade de aplicações de renda fixa, incluindo títulos públicos e privados.

Fazendo uma análise mais simplista, se todo o valor gerado pela aplicação simulada de renda fixa fosse consumido com saques mensais de R$ 3.000, sem que o restante gerasse rendimento algum, demorariam 51 anos para consumir todo o capital (até a idade de 111 anos do indivíduo em questão), sendo que a expectativa de vida do brasileiro em 2018 ainda não chegou aos 80 anos.

Já outra simulação feita com uma diferente instituição, nas mesmas condições anteriores, resulta em uma parcela de R$ 527,00 ao mês com um rendimento estimado de 9% a.a.

Nesse cenário, se todo o valor gerado pela aplicação simulada de renda fixa, agora em R$ 1.094.270, fosse consumido com saques mensais de R$ 3.000, sem que o restante gerasse rendimento algum, demorariam 30 anos para consumir todo o capital (até os 90 anos do indivíduo em questão), o que soa mais coerente com uma expectativa de vida otimista, porém ainda dentro da realidade.

Vale destacar que as rentabilidades da previdência, por estarem atreladas a fundos de investimento, podem oscilar ao longo do tempo, ou seja, a taxa de rentabilidade contratada na aquisição não necessariamente permanecerá em dado valor ao longo do tempo. Da mesma maneira, a remuneração mensal projetada é dada em valores atuais e é reajustada de acordo com a taxa estabelecida ao longo do tempo.

Também é fundamental ao investidor ter ciência de qual é a taxa de reajuste da parcela mensal a ser paga, caso este no vencimento do título opte pela remuneração mensal em vez de sacar o montante patrimonial.

Outros aspectos a respeito de simuladores:

- ➤ Eles já estão apresentando os resultados líquidos? Ou seja, já estão descontando as taxas e os impostos?
- ➤ Consideram reajustes baseados na inflação?
- ➤ Mostram o histórico de rendimento da previdência ou apenas dos últimos 12 meses?
- ➤ Informam claramente o percentual de renda variável?

São esses alguns dos questionamentos que irão separar os investidores profissionais dos caçadores de oportunidades, que vão apenas fazer contas em função do percentual de rendimento.

> **Saber questionar o que não é apresentado é uma das suas mais poderosas armas no mundo dos investimentos.**

Se o beneficiário da previdência privada na data de seu vencimento opte por receber a renda mensal vitalícia e, por uma infelicidade, venha a falecer no mês subsequente, salvo condições contratuais muito específicas, não poderá transferir os pagamentos ou o valor total do fundo para terceiros, "perdendo" todo o montante adquirido.

19.6. Incentivos de empresas

É possível que surjam opções mais interessantes em empresas ou instituições que ofereçam previdência privada fechada ao empregado, como incentivos sobre os aportes (a empresa investe um valor junto com o contribuinte, ou algum plano com benefícios salariais, etc.). Nesses casos (aliás, como em todos), a comparação deve ser feita com cautela.

Há casos de empresas que investem o mesmo valor aportado pelo funcionário, ou seja, para cada R$ 1,00 aplicado em determinado fundo de previdência a empresa aplica o mesmo R$ 1,00 para o funcionário, ou às vezes até mais do que o próprio valor. Nesses cenários, é comum a isenção da taxa de carregamento e taxas de gestão mais baixas que a média do mercado.

No entanto, é imperativo ao funcionário em questão atentar para as regras da contribuição em caso de desligamento da empresa, que comumente estabelece um período mínimo de permanência para que os aportes auxiliares sejam validados. Dependendo da situação e do prazo, o funcionário pode não conseguir se beneficiar de nenhuma contribuição feita entre sua contratação e saída da empresa.

Outro ponto a ser atentado é a possibilidade ou não de fazer portabilidade para o fundo do novo empregador. Se essa opção não existir e o indivíduo precisar resgatar todo o valor aplicado, ele estará sujeito aos impostos – o que, dependendo da tabela em questão (progressiva ou regressiva), pode impactar de maneira muito significativa o valor a ser recebido.

Porém, em termos de rentabilidade, a previdência se torna um bom negócio quando apresenta esse incentivo por parte das empresas.

19.7. Conclusão sobre a previdência

Quem quer lhe vender uma previdência privada não mostrará as vantagens de outras modalidades e vice-versa.

Por exemplo, ao se comparar a rentabilidade bruta de um fundo de investimento de renda fixa, ou até mesmo multimercado que emule a renda fixa, muito provavelmente os retornos serão superiores.

No entanto, é necessário considerar fatores como taxas anuais, taxas de administração, "come cotas" cobrado semestralmente, etc. e comparar de maneira objetiva os **rendimentos líquidos**, que nem sempre são apresentados de forma clara ao investidor.

Na previdência privada, a tributação é feita apenas no resgate, o que permite melhor aproveitamento do efeito dos juros compostos, além das outras vantagens explanadas, como possibilidade de abatimento no imposto de renda e a transferência dos recursos aos herdeiros.

Em caso de falecimento do favorecido, o valor não passa por inventário, e em uma tabela regressiva o IR final é menor que o IR mínimo de rendimentos em fundos usuais que seguem uma tabela regressiva (10% da previdência privada contra 15% de fundos). E claramente não apenas os aspectos financeiros devem ser considerados na decisão, e sim o alinhamento com o seu objetivo, perfil e estratégia.

Apresentadas as características dessa modalidade de investimento, é possível que o leitor identifique quais são aquelas favoráveis à sua estratégia de investidor e que condizem mais com seu objetivo e prazo, podendo assim aproveitar melhor as vantagens desse investimento.

20. Escolhendo uma Corretora

Chegando ao nosso último capítulo (ufa), precisamos abordar um ponto de extrema importância que irá acompanhá-lo em cada operação que fizer no mercado, seja de renda fixa ou de renda variável, que é escolher em qual(is) corretora(s) você aportará seu capital.

Corretoras de valores são instituições que realizam compra, venda e distribuição de títulos e valores mobiliários entre investidores e a própria bolsa de valores B3 e a Cetip.

De acordo com o site da B3, em 2018 existem 88 corretoras no Brasil, e ainda assim o banco acaba sendo um local onde boa parte dos investidores ainda opta por adquirir suas ações. Obviamente, não existe nada de errado nessa prática, cada indivíduo deve fazer o que se sente mais confortável e o que melhor está alinhado com seus objetivos. No entanto, boa parte dos investidores opta por bancos por desconhecimento, falta de confiança e receio de utilizar uma corretora.

Muitas pessoas não sabem, por exemplo, que os bancos inevitavelmente utilizam uma corretora (mesmo que própria) para fazer as transações no mercado.

Através de corretoras é possível ter acesso aos mais variados ativos do mercado financeiro, e com mais transparência quanto às características de cada um deles. Como o atendimento é voltado quase em sua totalidade para investimentos, diferentemente de bancos, corretoras apresentam maior especialização e consequentemente se tornam mais qualificadas para atendimento e suporte técnico na área. Além disso, os custos tendem a ser inferiores aos cobrados pelos bancos para realizar as mesmas transações.

Um aspecto interessante em relação à corretora é que a parcela do dinheiro do investidor **que se encontra aplicada**, ou seja, todo o capital com exceção do que está em saldo, não fica em posse da corretora e é responsabilidade da B3.

Logo, em uma eventual falência da corretora, o capital aplicado permanece protegido. Ou seja, se você adquirir ações de alguma empresa e a corretora falir, suas ações ficam protegidas, visto que estas não estão em posse da corretora. Porém, vale reforçar que todo o capital em saldo (em caixa) está em posse da corretora até que seja aplicado.

Tivemos recentemente (2018) um caso de uma corretora de grande porte que anunciou falência e deixou um investidor conhecido que possuía milhões de reais em caixa em uma situação bem complicada quanto ao destino de seu capital.

No entanto, com o objetivo de atrair mais capital para aplicações, a própria B3 busca sempre tornar cada vez mais seguro o investimento em corretoras. Uma das formas é através da presença do selo Cetip, o qual garante que as corretoras registrem devidamente no CPF do investidor o título de renda fixa adquirido. Assim, o FGC consegue ressarcir o investidor mais rapidamente em caso de falência (por exemplo, o banco onde se aplicou em um CDB quebrou).

Além dos pontos de qualidade operacionais já mencionados, existem diversos aspectos fundamentais para ponderar na hora da escolha de uma corretora adequada para o perfil individual de cada um.

20.1. Preços

Apesar de ser um dos pontos mais relevantes na hora da tomada de decisão, um dos principais erros é levar apenas esse fator em conta e ignorar diversos outros aspectos fundamentais que impactarão diretamente na "qualidade de vida" do investidor.

Isso não quer dizer que toda corretora de altos preços é boa, nem que as corretoras com baixos preços são ruins; é preciso primeiramente entender as suas necessidades como investidor e buscar qual corretora atende de melhor forma ao melhor custo.

Por exemplo, se o investidor busca alocar boa parte de seu capital em Tesouro Direto, é natural que ele procure corretoras que não cobrem taxa de custódia ou cobrem taxas baixas para esse ativo. Um investidor que opera no mercado de ações assiduamente buscará uma corretora que ofereça um *home broker* de qualidade e um pacote de corretagem interessante para seu uso.

20.2. Taxas de corretagem

As taxas estão entre os valores que se tornam cada vez mais significativos nos resultados quanto menores forem os prazos de operação e/ou capital aplicado. Portanto, é algo relevante para o *trader*.

Essas taxas são cobradas quando ocorre compra ou venda de uma ação e independem da quantidade de ações adquiridas, sendo fixas por transação. Elas podem oscilar dependendo da corretora, da modalidade de mercado que se está operando (mercado à vista, futuro, opções) e do prazo operacional (taxas diferentes para operações de *day trade*).

Os valores podem girar desde próximos a R$ 2,00 até R$ 50,00 por transação, dependendo da corretora e da modalidade de compra. É fundamental que o indivíduo leve em consideração esse fator como critério de decisão e projetar qual será o impacto no resultado.

20.3. Taxa de custódia mensal

É o valor cobrado pela corretora por administrar os ativos de renda variável. Ou seja, ela somente existe se o indivíduo possuir ativos investidos nessa modalidade. Porém, algumas corretoras podem, sim, ter políticas de cobrar essa taxa para artigos de renda fixa. É um valor fixo que será cobrado independentemente da quantidade de ativos de renda variável que o investidor possua.

Por exemplo, utilizando a mesma corretora, um investidor que possui dez ações de empresas distintas, fundos imobiliários e fundos de ações pagará a mesma taxa de custódia que um investidor que possuir uma única ação de determinada empresa.

A política de cobrança dessa taxa oscila bastante entre as corretoras, podendo ir desde a isenção, a isenção atrelada a um número determinado de operações, até valores em torno de R$ 30,00 mensais.

20.4. Taxa de administração do Tesouro Direto

Esta acaba sendo uma taxa relevante no longo prazo para os investidores que acreditam nessa modalidade. É uma taxa dada em percentual ao ano, sendo cobrada sobre o capital total investido em títulos públicos.

As taxas, com devidas exceções de extremos, oscilam entre a isenção e 0,50% a.a. Esses valores podem ser encontrados diretamente no site do Tesouro Direto.

20.5. Mesa de operações

É o local utilizado por investidores que não querem operar sozinhos e utilizam um assessor via Skype, *chat* ou mesmo telefone para falar suas ordens ou pedir auxílio em estratégias de compra e venda. O valor de corretagem nesse caso pode ser diferente do valor de corretagem via *home brokers*, usualmente sendo mais elevado.

Nesse cenário pode ocorrer o que é chamado de corretagem variada, a qual oscila dependendo do montante investido, mas essa decisão varia de corretora para corretora.

20.6. Relacionamento

Como toda prestação de serviço, o atendimento e o relacionamento têm um peso significativo na percepção de qualidade e de valor do produto adquirido como um todo. A facilidade de acesso a atendentes e a velocidade na resolução de problemas são fatores que devem ser levados em conta na hora da tomada de decisão.

Obviamente, é difícil avaliar um serviço que ainda não foi prestado; porém, é possível inferir sobre este através da busca por opiniões de pessoas de perfis e objetivos similares que adquiriram o serviço. A própria plataforma *on-line* pode ser um bom indício do atendimento: verifique se existem canais de contato facilmente acessíveis ou se é preciso procurar vários *sublinks* até chegar na central de atendimento.

Observe a versatilidade de opções de comunicação, ou seja, se só é possível contato telefônico, se existe ou não um *chat on-line*, etc. Outra dica é buscar informações em sites de reclamações.

Um jeito de testar é fazer uma ligação para a corretora em questão antes de abrir uma conta. Teste diferentes canais e avalie o tempo de resposta de cada um deles. Navegue na plataforma e verifique o quão intuitiva ela parece.

Busque verificar a parte educacional que a corretora oferece para seus clientes, tanto em treinamentos de conhecimento técnico do mercado quanto em treinamentos de uso do seu próprio *home broker*.

20.7. Ferramentas

Grande parte da percepção da qualidade de uma corretora está na diversificação das ferramentas oferecidas por ela ao cliente, além da praticidade e eficiência de cada uma. Entre as principais ferramentas que uma corretora usualmente oferece, se destacam:

20.7.1. *Home broker*

Corresponde ao programa através do qual um investidor ou *trader* pode inserir suas ordens de compra e venda, acompanhar o mercado e verificar oscilações. Às vezes contém *chats* com analistas e uma série de funcionalidades práticas e úteis para o dia a dia do investidor.

Usualmente, os *home brokers* apresentam funcionalidades similares entre as corretoras, mas podem variar no uso intuitivo e na velocidade com que as ordens são executadas e computadas.

A seguir, temos duas imagens de *home brokers* de corretoras distintas:

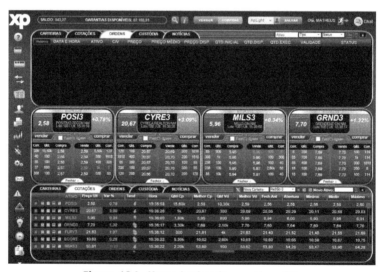

Figura 104. *Home broker* da corretora XP.

Figura 105. *Home broker* da corretora Rico.

20.7.2. Tesouro Direto

Nem todos os investidores sabem que é possível comprar títulos do tesouro diretamente pelo site do próprio Tesouro Direto (<www.tesouro.fazenda.gov.br/tesouro-direto>). Através dele é possível associar a compra a uma corretora na qual se possua conta. Comprar pelo site do tesouro é usualmente mais barato que adquirir o exato mesmo título através do site da corretora. No entanto, alguns investidores preferem utilizar a corretora pela comodidade.

Através do site do tesouro é possível verificar o *ranking* das corretoras e instituições que mais negociaram títulos públicos no Brasil.

20.7.3. *Mobile*

Sistemas operacionais para *mobile* são cada vez mais importantes e necessários para o dia a dia de qualquer investidor, seja aquele que não possui tempo de acompanhar de perto o mercado durante o trabalho, seja aquele que deseja acompanhar de perto o mercado, mesmo não estando próximo de seu computador ou *notebook*.

Dependendo da corretora, as ferramentas disponíveis podem ser próximas a um *home broker* portátil, sendo esse diferencial um ponto de relevância para diversos

358 • Quanto custa ser rico?

investidores. É de extrema valia verificar a funcionalidade do aplicativo *mobile* da corretora, e se este é gratuito ou não.

20.7.4. Plataforma

Traders que precisam fazer análises mais sofisticadas e acompanhar indicadores gráficos, ou que desejam ter um controle mais detalhado de suas operações, usualmente buscam plataformas de operação que possibilitem inserir ordens de compra e venda diretamente nos gráficos (essencial para a agilidade de um *day trader*, por exemplo), programar robôs para operação, etc.

Essas plataformas podem ser pagas ou gratuitas, dependendo da corretora, o que é algo imperativo de se averiguar quando se deseja atuar de maneira mais profissional e presente no mercado de capitais.

Duas plataformas bem conhecidas no mercado são a XP Pro, da corretora XP, que é de uso gratuito para seus clientes, e a Metatrader, muito utilizada por *traders* que operam com robôs. Obviamente, existem outras opções de plataformas. Cabe ao indivíduo entender as vantagens e limitações de cada uma e verificar qual proposta atende de melhor maneira a seus objetivos e estratégias.

20.8. Serviços

Além de todos esses critérios, é fundamental avaliar os serviços que a corretora pode oferecer ao cliente.

20.8.1. Relatórios de análise

São relatórios com sugestões de compra de ações, de compras de fundos, fundos imobiliários, títulos de renda fixa e os mais diversos produtos que a corretora tem a oferecer.

Nesses relatórios é importante avaliar alguns fatores, como a qualidade da informação e o nível de detalhamento oferecido. Por exemplo, a corretora oferece a compra de ações de maneira detalhada ao longo do tempo ou apenas informa o rendimento dos últimos 12 meses? Ao ofertar um fundo, ficam claros os custos envolvidos, como taxas, aplicação mínima, tempo de custódia, ou alguns desses dados foram omitidos?

Outro ponto interessante é fazer uma análise da eficiência das recomendações da corretora. Muitos investidores iniciantes acabam seguindo as recomendações da corretora sem fazer uma análise muito detalhada. Averiguar o histórico da corretora com recomendações é importante nessa hora.

Não existe nada de errado em buscar informações e recomendações de especialistas na área – no entanto, o ideal é que cada um desenvolva a própria estratégia.

Outro fator fundamental para quem busca seguir indicações de corretoras está em saber que o real interesse está em fazer com que o cliente movimente o dinheiro, pois é na corretagem que se apresenta o lucro da empresa. Isso não é de maneira alguma errado ou injusto, é simplesmente como essas empresas se mantêm saudáveis e podem continuar prestando os serviços. Mas um conselho de uma corretora deve ser ponderado da mesma forma que um elogio feito por um vendedor de roupa ao se provar uma camiseta que ele indicou.

20.8.2. Produtos

É importante verificar se a corretora de escolha apresenta a gama de produtos desejados para montar o portfólio de investimentos. Algumas corretoras atuam apenas no mercado de ações e não permitem entradas em posições vendidas.

Logo, é necessário entender o que a corretora oferece como produto, para entender se o *mix* está de acordo com o que o investidor pretende, seja em títulos de renda fixa, opções ou mercados futuros.

20.8.3. Assessoria

Não menospreze jamais o diferencial de um bom serviço de assessoria para o investidor, especialmente para quem opera com grande frequência.

Se você pretende se tornar um *trader*, é mais relevante ainda uma boa assessoria que consiga condições mais favoráveis nos valores das corretagens e que lhe envie informações solicitadas com prontidão e eficiência. Tudo isso, dependendo do volume de uso e do nível da necessidade, tem um valor muito mais alto que simplesmente o preço do produto. Uma boa assessoria pode ser a diferença entre um estado de constante mau humor – o qual levará a péssimas decisões financeiras – e um estado de tranquilidade em uma eventual causalidade. É o mesmo que ir a um restaurante de ponta e ser atendido por um garçom ruim: estraga toda a experiência.

****

Chegamos ao final de nossa jornada juntos. Você adquiriu um importante aliado que é o conhecimento, e outro aliado mais importante ainda que é um passo na direção do autoconhecimento.

A partir de agora, você será responsável pelo que ocorrer com suas finanças e com a sua vida: todos os lucros e prejuízos que ocorrerem não serão por causa do seu gestor, assessor, culpa do mercado, ou até mesmo do seu chefe no seu emprego atual. Internalize a responsabilidade e você sentirá o prazer e o senso de conquista nas vitórias. Mais importante que isso, poderá fazer o que a minoria (de sucesso) faz, que é tirar alguma lição e aprendizado nos erros e derrotas. Não se cobre demais, nem busque obter os melhores ganhos do mercado dia a dia, ou mesmo mês a mês. Deixe um espaço para aprender, para errar, para crescer e entender que isso é uma jornada que deve ser apreciada a cada passo! Não lhe desejamos boa sorte, pois sorte é para os despreparados. Desejamos que você tenha o conhecimento para conseguir ouvir e a sabedoria necessária para saber a chave certa para abrir!

Acompanhe a BRASPORT nas redes sociais e receba regularmente informações sobre atualizações, promoções e lançamentos.

 @Brasport

 /brasporteditora

 /editorabrasport

 /editoraBrasport

Sua sugestão será bem-vinda!

Envie uma mensagem para **marketing@brasport.com.br** informando se deseja receber nossas newsletters através do seu e-mail.